Deus no *banco dos réus*

Tradução:
Giuliana Niedhardt

Deus no *banco dos réus*

C. S. LEWIS

Edição *especial*

THOMAS NELSON
BRASIL

Título original: *God in the Dock: Essays on Theology and Ethics*

God in the Dock. Copyright © 1970 by C. S. Lewis Pte Ltd. First published in the United States by William B. Eerdmans Publishing Company in 1970.
Edição original por HarperCollins *Publishers*. Todos os direitos reservados.
Copyright de tradução © Vida Melhor Editora LTDA., 2018.

Os pontos de vista desta obra são de responsabilidade de seus autores e colaboradores diretos, não refletindo necessariamente a posição da Thomas Nelson Brasil, da HarperCollins Christian Publishing ou de sua equipe editorial.

Gerente editorial	*Samuel Coto*
Editor	*André Lodos Tangerino*
Assistente editorial	*Bruna Gomes*
Copidesque	*Davi Freitas*
Revisão	*Marcus Braga e Clarissa Melo*
Diagramação	*Sonia Peticov*
Capa	*Rafael Brum*

CIP-BRASIL. CATALOGAÇÃO NA FONTE
SINDICATO NACIONAL DOS EDITORES DE LIVROS, RJ

L652q
Lewis, C. S.
  Deus no banco dos réus / C. S. Lewis; tradução Giuliana Niedhardt. — 1. ed. — Rio de Janeiro: Thomas Nelson, 2018.
  416 p.
  Tradução de: *God in the Dock: Essays on Theology and Ethics*
  ISBN 978-85-7860-7579

  1. Cristianismo. 2. Vida cristã. 3. Vida espiritual. 4. Fé. I. Niedhardt, Giuliana. II. Título.

18-51717
CDD: 204.4
CDU: 2-4

Thomas Nelson Brasil é uma marca licenciada à Vida Melhor Editora LTDA.

Todos os direitos reservados à Vida Melhor Editora LTDA.
Rua da Quitanda, 86, sala 601A — Centro
Rio de Janeiro — RJ — CEP 20091-005
Tel.: (21) 3175-1030
www.thomasnelson.com.br

Deus no *banco dos réus*

Clive Staples Lewis (1898-1963) foi um dos gigantes intelectuais do século XX e provavelmente o escritor mais influente de seu tempo. Era professor e tutor de literatura inglesa na Universidade de Oxford até 1954, quando foi unanimemente eleito para a cadeira de Inglês Medieval e Renascentista na Universidade de Cambridge, posição que manteve até a aposentadoria. Lewis escreveu mais de 30 livros que lhe permitiram alcançar um vasto público, e suas obras continuam a atrair milhares de novos leitores a cada ano.

SUMÁRIO

Prefácio de Walter Hooper 9

PARTE I

Capítulo 1 | O mal e Deus 25
Capítulo 2 | Milagres 30
Capítulo 3 | O dogma e o universo 48
Capítulo 4 | Respostas a perguntas sobre o cristianismo 61
Capítulo 5 | Mito que se tornou realidade 80
Capítulo 6 | "Coisas vermelhas horríveis" 87
Capítulo 7 | Religião e ciência 92
Capítulo 8 | As leis da natureza 97
Capítulo 9 | O milagre grandioso 102
Capítulo 10 | Apologética cristã 112
Capítulo 11 | Trabalho e oração 131
Capítulo 12 | Homem ou coelho? 136
Capítulo 13 | Sobre a transmissão do cristianismo 143
Capítulo 14 | "Transgressores miseráveis" 150
Capítulo 15 | Fundação do Clube Socrático de Oxford 158
Capítulo 16 | Religião sem dogma? 162
Capítulo 17 | Alguns pensamentos 185
Capítulo 18 | "O problema de fulano..." 190
Capítulo 19 | O que devemos pensar a respeito de Jesus Cristo? 195
Capítulo 20 | Os sofrimentos dos animais 201
Capítulo 21 | O teísmo é importante? 216

Capítulo 22	Réplica ao Dr. Pittenger	222
Capítulo 23	Devemos abandonar a imagem que temos de Deus?	231

PARTE II

Capítulo 1	Perigos do arrependimento nacional	235
Capítulo 2	Dois caminhos para "eu"	239
Capítulo 3	Reflexão sobre o terceiro mandamento	242
Capítulo 4	Sobre a leitura de livros antigos	247
Capítulo 5	Duas palestras	256
Capítulo 6	Meditação em um galpão de ferramentas	260
Capítulo 7	Fragmentos	265
Capítulo 8	O declínio da religião	267
Capítulo 9	Vivissecção	274
Capítulo 10	Traduções modernas da Bíblia	281
Capítulo 11	Clérigas na igreja?	287
Capítulo 12	Deus no banco dos réus	295
Capítulo 13	Nos bastidores	301
Capítulo 14	Reavivamento ou decadência?	307
Capítulo 15	Antes que possamos nos comunicar	312
Capítulo 16	Interrogatório	317

PARTE III

Capítulo 1	*"Bulverismo"*	331
Capítulo 2	Coisas primárias e secundárias	340
Capítulo 3	O sermão e o almoço	345
Capítulo 4	A teoria humanitária da condenação	351
Capítulo 5	Dois natais	368
Capítulo 6	O que o Natal significa para mim	372
Capítulo 7	Delinquentes na neve	375
Capítulo 8	O progresso é possível?	381
Capítulo 9	Não temos "o direito de ser felizes"	389

PARTE IV

Cartas	399

PREFÁCIO

O Dr. Johnson observou que certo teólogo do século XVIII "tinha a tendência de tudo problematizar e nada resolver".[1] Eu me pergunto o que o resoluto doutor pensaria de nossa época: uma época em que se vê, na maioria das livrarias e dos jornais dominicais, obras controversas — e, muitas vezes, apóstatas — de religiosos que "problematizam" cada ensaio da fé que são pagos para defender. É, em parte por causa disso, um prazer para mim apresentar este novo livro de C. S. Lewis como antídoto.

Eu digo "novo" porque, embora estes ensaios e estas cartas tenham sido escritos ao longo de 24 anos, quase todos estão sendo publicados em forma de livro pela primeira vez. Levando em conta a rapidez com que as tendências teológicas mudam, poder-se-ia esperar que estes ensaios fossem considerados antiquados. Suponho, entretanto, que haja outros semelhantes a mim mais preocupados em saber se um livro é *genuíno* do que se foi escrito na semana passada. Creio que a recusa de Lewis em transigir — para ele, era tudo ou nada, céu ou inferno — em nada diminui a relevância deles para os problemas básicos que ainda nos acometem.

---

[1]BOSWELL, James. *The Life of Samuel Johnson*. v. II. Editado por George Birkbeck Hill. Oxford, 1887, p. 124.

Movido por meu próprio desejo de ler tudo o que Lewis escreveu, eu me incumbi da longa, porém feliz tarefa de "escavar" suas contribuições em publicações efêmeras. Agora, finalmente, os anos que passei pesquisando em bibliotecas e lendo jornais desbotados chegaram ao fim. No entanto, o mais importante é que a maior parte destas contribuições será inédita para a maioria dos leitores. Espero que eles obtenham tanta satisfação quanto as que eu obtive em tê-las reunidas e firmemente costuradas entre uma capa e uma sobrecapa.

Uma vez que estes novos textos *lewisianos* foram selecionados a partir de uma ampla variedade de fontes, eles compõem, como seria de esperar, uma mistura muito heterogênea. Para mim, isto não é motivo de desculpa; afinal, grande parte de seu proveito reside nos muitos ângulos diferentes do qual podemos olhar para a religião cristã. Lewis nunca recebeu um centavo pela maioria deles. Alguns dos ensaios foram escritos simplesmente porque ele sentiu uma forte necessidade de debater determinado assunto ou de defender uma posição saudável; outros, a pedido de um jornal ou uma revista; há ainda outros textos, tais como os do *The Socratic Digest*, que ele redigiu com a finalidade de defender a fé contra os ataques dos agnósticos e ateus.

Por Lewis saber adaptar seu material de modo a atender o público para o qual estava escrevendo, os ensaios diferem tanto em tamanho quanto em ênfase. Contudo, todos apresentam uma seriedade característica. Não "melancolia", visto que refletem sagacidade e bom senso; mas "seriedade" por causa dos riscos elevados, segundo Lewis, que há em ser um homem — um possível filho de Deus ou um possível candidato para o inferno.

Durante seus anos no agnosticismo, Lewis procurou saber as respostas para perguntas como: por que Deus permite a dor, por que o cristianismo é considerado a verdadeira religião em detrimento de todas as outras e por que milagres acontecem, se é que de fato acontecem. Como consequência

Prefácio

natural dessa busca, ele conhecia de antemão as dúvidas das pessoas de modo geral. Após sua conversão, em 1931, Lewis, que raramente recusava convites para falar ou escrever sobre a fé, passou a frequentar círculos bem diferentes. Ele pregava a colegas acadêmicos, operários, membros da Força Aérea Real e estudantes universitários e debatia com eles. Foi, em parte, por causa destas experiências diversas que ele entendeu o motivo de os teólogos profissionais não conseguirem fazer com que o cristianismo fosse compreensível para a maioria das pessoas. Deste modo, ele se incumbiu da tarefa de "traduzir" o evangelho para uma linguagem que as pessoas de fato usavam e entendiam. Ele acreditava que, se achamos difícil responder a perguntas de homens provenientes de contextos variados, é provavelmente porque "Nunca refletimos de verdade sobre o assunto; não até o fim, não até 'o fim absoluto'".[2]

Havia muitos cristãos em Oxford no início da década de 1940 que, tal como Lewis, achavam que os *prós* e os *contras* da religião cristã deveriam ser discutidos abertamente. Isto levou à fundação do Clube Socrático em 1941. Lewis era o candidato óbvio à presidência, cargo que ocupou até ir para Cambridge, em 1954. As reuniões eram (e ainda são) realizadas às segundas-feiras à noite durante o ano letivo. Ali, um cristão lia um ensaio, e um incrédulo o contestava; na segunda-feira seguinte, um agnóstico ou ateu lia um ensaio que, por sua vez, era contestado por um cristão. Lewis sempre apreciou a "oposição racional", e o Clube Socrático serviu como uma arena perfeita para testar os pontos fortes e fracos de sua apologética. Um exemplo de ensaio que ele leu no Socrático é "Religião sem dogma?", o qual escreveu como resposta ao ensaio do professor H. H. Price intitulado "Fundamentos do agnosticismo moderno".

---

[2] p. 315.

Era difícil, até mesmo para o incrédulo mais habilidoso, debater com a lógica formidável e o conhecimento imenso de Lewis no Clube Socrático. Por outro lado, em ensaios no jornal *The Coventry Evening Telegraph* e em revistas populares, vemo-lo adaptar sua linguagem e lógica para pessoas menos cultas. Textos como "Religião e ciência" e "O problema de fulano...", com sua lucidez e analogias apropriadas, desmascararam muitas falácias populares sobre a suposta oposição entre religião e ciência e levaram muitos a entender o que é o cristianismo.

Independentemente da educação que se tenha, é impossível determinar se o cristianismo é verdadeiro ou falso sem saber do *que* ele se trata. E, assim como havia muitas pessoas completamente ignorantes a respeito do cristianismo quando Lewis começou a escrever, há muitas ainda hoje que não sabem qual é sua verdadeira essência. É tolice fingir. Suponho que a recente enxurrada de explicações autobiográficas sobre por que determinado bispo ou pastor não pode aceitar a fé cristã tenha levado muitos indivíduos a uma ignorância ainda mais profunda e também (talvez) à convicção desesperadora de que ela não pode ser compreendida, não importa o quanto se tente.

Para Lewis — que acreditava que nascer, no fim das contas, significa ora uma rendição a Deus, ora um eterno divórcio dele —, este era um assunto sério. Certo dia, estávamos especulando o que aconteceria se um grupo de marcianos curiosos e simpáticos surgisse de repente no meio de Oxford e perguntasse (àqueles que não fugissem) o que é cristianismo. Nós nos questionamos quantas pessoas, além daquelas que expressariam seus preconceitos com relação à Igreja, poderiam fornecer-lhes informações precisas. De maneira geral, duvidamos que os marcianos levariam de volta ao seu mundo muitas coisas que valessem a pena. Em contrapartida, "nada há", argumentou Lewis, "na natureza da geração mais nova que a incapacite de receber o cristianismo". Todavia, conforme ele prosseguiu

Prefácio

dizendo, "Nenhuma geração pode legar aos seus sucessores algo que não tem".[3]

Algo que não tem. Agora, *por que* ela não tem é, obviamente, uma pergunta muito complexa para eu responder. Apesar disso, por ter sido capelão de faculdade por cinco anos, posso observar que Lewis tem razão em atribuir grande parte da ignorância de hoje aos "escritores liberais que estão continuamente adaptando e desbastando a verdade do evangelho".[4] E algo que Lewis definitivamente *não* fazia era "desbastar".

Ele acreditava que, independentemente dos modismos temporários que nossas ideias sobre Deus e a moral atravessam, nada há que possa arcaizar o evangelho eterno. ("Tudo que não é eterno está eternamente ultrapassado.")[5] Por outro lado, ele acreditava que nossos métodos para transmitir a verdade variam com frequência. Seus próprios métodos variavam consideravelmente, mas ele nunca tirava Deus da história. Por exemplo, temos obras apologéticas diretas redigidas por Lewis, tais como *Cristianismo puro e simples* e *O problema do sofrimento*; temos sátiras teológicas, como *Cartas de um diabo a seu aprendiz* e *O grande abismo*; e (por falta de uma palavra melhor) temos seu cristianismo "velado" nos romances interplanetários e em *As crônicas de Nárnia*.

Embora os métodos de Lewis não sejam aceitáveis para teólogos liberais (veja, por exemplo, o ensaio "Réplica ao Dr. Pittenger"), ele provavelmente instilou uma dose maior de cristianismo ortodoxo em um número maior de mentes do que qualquer escritor religioso desde G. K. Chesterton. A prosa harmoniosa, o estilo coloquial simples (quase todos os seus livros são escritos em primeira pessoa), as impressionantes metáforas e o amor

---

[3] p. 145-146.
[4] p. 319.
[5] LEWIS, C. S. *Os quatro amores*, (Rio de Janeiro, 2017), capítulo 5.

pela clareza são, sem dúvida, resultado sobretudo de muitas leituras, prazer em escrever e muita sagacidade. No entanto, tais características estão mais relacionadas à suas habilidades como crítico literário do que imaginam aqueles que se limitaram a ler seus livros teológicos.

Mesmo se partirmos de suas críticas literárias para, só depois, considerarmos suas obras teológicas, descobriremos que o processo funciona no sentido contrário também. No entanto, o ponto que eu gostaria de salientar de modo especial é este: Lewis acreditava que o trabalho de um crítico literário é escrever sobre os méritos e as falhas de um livro, não especular sobre sua origem ou a vida pessoal do autor. Embora tivesse elevada consideração pela crítica textual (inclusive discursando sobre ela certa vez), ele nunca negligenciava o óbvio em favor do hipotético. Da mesma maneira, em suas obras teológicas, Lewis (que nunca alegou ser mais do que um leigo escrevendo para outros leigos) não oferece palpites imaginativos sobre, digamos, a possibilidade de determinada passagem em um dos Evangelhos ter sido acrescentada pela igreja primitiva muito tempo depois de o Evangelho em questão ter sido escrito — ele se atém ao que é dito pelos Evangelhos tal como os textos se apresentam hoje.

Neste livro, os ensaios de teor teológico mais ou menos "direto" dividem-se em dois grupos. O primeiro grupo contém ensaios cujo assunto principal é milagres. Lewis afirmava que a fé despojada de seus elementos sobrenaturais não pode, de modo algum, ser chamada de cristianismo. Uma vez que o miraculoso está muito atenuado ou abafado hoje em dia, creio que os ensaios sobre o assunto são particularmente oportunos para publicação. Embora a maior parte do que ele diga sobre milagres e sobre a refutação que os próprios naturalistas apresentam contra o naturalismo seja encontrada em seu livro dedicado ao assunto — *Milagres* (Londres, 1947; revisado, 1960) —, creio que os breves ensaios aqui reunidos têm uma vantagem sobre

Prefácio

o livro: eles podem atrair leitores que não têm tempo para ler ou que não conseguem avançar na leitura de obras mais longas.

A segunda categoria é sugerida pelo título deste livro. "O homem de antigamente", escreveu Lewis, "aproximava-se de Deus (ou dos deuses) tal qual um acusado se aproxima do juiz. Para o homem moderno, os papéis estão invertidos. Ele é o juiz; Deus está no banco dos réus".[6] Seria ridículo supor que podemos colocar o *homem* de volta no banco dos réus com facilidade. Lewis discute seus próprios métodos para tentar fazer isso no ensaio intitulado "Apologética cristã" (o único neste volume que nunca foi publicado sob qualquer forma antes). "Em minha experiência", diz ele neste ensaio, "quando começamos abordando o pecado que foi nosso principal problema na semana anterior, é surpreendente como conseguimos transmitir sua gravidade".[7] Aqueles que leram *Cartas de um diabo a seu aprendiz* se lembrarão de numerosos casos em que ele identifica pecados (aparentemente) pequenos que, quando crescem de modo descontrolado, acabam dominando o homem. Quanto aos ensaios que vêm em seguida, ficarei surpreso se, ao ler "O problema de fulano…", o leitor não tiver a sensação (que eu tive) de ver o próprio reflexo em um espelho.

Lewis me dava a sensação de ser o homem mais *convertido* que já conheci. Para ele, o cristianismo nunca foi um departamento separado da vida; o cristianismo não era o que ele fazia com sua solidão; "tampouco", como ele diz em um ensaio, "o que Deus faz com sua solidão".[8] Em sua perspectiva geral da vida, o natural e o sobrenatural pareciam ser indissoluvelmente unidos. Por causa disso, eu incluí nesta compilação seus numerosos ensaios semiteológicos sobre assuntos como a ordenação

---
[6] p. 300.
[7] p. 121.
[8] p. 161.

de mulheres e a vivissecção. Há também vários ensaios, como "A teoria humanitária da condenação", que poderiam ser mais apropriadamente classificados como éticos. Por último, motivado por minha preocupação de que nada fosse perdido, eu acrescentei todas as cartas de Lewis sobre teologia e ética que apareceram em jornais e revistas.

A ausência de valores morais é sentida de forma tão aguda hoje, que seria uma pena não tornar pública qualquer ajuda disponível para nosso mundo confuso e espiritualmente faminto. Talvez haja escritores contemporâneos que nos pareçam mais humanos, brandos, "originais" e atuais do que Lewis. Porém, assim como em *Os três porquinhos*, precisamos de casas firmes feitas de tijolo, não de palha. Aqueles que estão preocupados com a religião barata e os valores fajutos de nossa época têm consciência da necessidade imediata do antídoto que Lewis oferece: seu realismo, sua retidão moral, sua capacidade de enxergar além das visões parciais que limitam tantos existencialistas.

Nas notas de rodapé, estão as fontes de muitas citações, inclusive as bíblicas. Isso talvez pareça pedante a alguns leitores. Posso até ser culpado disso, mas espero que alguns se sintam gratos por tê-las, assim como eu me senti quando as encontrei. Também coloquei ali traduções das expressões latinas mais difíceis. Este livro foi preparado tendo em mente leitores norte-americanos e ingleses, e eu incluí, também nas notas, informações relevantes que creio não serem tão conhecidas nos Estados Unidos como aqui na Inglaterra. A fim de distinguir minhas notas com facilidade das notas do autor, utilizei * para as de Lewis e números arábicos para as minhas. Quem comparar os textos dos ensaios aqui publicados com seus originais observará modificações em alguns casos. Isto se deve ao fato de que, por ter comigo as cópias do próprio Lewis, eu apliquei as alterações ou correções feitas por ele. Também julguei ser minha responsabilidade corrigir erros óbvios onde os encontrei.

Prefácio

Embora estes ensaios não sejam facilmente classificados em subdivisões bem definidas, concluí que algum tipo de divisão seria útil para o leitor. Assim sendo, separei os ensaios em três partes, consciente de que alguns deles se encaixariam quase tão bem em uma quanto em outra. A Parte I contém ensaios claramente teológicos; a Parte II contém ensaios que chamo de semiteológicos; e a Parte III inclui ensaios cujo tema básico é ética. A Parte IV é composta por cartas de Lewis organizadas na ordem cronológica em que foram publicadas.

Sou muito grato aos editores que me permitiram reimprimir estes ensaios e cartas. Espero que não me considerem parcimonioso e negligente se, em vez de listá-los separadamente, eu citar as fontes originais na lista a seguir. As fontes das cartas encontram-se na Parte IV. Todas as editoras são inglesas, salvo onde indiquei o contrário.

PARTE I: (1) "O mal e Deus" foi reimpresso de *The Spectator*, v. CLXVI (7 de fevereiro de 1941), p. 141. (2) "Milagres" foi pregado na igreja St. Jude on the Hill, em Londres, no dia 26 de novembro de 1942, e apareceu em *St. Jude's Gazette*, n. 73 (outubro de 1942), p. 4-7. Uma versão mais curta e ligeiramente alterada deste sermão foi publicada no *The Guardian* (2 de outubro de 1942), p. 316. *The Guardian* era um jornal semanal anglicano fundado em 1846 que encerrou suas publicações em 1951. (3) "O dogma e o universo" foi publicado em duas partes no *The Guardian* (19 de março de 1943, p. 96, e 26 de março de 1943, p. 104,107). A segunda parte recebeu originalmente o título de *Dogma and Science* [Dogma e ciência]. (4) "Respostas a perguntas sobre o cristianismo" foi publicado pela primeira vez como um panfleto pela Electrical and Musical Industries Christian Fellowship, Hayes, Middle-sex [1944]. (5) "Mito que se tornou realidade" apareceu pela primeira vez em *World Dominion*, v. XXII (setembro/outubro de 1944), p. 267-270. (6) "Coisas vermelhas horríveis" foi publicado originalmente em *Church of England*

Newspaper, v. LI (6 de outubro de 1944), p. 1-2. (7) "Religião e ciência" foi reimpresso de *The Coventry Evening Telegraph* (3 de janeiro de 1945), p. 4. (8) "As leis da natureza" também é de *The Coventry Evening Telegraph* (4 de abril de 1945), p. 4. (9) "O milagre grandioso" foi pregado na igreja St. Jude on the Hill, em Londres, e depois publicado no *The Guardian* (27 de abril de 1945), p. 161,165. (10) "Apologética cristã", publicado pela primeira vez aqui, foi lido em uma reunião de pastores anglicanos e líderes da mocidade na *Carmarthen Conference for Youth Leaders and Junior Clergy*, uma conferência realizada em Carmarthen na Páscoa de 1945. (11) "Trabalho e oração" apareceu pela primeira vez em *The Coventry Evening Telegraph* (28 de maio de 1945), p. 4. (12) "Homem ou coelho?" foi publicado pela primeira vez como panfleto pelo *Student Christian Movement in Schools*. O panfleto não tem data, mas meu palpite é que foi distribuído no ano de 1946.

(13) "Sobre a transmissão do cristianismo" é o título que dei ao prefácio de Lewis para a obra *How Heathen is Britain?* [Quão pagã é a Grã-Bretanha?], de B. G. Sandhurst. (Collins Publishers, 1946), p. 9-15. (14) "Transgressores miseráveis" foi pregado na Igreja St. Matthew's, Northampton, em 7 de abril de 1946, e posteriormente publicado pela mesma igreja em um livreto intitulado *Five Sermons by Laymen* [Cinco sermões por leigos] (abril/maio de 1946), p. 1-6. (15) "Fundação do Clube Socrático de Oxford" é o título que dei ao prefácio de Lewis para *The Socratic Digest*, n. 1 (1942-1943), p. 3-5. Este texto é obviamente um intruso na seção e se encaixaria de modo mais apropriado na Parte II. Escolhi, entretanto, colocá-lo aqui por causa de sua ligação com o ensaio que vem em seguida. (16) "Religião sem dogma?" foi lido para o Clube Socrático em 20 de maio de 1946 e publicado como "A Christian Reply to Professor Price" [Uma resposta cristã ao professor Price] em *The Phoenix Quarterly*, v. I, n. 1 (outono de 1946), p. 31-44. Ele foi reimpresso

como "Religião sem dogma?" no *The Socratic Digest*, n. 4 [1948], p. 82-94. A "Resposta" que anexei a este ensaio é a resposta de Lewis ao ensaio de G. E. M. Anscombe intitulado "A Reply to Mr C. S. Lewis' Argument that 'Naturalism' is Self-refuting" [Resposta ao argumento de C. S. Lewis de que "o naturalismo refuta a si mesmo"], ambos os quais apareceram na edição n. 4 de *The Socratic Digest*, p. 15-16 e p. 7-15 respectivamente. (17) "Alguns pensamentos" foi escrito em uma noite na The White Horse Inn, em Drogheda, Irlanda, a pedido do instituto Medical Missionaries of Mary, responsável pela fundação do hospital Our Lady of Lourdes em Drogheda, e foi publicado em *The First Decade: Ten Years of Work of the Medical Missionaries of Mary* [A primeira década: dez anos do trabalho do instituto Medical Missionaries of Mary] (Dublin, At the Sign of the Three Candles [1948]), p. 91-94. (18) "O problema de fulano..." foi publicado pela primeira vez em *Bristol Diocesan Gazette*, v. XXVII (agosto de 1948), p. 3-6. (19) "O que devemos pensar a respeito de Jesus Cristo?" foi reimpresso de *Asking Them Questions*, Third Series, organizado por Ronald Selby Wright (Oxford University Press, 1950), p. 47-53. (20) "Os sofrimentos dos animais: Um problema na teologia" apareceu pela primeira vez em *The Month*, v. CLXXXIX (fevereiro de 1950), p. 95-104. Sou grato à senhorita M. F. Matthews pela permissão para incluir a parte deste ensaio redigida pelo falecido Dr. C. E. M. Joad. (21) "O teísmo é importante?" foi reimpresso de *The Socratic Digest*, n. 5 (1952), p. 48-51. (22) "Réplica ao Dr. Pittenger" apareceu pela primeira vez nas colunas do periódico norte-americano *The Christian Century*, v. LXXV (26 de novembro de 1958), p. 1359-1361. (23) "Devemos abandonar a imagem que temos de Deus?" foi extraído de *The Observer* (24 de março de 1963), p. 14.

PARTE II: Os três primeiros ensaios desta parte foram reimpressos das colunas de *The Guardian*. (1) "Perigos do arrependimento nacional" é da edição de 15 de março de 1940, p. 127.

(2) "Dois caminhos para o 'eu'" é da edição de 3 de maio de 1940, p. 215, e (3) "Reflexão sobre o terceiro mandamento" é de 10 de janeiro de 1941, p. 18. (4) "Sobre a leitura de livros antigos" é o título que dei ao prefácio de Lewis para a obra *A encarnação do verbo*, de Santo Atanásio, traduzido do original para o inglês por A Religious of C.S.M.V., publicado pela primeira vez por Geoffrey Bles Ltd., em 1944, e por A. R. Mowbray and Co. Ltd., em 1953. (5) "Duas palestras" é o título de Lewis para um ensaio publicado originalmente como "Who was Right — Dream Lecturer or Real Lecturer?" [Quem estava certo: o palestrante do sonho ou o palestrante verdadeiro?] em *The Coventry Evening Telegraph* (21 de fevereiro de 1945), p. 4. (6) "Meditação em um galpão de ferramentas" foi reimpresso de *The Coventry Evening Telegraph* (17 de julho de 1945), p. 4. (7) "Fragmentos" apareceu originalmente em *St. James' Magazine* (dezembro de 1945), p. [4-5], publicada pela igreja St. James', em Birkdale, Southport. (8) "O declínio da religião" foi extraído de um periódico de Oxford, *The Cherwell*, v. XXVI (29 de novembro de 1946), p. 8-10. (9) "Vivisecção" foi publicado pela primeira vez como um panfleto pela New England Anti-Vivisection Society [1947]. (10) "Traduções modernas da Bíblia" é o título que escolhi para o prefácio de Lewis na obra *Letters to Young Churches: A Translation of the New Testament Epistles*, de J. B. Phillips (Geoffrey Bles Ltd., 1947), p. vii-x.

(11) "Clérigas na igreja?" foi originalmente publicado como "Notes on the Way" [Notas no caminho] em *Time and Tide*, v. XXIX (14 de agosto de 1948), p. 830-831. (12) "Deus no banco dos réus" é meu título para "Difficulties in Presenting the Christian Faith to Modern Unbelievers" [Dificuldades ao apresentar a fé cristã para incrédulos modernos], *Lumen Vitae*, v. III (setembro de 1948), p. 421-426. (13) "Nos bastidores" apareceu pela primeira vez em *Time and Tide*, v. XXXVII (1 de dezembro de 1956), p. 1450-1451. (14) "Reavivamento ou decadência?" foi

Prefácio

reimpresso de *Punch*, v. CCXXXV (9 de julho de 1958), p. 36-38. (15) "Antes que possamos nos comunicar" foi publicado em *Breakthrough*, n. 8 (outubro de 1961), p. 2. (16) "Interrogatório" é o título que escolhi para uma entrevista que o Sr. Sherwood E. Wirt, da Billy Graham Association, fez com Lewis na Magdalene College, Cambridge, em 7 de maio 1963. A entrevista foi originalmente publicada em duas partes com títulos diferentes. A primeira parte foi chamada de "I Was Decided Upon" [Fui escolhido], *Decision*, v. II (setembro de 1963), p. 3; a segunda, de "Heaven, Earth and Outer Space" [Céu, terra e espaço sideral], *Decision*, v. II (outubro de 1963), p. 4.

PARTE III: (1) Uma versão abreviada de "*Bulverismo*" apareceu sob o título "Notes on the Way" [Notas no caminho] em *Time and Tide*, v. XXII (29 de março de 1941), p. 261. A versão mais longa, encontrada aqui, apareceu em *The Socratic Digest*, n. 2 (junho de 1944), p. 16-20. (2) "Coisas primárias e secundárias" é o título de Lewis para "Notes on the Way" [Notas no caminho], extraído de *Time and Tide*, v. XXIII (27 de junho de 1942), p. 519-520. (3) "O sermão e o almoço" foi reimpresso de *Church of England Newspaper*, n. 2692 (21 de setembro de 1945), p. 1-2. (4) "A teoria humanitária da condenação" apareceu pela primeira vez em *20th Century: An Australian Quarterly Review*, v. III, n. 3 (1949), p. 5-12. Este mesmo jornal, no v. VI, n. 2 (1952), p. 20-26, publicou "Reply to C. S. Lewis" [Resposta a C. S. Lewis], de Dr. Norval Morris e Dr. Donald Buckle. Ambos os ensaios foram reimpressos depois em *Res Judicatae*, v. VI (junho de 1953), p. 224-230 e p. 231-237 respectivamente. Em seguida, vieram "Comment: The Humanitarian Theory of Punishment" [Comentário: A teoria humanitária da condenação], do professor J. J. C. Smart, em *Res Judicatae*, v. VI (fevereiro de 1954), p. 368-371 e "Sobre a condenação: Resposta às críticas" de Lewis — isto é, uma resposta aos três homens — em *Res Judicatae*, v. VI (agosto de 1954), p. 519-523.

(5) "Dois natais: Um capítulo perdido de Heródoto" apareceu pela primeira vez em *Time and Tide*, v. XXXV (4 de dezembro de 1954), p. 1607. (6) "O que o Natal significa para mim" foi reimpresso de *Twentieth Century*, v. CLXII (dezembro de 1957), p. 517-518. (7) "Delinquentes na neve" apareceu pela primeira vez em *Time and Tide*, v. XXXVIII (7 de dezembro de 1957), p. 1521-1522. (8) "O progresso é possível? Escravos por livre vontade do Estado social" é de *The Observer* (20 de julho de 1958), p. 6. (9) "Não temos 'o direito de ser felizes'" foi o último texto que Lewis escreveu para publicação. Ele apareceu pouco depois de sua morte em *The Saturday Evening Post*, v. CCXXXVI (21-28 de dezembro de 1963), p. 10,12.

Por fim, como em muitas ocasiões anteriores, eu gostaria de agradecer ao major W. H. Lewis, ao Sr. Owen Barfield, ao Sr. Colin Hardie, ao Sr. Roger Lancelyn Green, ao professor John Lawlor e à Srta. Nan Dunbar pela ajuda que me deram na disponibilização destas "escavações" de Lewis.

WALTER HOOPER
Jesus College, Oxford
Maio de 1970

PARTE I

CAPÍTULO | 1

O mal e Deus

O artigo do Dr. Joad sobre "Deus e o mal" [publicado] na semana passada[1] sugere a interessante conclusão de que, uma vez que nem o "mecanicismo" nem a "evolução emergente" se sustentam, precisaremos optar entre uma forma de filosofia monoteísta, como a cristã, e um tipo de dualismo, tal qual o dos zoroástricos. Concordo com o Dr. Joad na rejeição do mecanicismo e da evolução emergente. O mecanicismo, tal como todos os sistemas materialistas, falha no problema do conhecimento. Se o pensamento é um produto fortuito e irrelevante de movimentos cerebrais, que razão temos para confiar nele? Quanto à evolução emergente, caso alguém insista em usar a palavra *Deus* com o significado de "qualquer coisa que o universo venha a fazer em seguida", é evidente que não podemos impedi-lo. Todavia, ninguém a usaria neste sentido a menos que nutrisse uma crença secreta de que aquilo que virá em seguida é uma melhoria. Tal crença, além de ser injustificável, apresenta dificuldades peculiares ao evolucionista emergente. Isto significa que deve haver um padrão absoluto de bem acima e fora do processo cósmico

---

[1] JOAD, C. E. M. "Evil and God". *The Spectator*, v. CLXVI (31 de janeiro de 1941), p. 112-113.

do qual este pode se aproximar, uma vez que as coisas podem melhorar. Não há sentido em falar sobre "tornar-se melhor" se melhor significa simplesmente "aquilo que estamos nos tornando" — é como parabenizar a si mesmo por alcançar seu destino e definir o destino como "o lugar que você alcançou". A *mellonatria*,[2] ou adoração do futuro, é uma religião *entorpecida*.

Resta-nos, portanto, escolher o monoteísmo ou o dualismo — uma fonte única, boa e onipotente de existência —, ou dois Poderes iguais, incriados e antagônicos, um bom e outro mau. O Dr. Joad sugere que a segunda concepção tem a ganhar com base na "nova urgência" da realidade do mal. Mas de *qual* nova urgência falamos? O mal talvez nos pareça mais urgente do que parecia aos filósofos vitorianos — membros favorecidos da classe mais feliz de todas, no país mais feliz de todos, durante o período mais feliz do mundo. No entanto, ele não é mais urgente para nós do que o foi para a grande maioria dos monoteístas ao longo dos séculos. As exposições clássicas da doutrina de que os sofrimentos do mundo são compatíveis com sua criação e condução por um Ser totalmente bom vêm de Boécio, enquanto aguardava a morte por espancamento na prisão, e de Agostinho, enquanto meditava sobre o saque de Roma. O estado atual do mundo é normal; o último século é que constituiu anormalidade.

Isso nos leva a perguntar por que tantas gerações rejeitaram o dualismo. Não, seguramente, porque desconheciam o sofrimento; e não porque sua óbvia plausibilidade *prima facie* lhes escapou. O mais provável é que tenham enxergado suas duas dificuldades fatais: a primeira, de ordem metafísica; a outra, moral.

A dificuldade metafísica é esta: os dois Poderes, o bem e o mal, não explicam um ao outro. Nem Ormuz nem Arimã[3] podem ale-

---
[2] Em grego, *mellon* significa futuro. [N. E.]
[3] Na antiga religião persa, conhecida como masdeísmo ou zoroastrismo, Ormuz representa o deus do bem, e Arimã, o deus do mal, das trevas. [N. E.]

gar ser o Supremo. Mais supremo do que qualquer um deles é o fato inexplicável de eles coexistirem. Nenhum deles escolheu isso *tête-à-tête*. Cada um deles, portanto, está *condicionado* — encontra-se, querendo ou não, em uma dada situação; e a situação em si ou alguma força desconhecida que a produziu é o verdadeiro Supremo. O dualismo ainda não alcançou o fundamento do ser. Não se pode aceitar dois seres condicionados e mutuamente independentes como o Absoluto autofundamentado, autoabrangente. Fazendo uso de um raciocínio visual, tal dificuldade é simbolizada por nossa incapacidade de imaginar Ormuz e Arimã sem introduzir a ideia de um *espaço* comum onde eles estejam juntos, confessando, desse modo, que ainda não estamos lidando com a origem do universo, mas somente com dois membros nele contidos. O dualismo é uma metafísica truncada.

A dificuldade moral é que o dualismo confere ao mal uma natureza positiva, substantiva, coerente, tal como a do bem. Caso isso fosse verdade, se Arimã existisse por seus próprios méritos assim como Ormuz, o que estaríamos dizendo ao chamar Ormuz de bom, exceto que, por um acaso, *o* preferimos? Em que sentido pode-se dizer que uma das partes está certa e a outra, errada? Se o mal tem o mesmo tipo de realidade que o bem, a mesma autonomia e inteireza, a lealdade ao bem passa a ser uma escolha arbitrária do partidário. Uma teoria sólida de valor exige algo diferente. Exige que o bem seja original e o mal, uma mera perversão; que o bem seja a árvore e o mal, a hera; que o bem seja capaz de enxergar todos os ângulos do mal (tal como quando homens sãos entendem a loucura) e que o mal não consiga devolver na mesma moeda; que o bem seja capaz de existir por conta própria ao passo que o mal precise do bem a fim de dar continuidade à sua existência parasitária.

As consequências de se negligenciar isso são graves. Significa acreditar que homens maus gostam do mal propriamente dito, da mesma maneira que os homens bons gostam da bondade.

Deus no banco dos réus

A princípio, esta negação de qualquer natureza comum entre nós e nossos inimigos parece gratificante. Nós os chamamos de adversários e sentimos que não precisamos perdoá-los. Contudo, juntamente com o poder de perdoar, perdemos o poder de condenar. Se o gosto pela crueldade e o gosto pela bondade fossem igualmente fundamentais e básicos, com base em qual padrão comum um poderia reprovar o outro? Na realidade, a crueldade não vem de desejar o mal em si, mas da sexualidade pervertida, do ressentimento desmedido ou da ambição e avareza desregradas. É precisamente por isso que ela pode ser julgada e condenada sob o ponto de vista da sexualidade inocente, da ira justa e do consumo ordenado. O mestre pode corrigir os cálculos do aluno caso estes constituam erros de aritmética — a mesma aritmética que ele usa, e que usa melhor. Se não fossem sequer tentativas de aritmética — se não fizessem parte do mundo aritmético — não poderiam ser erros aritméticos.

O bem e o mal, portanto, não são equiparáveis. A maldade não é sequer má *do mesmo modo* que a bondade é boa. Ormuz e Arimã não podem ser iguais. No final das contas, Ormuz deve ser o original, e Arimã, o derivado. A primeira ideia vaga de *diabo* deve, se começarmos a pensar, ser analisada de acordo com as ideias mais precisas de anjo "caído" e "rebelde". Mas somente num plano mais longínquo. O cristianismo pode ir muito mais longe com os dualistas do que o artigo do Dr. Joad parece sugerir. Nunca se considerou atribuir *todo* o mal ao homem; a bem da verdade, o Novo Testamento tem muito mais a dizer sobre poderes sobrenaturais das trevas do que sobre a queda de Adão. No que tange a este mundo, o cristão pode compartilhar da maior parte da perspectiva zoroástrica; todos nós vivemos entre os "floretes inflamados"[4] de Miguel e Satanás. A diferença entre

---

[4]SHAKESPEARE. *Hamlet,* ato V, cena II.

o cristão e o dualista é que o cristão vai um passo além e vê que, se Miguel está realmente do lado certo e Satanás realmente do lado errado, isto deve significar que eles ocupam posições diferentes com relação a algo ou alguém muito anterior, no fundamento básico da própria realidade. Tudo isto, naturalmente, foi atenuado nos tempos modernos pelos teólogos que têm medo de "mitologia"; porém, entende-se que aqueles que estão preparados para reintegrar Ormuz e Arimã não são melindrosos a este respeito.

O dualismo pode ser um credo valoroso. Em sua forma nórdica ("Os gigantes vencerão os deuses no fim, mas eu estou do lado dos deuses"), ele é muito mais nobre do que a maioria das filosofias do momento. Mas isto é apenas metade do caminho. Seguindo este raciocínio, evita-se o monoteísmo e permanece-se no dualismo simplesmente quando não se aceita os próprios pensamentos. Restabelecer o dualismo seria um verdadeiro retrocesso e um mau presságio (embora não o pior possível) para a civilização.

CAPÍTULO 2

Milagres

Conheci uma única pessoa durante toda a minha vida que alegou ter visto um fantasma. Foi uma mulher; e o interessante é que ela não acreditava na imortalidade da alma antes de ver o fantasma e continuou não acreditando depois de vê-lo. Ela achava que tinha sido uma alucinação. Em outras palavras, não é preciso ver para crer. Este é o primeiro esclarecimento a dar ao falar de milagres. Sejam quais forem nossas experiências, nós não as consideraremos milagrosas se, de antemão, seguirmos uma filosofia que exclui o sobrenatural. Qualquer acontecimento chamado de milagre é, em última instância, uma experiência captada pelos sentidos — e os sentidos não são infalíveis. Sempre podemos afirmar que fomos vítimas de uma ilusão; se não acreditarmos na possibilidade do sobrenatural, esse será o nosso único argumento. Por conseguinte, quer os milagres tenham realmente cessado, quer não, eles certamente parecem ter deixado de existir na Europa ocidental quando o materialismo se tornou o credo popular. Não nos enganemos. Se o fim do mundo acontecesse com todos os detalhes literais do Apocalipse[1] e se um materialista moderno visse com seus próprios

---

[1] O livro de Apocalipse.

Milagres

olhos os céus sendo enrolados[2] e o grande trono branco surgindo,[3] se tivesse a sensação de estar sendo, ele mesmo, lançado no lago de fogo,[4] tal materialista continuaria para sempre, ali mesmo dentro do lago, considerando sua experiência como uma ilusão e buscando uma explicação para ela na psicanálise ou na patologia cerebral. A experiência em si nada prova. Se alguém não sabe se está sonhando ou acordado, não será experimento algum o que poderá sanar sua dúvida, uma vez que qualquer teste realizado poderia ser parte do sonho. A experiência prova isto, aquilo ou nada — de acordo com as pressuposições que trazemos a ela.

Este fato, de que a interpretação de experiências depende de pressuposições, costuma ser utilizado como um argumento contra a existência de milagres. Diz-se que nossos antepassados, os quais aceitavam o sobrenatural sem discutir e eram ávidos por maravilhas, enxergavam milagres até mesmo em acontecimentos que nada tinham de miraculoso. E, em certo sentido, reconheço que isso é verdade. Ou seja, eu acho que, assim como nossos pressupostos nos impediriam de enxergar milagres se eles realmente ocorressem, os pressupostos deles os levariam a imaginar milagres mesmo se os tais não tivessem acontecido. O homem apaixonado acha que sua esposa é fiel, mesmo que não seja, e o desconfiado acha que ela não é fiel, mesmo que seja: a questão de sua verdadeira fidelidade tem de ser resolvida, se possível for, com base em outros elementos. No entanto, existe algo que é dito com frequência a respeito de nossos antepassados, mas que *não* devemos dizer: "Eles acreditavam em milagres porque desconheciam as leis da natureza." Isto é um absurdo. Quando José descobriu que sua noiva estava grávida,

---

[2]*Ibid.*, 6:14.
[3]*Ibid.*, 20:11.
[4]*Ibid.*, 19:20; 20:10; 20:14-15; 21:8.

"resolveu deixá-la secretamente".[5] Ele tinha conhecimentos suficientes de biologia para tomar esta decisão. Caso contrário, não teria considerado a gravidez como prova de infidelidade. Ao aceitar a explicação cristã, ele considerou a situação como um milagre justamente porque conhecia as leis da natureza o suficiente para saber que aquilo se tratava de uma violação dessas leis. Quando os discípulos viram Cristo andando sobre as águas, ficaram assustados;[6] eles não teriam ficado assustados se não conhecessem as leis da natureza e, deste modo, soubessem que esse acontecimento era uma exceção a elas. Se o homem não tivesse noção alguma de uma ordem regular na natureza, evidentemente não poderia notar desvios nessa ordem; do mesmo modo, um indivíduo ignorante que não entende a métrica normal de um poema desconhece também as variações que o poeta faz nesse aspecto. Nada é maravilhoso exceto o anormal, e nada é anormal até que compreendamos a norma. A ignorância completa das leis da natureza impossibilitaria a percepção de acontecimentos milagrosos tanto quanto uma descrença completa no sobrenatural — talvez ainda mais. Ao passo que o materialista tem de, no mínimo, explicar os milagres, o homem totalmente ignorante a respeito da natureza nem sequer os há de notar.

A experiência de milagre, na verdade, requer duas condições. Primeiro, devemos acreditar em uma estabilidade normal da natureza, o que significa que temos de reconhecer que os dados fornecidos por nossos sentidos se repetem em padrões regulares. Segundo, devemos acreditar em uma realidade além da natureza. Quando ambas as crenças existem, e somente nessa condição, podemos abordar com a mente aberta os diversos

---

[5] Mateus 1:19.
[6] Mateus 14:26; Marcos 6:49; João 6:19.

relatos segundo os quais determinada realidade sobrenatural ou extranatural invadiu e perturbou o conteúdo sensorial espaço-temporal que compõe nosso mundo "natural". A crença em tal realidade sobrenatural não pode ser nem provada nem refutada pela experiência. Os argumentos a favor de sua existência são metafísicos, e para mim, conclusivos. Eles se baseiam no fato de que até mesmo para pensar e agir no mundo natural, nós devemos presumir algo além dele e até mesmo supor que pertencemos parcialmente a esse algo. A fim de pensar, temos de atribuir ao nosso próprio raciocínio uma validade que não é crível se ele for uma mera função do cérebro, e o cérebro, por sua vez, um subproduto de processos físicos irracionais. A fim de agir, acima do nível do simples impulso, devemos atribuir uma validade semelhante aos nossos juízos de bem e mal. Em ambos os casos, chegamos ao mesmo resultado inquietante. O conceito de natureza em si é um conceito que obtivemos de maneira apenas tácita ao reivindicar para nós mesmos uma espécie de posição *sobre*natural.

Se aceitarmos esta posição com franqueza e nos voltarmos para a evidência, descobrimos naturalmente que relatos do sobrenatural estão por todos os lados. A história está cheia deles — muitas vezes, em documentos que reconhecidamente não registram milagres. Missionários respeitáveis relatam casos milagrosos com bastante frequência. Toda a Igreja de Roma alega sua ocorrência contínua. Conversas pessoais com quase todos os nossos conhecidos trazem à tona, no mínimo, um episódio de sua vida que eles consideram "esquisito" ou "estranho". Sem dúvida, a maioria das histórias de milagres não é confiável; porém, como qualquer um pode observar na leitura de jornais, tampouco é a maioria das histórias de modo geral. Cada história deve ser considerada segundo seus próprios méritos; o que não se deve fazer é eliminar o sobrenatural como a única explicação impossível. Assim sendo, talvez você não acredite nos anjos de Mons[7] por não encontrar um número suficiente de pessoas sensatas que alegam tê-los visto. Porém, caso encontrasse essas pessoas em número suficiente, seria, a meu ver, ilógico explicar o ocorrido como uma alucinação coletiva. Afinal, temos conhecimento suficiente de psicologia para saber que a unanimidade espontânea na alucinação é muito improvável, mas não conhecemos o sobrenatural o suficiente para saber se uma manifestação de anjos é igualmente improvável. Ou seja, a teoria sobrenatural é a menos improvável das duas. Quando o Antigo Testamento diz que a invasão de Senaqueribe foi interrompida por anjos,[8] e Heródoto diz que ela foi interrompida por inúmeros ratos que roeram todas as cordas dos arcos do exército,[9] o homem de mente aberta toma o lado dos anjos. A menos que você já comece pressupondo o contrário, nada há de intrinsecamente improvável na existência de anjos ou na ação a eles atribuída. Já os ratos não fazem esse tipo de coisa.

Uma grande parte do ceticismo atual a respeito dos milagres de nosso Senhor não provém, entretanto, da descrença em toda e qualquer realidade além da natureza. Ela é proveniente de duas ideias respeitáveis, porém, creio, equivocadas. Em primeiro lugar, as pessoas modernas têm uma antipatia quase estética por milagres. Mesmo admitindo que Deus é capaz de operá-los, elas duvidam que ele o faria. Violar as leis que ele mesmo impôs à sua criação parece-lhes arbitrário e desajeitado, um artifício teatral apropriado apenas para impressionar selvagens — um solecismo na gramática do universo. Em segundo lugar, muitas

---

[7]Lewis está se referindo à história de que anjos apareceram para proteger as tropas britânicas enquanto estas se retiravam de Mons, na França, no dia 26 de agosto de 1914. Um resumo do acontecimento, feito por Jill Kitson, intitulado "Did Angels appear to British troops at Mons?" [Anjos apareceram às tropas britânicas em Mons?] encontra-se em *History Makers*, n. 3 (1969), p. 132-133.
[8]2Reis 19:35.
[9]Heródoto, livro II, seção 141.

pessoas confundem as leis da natureza com as leis do pensamento e imaginam que sua inversão ou suspensão seria uma contradição de termos — como se a ressurreição dos mortos fosse a mesma coisa que dois mais dois resultando em cinco.

Foi só recentemente que descobri a resposta à primeira objeção. Eu a encontrei primeiro em George MacDonald e, depois, em Atanásio. Em seu pequeno livro *A encarnação*, ele diz: "Nosso Senhor assumiu um corpo como o nosso e viveu como um homem a fim de que aqueles que haviam se recusado a admiti-lo na direção e capitania de todo o universo pudessem reconhecer, nas obras que ele fez aqui embaixo, que a Palavra de Deus era o que habitava nesse corpo." Isto está exatamente em conformidade com o relato que o próprio Cristo faz de seus milagres: "o Filho não pode fazer nada de si mesmo; só pode fazer o que vê o Pai fazer".[10] A doutrina, em meu entender, é algo como o que explicarei a seguir.

Existe uma atividade de Deus demonstrada em toda a criação, uma atividade em larga escala, digamos, que os homens se recusam a reconhecer. Os milagres operados por Deus encarnado, que viveu como um homem na Palestina, realizam as mesmas coisas que esta atividade maior, porém, em velocidade diferente e em escala menor. Um dos principais propósitos disso é que os homens, ao ver algo sendo feito por um poder pessoal em pequena escala, pudessem reconhecer, quando vissem a mesma coisa sendo feita em grande escala, que o poder por trás dela também é pessoal — é, na verdade, a mesma pessoa que viveu entre nós há dois mil anos. Os milagres são uma narração em letras miúdas da mesma história que está escrita por todo o mundo em letras grandes demais para que alguns de nós leiam. Parte deste escrito maior já é visível, mas parte ainda não foi

---

[10] João 5:19.

decifrada. Em outras palavras, alguns dos milagres fazem localmente aquilo que Deus já fez universalmente; outros fazem localmente aquilo que ele ainda não fez, mas fará. Neste sentido, e a partir de nosso ponto de vista humano, podemos dizer que alguns são lembretes e outros, profecias.

Deus cria a videira e ensina-a a absorver água pelas raízes e, com a ajuda do Sol, a transformar esta água em um suco que fermentará e assumirá determinadas características. Assim, todos os anos, desde a época de Noé até a nossa, Deus transforma água em vinho. Isto os homens não veem. Ora, tal como os pagãos, eles atribuem o processo a algum espírito finito, Baco ou Dionísio; ora, tal como os modernos, atribuem uma causalidade elementar aos fenômenos químicos e de outras naturezas, os quais são tudo o que nossos sentidos podem perceber dali. Porém, quando Cristo transforma água em vinho em Caná, a máscara cai.[11] O milagre tem metade de seu efeito se nos convence apenas de que Cristo é Deus; mas tem efeito completo se, sempre que virmos uma videira ou bebermos uma taça de vinho, nos lembrarmos de que neles opera aquele que estava presente no casamento em Caná. Todos os anos, Deus transforma poucos grãos em muitos grãos: a semente é semeada e há um aumento em seu número. Os homens, entretanto, segundo a moda de sua época, dizem: "É Ceres, é Adônis, é o Grão-Rei" ou, então, "São as leis da natureza". A imagem aproximada, a tradução desta maravilha anual em letras miúdas, foi a provisão de alimento para cinco mil homens.[12] O pão ali não foi feito do nada. O pão não é feito de pedras, como o diabo certa vez sugeriu em vão a nosso Senhor.[13] Em vez disso, um pouco de pão foi transformado em muitos pães. O Filho só faz aquilo que vê o Pai

---
[11] João 2:1-11.
[12] Mateus 14:15-21; Marcos 6:34-44; Lucas 9:12-17; João 6:1-11.
[13] Mateus 4:3; Lucas 4:3.

fazer. Existe, por assim dizer, um *estilo* familiar. Os milagres de cura pertencem ao mesmo padrão. Às vezes, isso é obscurecido pela maneira um tanto mágica com que tendemos a olhar para a medicina comum. Nem mesmo os médicos, entretanto, têm esse olhar. A mágica não acontece na medicina, mas no corpo do paciente. O que o médico faz é estimular as funções da natureza no corpo ou remover obstáculos que lhes foram impostos. Em certo sentido, embora falemos, por conveniência, que tratamos machucados, todo machucado se cura sozinho; nenhum curativo tem a capacidade de fazer crescer uma nova pele sobre o machucado de um cadáver. A mesma energia misteriosa que chamamos de gravitacional, quando orienta os planetas, e de bioquímica, quando cura um corpo, é a causa eficiente de todas as recuperações; e, se Deus existe, esta energia — direta ou indiretamente — é dele. Todos os que são curados são curados por ele, o agente de cura interior. Contudo, ele fez isso certa vez de modo visível, em um encontro do Homem com um homem. Quando ele não atua por dentro deste modo de operação, o organismo morre. Portanto, o único milagre de destruição realizado por Cristo também está em harmonia com a atividade em larga escala de Deus. Sua mão física, estendida em ira simbólica, pôs fogo em uma figueira;[14] porém, nenhuma árvore morreu durante aquele ano na Palestina, nem durante ano algum, nem em terra alguma e nunca morrerá, a não ser que ele faça algo ou (mais provavelmente) deixe de fazer.

Quando alimentou milhares de pessoas, Jesus multiplicou pães e peixes. Observe cada baía e quase todos os rios. Essa fecundidade abundante, pulsante, mostra que ele ainda está em ação. Os antigos tinham um deus chamado Gênio, o deus da fertilidade animal e humana, o patrono da ginecologia, da

---

[14] Mateus 21:19; Marcos 11:13-20.

embriologia ou do leito conjugal — o "leito genial", como o chamavam em homenagem ao seu deus.[15] Ora, assim como os milagres do vinho, do pão e da cura revelaram quem Baco, Ceres e Apolo realmente eram — e que todos eram um só —, esta multiplicação milagrosa de peixes revelou o verdadeiro Gênio. Com isso, chegamos ao milagre que, por algum motivo, mais ofende a maioria dos ouvidos modernos. Até entendo as pessoas que negam totalmente os milagres, mas o que se deve pensar daquelas que admitem alguns milagres, mas negam o nascimento virginal? Será que, apesar de tudo o que elas dizem em favor das leis da natureza, há apenas uma lei em que realmente acreditam? Ou será que elas veem, neste milagre, um insulto à relação sexual, a qual está rapidamente se tornando a única coisa venerada em um mundo irreverente? Nenhum milagre é, na verdade, mais significativo do que este. O que acontece na geração normal? Qual é a função do pai no ato da concepção? Uma partícula microscópica de matéria do seu corpo fertiliza a mulher; e, com esta partícula, é possível que sejam transmitidos a cor de seu cabelo e os lábios salientes de seu bisavô, bem como a forma humana em toda a sua complexidade de ossos, fígado, tendões, coração e membros e a forma pré-humana que o embrião recapitulará no útero. Por trás de cada espermatozoide, encontra-se toda a história do universo; nele encerrada, encontra-se uma parte considerável do futuro do mundo. Este é o jeito normal que Deus tem de fazer um homem — um processo que leva séculos, começando na criação da matéria em si e, por fim, restringindo-se a um único segundo e uma única partícula no momento da concepção. E, uma vez mais, os homens

---

[15]Para mais informações sobre este assunto, consulte o capítulo "Genius and Genius" [Gênio e gênio] na obra de Lewis intitulada *Studies in Medieval and Renaissance Literature*, organizada por Walter Hooper (Cambridge, 1966), p. 169-174.

confundirão as impressões sensoriais que este ato criativo gera com o ato em si, ou então o atribuirão a algum ser finito como Gênio. Em determinado momento, portanto, Deus fez isso de forma direta, instantânea; sem um espermatozoide, sem os milênios de história orgânica por trás deste. Havia, naturalmente, outra razão. Desta vez, ele estava criando não apenas um homem, mas o homem que haveria de ser: o único Homem verdadeiro. O processo que resulta no espermatozoide trouxe consigo, ao longo dos séculos, muitos detritos indesejáveis; a vida que chega até nós por esta rota normal está maculada. A fim de evitar esta mácula, de dar à humanidade um novo começo, ele usou um atalho. Toda semana, um doador anônimo envia-me um jornal vulgar anti-Deus. Recentemente, li ali o insulto de que nós, cristãos, cremos em um Deus que cometeu adultério com a esposa de um carpinteiro judeu. A resposta para isso é que, se a ação divina de fertilizar Maria for descrita como "adultério", então Deus teria cometido adultério com todas as mulheres que já tiveram filhos algum dia. Afinal, aquilo que fez uma vez sem um pai humano, ele faz a todo momento, mesmo quando usa um pai humano como instrumento. O pai humano na geração comum é apenas um condutor — por vezes, um condutor não intencional —, sempre o último de uma longa linhagem de condutores que transmite a vida proveniente da vida suprema. Assim, a imundície que nossos inimigos infelizes, confusos, sinceros e rancorosos lançam contra aquele que é Santo não o atinge — e, caso o faça, transforma-se em glória.

Já falamos o suficiente a respeito de milagres que reproduzem em menor escala e maior velocidade aquilo que vemos nas letras graúdas da atividade universal de Deus. Contudo, antes que eu prossiga para a segunda classe destas letras — aquela que prenuncia partes da atividade universal ainda não vistas — devo evitar um mal-entendido. Não pensem que estou tentando fazer com que os milagres pareçam menos milagrosos.

Não estou argumentando que eles são mais prováveis porque são menos parecidos com os fenômenos naturais; estou apenas tentando responder àqueles que os consideram arbitrários, teatrais, indignos de Deus ou interrupções sem sentido da ordem universal. Eles continuam sendo, em minha opinião, inteiramente milagrosos. Reproduzir instantaneamente, com grãos já mortos e assados, aquilo que acontece comumente com sementes vivas aos poucos é um milagre tão grande quanto transformar pedras em pão. É um milagre tão grande quanto — porém de um *tipo* diferente. Esta é a questão. Quando leio Ovid[16] ou Grimm,[17] encontro o tipo de milagre que realmente seria arbitrário. Árvores falam, casas transformam-se em árvores, anéis mágicos fazem surgir mesas fartas de alimentos em lugares ermos, embarcações tornam-se deusas, e homens são transformados em serpentes, aves ou ursos. É divertido ler sobre essas coisas; porém, diante da menor suspeita de que elas realmente tivessem acontecido, a diversão se tornaria pesadelo. Não encontramos milagres desse tipo nos Evangelhos. Tais coisas, se fossem viáveis, demonstrariam que um poder estranho estava invadindo a natureza; elas não demonstrariam, de modo algum, que se tratava do mesmo poder que criou a natureza e a governa dia após dia. No entanto, os verdadeiros milagres expressam não simplesmente um deus, mas Deus — aquele que se encontra fora da natureza não como estranho, mas como soberano. Eles proclamam que veio a nós não apenas um rei, mas *o* Rei, *nosso* Rei.

A segunda classe de milagres, neste sentido, prediz aquilo que Deus ainda não fez, mas que fará universalmente. Ele ressuscitou um homem (o homem que era ele mesmo) dentre os

---

[16] A referência é à obra *Metamorfoses*, de Ovídio (43 a.C. — 18 d.C.).
[17] Os contos de fadas dos irmãos, Jacob Ludwig Carl (1785—1863) e Wilhelm Carl (1786—1859) Grimm.

mortos porque, um dia, ressuscitará todos os homens dentre os mortos. Talvez não só os homens, visto que há indícios no Novo Testamento de que toda a criação será restabelecida da queda, restaurada à sua forma original, e que servirá ao esplendor da humanidade refeita.[18] A transfiguração[19] e o caminhar sobre as águas[20] são vislumbres da beleza e do poder espontâneo sobre toda a matéria que os homens possuirão quando forem realmente despertos por Deus. Ora, a ressurreição certamente envolve uma "inversão" do processo natural, no sentido de que envolve uma série de alterações no sentido inverso daquilo que vemos. Na morte, a matéria que era orgânica volta a ser inorgânica aos poucos, sendo, por fim, dispersa e provavelmente usada em outros organismos. A ressurreição seria o processo inverso. Isso obviamente não significa a restauração de cada um dos átomos, na quantidade exata em que compunham o primeiro corpo, ou o corpo "natural", do indivíduo. Primeiro que não haveria átomos suficientes; segundo que a unidade do corpo, mesmo em vida, sofre mudanças lentas, porém complexas, em sua composição. Contudo, certamente significa algum tipo de matéria rapidamente tomando forma de organismo, tal como agora a vemos deixando de sê-lo. Significa, na verdade, reproduzir um filme a que já assistimos, porém desta vez de trás para frente. Neste sentido, a ressurreição é uma inversão da natureza. Agora, se tal inversão consiste necessariamente de contradição é, sem dúvida, outro assunto. Por acaso sabemos com certeza se o filme não pode ser reproduzido de trás para frente?

Bem, em certo sentido, o que a física moderna prega é justamente que o filme nunca pode ser projetado ao contrário. Para

---

[18]Por exemplo, Romanos 8:22: "Sabemos que toda a natureza criada geme até agora, como em dores de parto."
[19]Mateus 17:1-9; Marcos 9:2-10.
[20]Mateus 14:26; Marcos 6:49; João 6:19.

a física moderna, como você já deve ter ouvido falar, o universo está "decaindo". A desorganização e o acaso estão aumentando cada vez mais. Chegará um tempo, não infinitamente remoto, em que ele estará decaído ou desorganizado por completo, e a ciência desconhece qualquer retorno possível deste estado. Logo, deve ter havido um tempo no passado, não infinitamente remoto, em que o universo apresentava um estado de perfeição tal qual um relógio que recebeu corda, embora a ciência ignore o processo que o tenha posto neste estado. A questão é que, para nossos antepassados, o universo era uma imagem; para a física moderna, ele é uma história. Se o universo é uma imagem, essas coisas ora aparecem na imagem, ora não aparecem; e, caso não apareçam, uma vez que se trata de uma imagem infinita, pode-se suspeitar que sejam contrárias à natureza das coisas. Contudo, uma história é diferente, especialmente se for uma história incompleta. E a história contada pela física moderna pode ser resumida nas seguintes palavras: "Humpty Dumpty estava caindo".[21] Isto é, ela se apresenta como uma história incompleta. Deve ter havido um tempo antes de ele cair, enquanto estava sentado no muro; e deve haver um tempo depois de ele tocar o chão. É bem verdade que a ciência desconhece homens e cavalos capazes de unir suas partes novamente depois de ter caído ao chão e se quebrado. No entanto, ela também ignora como ele poderia ter sido inicialmente colocado em cima do muro. Não seria de esperar que soubesse. Toda a ciência está fundamentada na observação; e todas as nossas observações são feitas *durante* a queda de Humpty Dumpty, pois nascemos depois que ele deixou seu lugar no muro e estaremos extintos bem antes de ele atingir o solo. Porém, concluir, a partir de observações feitas

---

[21] Uma referência ao conhecido poema infantil em língua inglesa, no qual Humpty Dumpty é um ovo antropomórfico que caiu e quebrou. [N. T.]

Milagres

enquanto o relógio está correndo, que o ato de dar corda supostamente anterior a este processo não pode ocorrer novamente quando o processo terminar é puro dogmatismo. Com base na própria natureza do caso, as leis de degradação e desorganização que encontramos atualmente na matéria não podem ser a natureza final e eterna das coisas. Se fossem, nada haveria a ser degradado e desorganizado. Humpty Dumpty não pode cair de um muro que nunca existiu.

Obviamente, um acontecimento externo ao processo de queda ou desintegração, o qual conhecemos como natureza, não é imaginável. Se algo está claro nos registros das aparições de nosso Senhor após sua ressurreição é que o corpo ressurreto era muito diferente do corpo que morreu e que ele vivia sob condições bem diferentes da vida natural. O novo corpo, muitas vezes, não foi reconhecido por aqueles que o viram[22] e não está relacionado ao espaço da mesma maneira que o nosso corpo. As aparições e desaparições súbitas[23] sugerem o fantasma da tradição popular. No entanto, nosso Senhor insiste enfaticamente que ele não é um mero espírito e toma medidas para demonstrar que o corpo ressurreto ainda pode executar operações físicas, como comer.[24] O que torna tudo isso desconcertante para nós é nossa suposição de que passar para além do que chamamos de natureza — além das três dimensões e dos cinco sentidos altamente especializados e limitados — é estar imediatamente em um mundo de pura espiritualidade negativa, um mundo onde qualquer tipo de espaço e sentido não tem função alguma. Desconheço razões para acreditar nisso. A fim de explicar até mesmo um átomo, Schrödinger[25] utiliza

---

[22]Lucas 24:13-31,36-37; João 20:14-16.
[23]Marcos 16:14; Lucas 24:31,36; João 20:19,26.
[24]Lucas 24:42-43; João 21:13.
[25]Arthur Schrödinger (1887—1961), o físico austríaco.

sete dimensões: e, com novos sentidos, encontramos uma nova natureza. Pode ser que haja várias naturezas sobrepostas, sendo cada uma delas sobrenatural em relação à anterior, até que se chegue ao abismo do espírito puro; e estar neste abismo, à destra do Pai, talvez não signifique estar ausente de qualquer uma destas naturezas — talvez signifique uma presença ainda mais dinâmica em todos os níveis. É por isso que considero muito arriscado supor que a história da ascensão é mera alegoria. Sei que ela soa como obra de pessoas que imaginaram um absoluto sobe e desce com direito a um céu físico situado nas alturas. Contudo, dizer isso é afirmar: "Supondo que a história é falsa, poderíamos explicar como ela surgiu." Sem esta suposição, entretanto, vemo-nos "vagando em mundos irrealizados"[26] sem qualquer probabilidade — ou improbabilidade — a nos guiar. Porque, se a história for verdadeira, então um ser que ainda assumia determinada forma, embora não a nossa forma, corpórea, retirou-se por vontade própria da natureza apresentada por nossas três dimensões e nossos cinco sentidos, não necessariamente para o não sensorial e o não dimensionado, mas possivelmente para, ou por meio de, um mundo ou mundos de "sobressentidos" e "sobre-espaços". E ele pode optar por fazê-lo gradualmente. Quem sabe o que os espectadores poderiam ver? Se alegarem que viram um breve movimento vertical seguido de uma massa indistinta e, depois, nada — quem determinará que isso é improvável?

Meu tempo está quase no fim e preciso ser muito breve com a segunda classe de pessoas sobre as quais prometi falar: aquelas que confundem leis da natureza com leis do pensamento e,

---

[26]Esta é provavelmente uma citação equivocada de um verso de Wordsworth — "Moving about in worlds not realised" ["Vagando em mundos não realizados"] — presente em *Intimations of Immortality* [Prenúncios de imortalidade], IX, 149.

portanto, acham que qualquer desvio delas é uma autocontradição, tal como um círculo quadrado ou dois mais dois resultando em cinco. Pensar deste modo é imaginar que os processos normais da natureza são transparentes para o intelecto, que somos capazes de explicar por que ela se comporta à sua maneira. Pois, é claro, se nós não podemos entender por que uma coisa é como é, então não encontramos qualquer razão por que ela não deveria ser diferente. Mas, na verdade, o curso da natureza é totalmente inexplicável. Eu não quero dizer que a ciência ainda não o explicou e que pode fazê-lo algum dia. Quero dizer que a própria natureza da explicação nos impossibilita de explicar por que a matéria tem as propriedades que tem. Isso porque a explicação, por sua própria natureza, lida com um mundo de "se, então". Toda explicação assume a seguinte forma: "Uma vez que A, portanto B" ou "Se C, então D". A fim de explicar qualquer acontecimento, é preciso partir do pressuposto de que o universo é algo contínuo, uma máquina funcionando de uma maneira específica. Já que esta maneira específica de funcionar é a base de toda a explicação, ela nunca pode ser explicada. Não vemos razão por que ela não deveria funcionar de uma maneira diferente.

Dizer isso não é apenas eliminar a suspeita de que os milagres são autocontraditórios, mas também perceber o quão profundamente certo estava Atanásio ao encontrar uma semelhança essencial entre os milagres de nosso Senhor e a ordem geral da natureza. Ambos são um ponto final para as explicações do intelecto. Se o "natural" significa aquilo que pode ser inserido em uma classe, que obedece a uma norma, que pode ser comparado, que pode ser explicado por referência a outros acontecimentos, então a própria natureza como um todo *não* é natural. Se milagre significa aquilo que deve ser simplesmente aceito, se significa a realidade incontestável que não se explica, mas apenas *é*, então o universo é um grande milagre. Voltar nossa atenção para este grande milagre é um objetivo essencial dos atos terrenos de Cristo, os quais são, como ele mesmo disse, sinais.[27] Eles servem para nos lembrar de que as explicações de determinados acontecimentos, as quais extraímos *do* caráter conhecido, inexplicado e quase obstinado do universo real, não são explicações desse caráter. Estes sinais não nos afastam da realidade; eles nos levam de volta para ela, nos conduzem do nosso mundo de sonhos de "se, então" para a impressionante realidade de tudo o que é real. Eles são pontos focais em que mais realidade se torna visível de uma só vez do que costumamos ver normalmente. Já falei de como Jesus fez pão e vinho de forma milagrosa e de como, quando a virgem concebeu, ele demonstrou ser o verdadeiro Gênio que os homens haviam adorado em ignorância por tanto tempo antes. A questão, entretanto, é mais profunda do que isso. O pão e vinho haveriam de ganhar um significado ainda mais sagrado para os cristãos, e o ato de gerar seria o símbolo escolhido entre todos os místicos para representar a união da alma com Deus. Estas coisas não são por acaso. Com ele, não há acasos. Quando criou o mundo vegetal, ele já sabia quais sonhos a morte e a ressurreição anuais do grão suscitariam nas mentes pagãs devotas; ele já sabia que também deveria morrer e reviver e em qual sentido isto deveria acontecer, incluindo e transcendendo em grande medida a antiga religião do Grão-Rei. Ele haveria de dizer: "Isto é o meu corpo".[28] Pão *comum*, pão milagroso, pão sacramental — estes três são distintos, mas não devem ser separados. A realidade divina é como uma fuga: todos os seus atos são diferentes, mas todos rimam ou ecoam uns com os outros. É isso o que torna o cristianismo tão difícil de ser discutido. Quando a mente se detém em qualquer história ou doutrina, esta se torna de imediato um ímã que atrai verdade e glória de todos os níveis do

---

[27]Mateus 12:39; 16:4; 24:24,30; Marcos 13:22; 16:17,20; Lucas 21:11,25.
[28]Mateus 26:26; Marcos 14:22; Lucas 22:19; 1Coríntios 11:24.

Milagres

ser. Tanto nossas unidades panteístas indistintas quanto nossas distinções racionalistas superficiais são igualmente derrotadas pela textura contínua, porém em constante variação, da realidade; pela vitalidade, pela indefinição, pelas harmonias entrelaçadas da fertilidade multidimensional de Deus. No entanto, se esta é a dificuldade, ela também é um dos firmes fundamentos de nossa crença. Pensar que isso foi uma fábula, um produto de nosso próprio cérebro tal como este é um produto da matéria, seria acreditar que esse vasto esplendor sinfônico teria saído de algo muito menor e mais vazio do que ele mesmo. E não é assim. Nós ficamos mais próximos da verdade quando contemplamos a visão de Juliana de Norwich, na qual Cristo apareceu segurando um pequeno objeto parecido com uma avelã e disse: "Isto é tudo o que é criado."[29] E aquilo lhe pareceu tão pequeno e frágil, que ela se perguntou como poderia sequer se sustentar.[30]

---

[29] *Sixteen Revelations of Divine Love* [Dezesseis revelações do amor divino], organizado por Roger Hudleston (Londres, 1927), capítulo 5, p. 9.
[30] Consulte a Carta 3.

CAPÍTULO 3

O dogma e o universo

É uma crítica comum ao cristianismo afirmar que seus dogmas são imutáveis, ao passo que o conhecimento humano está em contínuo crescimento. Assim, para os incrédulos, nós parecemos estar sempre envolvidos na inútil tarefa de tentar forçar o novo conhecimento em moldes já ultrapassados. Acredito que este sentimento afaste o observador externo muito mais do que quaisquer discrepâncias específicas entre esta ou aquela doutrina e entre esta ou aquela teoria científica. Podemos, como costumamos dizer, "superar" dezenas de "dificuldades" isoladas, mas isso não altera a sensação desse observador de que o esforço como um todo está condenado ao fracasso e à distorção — de fato, quanto mais engenhoso, mais distorcido. Para ele, parece estar claro que, se nossos antepassados possuíssem o conhecimento que hoje temos sobre o universo, o cristianismo nunca teria existido; e, não importa o quanto tapemos os buracos, nenhum sistema de pensamento que alegue ser imutável pode, no longo prazo, ajustar-se ao conhecimento crescente.

Este é o ponto de vista que tentarei refutar. No entanto, antes de abordar aquilo que considero a resposta fundamental, eu gostaria de esclarecer alguns pontos sobre as verdadeiras relações entre a doutrina cristã e o conhecimento científico que já possuímos. Este último é diferente do crescimento contínuo de conhecimento que imaginamos, com ou sem razão, para o futuro e que, conforme pensam alguns, inevitavelmente resultaria em nossa derrota.

Em um aspecto, como muitos cristãos observaram, a ciência contemporânea recentemente se alinhou com a doutrina cristã e se afastou das formas clássicas do materialismo. Algo que emerge com clareza da física moderna é que a natureza não é eterna. O universo teve um começo e terá um fim. Contudo, todos os grandes sistemas materialistas do passado acreditavam na eternidade e, por conseguinte, na autoexistência da matéria. Conforme disse o professor Whittaker na série de palestras Riddell em 1942, "Nunca foi possível opor-se com seriedade ao dogma da Criação exceto pela afirmação de que o mundo existe desde toda a eternidade mais ou menos em seu estado atual".[1] Esta base fundamental do materialismo foi agora removida. Mesmo assim, não devemos nos apoiar muito nisso, pois as teorias científicas mudam. Porém, no momento atual, parece que o ônus da prova recai não sobre nós, mas sobre aqueles que negam à natureza uma causa além de si mesma.

No pensamento popular, entretanto, a origem do universo recebe menos importância (entendo) do que seu caráter — sua imensidão e aparente indiferença, se não hostilidade, à vida humana. E, muitas vezes, isso impressiona as pessoas ainda mais porque se trata supostamente de uma descoberta moderna — um exemplo excelente daquelas coisas que nossos antepassados desconheciam e que, se conhecidas, teriam impedido o início do cristianismo. Aqui, porém, existe uma inverdade histórica muito simples. Ptolomeu sabia tanto quanto Eddington[2] que a Terra

---
[1] WHITTAKER, Edmund Taylor. *The Beginning and End of the World*. Riddell Memorial Lectures, Fourteenth Series. Oxford: Oxford University Press, 1942, p. 40.
[2] Sir Arthur Stanley Eddington (1882—1944), que escreveu *The Expanding Universe* [O universo em expansão] (1933).

era infinitesimal em comparação a todo o conteúdo do espaço.[3] Ou seja, não é o caso de o conhecimento ter crescido ao ponto de a estrutura do pensamento arcaico não mais ser capaz de contê-lo. A verdadeira questão é por que a insignificância espacial da Terra, tendo sido conhecida há tantos anos, de repente se tornou um argumento contra o cristianismo no último século. Eu não sei por que isso aconteceu, mas estou certo de que não indica uma clareza maior de pensamento, visto que o argumento fundamentado no tamanho é, em minha opinião, muito fraco.

Quando, durante a autópsia, um médico diagnostica envenenamento com base no estado dos órgãos do falecido, seu argumento é racional porque ele tem uma ideia clara do estado oposto em que os órgãos teriam sido encontrados se não houvesse a presença de veneno. Da mesma forma, se optarmos por usar a vastidão do espaço e a pequenez da Terra para refutar a existência de Deus, precisamos ter uma ideia clara do tipo de universo que existiria caso não houvesse Deus. Mas nós, por acaso, temos essa ideia? Independentemente do que o espaço seja — e, é claro, alguns modernos consideram-no finito — nós o percebemos como tridimensional, e a um espaço tridimensional não se pode atribuir fronteiras. Pela própria forma de nossas percepções, portanto, devemos sentir como se vivêssemos em algum lugar do espaço infinito. Se não encontrássemos objeto algum neste espaço infinito além daqueles que servem ao homem (nosso próprio Sol e nossa própria Lua), este amplo vazio certamente seria usado como um forte argumento contra a existência de Deus. Se descobríssemos outros corpos, eles seriam ora habitáveis, ora inabitáveis; e o estranho é que ambas as hipóteses seriam utilizadas para rejeitar o cristianismo. Se, por

---

[3]Ptolomeu viveu em Alexandria no século II d.C. A referência é ao seu tratado *Almagesto*, livro I, capítulo 5.

um lado, o universo transborda de vida, dizem-nos que isto reduz ao absurdo a alegação cristã — ou aquilo que se entende por alegação cristã — de que o homem é único, bem como a doutrina cristã de que Deus desceu a este único planeta e foi encarnado em favor de nós, homens, e para nossa salvação. Se, por outro lado, a Terra é realmente única, isto prova que a vida é apenas um subproduto acidental no universo, mais uma vez contestando nossa religião. Realmente, somos difíceis de agradar. Nós tratamos Deus como a polícia aborda o suspeito: tudo o que for dito é usado contra ele. Eu não penso que isto seja consequência de nossa maldade. Suspeito que haja algo em nosso próprio modo de raciocinar que nos deixa inevitavelmente perplexos diante da existência real, *seja qual for* o caráter que ela tenha. Talvez uma criatura finita e contingente — uma criatura que poderia não ter existido — sempre encontre dificuldade em aceitar o fato bruto de que ela está, aqui e agora, ligada à ordem real das coisas.

Seja como for, é certo que todo argumento fundamentado no tamanho jaz no pressuposto de que as diferenças de tamanho devem coincidir com as diferenças de valor; pois, a menos que coincidam, não há, evidentemente, motivo algum para que a minúscula Terra e as ainda menores criaturas humanas que nela habitam não sejam as coisas mais importantes em um universo que contém as nebulosas espirais. Ora, este pressuposto é racional ou emocional? Eu vejo, como qualquer outra pessoa, o absurdo em supor que a galáxia teria menos importância aos olhos de Deus do que um átomo tal como o ser humano. No entanto, eu não vejo um absurdo semelhante ao supor que alguém com um metro e meio de altura poderia ser mais importante do que alguém com um metro e sessenta centímetros — nem que um homem poderia ter mais valor do que uma árvore ou que um cérebro poderia ter mais importância do que uma perna. Em outras palavras, a sensação de absurdo surge apenas se as diferenças de tamanho são muito grandes. Porém, quando se percebe uma relação pela razão, ela é válida universalmente. Se o tamanho e o valor tivessem qualquer conexão verdadeira entre si, pequenas diferenças de tamanho acompanhariam pequenas diferenças de valor tão certamente quanto grandes diferenças de tamanho acompanham grandes diferenças de valor. Porém, ninguém em sã consciência entende que isso funciona assim. Eu não considero o homem mais alto *minimamente* mais valioso do que o homem mais baixo. Eu não reconheço uma tênue superioridade das árvores com relação aos homens e, em seguida, a negligencio por ser mínima demais para receber atenção. O que eu percebo, quando estou lidando com pequenas diferenças de tamanho, é que elas não têm ligação alguma com valor. Deste modo, concluo que a importância associada às grandes diferenças de tamanho é uma questão não da razão, mas da emoção — daquela emoção específica gerada por superioridades em tamanho apenas depois que se atinge determinado tamanho absoluto.

Somos poetas inveterados. Nossa imaginação desperta. Em vez de mera quantidade, temos agora uma qualidade: o sublime. Se não fosse assim, a grandeza puramente aritmética da galáxia não seria mais impressionante do que os números em uma lista telefônica. Logo, em certo sentido, é a partir de nós mesmos que o universo material deriva seu poder de nos intimidar. Para uma mente que não compartilha de nossas emoções e carece de nossos poderes imaginativos, o argumento fundamentado no tamanho é completamente desprovido de sentido. Os homens contemplam o céu estrelado com reverência; os macacos, não. O silêncio do espaço eterno aterrorizou Pascal,[4] mas foi a grandeza de Pascal que o colocou em posição de ser aterrorizado. Quando nos espantamos diante da grandiosidade do universo, na verdade nos espantamos (quase literalmente) com nossa

---

[4]PASCAL, Blaise. *Pensamentos*, n. 206.

própria sombra. Afinal, esses anos-luz e bilhões de séculos são meramente aritméticos até que a sombra do homem, o poeta, o criador de mitos, caia sobre eles. Não digo que estamos errados em tremer à vista desta sombra; trata-se da sombra de uma imagem divina. Porém, se a vastidão da matéria ameaçar subjugar nosso espírito, devemos lembrar que é a matéria espiritualizada que faz esta ameaça. A grande nebulosa de Andrômeda deve ao homem insignificante, em certo sentido, sua grandeza.

E isso me leva a dizer, uma vez mais, que somos difíceis de agradar. Se o mundo em que nos encontramos não fosse vasto e estranho o suficiente para causar terror em Pascal, que pobres criaturas seríamos! Sendo o que somos — anfíbios racionais, mas também animados, que passam do mundo sensorial ao espiritual por meio de mitos e metáforas —, eu não vejo como poderíamos ter chegado ao conhecimento da grandeza de Deus sem o indício oferecido pela grandiosidade do universo material. Mais uma vez, que tipo de universo nós exigimos? Se fosse pequeno o suficiente para ser aconchegante, não seria grande o suficiente para ser sublime. Agora, se ele é grande o suficiente para que estiquemos nossos membros espirituais, então deve ser grande o suficiente para nos deixar perplexos. Limitados ou aterrorizados, nós devemos, em qualquer mundo concebível, assumir uma dessas duas condições. Pessoalmente, prefiro o terror. Eu ficaria sufocado em um universo cujo fim fosse visível. Por acaso, ao caminhar em um bosque, você nunca deu meia-volta de propósito a fim de que, ao atravessá-lo, ele não ficasse eternizado em sua imaginação como um simples e desprezível corredor de árvores?

Não pense que estou sugerindo que Deus criou as nebulosas espirais única ou exclusivamente para nos proporcionar a experiência de assombro e perplexidade. Eu não tenho a menor ideia do motivo de ele as ter criado; e de modo geral, acho que seria bastante surpreendente se eu tivesse. Até onde entendo a questão, o cristianismo não está preso a uma visão antropocêntrica do universo como um todo. Os primeiros capítulos de Gênesis, sem dúvida, narram a história da criação sob a forma de um conto popular — um fato reconhecido desde a época de Jerônimo de Estridão — e, se forem considerados de maneira isolada, esta é a impressão que de fato se tem. Contudo, isto não é confirmado pela Bíblia como um todo. Há poucos textos na literatura que nos alertam com mais severidade do que o livro de Jó contra o uso do homem como medida de todas as coisas: "Você consegue pescar com anzol o Leviatã? Acha que ele vai fazer acordo com você, para que o tenha como escravo pelo resto da vida? Apenas vê-lo já é assustador".[5] Nos textos de Paulo, os poderes do céu parecem ser hostis ao homem de modo geral. É, naturalmente, a essência do cristianismo o fato de que Deus ama o homem e por ele assumiu forma física e morreu. Isso, entretanto, não prova que o homem é o único fim da natureza. Na parábola, o pastor foi buscar a única ovelha perdida,[6] não a única ovelha do rebanho; e não somos informados de que ela era a mais valiosa — salvo na medida em que a ovelha com necessidade mais desesperadora tem, enquanto durar a necessidade, valor peculiar aos olhos do Amor. A doutrina da encarnação só estaria em contradição com o que sabemos a respeito deste vasto universo se soubéssemos da existência de outras espécies racionais que, como nós, tivessem caído e precisassem de igual redenção, mas que não a houvessem recebido. No entanto, desconhecemos tais circunstâncias. O universo pode estar repleto de vida que não carece de redenção. Ele pode estar repleto de vida que já foi redimida. Pode estar repleto de coisas bem diferentes de vida, as quais, não obstante, satisfazem a sabedoria

---

[5]Jó 41:1,4,9.
[6]Mateus 18:12; Lucas 15:4.

divina de formas inconcebíveis. Não estamos em posição de elaborar mapas da psicologia de Deus nem de estipular limites aos seus interesses. Não faríamos isso nem mesmo com outro ser humano mais importante do que nós. As doutrinas de que Deus é amor e de que ele se deleita nos homens são positivas, não limitadoras. Ele não é menos do que isso, mas não sabemos o que mais pode ser; sabemos apenas que ele deve ser mais do que podemos conceber. É de se esperar que sua criação seja, no geral, incompreensível para nós.

Os próprios cristãos são, muitas vezes, responsáveis pelos mal-entendidos a esse respeito. Eles têm o mau hábito de falar como se a revelação existisse para satisfazer nossa curiosidade, esclarecendo toda a criação de modo a torná-la autoexplicativa e a responder todas as perguntas. Todavia, a revelação parece-me puramente prática, dirigida ao animal específico — o homem caído — para o alívio de suas necessidades urgentes, e não ao espírito de investigação que nele há para gratificar sua curiosidade abundante. Sabemos que Deus visitou e redimiu seu povo, mas isto nos diz tanto sobre o caráter geral da criação quanto uma dose de remédio administrada a uma galinha doente em uma grande fazenda nos diz sobre o caráter geral da criação de animais na Inglaterra. O que devemos fazer, qual caminho devemos trilhar para chegar à fonte da vida, isto nós sabemos — e ninguém que tenha seguido com seriedade as instruções queixa-se de ter sido enganado. Porém, se existem outras criaturas como nós e como elas são tratadas; se a matéria inanimada existe apenas para servir às criaturas vivas ou para algum outro propósito; se a imensidão do espaço é um meio para um fim, uma ilusão ou simplesmente o modo natural em que se espera que a energia infinita exerça atividade criativa — acerca de todos estes pontos, creio que somos deixados às nossas próprias especulações.

Não. Não é o cristianismo que precisa temer o imenso universo. Quem deve temê-lo são os sistemas que colocam todo o significado de existir na evolução social ou biológica de nosso próprio planeta. O evolucionista criativo, bergsoniano ou *shaviano*, ou o evolucionista comunista é quem deve tremer ao contemplar o céu à noite. Ele está, na realidade, comprometido com um navio naufragante. Ele está tentando ignorar a natureza descoberta das coisas, como se, ao se concentrar na tendência possivelmente ascendente de um único planeta, ele conseguisse se esquecer da tendência descendente inevitável do universo como um todo, da tendência a baixas temperaturas e da desorganização irrevogável. Afinal, a entropia é a verdadeira onda cósmica, e a evolução, apenas uma ondulação telúrica momentânea dentro dela.

Por esses motivos, portanto, proponho que nós cristãos tenhamos tão pouco a temer quanto qualquer outro com relação ao conhecimento adquirido. Porém, conforme afirmei no começo, esta não é a resposta fundamental. As infindáveis flutuações da teoria científica que hoje nos parecem tão mais amistosas do que no século passado podem se voltar contra nós amanhã. A resposta básica reside em outro lugar.

Permita-me lembrá-lo da pergunta a que estamos tentando responder: como um sistema imutável pode sobreviver ao aumento contínuo de conhecimento? Ora, em determinados casos, sabemos muito bem como isso pode acontecer. Um acadêmico maduro que lê um trecho importante de Platão, absorvendo de relance a metafísica, a beleza literária e o lugar de ambas na história da Europa, ocupa uma posição muito diferente de um garoto que ainda está aprendendo o alfabeto grego. Não obstante, é por intermédio deste sistema imutável do alfabeto que toda aquela vasta atividade mental e emocional acontece. Este sistema não foi destruído pelo novo conhecimento. Não se tornou antiquado. Caso fosse alterado, tudo seria o caos. Um grande estadista cristão ponderando sobre a moralidade de uma medida que afetará milhões de vidas e que envolve considerações econômicas, geográficas e políticas de extrema complexidade ocupa uma posição diferente de um garoto que está aprendendo pela primeira vez que não se deve enganar, mentir ou machucar pessoas inocentes. Contudo, somente à medida em que este primeiro conhecimento dos grandes fundamentos morais sobrevive intacto no estadista é que sua deliberação pode ser moral. Se isso se esvai, não há progresso, mas mera mudança. Afinal de contas, mudança não é progresso a menos que a essência permaneça inalterada. Um pequeno carvalho torna-se um grande carvalho; caso se tornasse uma faia, não seria crescimento, apenas mudança. Há uma grande diferença entre contar maçãs e deduzir as fórmulas matemáticas da física moderna. Todavia, a tabela de multiplicação é utilizada em ambas as situações e não se torna obsoleta.

Em outras palavras, onde quer que haja verdadeiro progresso no conhecimento, há determinada porção deste que não é substituída. Com efeito, a própria possibilidade de progresso requer que haja um elemento imutável. Garrafa nova para vinho novo, tudo bem; mas paladar novo, garganta nova e estômago novo, não — ou o vinho nem sequer seria "vinho" para nós. Em minha opinião, todos poderíamos encontrar este tipo de elemento imutável nas regras simples da matemática. A estas, eu acrescentaria os princípios básicos da moralidade. E também adicionaria as doutrinas fundamentais do cristianismo. A fim de empregar uma linguagem mais técnica, digo que as declarações históricas positivas feitas pelo cristianismo têm o poder — encontrado em outros lugares sobretudo em princípios formais — de receber, sem alteração intrínseca, a crescente complexidade de sentido que o aumento de conhecimento traz.

Por exemplo, pode ser verdade (embora eu não suponha que seja, sequer por um momento) que, ao afirmar que "ele desceu do céu", os escritores do Credo Niceno tivessem em mente um movimento literal de um céu físico para a superfície da

Terra — como uma descida de paraquedas. Desde então, outros talvez tenham descartado a ideia de que esse céu fosse espacial. Mesmo assim, nem a relevância nem a credibilidade do que é afirmado parecem ser minimamente afetadas pela mudança. Em cada um dos pontos de vista, trata-se de algo milagroso: em cada um deles, as imagens mentais que acompanham o ato de crer não são essenciais. Quando um convertido na África central e um especialista na rua Harley[7] afirmam que Cristo ressuscitou dentre os mortos, há, sem dúvida, uma grande diferença em seus modos de pensar. Para um, a simples imagem de um corpo se levantando basta; o outro talvez imagine uma série de processos bioquímicos e até físicos funcionando de trás para frente. O médico sabe que, em sua experiência, tais processos nunca acontecem de trás para frente; já o africano sabe que defuntos não se levantam e andam. Ambos são confrontados com um milagre e ambos sabem disso. Caso considerem os milagres impossíveis, a única diferença é que o médico explicará a impossibilidade em muito mais detalhes, adicionando floreios elaborados à simples declaração de que mortos não andam. Caso acreditem em sua possibilidade, tudo o que o médico disser apenas esmiuçará e esclarecerá as palavras: "Ele ressuscitou." Quando o autor de Gênesis diz que Deus fez o homem à própria imagem, ele talvez tenha imaginado um Deus vagamente corpóreo criando o homem tal qual uma criança molda um boneco de massinha. Um filósofo cristão moderno talvez imagine o ato mencionado na Bíblia como um processo que dura desde a primeira criação da matéria até a última aparição de um organismo apto a receber vida espiritual e biológica neste planeta. Ambos, entretanto, querem dizer essencialmente a mesma coisa. E ambos estão negando a mesma

---

[7] A rua Harley, em Londres, é conhecida desde o século XIX pelo grande número de especialistas em medicina e cirurgia que nela atuam. [N. T.]

coisa: a doutrina de que a matéria, por meio de algum poder oculto inerente, produziu a espiritualidade.

Porventura isso significa que cristãos com diferentes níveis de educação nutrem crenças radicalmente diferentes sob uma formulação idêntica de palavras? De modo nenhum. Aquilo em que concordam é a substância, e aquilo em que diferem é a sombra. Se alguém imagina Deus assentado em um céu físico, pairando sobre uma Terra plana, e outra pessoa enxerga Deus e a criação nos termos da filosofia do professor Whitehead,[8] esta diferença diz respeito precisamente ao que não importa. Talvez isso lhe pareça um exagero. Mas será que é? No que tange à realidade material, estamos agora sendo forçados a concluir que nada sabemos a seu respeito, exceto sua matemática. Os seixos palpáveis de nossas primeiras calculadoras, os átomos imaginados de Demócrito, a imagem que o homem comum tinha do espaço — tudo era a sombra: os números são a substância de nosso conhecimento, a única ligação entre a mente e as coisas. O que a natureza é em si mesma nos evade; e, no fim, descobre-se que as coisas que, à ingênua percepção, parecem ser evidentes acerca dela são, na verdade, as mais ilusórias. Mais ou menos o mesmo se dá com nosso conhecimento da realidade espiritual. O que Deus é em si mesmo, como ele deve ser concebido pelos filósofos, foge continuamente de nosso conhecimento. As representações do mundo que acompanham a religião e que parecem tão sólidas enquanto duram acabam sendo apenas sombras. É a religião em si — a oração, o sacramento, o arrependimento e a adoração — o que permanece no longo prazo como o único caminho para o real. Tal como a matemática, a religião pode crescer a partir de dentro ou decair. O judeu sabe mais do que o

---

[8] Alfred North Whitehead (1861—1947), que escreveu, entre outras obras, *A ciência e o mundo moderno* (1925) e *Religion in the Making* [Religião em formação] (1926).

pagão; o cristão, mais do que o judeu; o homem moderno, vagamente religioso, menos do que qualquer um dos três. Contudo, assim como a matemática, a religião permanece simplesmente sendo ela mesma, capaz de ser aplicada a qualquer nova teoria do universo material sem se tornar obsoleta por nenhuma.

Quando um indivíduo entra na presença de Deus, ele descobre — querendo ou não — que todas as coisas que tanto pareciam diferenciá-lo dos homens de outros tempos, ou mesmo de seu eu anterior, abandonaram-no. Ele voltou para aquele lugar onde sempre esteve, onde todo homem sempre está. *Eadem sunt omnia semper.*[9] Não nos enganemos. Nenhuma complexidade que venhamos a conferir à imagem do universo pode nos esconder de Deus: não há corpo, floresta nem selva densos o suficiente para dar-nos cobertura. Lemos, em Apocalipse, a respeito daquele que estava assentado sobre o trono, de cuja presença a "Terra e o céu fugiram".[10] Isso pode acontecer com qualquer um de nós a qualquer momento. Em um piscar de olhos, em um tempo ínfimo demais para ser medido, e em qualquer lugar, tudo o que parece nos separar de Deus pode fugir, desaparecer, deixando-nos nus diante dele tal como o primeiro homem — tal como o único homem, como se nada existisse além de nós mesmos e ele. E, uma vez que esse contato não pode ser evitado por muito tempo e que ele significa bênção ou terror, o objetivo da vida é aprender a apreciá-lo. Esse é o grande e primeiro mandamento.

---

[9] "Tudo é sempre o mesmo."
[10] Apocalipse 20:11.

CAPÍTULO | 4

Respostas
a perguntas sobre o
cristianismo

[As respostas às perguntas publicadas aqui foram proferidas por Lewis no programa "One Man Brains Trust", transmitido em 18 de abril de 1944 na sede da empresa Electric and Musical Industries Ltd. em Hayes, Middlesex. Notas taquigráficas foram feitas, e uma transcrição foi enviada a Lewis. Depois de pequenas revisões, o texto foi impresso em 1944. O Sr. H. W. Bowen foi o entrevistador.]

Lewis:
Pediram-me que começasse com algumas palavras sobre o cristianismo e a indústria moderna. Ora, indústria moderna é um assunto a respeito do qual eu nada sei. Contudo, justamente por este motivo é que ela pode ilustrar aquilo que o cristianismo, em minha opinião, faz e não faz. O cristianismo, por exemplo, *não* substitui a técnica. Quando nos manda alimentar os famintos, ele não dá lições de culinária. Se quisermos aprender *isso*, temos de consultar um cozinheiro, não um cristão. Caso você não seja um economista profissional nem tenha experiência com indústria, apenas ser cristão não lhe dará a resposta para os problemas industriais. Minha opinião pessoal é que a indústria moderna é um sistema radicalmente sem esperança. É possível melhorar salários, carga horária,

condições e outros aspectos, mas nada disso soluciona o problema mais profundo — isto é, as multidões que passam a vida toda em trabalhos maçantes e repetitivos que não lhes permitem desempenhar plenamente suas faculdades. Como isso pode ser superado, eu não sei. Se um único país abandonasse o sistema, ele simplesmente viraria uma presa para os outros países que não fizeram o mesmo. Eu desconheço a solução, pois este não é o tipo de coisa que o cristianismo ensina a alguém como eu. Agora, vamos às perguntas.

Pergunta 1:
Os cristãos são ensinados a amar o próximo. Como, portanto, eles justificam sua postura a favor da guerra?

Lewis:
Somos instruídos a amar o próximo como a nós mesmos. E como nós nos amamos? Tomando como base minha própria mente, percebo que não amo a mim mesmo por considerar-me um bom camarada ou por nutrir sentimentos afetuosos por minha própria pessoa. Eu não creio que amo a mim mesmo por ser um indivíduo especialmente bom, mas apenas porque sou eu mesmo, independentemente de meu caráter. Eu talvez deteste algo que tenha feito, mas não deixo de me amar por causa disso. Em outras palavras, aquela distinção clara que os cristãos fazem entre odiar o pecado e amar o pecador é uma distinção que fazemos com relação a nós mesmos desde que nascemos. Não gostamos do que fizemos, mas nem por isso deixamos de nos amar. Em nosso parecer, talvez até devêssemos ser enforcados. Talvez pensemos, inclusive, que o certo mesmo seria nos apresentar à polícia, confessar o que fizemos e receber a pena de morte. O amor não é um sentimento afetuoso, mas um desejo constante pelo bem maior da pessoa amada até onde for possível obtê-lo. No pior dos cenários, portanto, creio que, caso não se consiga conter um homem

por método algum exceto pela tentativa de matá-lo, isto é o que o cristão deve fazer. Esta é minha resposta, mas posso estar errado. É, sem dúvida, muito difícil de responder.

Pergunta 2:
Supondo que um operário lhe perguntasse: "Como posso encontrar Deus?", como você responderia?

Lewis:
Eu não vejo como o problema seria diferente para um operário em relação a qualquer outro indivíduo. O básico a respeito de qualquer homem é que ele é um ser humano e compartilha de todas as tentações e qualidades humanas comuns. Qual é o problema especial do operário? No entanto, talvez seja importante o que direi a seguir.

O cristianismo realmente faz duas coisas com as condições deste mundo aqui e agora: (1) ele tenta melhorá-las até onde for possível, isto é, reformá-las; mas também (2) fortifica-nos contra elas na medida em que permanecem más.

Se quem fez a pergunta tiver o problema do trabalho repetitivo em mente, a dificuldade do operário é a mesma de qualquer outro homem defrontado com sofrimento ou dificuldade. As pessoas encontrarão Deus se buscarem nele a postura correta diante das coisas desagradáveis... se é que a pergunta foi essa.

Pergunta 3:
Por favor, defina cristão praticante. Há outras variedades de cristãos?

Lewis:
Certamente há muitas outras variedades. Quanto à definição, ela depende, evidentemente, do que você quer dizer com "cristão praticante". Caso se refira a alguém que pratica o cristianismo

em todos os aspectos e em todos os momentos da vida, só há um cristão praticante: o próprio Cristo. Neste sentido, não há cristãos praticantes, mas somente cristãos que, em graus variados, tentam praticá-lo, fracassam e começam de novo. Uma prática perfeita do cristianismo consistiria, naturalmente, de uma perfeita imitação da vida de Cristo — quer dizer, na medida em que isso fosse aplicável às circunstâncias particulares de cada indivíduo. Esta prática, porém, não deveria acontecer de modo insensato; ela não significa que todo cristão deve deixar a barba crescer, ser celibatário ou tornar-se um pregador itinerante. Significa que cada ato e sentimento, cada experiência, agradável ou desagradável, devem ser submetidos a Deus. Significa enxergar tudo como algo que vem dele e sempre consultá-lo, buscar sua vontade em primeiro lugar e questionar-se: "Como ele gostaria que eu lidasse com isso?"

Uma imagem ou figura (muito remota) da relação entre o cristão perfeito e seu Deus seria a relação entre um bom cão e seu dono. Esta é uma imagem muito imperfeita porque o cão não dispõe de razão como o dono. Nós, em contrapartida, compartilhamos da razão de Deus, mesmo que de uma maneira imperfeita e interrompida ("interrompida" porque não pensamos de modo racional por muito tempo de uma vez — é cansativo demais — e não temos informações para entender as coisas completamente, além do fato de nossa própria inteligência ter algumas limitações). Desta forma, somos mais parecidos com Deus do que o cão, conosco, embora, sem dúvida, haja outros aspectos em que o cão é mais parecido conosco do que nós, com Deus. É apenas uma ilustração.

Pergunta 4:
Quais são as justificativas éticas e sociais para o posicionamento da Igreja com relação às doenças venéreas, sua profilaxia e a publicidade que delas se faz?

Lewis:
Preciso de mais esclarecimentos para saber se consigo responder à pergunta. Você poderia me dizer qual Igreja tem em mente?

Voz:
A Igreja em questão é a Igreja da Inglaterra. Seu posicionamento, embora não declarado, fica implícito no fato de ela ter mais ou menos banido toda publicidade relacionada aos métodos profiláticos contra as doenças venéreas. A opinião de alguns quanto a isso é que, para a Igreja, a punição moral não deve ser evitada.

Lewis:
Eu desconheço qualquer líder da Igreja da Inglaterra que tenha essa opinião, e eu também não tenho. Existem objeções óbvias a isso. Afinal de contas, não são apenas as doenças venéreas que podem ser consideradas punições por má conduta. Muito embora a indigestão na velhice possa ser consequência da glutonaria na juventude, ninguém se opõe a anúncios de digestivos. Eu, pelo menos, discordo fortemente da opinião mencionada.

Pergunta 5:
Muitas pessoas sentem rancor ou tristeza por acreditar que são alvos de um destino injusto. Estes sentimentos são estimulados por luto, doença, más condições no lar ou no trabalho e a observação do sofrimento alheio. Qual é a opinião cristã quanto a este problema?

Lewis:
A opinião cristã é que os homens foram criados para viver em determinado relacionamento com Deus (se tivermos este relacionamento com ele, o relacionamento correto com os outros homens será uma consequência inevitável). Cristo disse que é

difícil para o "rico" entrar no Reino dos céus,[1] referindo-se, sem dúvida, às "riquezas" no sentido comum do termo. No entanto, eu acho que a palavra abrange riquezas em todos os sentidos: prosperidade, saúde, popularidade e tudo aquilo que se deseja ter. Todas essas coisas tendem — tal como o dinheiro — a dar-nos a sensação de independência de Deus porque, se as temos, já somos felizes e satisfeitos nesta vida. Não queremos nos voltar para mais nada e, portanto, tentamos descansar em uma felicidade ilusória como se ela fosse durar para sempre. Deus, entretanto, quer nos dar uma felicidade verdadeira e eterna. Por conseguinte, talvez precise tomar todas essas "riquezas" de nós; caso não as tome, continuaremos confiando nelas. Soa cruel, não? Contudo, estou começando a descobrir que aquilo que as pessoas chamam de doutrinas cruéis são, na verdade, as mais benignas em longo prazo. Eu costumava achar que era uma doutrina "cruel" afirmar que os problemas e os sofrimentos são "castigos". Mas, na prática, percebo que, quando estamos em dificuldades, fica mais fácil suportá-las quando olhamos para elas como "castigos". Quando pensamos que este mundo é um lugar destinado apenas à nossa felicidade, ele passa a ser absolutamente intolerável. Pense nele, em vez disso, como um lugar de treinamento e correção, assim ele não será tão ruim.

Imagine um grupo de pessoas vivendo no mesmo prédio. Metade delas acha que se trata de um hotel, e a outra metade, de uma prisão. Aquelas que acreditam estar em um hotel talvez o considerem insuportável, mas aquelas que acreditam estar em uma prisão talvez considerem o local surpreendentemente confortável. De igual modo, o que parece ser uma doutrina desagradável, na realidade, acaba por nos consolar e fortalecer. As pessoas que procuram ter uma visão otimista do mundo passam

---

[1] Mateus 19:23; Marcos 10:23; Lucas 18:24.

a ser pessimistas, e as pessoas que têm uma perspectiva bem austera tornam-se otimistas.

Pergunta 6:
Os materialistas e alguns astrônomos sugerem que o sistema planetário solar e a vida como a conhecemos surgiram por uma colisão estelar acidental. Qual é a opinião cristã sobre esta teoria?

Lewis:
Se o sistema solar surgiu por uma colisão acidental, o surgimento da vida orgânica neste planeta também foi um acidente, bem como toda a evolução do homem. Neste caso, todos os nossos pensamentos atuais são meros acidentes — afinal, são o subproduto acidental do movimento atômico. E isso vale para os pensamentos dos materialistas e astrônomos bem como para os de qualquer outra pessoa. Mas se os pensamentos *deles* — isto é, dos materialistas e astrônomos — são meros subprodutos acidentais, por que devemos acreditar que são verdadeiros? Não vejo razão alguma para crer que um acidente seria capaz de dar-me uma explicação correta de todos os demais acidentes. É como esperar que a forma aleatória assumida pelo líquido quando o jarro de leite cai no chão explique corretamente como o jarro foi feito e por que o leite foi derramado.

Pergunta 7:
É verdade que o cristianismo (especialmente nas formas protestantes) tende a produzir uma condição triste e melancólica na sociedade que incomoda a maioria das pessoas?

Lewis:
Quanto à distinção entre o protestantismo e outras formas de cristianismo, é questão muito difícil de responder. Ao ler sobre o século XVI, eu descubro que pessoas como Sir Thomas More,

por quem tenho grande respeito, sempre consideraram as doutrinas de Martinho Lutero não como pensamentos sombrios, mas como pensamentos esperançosos. Duvido que seja possível fazer uma distinção entre o protestantismo e outras linhas nesse aspecto. Agora, acho muito difícil responder se o protestantismo é melancólico ou se o cristianismo de modo geral produz melancolia, pois nunca vivi em uma sociedade totalmente não cristã nem em uma sociedade inteiramente cristã. Além do mais, eu não participei do século XVI, e o conhecimento que tenho provém apenas de livros. Acredito que haja a mesma dose de alegria e de melancolia em todos os períodos. Os poemas, os romances, as cartas e outras produções de todos os períodos demonstram isso. Porém, uma vez mais, eu realmente não sei a resposta, é claro. Eu não estava lá.

Pergunta 8:
É verdade que os cristãos devem estar preparados para viver uma vida de desconforto e sacrifício pessoais como condição para receber o suposto "galardão"?

Lewis:
Todas as pessoas, sejam cristãs ou não, devem estar preparadas para viver uma vida de desconforto. É inviável buscar o cristianismo com vistas ao conforto, pois o objetivo do cristão é oferecer-se à vontade de Deus, a fazer o que Deus deseja que ele faça. Não sabemos de antemão se Deus nos colocará diante de algo difícil ou doloroso ou diante de algo que apreciaremos; e alguns indivíduos de caráter heroico chegam até mesmo a ficar desapontados quando a tarefa que lhes foi atribuída acaba sendo agradável. Contudo, temos de estar preparados para as coisas desagradáveis e os desconfortos. Não estou falando de jejum nem de coisas do tipo. Isso é outra história. Quando se treina soldados em manobras, utiliza-se munições falsas porque

o objetivo é conferir-lhes experiência antes que se deparem com o verdadeiro inimigo. Portanto, devemos praticar abstendo-nos de prazeres que, em si, não são maus. Se não nos abstivermos de prazer, não seremos bons quando o momento chegar. É puramente uma questão de prática.

Voz:
Por acaso, práticas como o jejum e a abnegação não foram apropriadas pelo cristianismo de religiões mais antigas ou primitivas?

Lewis:
Não sei dizer ao certo quais elementos do cristianismo são provenientes de religiões mais antigas, mas uma quantidade enorme o é. Seria difícil para mim acreditar no cristianismo se não fosse assim. Eu não poderia crer que 999 religiões eram completamente falsas e que somente a única restante era verdadeira. Na realidade, o cristianismo é essencialmente o cumprimento da religião judaica, mas também o cumprimento daquilo que foi vagamente insinuado pelo que há de melhor em todas as religiões. Aquilo que se apresentou de modo vago em todas elas recebe o foco no cristianismo — tal como o próprio Deus recebe o foco tornando-se homem. Presumo, entretanto, que a observação sobre as religiões mais antigas seja baseada em evidências de selvagens modernos. Eu não acho que esta seja uma boa evidência. Os selvagens modernos geralmente representam certa decadência na cultura — ao vê-los fazer determinadas coisas, parece que eles já tiveram uma base razoavelmente civilizada antes, mas que foi esquecida. Inferir que o homem primitivo era exatamente como o selvagem moderno é uma atitude infundada.

Voz:
Você poderia falar mais sobre como é possível descobrir se uma tarefa foi atribuída a alguém por Deus ou por outra circunstância?

Se não podemos fazer distinção entre coisas agradáveis e desagradáveis neste caso, a questão é complicada.

Lewis:
Nós somos guiados pelas regras comuns de comportamento moral, as quais acredito ser mais ou menos comuns à raça humana, bastante razoáveis e exigidas pelas circunstâncias. Não imagino uma atitude tal como a de sentar-se e esperar uma visão sobrenatural.

Voz:
Nós não merecemos o céu por aquilo que praticamos; a salvação é obtida na cruz. Nada fazemos para alcançá-lo, salvo seguir a Cristo. Podemos ter dores ou tribulações, mas nada do que fizermos nos tornará merecedores do céu, somente Cristo.

Lewis:
A controvérsia da fé e das obras existe há muito tempo e é um assunto extremamente técnico. Eu, pessoalmente, me baseio no seguinte texto paradoxal: "ponham em ação a salvação de vocês […] pois é Deus quem efetua em vocês".[2] Parece que, de um lado, nós nada fazemos e, de outro, fazemos muitíssimo. A passagem diz: "ponham em ação a salvação de vocês com temor e tremor";[3] ou seja, é preciso tê-la em nosso interior para que possamos colocá-la em prática. Porém, não me aprofundarei nisto, visto que somente os cristãos presentes se interessariam, não é mesmo?

Pergunta 9:
A aplicação de padrões cristãos reduziria consideravelmente ou poria fim ao progresso científico e material? Em outras palavras, é errado para o cristão ser ambicioso e lutar por sucesso pessoal?

---

[2]Filipenses 2:12.
[3]*Ibid.*

Lewis:
É mais fácil pensar em um exemplo simplificado. De que maneira a aplicação do cristianismo afetaria um indivíduo em uma ilha deserta? Ele estaria menos propenso a construir uma cabana confortável? A resposta é: "Não". Talvez chegasse um momento, é claro, em que o cristianismo lhe dissesse para se importar menos com a cabana caso ele estivesse correndo o risco de considerá-la a coisa mais importante do universo. Todavia, não há qualquer evidência de que o cristianismo o impediria de construí-la.

Ambição! Devemos ter cuidado com o que queremos dizer com isso. Caso signifique o desejo de estar à frente das outras pessoas — o que eu acho que a palavra significa —, então é algo mau. Caso signifique simplesmente o desejo de fazer algo com qualidade, então é algo bom. Não é errado ao ator querer desempenhar seu papel da melhor maneira possível, mas a vontade de que seu nome receba mais destaque no cartaz do que o dos outros atores é má.

Voz:
Não há problema algum em ser general, mas se alguém tem a ambição de se tornar general, então não deveria sê-lo.

Lewis:
O simples ato de tornar-se general não é certo nem é errado em si. Do ponto de vista moral, o que importa é a postura do indivíduo em relação a isso. Ele talvez almeje vencer uma guerra; talvez queira ser general porque sinceramente acredita ter um bom plano e ficaria feliz em colocá-lo em prática. Até aí, tudo bem. Mas se ele estiver pensando: "O que eu poderia ganhar com isso?" ou "Como eu poderia sair na primeira página do jornal *Illustrated News*?", então está tudo errado. E aquilo a que chamamos de "ambição" geralmente significa o desejo de ser mais preeminente ou bem-sucedido do que outra pessoa. Este

elemento competitivo é que é mau. É perfeitamente razoável querer dançar bem ou ter boa aparência. No entanto, quando o desejo dominante é de dançar melhor ou ser mais atraente do que os outros — quando se começa a achar que não há graça alguma quando os outros dançam tão bem quanto você ou têm uma aparência tão boa quanto à sua —, então, você está no caminho errado.

Voz:
Pergunto-me até onde podemos atribuir à obra do diabo os desejos legítimos a que nos entregamos. Algumas pessoas têm uma concepção muito sensível de sua presença; outras, não. O diabo é tão real quanto pensamos ser? Isso não preocupa certas pessoas porque elas não têm desejo algum de ser boas, mas outras são continuamente perturbadas pelo velho inimigo.

Lewis:
Não há qualquer referência ao diabo ou aos demônios nos credos cristãos, e é bem possível ser cristão sem acreditar neles. Eu creio na existência de tais seres, mas isso é pessoal. Supondo que eles existam, tudo indica que o grau de consciência dos seres humanos a seu respeito varia muito. Quero dizer, quanto mais um homem está sob o poder do diabo, menos ele está ciente disso — assim como se pode afirmar que o indivíduo ainda está sóbrio o bastante enquanto tiver consciência de que está bêbado. As pessoas completamente despertas que se esforçam para ser boas são as mais conscientes da presença do diabo. É somente quando começamos a nos armar contra Hitler que percebemos como o país está tomado por agentes nazistas. É claro, eles não querem que você acredite no diabo. Se demônios existem, seu primeiro objetivo é anestesiar-nos — tirar-nos de nosso estado de alerta. Quando isto falha, nós nos tornamos conscientes de sua presença.

Voz:
O cristianismo retarda o progresso científico? Ou ele aprova quem oferece ajuda espiritual aos perdidos removendo cientificamente as causas ambientais do problema?

Lewis:
Sim. Em teoria, sem dúvida. Se, em determinado momento, a maioria dos seres humanos estiver concentrada apenas nas melhorias materiais do ambiente, talvez seja dever dos cristãos indicar (em alto e bom som) que esta não é a única coisa que importa. No entanto, como regra geral, o cristianismo é a favor de todo o conhecimento e de tudo aquilo que possa ajudar a raça humana de alguma maneira.

Pergunta 10:
A Bíblia foi escrita há milhares de anos para pessoas em um estado inferior de desenvolvimento mental do que hoje. Muitas partes parecem absurdas à luz do conhecimento moderno. Em vista disso, a Bíblia não deveria ser reescrita com o objetivo de descartar o fantástico e reinterpretar o restante?

Lewis:
Antes de mais nada, eu gostaria de me ater ao que foi dito sobre as pessoas terem um estado inferior de desenvolvimento mental. Eu não estou bem certo do que se esconde por trás disso. Caso signifique que as pessoas há dez mil anos ignoravam muitas coisas que sabemos agora, com certeza concordo. Porém, caso signifique que houve algum tipo avanço na *inteligência* desde aquela época, creio não haver qualquer evidência para tal afirmação. A Bíblia pode ser dividida em duas partes: o Antigo e o Novo Testamento. O Antigo Testamento contém elementos fantásticos. O Novo Testamento consiste principalmente de ensinamentos, não de narrativas; mas, onde *há* narrativas, elas

são, em minha opinião, históricas. Quanto ao elemento fantástico no Antigo Testamento, duvido muito se seria uma atitude sábia descartá-lo. O que temos ali é algo *sendo enfocado aos poucos*. Primeiro, dispersa por religiões pagãs em todo o mundo, temos a ideia — embora ainda muito vaga e mítica — de um deus que é morto e derrotado e, depois, volta à vida. Ninguém sabe onde ele viveu e morreu; ele não é histórico. Em seguida, temos o Antigo Testamento. As ideias religiosas ganham um pouco mais de nitidez. Tudo agora está associado a uma nação específica. E, ao longo do texto, elas recebem cada vez mais foco. Jonas e a baleia[4] ou Noé e sua arca[5] são fantásticos; porém, a história do rei Davi[6] é provavelmente tão confiável quanto a história de Luís XIV. Então, no Novo Testamento, as *coisas realmente acontecem*. O deus que morre de fato surge — como uma pessoa histórica vivendo em um lugar e em um tempo definidos. Se *pudéssemos* selecionar todos os elementos fantásticos nos estágios anteriores e separá-los dos históricos, creio que perderíamos uma parte essencial de todo o processo. Esta é minha opinião.

Pergunta 11:
Qual religião do mundo produz mais felicidade?

Lewis:
Qual religião do mundo produz mais felicidade? A religião da adoração própria é a melhor — enquanto dura.

Tenho um conhecido com cerca de oitenta nos de idade que passou a vida toda imerso em egoísmo e vaidade e é, mais ou menos — lamento dizer — um dos homens mais felizes que conheço. Do ponto de vista moral, é muito difícil! Não estou

---
[4] O livro de Jonas.
[5] Gênesis 6—8.
[6] 2Samuel 2—1Reis 2.

abordando a questão a partir deste ângulo. Como você talvez saiba, eu nem sempre fui cristão. E não procurei a religião para ser feliz. Eu sempre soube que uma garrafa de vinho do Porto bastava para isso. Caso você queira uma religião para se sentir muito confortável, eu certamente não recomendo o cristianismo. Tenho certeza de que deve haver um artigo norte-americano no mercado por aí capaz de atendê-lo muito melhor, mas não posso aconselhar neste quesito.

Pergunta 12:
Há sinais exteriores inconfundíveis em uma pessoa entregue a Deus? Ela pode ser rabugenta? Pode fumar?

Lewis:
Gosto de pensar nas propagandas da pasta de dente "White Smiles", as quais alegam que esta é a melhor pasta no mercado. Se isso for verdade, o seguinte se aplica: (1) quem começa a usar esta pasta tem dentes melhores; e (2) quem a usa tem dentes melhores do que teria se não a usasse. Todavia, sua eficiência não pode ser testada colocando-se, de um lado, alguém que tem dentes ruins por natureza e utilizou este produto e, de outro, um africano com dentes impecáveis que nunca usou uma pasta de dente na vida.

Considere o caso de uma solteirona amargurada que é cristã, porém rabugenta, e de um camarada agradável e popular que nunca sequer foi à igreja. Quem saberia dizer se a solteirona seria ainda mais rabugenta se *não* fosse cristã e se o colega gentil seria ainda mais agradável se *fosse* cristão? Não se pode julgar o cristianismo simplesmente comparando o *resultado* visto nessas duas pessoas; seria necessário saber em que tipo de matéria-prima Cristo operou em ambos os casos.

Como ilustração, vamos examinar um caso do industrialismo. Consideremos duas fábricas: (1) a Fábrica A, com instalações medíocres e inadequadas; e (2) a Fábrica B, com instalações modernas de primeira classe. Não se pode julgar pelo exterior; é preciso considerar as instalações e os métodos empregados em cada fábrica. Considerando as instalações da Fábrica A, talvez surpreenda o fato de ela sequer conseguir produzir alguma coisa; e, considerando o maquinário novo da Fábrica B, talvez surpreenda o fato de ela não produzir muito mais do que atualmente produz.

Pergunta 13:
Qual é sua opinião sobre rifas nas fábricas, por mais nobre que seja a causa — a qual, não raro, recebe menos importância do que a fascinante lista de prêmios?

Lewis:
O jogo nunca deve ser parte importante na vida do homem. Se for uma maneira de transferir grandes somas de dinheiro de pessoa para pessoa sem fazer qualquer bem (por exemplo, gerar emprego, agir por boa vontade, entre outros), então é uma coisa má. Se for feito em pequena escala, não acho que seja uma coisa ruim. Não sei muito sobre o assunto porque este é praticamente o único vício ao qual não sou tentado, e creio ser um risco falar sobre coisas que não fazem parte de minha própria constituição porque eu não entendo como funcionam. Se alguém me pede para jogar bridge valendo dinheiro, eu apenas digo: "Quanto você espera ganhar? Tome aqui a quantia e vá embora."

Pergunta 14:
Muitas pessoas simplesmente não conseguem entender as diferenças teológicas que causaram as divisões na Igreja cristã. Você considera essas diferenças fundamentais? E acha que o tempo é oportuno para uma reunificação?

Lewis:
O tempo é sempre oportuno para reunificação. As divisões entre os cristãos são pecado e escândalo, e eles devem, a todo momento, contribuir para sua reunificação, mesmo que seja apenas por meio de oração. Sou só um leigo, um cristão novo, e não sei muito sobre essas coisas; porém, em tudo aquilo que escrevi e pensei, sempre assumi posições tradicionais, dogmáticas. Como consequência, chegam até mim cartas de apoio enviadas por tipos de cristãos considerados muito diferentes; por exemplo, recebo cartas de jesuítas, monges, freiras e também de *quakers*, dissidentes galeses e outros. Assim, parece-me que os elementos "extremistas" de cada igreja estão mais próximos uns dos outros e que as pessoas liberais e "tolerantes" de cada corpo nunca poderiam se unir. O mundo do cristianismo dogmático é um lugar em que milhares de pessoas dos mais variados tipos afirmam sempre a mesma coisa, e o mundo da "tolerância" e da "religião" enfraquecida é um mundo em que um pequeno número de pessoas (todas do mesmo tipo) dizem coisas totalmente diferentes e mudam de opinião a cada minuto. Nunca chegaremos à reunificação no que depender delas.

Pergunta 15:
No passado, a Igreja utilizou diversos métodos de coerção para obrigar a comunidade a seguir um tipo específico de cristianismo. Com poder suficiente, não existe o perigo de este tipo de situação acontecer novamente?

Lewis:
Sim, ouço boatos horríveis provenientes da Espanha. A perseguição é uma tentação à qual todos os homens estão expostos. Eu recebi um cartão postal assinado por "M.D." dizendo que quem expressasse e anunciasse sua crença no nascimento virginal deveria ser despido e flagelado. Isso mostra a facilidade

com que a perseguição de cristãos por não cristãos pode voltar. É claro, eles não a chamariam de perseguição; chamariam de "reeducação compulsória de pessoas com ideologias impróprias" ou algo do tipo. Mas, sem dúvida, tenho de admitir que os próprios cristãos foram perseguidores no passado. Neste caso, foi pior porque *eles* deveriam ter mais discernimento; de resto, sua atitude não foi em nada pior do que as demais. Detesto qualquer tipo de compulsão religiosa. Outro dia mesmo, escrevi uma carta indignada para o jornal *The Spectator* a respeito das procissões realizadas na Guarda Nacional!

Pergunta 16:
Frequentar um local de culto ou ser membro de uma comunidade cristã é ação necessária ao estilo de vida cristão?

Lewis:
Essa é uma pergunta a que não posso responder. Minha experiência é esta: quando me tornei cristão, cerca de catorze anos atrás, eu achei que seria capaz de viver aquilo sozinho, trancado no quarto lendo teologia, sem frequentar cultos ou igrejas. Mais tarde, porém, descobri que ir à igreja era a única maneira de arvorar minha bandeira; e, naturalmente, notei que isso significava ser um alvo. É inacreditável como passa a ser inconveniente para a família o simples ato de acordarmos cedo para ir à igreja. Não importa muito se acordamos cedo para qualquer outra coisa; mas, se acordamos cedo para ir à igreja, esta é considerada uma atitude egoísta que incomoda a casa toda. Se há algo no ensino do Novo Testamento que apresenta uma clara natureza de ordem, é a obrigação de participar da ceia[7] — e não se pode

---

[7] João 6:53-54: "Se vocês não comerem a carne do Filho do homem e não beberem o seu sangue, não terão vida em si mesmos. Todo aquele que come a minha carne e bebe o meu sangue tem a vida eterna, e eu o ressuscitarei no último dia."

fazer isso sem ir à igreja. Eu abominava os hinos; considerava-os poemas de quinta categoria entoados em melodias de sexta. Contudo, conforme insisti, passei a enxergar o mérito daquilo. Eu me deparei com pessoas diferentes que tinham percepções e níveis de educação igualmente diferentes, e, aos poucos, minha arrogância começou a esvair-se. Eu percebi que os hinos (de fato, apenas melodias de sexta categoria) eram, não obstante, entoados com devoção e grande proveito por um cristão idoso de botas grosseiras que se sentava no banco oposto ao meu — e, então, reconheci que eu não era digno sequer de limpar aquelas botas. Estar no ambiente da igreja tira-nos de nossa presunção solitária. No entanto, não cabe a mim estabelecer leis, pois sou apenas um leigo e não sei muito.

Pergunta 17:
Se é verdade que basta querer Deus o suficiente para encontrá-lo, como posso me convencer a querê-lo o suficiente para, então, encontrá-lo?

Lewis:
Se você não quer Deus, por que está tão ansioso por querê-lo? Penso que, na realidade, o desejo é real, e eu diria que essa pessoa de fato encontrou Deus, embora isto ainda talvez não seja plenamente reconhecido. Nem sempre estamos cientes das coisas no momento em que elas acontecem. Seja como for, o mais importante é que Deus encontrou essa pessoa, e isto é o principal.

CAPÍTULO 5

Mito que se tornou *realidade*

Meu amigo Corineus apresentou a acusação de que nenhum de nós é, de fato, cristão. De acordo com ele, o cristianismo histórico é tão bárbaro, que nenhum homem moderno seria capaz de acreditar nele. Aqueles que alegam fazê-lo, na realidade, creem em um sistema moderno de pensamento que conserva o vocabulário do cristianismo e explora as emoções dele herdadas, mas discretamente abandona suas doutrinas essenciais. Corineus comparou o cristianismo moderno à monarquia inglesa moderna: os costumes da realeza foram mantidos, mas a realidade foi abandonada.

Creio que nada disso seja verdade, à exceção de alguns teólogos "modernistas" que, pela graça de Deus, tornam-se menores em número a cada dia que passa. Contudo, para o momento, vamos considerar que Corineus estivesse certo. Imaginemos, para fins de argumentação, que *todos* os que hoje se dizem cristãos tenham abandonado as doutrinas históricas. Suponhamos que o "cristianismo" moderno revele um sistema de nomes, rituais, fórmulas e metáforas que perdurou até hoje, muito embora os pensamentos por trás deles tenham mudado. Neste caso, Corineus deveria ser capaz de *explicar* aquilo que perdurou.

Por que, na opinião dele, todos esses pseudocristãos cultos e esclarecidos insistem em expressar seus pensamentos mais profundos em termos de uma mitologia arcaica que provavelmente os embaraça e constrange a todo momento? Por que eles se recusam a cortar o cordão umbilical que liga a criança cheia de vida à mãe moribunda? Afinal, se Corineus estiver certo, fazê-lo proporcionaria um grande alívio a esses pseudocristãos. O estranho é que até mesmo aqueles que parecem estar mais envergonhados pelos vestígios de cristianismo "bárbaro" em seu pensamento tornam-se subitamente obstinados diante do pedido para que se livrem dele. Eles esticam o cordão quase até ao ponto de ruptura, mas recusam-se a cortá-lo. Às vezes, dão todos os passos necessários, menos o último.

Se todos os que professam o cristianismo servissem na igreja, seria fácil (embora cruel) responder que sua subsistência depende de *não* dar esse último passo. Porém, mesmo se esta fosse a verdadeira causa de seu comportamento, mesmo se todos aqueles que servem na igreja fossem prostitutos intelectuais que pregam por dinheiro (geralmente por uma quantia mísera) algo que, no íntimo, acreditam ser falso — mesmo neste caso, um obscurecimento tão generalizado de milhares de consciências exige, sem dúvida, uma explicação. É evidente, entretanto, que a profissão do cristianismo não se limita ao clero. Ele é professo por milhões de mulheres e homens comuns que recebem, em troca, desprezo, impopularidade, suspeita e hostilidade da própria família. Como isso acontece?

Obstinações desse tipo são interessantes. "Por que não cortar o cordão?", pergunta Corineus. "Tudo seria muito mais fácil se você libertasse seu pensamento desta mitologia rudimentar." Certamente, bem mais fácil. A vida seria muito mais fácil para a mãe de uma criança inválida se ela a entregasse para uma instituição e adotasse o bebê saudável de outra pessoa no lugar. A vida seria bem mais fácil para muitos homens se eles abandonassem a mulher por quem realmente se apaixonaram e se casassem com outra pessoa por ser mais adequada. O único defeito do bebê saudável e da pessoa adequada é que eles deixam de fora o único motivo que o indivíduo tem para se importar com uma criança ou uma mulher. "Conversar não seria muito mais racional do que dançar?", perguntou a senhorita Bingley na história de Jane Austen. "Muito mais racional", respondeu o senhor Bingley, "mas muito menos parecido com um baile".[1]

Da mesma maneira, seria muito mais racional abolir a monarquia inglesa. Mas como, se, ao fazê-lo, deixaríamos de fora o único elemento de nosso Estado que mais importa? Como, se a monarquia é o canal através do qual todos os elementos *vitais* de cidadania — a lealdade, a consagração da vida secular, o princípio hierárquico, a pompa, a cerimônia, a continuidade — ainda fluem para irrigar a aridez da política econômica moderna?

A verdadeira resposta a Corineus, até mesmo do cristianismo mais "modernista", continua a mesma. Mesmo supondo (o que nego sem cessar) que as doutrinas do cristianismo histórico sejam apenas míticas, o mito é justamente aquilo que constitui o elemento vital e substancial de toda a questão. Corineus quer que sigamos com os tempos. Ora, nós sabemos para onde os tempos seguem. Eles seguem *adiante*. Mas, na religião, encontramos algo que não segue adiante. O que permanece é aquilo que Corineus chama de mito; e o que segue adiante é aquilo que ele chama de pensamento moderno e vivo — não apenas o pensamento dos teólogos, mas o pensamento dos antiteólogos também. Onde estão os antecessores de Corineus? Onde está o epicurismo de Lucrécio,[2] o reavivamento pagão de Juliano, o Apóstata?[3] Onde estão os gnósticos, o monismo de Averróis,[4] o deísmo de Voltaire,

---

[1] *Orgulho e preconceito*, capítulo 11.
[2] Tito Lucrécio Caro (c. 99-55), o poeta romano.
[3] Imperador romano (361—363 d.C.).
[4] Averróis (1126—1198), de Córdoba, acreditava na existência de um único intelecto para toda a raça humana no qual cada indivíduo participa, à exclusão da imortalidade pessoal.

o materialismo dogmático dos grandes vitorianos? Eles seguiram adiante com os tempos. No entanto, aquilo que todos eles confrontavam permaneceu; e Corineus foi capaz de encontrá-lo e atacá-lo também. O mito (usando sua linguagem) sobreviveu aos pensamentos de todos os seus defensores e de todos os seus adversários. É o mito que dá vida. Esses elementos que Corineus considera vestigiais e que estão presentes até mesmo no cristianismo modernista são a substância; e aquilo que ele leva para a "verdadeira crença moderna" é a sombra.

A fim de explicar isso, devemos analisar um pouco os mitos de modo geral e este mito de modo específico. O intelecto humano está incuravelmente fadado à abstração. A matemática pura é o tipo de pensamento realmente efetivo. Contudo, as únicas realidades que experimentamos são concretas — esta dor, este prazer, este cão, este homem. Durante o tempo em que amamos o homem, sofremos a dor e desfrutamos do prazer, não estamos intelectualmente apreendendo o Prazer, a Dor ou a Personalidade. Quando começamos a fazê-lo, entretanto, as realidades concretas descem para o nível de simples casos ou exemplos; não mais lidamos com as realidades, mas apenas com o que elas exemplificam. Este é o nosso dilema — ora provar e não saber, ora saber e não provar — ou, de modo mais criterioso, carecer de um tipo de conhecimento porque estamos vivendo uma experiência ou carecer de outro tipo de conhecimento porque estamos fora dela. Como pensadores, estamos separados daquilo em que pensamos; como indivíduos que provam, tocam, querem, amam e odeiam, nós não entendemos com clareza. Quanto mais lucidamente pensamos, mais somos separados da experiência; quanto mais profundamente entramos na realidade, menos conseguimos pensar. Não podemos *estudar* o prazer no momento do abraço nupcial ou o arrependimento no momento da contrição, nem analisar a natureza do humor enquanto estamos gargalhando. Mas, então, quando é que se pode realmente conhecer essas coisas? "Se tão somente meu dente parasse de doer, eu conseguiria escrever outro capítulo sobre dor." Porém, quando o dente parar de doer, o que eu sei sobre dor?

O mito é a solução parcial deste trágico dilema. Na apreciação de um grande mito, chegamos o mais perto possível de vivenciar de modo concreto aquilo que só poderia ser entendido como uma abstração. Neste momento, por exemplo, estou tentando entender algo, de fato, muito abstrato — o desvanecimento, o desaparecimento da realidade experimentada quando tentamos compreendê-la por meio da razão discursiva. Eu provavelmente dificultei a questão mais do que o necessário; afinal, caso trouxesse à sua lembrança Orfeu e Eurídice — e como, no conto, ele obteve permissão para conduzi-la pela mão com a condição de não olhar para ela, pois, se o fizesse, ela desapareceria — o que era apenas um princípio torna-se imaginável. Talvez você diga que nunca atribuiu tal "significado" a esse mito antes. É claro que não. Você não buscaria nele um "significado" abstrato. Caso fizesse isso, a história não seria um mito para você, mas uma mera alegoria. Você não buscava conhecer; estava apenas experimentando. Todavia, aquilo que estava experimentando acabou se tornando um princípio universal. No momento em que *declaramos* este princípio, estamos reconhecidamente de volta ao mundo da abstração. É somente ao receber o mito como uma história, que experimentamos o princípio de forma concreta.

Quando estamos a traduzir, o resultado é uma abstração — ou melhor, dezenas de abstrações. O que flui para nós a partir do mito não é a verdade, mas a realidade (a verdade é sempre *sobre* alguma coisa, mas a realidade é aquilo *sobre o que* a verdade é), e, portanto, cada mito se torna o pai de inúmeras verdades no nível da abstração. Mito é a montanha de onde procedem todos os diferentes rios que se tornam verdades aqui em baixo no vale;

in hac valle abstractionis.[5] Ou, se preferir, mito é o istmo que liga o mundo peninsular do pensamento ao vasto continente a que realmente pertencemos. Ele não é, como a verdade, abstrato; nem está, como a experiência direta, ligado ao específico.

Ora, assim como o mito transcende o pensamento, a encarnação transcende o mito. O cerne do cristianismo é um mito que também é fato. O velho mito do deus que morre, *sem deixar de ser mito*, desce do céu da lenda e da imaginação para a Terra da história. Ele *acontece* — em uma data específica, em um lugar específico, seguido por consequências históricas definíveis. Passamos de um Balder ou um Osíris, que morrem ninguém sabe onde nem quando, para uma Pessoa histórica crucificada (está tudo em ordem) *sob Pôncio Pilatos*. Ao tornar-se fato, ele não deixa de ser mito; o milagre é esse. Suspeito que os homens, por vezes, extraiam mais alimento espiritual de mitos em que não acreditam do que da religião que professam. A fim de sermos verdadeiramente cristãos, devemos tanto reconhecer o fato histórico quanto receber o mito (que se tornou fato), com a mesma aceitação imaginativa com que acolhemos todos os mitos. Um é dificilmente mais necessário do que o outro.

Alguém que não crê na história cristã como fato, mas que se alimenta continuamente dela como mito talvez seja mais vivo do ponto de vista espiritual do que aquele que simplesmente concorda com ela, mas não pensa muito sobre o assunto. O modernista — o modernista radical, descrente em tudo menos no nome — não precisa ser chamado de tolo ou hipócrita por reter obstinadamente, mesmo em meio ao seu ateísmo intelectual, a linguagem, os ritos, os sacramentos e a história dos cristãos. O pobre homem talvez esteja se aferrando (com uma sabedoria que ele próprio não entende de forma alguma) àquilo que é sua

---

[5]"Neste vale de abstração."

vida. Foi melhor para Loisy[6] permanecer cristão — não lhe teria sido necessariamente melhor eliminar o cristianismo vestigial de seu pensamento.

Aqueles que não sabem que este grande mito se tornou Fato quando a virgem concebeu são, realmente, dignos de pena. No entanto, os cristãos também precisam ser lembrados — e podemos agradecer Corineus por fazer isso — que aquilo que se tornou Fato foi um Mito, e que ele leva em si todas as propriedades de um mito para o mundo do Fato. Deus é mais do que um deus, não menos; Cristo é mais do que Balder, não menos. Não devemos ter vergonha do brilho mítico que irradia de nossa teologia. Não devemos ficar nervosos com "paralelos" e "cristos pagãos": eles *devem* existir — seria um entrave se não existissem. Não devemos, em falsa espiritualidade, refrear nossa aceitação imaginativa. Se Deus escolhe ser mitopeico — e não é o céu em si um mito? — devemos nos recusar a ser *mitopáticos* — *afetados pelo mito?* Afinal, este é o casamento do céu e da Terra: o Mito Perfeito e o Fato Perfeito, os quais exigem não só nosso amor e nossa obediência, mas também nossa admiração e nosso deleite, e que se dirigem tanto ao selvagem, à criança e ao poeta em cada um de nós quanto ao moralista, ao intelectual e ao filósofo.

---

[6] Alfred Loisy (1857—1940), teólogo francês e fundador do movimento modernista.

CAPÍTULO 6

"*Coisas* vermelhas *horríveis*"

Muitos teólogos e alguns cientistas agora estão prontos para proclamar que o "conflito do século XIX entre ciência e religião" chegou ao fim. Porém, mesmo se isso for verdade, é uma verdade conhecida apenas por teólogos e cientistas de verdade — isto é, por alguns homens extremamente cultos. Para as pessoas comuns, o conflito ainda é perfeitamente real, e, na mente delas, ele assume uma forma que os eruditos mal imaginam.

O homem comum não pensa em dogmas particulares e em descobertas científicas específicas. O que o aflige é uma diferença generalizada entre aquilo que ele acredita ser o cristianismo e a imagem geral do universo que concebeu por viver em uma era científica. A partir do credo ele percebe que Deus tem um "Filho" (como se Deus fosse um mero deus, semelhante a Odin ou Júpiter); que este Filho "desceu" (como um paraquedista) do "céu", primeiro à Terra e, depois, a alguma região dos mortos situada abaixo da superfície da Terra; e que, mais tarde, o Filho ascendeu ao céu e sentou-se em uma cadeira ornamentada, colocada um pouco à direita do trono do Pai. Tudo isso parece implicar um céu local e material — um palácio na estratosfera —, uma Terra plana e todos aqueles outros conceitos errôneos já obsoletos.

O homem comum está bem ciente de que é preciso negar todas as crenças que ele atribui a nós, cristãos, e interpretar nosso credo de uma maneira diferente. Mas, para ele, isso não basta. "Sem dúvida", pensa, "já que esses artigos de fé existem, poderíamos alegorizá-los ou espiritualizá-los na medida em que quiséssemos. No entanto, está claro que eles nunca teriam existido se a primeira geração de cristãos tivesse a mínima noção de como o universo realmente é. Um historiador que baseia seu trabalho na leitura equivocada de um documento talvez despenda grande esforço depois (quando o erro for exposto) para demonstrar que seu relato de determinada batalha pode, mesmo assim, ser conciliado com o que o documento original relata. No entanto, a questão é que nenhuma dessas explicações engenhosas jamais teria precisado existir se ele tivesse lido os documentos corretamente desde o início. Elas são, portanto, realmente um desperdício de energia; seria mais honroso de sua parte admitir o erro e começar tudo de novo."

Creio que há duas coisas que os cristãos devem fazer a fim de convencer esse homem moderno "comum". Em primeiro lugar, devemos deixar bem claro que aquilo que restará do credo após todas as suas explicações e reinterpretações ainda será algo inequivocamente sobrenatural, milagroso e surpreendente. Podemos até não acreditar em uma Terra plana e em um palácio localizado no céu. Porém, devemos insistir desde o início que acreditamos — tão piamente quanto qualquer selvagem ou teósofo — em um mundo espiritual que pode invadir e, de fato, invade o universo natural ou fenomenal. Digo isso, pois o homem comum suspeita que, quando começamos a explicar, vamos, na realidade, nos justificar — isto é, vamos dizer que temos a mitologia para os ouvintes ignorantes, mas que estamos prontos, quando encurralados por ouvintes esclarecidos, a reduzi-la a superficialidades morais inócuas que ninguém jamais sonhou negar. E há teólogos que justificam essa suspeita. Deles, devemos nos afastar completamente. Se nada restar, salvo o que poderia ser igualmente bem declarado sem fórmulas cristãs, o certo a se fazer é admitir que o cristianismo é falso e começar de novo sem ele.

Em segundo lugar, devemos tentar ensinar a diferença entre pensar e imaginar. É, evidentemente, um erro histórico supor que todos os cristãos primitivos, ou até mesmo a maioria deles, acreditavam na ideia de um palácio celestial da mesma maneira em que acreditamos no sistema solar. O antropomorfismo foi condenado pela Igreja assim que a questão se apresentou de modo explícito. Contudo, alguns cristãos primitivos talvez tenham feito isso; e provavelmente milhares nunca conceberam sua fé sem imagens antropomórficas. É por esta razão que devemos fazer distinção entre o núcleo da crença e o ato complementar de imaginar.

Quando penso em Londres, logo visualizo a estação de Euston. Porém, eu não acredito que Londres *seja* a estação Euston. Este é um exemplo simples, pois nele o pensador *sabe* que as imagens são falsas. Agora, consideremos um caso mais complexo. Certa vez, ouvi uma senhora dizer à filha que, se alguém tomar aspirinas demais, morre. "Mas por que," perguntou a criança, "se, quando esmagamos uma aspirina, não encontramos coisas vermelhas horríveis nela?" Obviamente, quando aquela criança pensava em veneno, ela não apenas se beneficiava de uma imagem complementar de "coisas vermelhas horríveis"; ela acreditava de verdade que os venenos têm cor vermelha. E isto é um erro. Mas até que ponto este erro invalida sua opinião geral sobre venenos? Ela aprendeu que uma dose excessiva de aspirina mata; a crença dela era verdadeira. Ela sabia, dentro de certos limites, quais substâncias em casa eram venenosas. Se eu estivesse na casa dela e levasse à boca um copo contendo um líquido semelhante a água, mas a menina advertisse: "Não beba isso, mamãe disse que é veneno", seria insensatez de minha parte ignorar o aviso só porque "esta criança tem uma ideia arcaica e mitológica de veneno como algo que necessariamente contém coisas vermelhas horríveis".

Assim, existe uma distinção não apenas entre pensamento e imaginação em geral, mas entre pensamento e as imagens que o pensador (erroneamente) acredita ser verdadeiras. Ao aprender, depois, que os venenos nem sempre são vermelhos, a criança não observaria qualquer mudança essencial em suas crenças sobre o assunto. Ela ainda saberia, como sempre soube, que o veneno mata se for ingerido. Esta é a essência do veneno. Crenças errôneas a respeito da cor têm menos importância e não a afetam.

Da mesma maneira, é possível que, para um cristão primitivo simplório, o fato de Cristo estar assentado à direita do Pai realmente implicasse duas cadeiras imponentes em determinada relação espacial dentro de um palácio celestial. Porém, se o mesmo homem recebesse uma educação filosófica e descobrisse que Deus não tem corpo, membros ou está sujeito a paixões e, por conseguinte, nem uma destra nem um palácio, ele não consideraria que o aspecto essencial de sua crença havia sido alterado. O importante para ele, mesmo nos dias de sua simplicidade, não eram supostos detalhes sobre o mobiliário celeste; era, em vez disso, a certeza de que o Mestre então crucificado passara a atuar como Agente supremo do Poder inimaginável do qual todo o universo depende. E, nisto, ele reconheceria que nunca fora enganado.

O crítico talvez ainda nos pergunte por que as imagens — as quais admitimos ser falsas — deveriam sequer ser empregadas. O que ele não percebe, porém, é que qualquer linguagem que venhamos a utilizar em seu lugar incluiria imagens suscetíveis às mesmas objeções. Afirmar que Deus "entra" na ordem natural envolve tanta imagem espacial quanto afirmar que ele "desce"; o movimento horizontal (ou indefinido) foi apenas substituído pelo movimento vertical. Dizer que ele foi "reabsorvido" ao Númeno só é melhor do que dizer que ele "ascendeu" ao céu se a imagem de algo sendo dissolvido em um fluido quente, ou sugado por uma garganta, for menos inexata do que a imagem

"Coisas vermelhas horríveis"

de um pássaro, ou um balão, subindo. Qualquer linguagem, exceto aquela que diz respeito a objetos do sentido, é completamente metafórica. Chamar Deus de "Força" (isto é, algo como um vento ou um dínamo) é tão metafórico quanto chamá-lo de Pai ou Rei. Nesta questão, nossa linguagem pode tornar-se apenas mais polissilábica e imprecisa; não é possível deixá-la mais literal. E a dificuldade não se limita aos teólogos. Cientistas, poetas, psicanalistas e metafísicos estão todos no mesmo barco:

A razão do homem está em profunda insolvência para com o sentido.

Onde, então, podemos traçar a linha entre explicar e "justificar"? Não creio haver muita dificuldade nisto. Tudo o que diz respeito às atividades não encarnadas de Deus — sua operação no plano do ser onde o sentido não pode entrar — deve ser acompanhado de imagens cujo sentido literal sabemos ser inexato. No entanto, não pode haver justificativa para a aplicação do mesmo tratamento aos milagres do Deus encarnado. Eles são registrados como acontecimentos nesta Terra que afetaram sentidos humanos. São o tipo de coisa que se pode descrever literalmente. Se Cristo transformou água em vinho, e se tivéssemos estado presentes, poderíamos ter visto, sentido e provado. Este milagre não tem a mesma natureza do fato de ele estar "assentado à destra do Pai". Isto, por sua vez, é ou verdade, ou lenda, ou mentira. Deve-se pegar ou largar.

CAPÍTULO 7

Religião e ciência

— Milagres! — disse meu amigo. — Ora, deixe disso. A ciência já desmentiu todas essas coisas. Sabemos que a natureza é regida por leis fixas.

— As pessoas sempre souberam disso? — questionei.

— Não! Claro que não — respondeu ele. — Considere, por exemplo, uma história como a do nascimento virginal. Sabemos agora que tal coisa não poderia acontecer. Sabemos que *deve* haver um espermatozoide masculino.

— Mas veja bem, José... — repliquei.

— Quem é esse? — indagou meu amigo.

— Era o esposo da virgem Maria. Se ler a história na Bíblia, você verá que, quando José descobriu que a noiva teria um filho, ele decidiu cancelar o casamento. Por que ele faria isso?

— A maioria dos homens faria, não?

— Qualquer homem faria — disse eu, — contanto que conhecesse as leis da natureza; em outras palavras, contanto que soubesse que moças não têm filhos do nada a menos que tenham se deitado com um homem. Porém, de acordo com sua teoria, as pessoas de antigamente não sabiam que a natureza era regida por leis fixas. Estou mostrando que, segundo a história, José conhecia *aquela* lei tão bem quanto você.

— Mas depois ele passou a acreditar no nascimento virginal, não foi?

Religião e ciência

— Com certeza. Mas ele não acreditou por ter alguma ilusão quanto à origem dos bebês no curso normal da natureza. Ele acreditou no nascimento virginal como algo *sobre*natural. Ele sabia que a natureza atua de maneiras fixas, regulares; mas ele também acreditava que existe algo *além* da natureza capaz de interferir em seu funcionamento de fora para dentro, por assim dizer.

— Mas a ciência moderna demonstrou que isso não existe.

— Foi mesmo? — questionei. — Qual dentre as ciências?

— Bem, isso é um detalhe — respondeu meu amigo. — Eu não saberia indicar a página e o capítulo exatos.

— Por acaso você não vê — perguntei — que a ciência nunca poderia demonstrar algo do tipo?

— Por que motivo não poderia?

— Porque a ciência estuda a natureza. E a pergunta é se existe algo *além* da natureza, algo "fora" dela. Como se poderia descobrir isso simplesmente estudando a natureza?

— Oras, já não sabemos que a natureza *deve* trabalhar de modo absolutamente constante? Quero dizer, as leis da natureza mostram-nos não apenas como as coisas *acontecem*, mas como *devem* acontecer. Nenhuma força poderia alterá-las.

— Como assim? — questionei.

— Veja bem, — disse — esse "algo fora" de que você fala por acaso é capaz de fazer dois mais dois resultar em cinco?

— Não — respondi.

— Certo — disse ele. — Bem, eu entendo que, segundo as leis da natureza, dois mais dois são quatro. A ideia de elas serem alteradas é tão absurda quanto a ideia de alterar as leis da aritmética.

— Espere um momento — falei. — Suponha que você coloque seis centavos em uma gaveta hoje e mais seis centavos amanhã. As leis da aritmética garantem que você encontrará o valor de doze centavos ali no dia seguinte?

— É claro — disse ele, — contanto que ninguém tenha mexido na gaveta.

— Ah, mas aí é que está a questão — argumentei. — As leis da aritmética podem prever o que você encontrará, com certeza absoluta, *contanto que* não haja qualquer interferência. Se um ladrão tiver aberto a gaveta, sem dúvida você se deparará com uma situação diferente. Mesmo assim, o ladrão não terá violado as leis da aritmética; apenas as leis do país. Ora, não estão todas as leis da natureza no mesmo barco? Porventura todas elas não predizem o que acontecerá *contanto* que não haja interferência?

— Como assim?

— Por exemplo, as leis lhe dirão qual será a trajetória de uma bola de bilhar sobre uma superfície lisa se você der determinada tacada, mas apenas desde que ninguém interfira. Se, com a bola já em movimento, alguém pegar um taco e a atingir de um lado, aquilo que o cientista previu não acontecerá.

— Não, claro que não. Ele não levou em conta inconveniências do tipo.

— Exato. E, da mesma forma, se existisse algo fora da natureza, e se isto interferisse, o fenômeno esperado pelo cientista não aconteceria. O que veríamos seria aquilo que chamamos de milagre. E, em certo sentido, não violaria as leis da natureza. Afinal, as leis preveem o que acontecerá se nada interferir, mas não são capazes de prever se algo *vai* interferir. Quero dizer, não é o perito em aritmética quem pode declarar a probabilidade de alguém mexer nas moedas que foram postas na gaveta; um detetive seria de mais proveito. Não é o físico quem pode dizer quais as chances de alguém pegar um taco e estragar o experimento com a bola de bilhar; seria melhor consultar um psicólogo. E não é o cientista quem pode dizer o quão provável é que a natureza sofra interferência externa. Seria preciso perguntar ao metafísico.

— Essas questões são insignificantes — disse meu amigo. — Veja, a verdadeira objeção é muito mais profunda do que isso. Toda a imagem do universo proporcionada pela ciência torna

Religião e ciência

insensata a atitude de crer que o poder por trás dele poderia estar interessado em nós, minúsculas criaturas rastejando em um planeta sem importância! Tudo isso foi obviamente inventado por pessoas que acreditavam que a Terra é plana e que as estrelas estão a apenas dois ou três quilômetros de distância.

— Quando foi que as pessoas acreditaram nisso?

— Oras, todos aqueles sujeitos cristãos de quem você sempre fala acreditavam. Refiro-me a Boécio, Agostinho, Tomás de Aquino, Dante.

— Desculpe-me — interrompi, — mas este é um dos poucos assuntos sobre os quais sei alguma coisa.

Então, apontei para uma prateleira. — Este livro aqui — falei, — *Almagesto*, de Ptolomeu. Você sabe do que se trata?

— Sim — respondeu ele. — É o manual astronômico padrão usado em toda a Idade Média.

— Bem, leia isto — pedi, apontando para o Livro I, capítulo 5.

— A Terra —, leu meu amigo em voz alta, hesitando um pouco por ter de traduzir o texto do latim — a Terra, em relação à distância das estrelas fixas, não tem tamanho apreciável e deve ser tratada como um ponto matemático!

Houve um momento de silêncio.

— Eles realmente sabiam disso *naquela época*? — indagou meu amigo. — Mas nenhuma história da ciência, nenhuma enciclopédia moderna menciona o fato.

— Exatamente — concluí. — E deixarei a seu encargo descobrir o motivo. Parece que alguém estava ávido por abafar o assunto, não parece? Eu me pergunto por quê.

Houve outro breve silêncio.

— Seja como for —, prossegui — agora podemos declarar o problema com precisão. As pessoas costumam pensar que o problema reside em conciliar o que sabemos hoje sobre o tamanho do universo com nossas ideias tradicionais da religião. No entanto, o problema não é esse. O enorme tamanho do universo e a insignificância da Terra são conhecidos há séculos, e ninguém nunca sequer sonhou que eles pudessem exercer qualquer influência na questão religiosa. O verdadeiro problema é que, há menos de cem anos, eles passaram a ser utilizados como argumento contra o cristianismo, e as pessoas que o fizeram cuidadosamente silenciaram o fato de que eram conhecidos há muito tempo. Vocês, ateus, não são curiosamente ingênuos?

CAPÍTULO 8

As leis na natureza

"Pobre mulher", comentou meu amigo. "Não sabemos nem o que dizer quando as pessoas falam desse jeito. Ela acha que seu filho sobreviveu à batalha de Arnhem porque orou por ele. Seria cruel explicar-lhe que, na verdade, ele sobreviveu por estar um pouco à esquerda ou à direita das balas disparadas. Estas balas estavam seguindo um curso previsto pelas leis da natureza e não poderiam tê-lo atingido. Ele, por algum acaso, permaneceu fora do curso de todas as balas e de todos os estilhaços o dia inteiro. Sua sobrevivência aconteceu simplesmente por causa das leis da natureza."

Naquele momento, meu primeiro aluno chegou, e a conversa foi interrompida. Porém, mais tarde naquele mesmo dia, precisei atravessar o campus para participar de uma reunião do conselho, e isto me proporcionou tempo para refletir sobre o assunto. Era evidente que, se uma bala tivesse sido disparada do ponto A, na direção B, sob a influência de um vento C e assim por diante, ela teria percorrido determinada trajetória. Mas, e se nosso jovem amigo estivesse em outro lugar? E se o alemão tivesse atirado em outro momento ou em outra direção? Se os homens têm livre-arbítrio, coisas do gênero poderiam acontecer. Sob este ponto de vista, temos uma imagem bem mais complicada da batalha de Arnhem. O curso total de acontecimentos seria uma espécie de amálgama proveniente de duas fontes: por um lado, os atos da vontade humana (que, em princípio, poderiam ter sido diferentes) e, por outro, as leis da natureza física. E isto proporcionaria todo o fundamento necessário à crença da mãe de que suas orações ocuparam algum lugar entre as causas da preservação do filho. Afinal, Deus poderia ter influenciado continuamente as vontades de todos os combatentes de modo a provocar mortes, ferimentos e sobrevivências da maneira que julgasse melhor, ainda que permitisse ao projétil seguir seu curso normal.

No entanto, o aspecto físico dessa imagem ainda não estava muito claro para mim. Eu costumava pensar (porém bem vagamente) que o disparo da bala era *causado* pelas leis da natureza. Mas será que é assim mesmo? Considerando o projétil posto em movimento, o vento, a gravitação da Terra e todos os outros fatores pertinentes, então é, de fato, uma "lei" da natureza que ele siga seu curso. Todavia, o pressionar do gatilho, o vento lateral e até mesmo a Terra não são exatamente *leis*. Eles são fatos ou acontecimentos. Não são leis, mas coisas que obedecem a leis. Como a consideração do ato de pressionar o gatilho nos levaria de volta ao aspecto do livre-arbítrio, temos de escolher um exemplo mais simples para analisar.

Até onde sei, as leis da física declaram que, quando uma bola de bilhar (A) põe outra bola de bilhar (B) em movimento, o momento perdido por A é exatamente igual ao momento adquirido por B. Esta é uma *lei*. Ou seja, este é o padrão ao qual o movimento das duas bolas de bilhar deve se conformar — desde que, é claro, algo coloque a bola A em movimento primeiro. E é aqui que entra o problema. A *lei* não a coloca em movimento. Normalmente, quem faz isso é um homem com um taco. Todavia, um homem com um taco nos levaria de volta à questão do livre-arbítrio. Portanto, suponhamos que ela estivesse sobre uma mesa dentro de um navio, e o que a tivesse colocado em movimento fosse um solavanco da embarcação. Nesse caso, não teria sido a lei a produzir o movimento; teria sido uma onda. E esta

As leis na natureza

onda, embora certamente se movesse *segundo* as leis da física, não teria sido posta em movimento pelas leis em si. Ela teria sido impulsionada por outras ondas, pelos ventos e assim por diante. E, por mais que procurássemos traçar a história ao seu início, nunca encontraríamos as *leis* da natureza causando coisa alguma.

A conclusão incrivelmente óbvia desponta agora em minha mente: *em toda a história do universo, as leis da natureza nunca produziram acontecimento algum.* Elas são o padrão ao qual todos os acontecimentos devem se conformar uma vez que tenham sido induzidos à ação. Mas como eles são induzidos à ação? Como se inicia um movimento? As leis da natureza não podem nos ajudar nisto. Todos os acontecimentos obedecem às leis da natureza, assim como todas as operações financeiras obedecem às leis da aritmética. Seis centavos somados a seis centavos certamente resultam em doze centavos. No entanto, a aritmética não colocará um centavo sequer no seu bolso. Até agora, eu havia nutrido uma vaga ideia de que as leis da natureza podiam fazer as coisas acontecer. Porém, percebi que isso é a mesma coisa que considerar possível aumentar o dinheiro que já se tem somando-o várias vezes. As *leis* são o padrão ao qual os acontecimentos se conformam; a fonte dos acontecimentos deve ser buscada em outro lugar.

Isso pode ser expresso dizendo-se que as leis da natureza explicam tudo, exceto a fonte dos acontecimentos. Esta, entretanto, é uma tremenda exceção. As leis, em certo sentido, abrangem toda a realidade — exceto a catarata contínua de acontecimentos reais que constituem o universo como ele é. Elas explicam tudo, exceto o que normalmente chamaríamos de "tudo". A única coisa que elas omitem é o universo inteiro. Não quero dizer, com isso, que o conhecimento destas leis é inútil. Desde que possamos considerar o universo como algo em andamento, tal conhecimento é útil e, de fato, indispensável para lidar com ele; assim como, na posse de qualquer dinheiro que seja, a aritmética é indispensável para gerenciá-lo. Porém, os acontecimentos em si — o dinheiro em si —, isso é outra questão.

De onde, então, vêm os acontecimentos? Em certo sentido, a resposta é fácil. Cada acontecimento vem de um acontecimento anterior. Mas o que acontece se continuarmos traçando este processo rumo ao seu início? Fazer essa pergunta não é exatamente o mesmo que perguntar de onde *as coisas* vêm, ou como o espaço, o tempo e a matéria passaram a existir. Nosso problema aqui não diz respeito a coisas, mas a acontecimentos; não a partículas de matéria, mas, por exemplo, a uma partícula que colide com outra. A mente talvez possa aceitar a ideia de que as "propriedades" do drama universal, de alguma forma, "existem por acaso"; mas de onde vem a peça, a história?

O fluxo de acontecimentos ou teve um começo, ou não teve. Se teve, estamos diante de algo semelhante à criação. Se não teve (uma suposição, a propósito, que alguns físicos consideram difícil), estamos diante de um impulso eterno que, por sua própria natureza, é obscuro para o pensamento científico. A ciência, quando se tornar perfeita, terá explicado a ligação entre cada elo na corrente, mas a existência em si da corrente permanecerá completamente sem explicação. Aprendemos cada vez mais sobre o padrão. Nada aprendemos, entretanto, sobre aquilo que "insere" acontecimentos reais no padrão. Se não for Deus, devemos, no mínimo, chamá-lo de Destino — a pressão imaterial, suprema e unidirecional que mantém o universo em movimento.

Até mesmo o menor dos acontecimentos, portanto — se considerarmos o simples fato de que ele ocorre (em vez de nos concentrar no padrão ao qual, caso seja induzido à ação, ele deve se conformar) — leva-nos de volta a um mistério que reside fora da ciência natural. É certamente uma suposição possível que, por trás deste mistério, alguma Vontade ou Vida poderosa esteja atuando. Se assim for, qualquer contraste entre seus atos e as leis da natureza está fora de questão. É somente o seu agir que confere às leis quaisquer acontecimentos aos quais devam se aplicar. As leis são um quadro vazio; é ele quem enche o quadro — e não de vez em quando, em ocasiões especialmente "providenciais", mas a cada momento. E ele, por ter a vantagem de estar acima do tempo, pode, se quiser, levar todas as orações em conta ao ordenar o vasto e complexo acontecimento denominado história do universo. Afinal, aquilo que chamamos de orações "futuras" são sempre presentes para ele.

Em *Hamlet*, um galho se quebra, e Ofélia se afoga. Pergunto: ela morreu porque o galho quebrou ou porque Shakespeare quis que ela morresse naquele ponto da peça? A resposta é qualquer uma das duas opções ou ambas — o que você preferir. A alternativa sugerida pela questão, na verdade, não é uma alternativa real quando compreendemos que Shakespeare é quem está por trás de toda a peça.

CAPÍTULO 9

O milagre grandioso

Pergunta-se com muita frequência hoje se não poderíamos ter um cristianismo despojado — ou, como dizem os questionadores, "livre" — de seus elementos milagrosos, isto é, um cristianismo com os elementos milagrosos suprimidos. Ora, parece-me que justamente a única religião no mundo, ou, pelo menos, a única que conheço, com a qual não se poderia fazer isso é o cristianismo. Em uma religião como o budismo, se eliminássemos os milagres atribuídos a Gautama Buda em algumas fontes muito recentes, não haveria perda; na verdade, a religião seria muito melhor sem eles, pois, neste caso, os milagres contradizem em grande medida o ensinamento. Até mesmo no caso de uma religião como o maometismo, nada de essencial seria alterado se removêssemos os milagres. Seria possível ter um grande profeta pregando seus dogmas sem introduzir quaisquer milagres, uma vez que eles têm apenas a natureza de uma digressão ou a função de uma letra inicial ornamentada. No entanto, não há como fazer isso com o cristianismo, pois a história cristã é precisamente a história de um milagre grandioso, sustentando que aquilo que está além de todo o espaço e de todo o tempo, que é incriado e eterno, entrou na natureza, na natureza humana, desceu ao seu próprio universo e, por fim, ressuscitou, trazendo a natureza consigo. Ela é precisamente um grande milagre. Se tirarmos isso, nada especificamente cristão restará. Pode até haver muitas coisas humanas admiráveis que o cristianismo compartilha com todos os outros sistemas no mundo, mas nada haveria de especificamente cristão. Em contrapartida, uma vez que tenhamos aceito isso, veremos que todos os outros milagres cristãos bem estabelecidos — porque, naturalmente, há milagres cristãos mal estabelecidos; existem lendas cristãs, assim como existem lendas pagãs ou lendas jornalísticas modernas — são parte desse grande milagre, e que todos eles ora preparam o caminho para a encarnação, ora manifestam-na, ora resultam dela. Assim como cada acontecimento natural demonstra o caráter total do universo natural em determinado ponto e espaço de tempo, cada milagre demonstra o caráter da encarnação.

Agora, caso alguém pergunte se esse milagre grandioso e central ao cristianismo é, em si, provável ou improvável, evidentemente não se pode estar falando do tipo de probabilidade proposto por Hume. Não é possível empregar uma probabilidade com base em estatísticas, segundo as quais quanto mais algo aconteceu, mais provável é que aconteça de novo (quanto mais tivermos indigestão por comer determinado alimento, mais provável é que, caso o comamos de novo, voltemos a ter indigestão). Certamente a encarnação não pode ser provável nesse sentido. É de sua própria natureza o fato de ter acontecido apenas uma vez. Contudo, é também da própria natureza da história deste mundo o fato de ter acontecido apenas uma vez; e, se a encarnação de fato aconteceu, ela é o capítulo central da história. Ela é improvável da mesma maneira que a natureza como um todo é improvável, pois só existe uma vez e acontecerá apenas uma vez. Portanto, é preciso utilizar um tipo completamente diferente de padrão.

Creio que nós ocupamos justamente esta posição. Suponhamos que tivéssemos em mãos um manuscrito de uma grande obra, uma sinfonia ou um romance. Então, alguém se aproxima e diz: "Achei um novo pedaço do manuscrito; é a passagem central da sinfonia, ou o capítulo central do romance. Sem ele, o texto está incompleto. Tenho comigo a parte faltante que deveria estar no centro da obra." A única coisa que poderíamos fazer seria colocar este novo pedaço do manuscrito na posição central e ver como ele se sairia em conjunto com o restante da obra. Caso trouxesse à luz novos significados em toda a história, caso nos fizesse perceber coisas no restante dela que não havíamos notado antes, então acho que consideraríamos o novo manuscrito autêntico. Caso contrário, se ele não fizesse nada disso, por mais atraente que fosse em si mesmo, nós o rejeitaríamos.

Ora, qual é o capítulo que falta neste caso, o capítulo que os cristãos oferecem? A história da encarnação é a história de uma descida e de uma ressurreição. Quando eu digo "ressurreição" aqui, não me refiro apenas às primeiras horas ou às primeiras semanas após a ressurreição. Refiro-me a todo esse grande padrão de descer, descer um pouco mais e, então, ascender. Aquilo que costumeiramente chamamos de ressurreição é apenas, por assim dizer, o ponto em que o sentido do padrão muda. Pense no que é essa descida: o ato de descer, não apenas à humanidade, mas àqueles nove meses que precedem o nascimento humano — nos quais dizem que todos nós recapitulamos formas estranhas, pré-humanas, subumanas de vida — e, mais ainda, ao estado de cadáver, algo que, se o movimento ascendente não tivesse acontecido, teria perdido completamente a forma orgânica e se tornado inorgânico, como todos os cadáveres. Alguns imaginam alguém descendo para dragar o fundo do mar. Outros imaginam um homem forte tentando levantar um peso muito grande e complicado. Ele se abaixa e se põe debaixo deste peso, desparecendo ali; em seguida, endireita as costas e se levanta com o fardo pendendo sobre os ombros. Outros, ainda, imaginam um mergulhador que, após despir-se de todas as peças de roupa que traz sobre si, paira por um instante no ar e, em seguida, mergulha nas águas verdes, mornas e iluminadas pelo Sol em direção às correntes congelantes e completamente escuras das profundezas, onde há lama e lodo. Então, retornando à superfície com os pulmões quase estourando, ele passa novamente pelas águas cálidas e esverdeadas rumo à luz do sol, onde emerge tendo em mãos o objeto gotejante que foi buscar. Este objeto é a natureza humana; mas, associada a ela, toda a natureza, o novo universo. Trata-se de um ponto em que não posso me aprofundar esta noite, pois seria necessário um sermão inteiro para isso — esta ligação entre a natureza humana e a natureza em geral. Esta ideia parece impressionante, mas acredito que possa ser plenamente justificada.

Assim que pensamos nisto, nesse padrão de um grande mergulho às profundezas do universo e de um retorno à luz, todos nós vemos de imediato como ele é imitado e ecoado pelos princípios do mundo natural: a descida da semente ao solo e sua ascensão nas plantas, por exemplo. Há também certos aspectos em nossa própria vida espiritual em que algo deve ser morto e quebrantado a fim de que se torne brilhante, forte e esplêndido. A analogia é óbvia. Nesse sentido, a doutrina se encaixa muito bem; tão bem, na verdade, que logo surge a suspeita: será que ela não se encaixa bem demais? Em outras palavras, será que a história cristã não apresenta esse padrão de descida e ascensão por ele ser parte de todas as religiões naturais do mundo? Nós lemos a respeito desta questão em *O ramo de ouro*.[1] Todos nós conhecemos Adônis e as histórias daqueles outros sujeitos entediantes; por acaso este não seria mais um exemplo da mesma coisa, do "Deus que morre"? Bem, sim, é. E é isto o que torna a questão sutil. Aquilo que a crítica antropológica ao cristianismo sempre diz é perfeitamente verdadeiro: Cristo *é* uma figura desse mesmo tipo. E aqui entra uma coisa muito curiosa. Quando li,

---

[1] De James George Frazer.

pela primeira vez depois da infância, os Evangelhos, eu estava tomado por aquelas ideias sobre o Deus que morre, *O ramo de ouro* e assim por diante. À época, elas me soavam muito poéticas, misteriosas e estimulantes; e nunca me esquecerei da minha decepção e repulsão quando, ao me voltar para os Evangelhos, encontrei praticamente nada a respeito daquelas ideias ali. A metáfora da semente caindo na terra neste sentido ocorre (creio) duas vezes no Novo Testamento;[2] de resto, quase nenhuma observação é feita, e eu achei isso extraordinário. Havia um Deus que morria e que sempre representava o grão; por exemplo, vemo-lo segurando o grão, isto é, o pão, e dizendo: "isto é o meu corpo",[3] e do meu ponto de vista na época, ele não parecia perceber o que estava dizendo. Certamente ali, mais do que em qualquer lugar, esta ligação entre a história cristã e o grão deveria ser revelada; todo o contexto clama por isso. No entanto, tudo continua como se o ator principal, e ainda por cima, aqueles ao seu redor, ignorassem completamente o que estavam fazendo. É como se houvesse evidências muito boas a favor da serpente marinha, mas os homens que encontraram estas evidências agissem como se nunca tivessem ouvido falar de serpentes marinhas. Ou, expressando isso na forma de uma pergunta, por que o único caso do "Deus que morre" plausível de ser considerado histórico ocorreu em meio a um povo (e o único povo em todo o mundo mediterrâneo) que não tinha qualquer vestígio desta religião natural e sequer aparentava conhecer algo a seu respeito? Por que foi em meio a *este povo* que isso subitamente parece acontecer?

O ator principal, humanamente falando, mal parece conhecer a repercussão que suas palavras (e sofrimentos) teriam em qualquer mente pagã. Isso é quase inexplicável, exceto por uma

---

[2]João 12:24; 1Coríntios 15:36.
[3]Mateus 26:26; Marcos 14:22; Lucas 22:19; 1Coríntios 11:24.

hipótese. E se o grão-rei não foi mencionado no livro porque aquilo que sua imagem retrata já estava ali? E se a representação estava ausente porque ali, por fim, a pessoa representada estava presente? E se as sombras estavam ausentes porque o objeto que produz essas sombras estava ali? O grão em si é, de uma maneira bem distante, uma imitação da realidade sobrenatural; o objeto que morre e volta à vida, que desce e se eleva além de toda a natureza. O princípio existe na natureza porque existiu primeiro no próprio Deus. Assim, descobre-se, por trás das religiões naturais, e por trás da natureza, Alguém que, em vez de ser explicado, explica — não as religiões naturais diretamente, mas todo o comportamento característico da natureza no qual as religiões naturais se baseiam. Esta foi uma maneira pela qual fui surpreendido. Aquilo parecia se encaixar de um modo muito peculiar, mostrando-me algo sobre a natureza mais plenamente do que eu já vira antes, embora, porém, permanecendo fora e acima das religiões naturais.

Há também outra coisa. Nós, com nossas modernas pressuposições democráticas e aritméticas, gostaríamos e esperávamos que todos os homens partissem do mesmo ponto em sua busca por Deus. Tem-se a imagem de grandes estradas centrípetas provenientes de todas as direções, com pessoas bem-dispostas, todas com a mesma coisa em vista, aproximando-se cada vez mais. A história cristã é surpreendentemente oposta a isso! Um povo é escolhido dentre toda a terra e é purificado e provado várias vezes. Alguns perdem-se no deserto antes de alcançar a Palestina; outros permanecem na Babilônia; e outros, ainda, tornam-se indiferentes. Tudo se afunila até, por fim, chegar a um pequeno ponto, tão diminuto quanto a ponta de uma lança: uma garota judia orando. Foi a este ponto que toda a natureza humana se reduziu antes de a encarnação acontecer. Muito diferente do que esperávamos, mas, sem dúvida, nem um pouco diferente do que parece em geral, conforme mostrado pela natureza, ser a maneira de Deus operar. O universo é um lugar espantosamente seletivo e antidemocrático em um espaço aparentemente infinito; é uma proporção ínfima ocupada por matéria. Das estrelas, talvez apenas uma tenha planetas; dos planetas, apenas um tem a capacidade de sustentar vida orgânica. Dos animais, somente uma espécie é racional. A seleção observada na natureza, e o desperdício estarrecedor que isto envolve, parece ser uma coisa horrível e injusta aos padrões humanos. No entanto, a seletividade na história cristã não é bem assim. As pessoas selecionadas são, em certo sentido, injustamente selecionadas para uma honra suprema, mas também para um fardo supremo. O povo de Israel passa a perceber que suas desgraças é que salvam o mundo. Até mesmo na sociedade humana, entretanto, vê-se como a desigualdade gera oportunidade para todo tipo de tirania e servilismo. Porém, por outro lado, vê-se também que ela gera oportunidade para algumas das melhores coisas que podemos imaginar: humildade, bondade e os imensos prazeres da admiração. (Não consigo imaginar como seria tedioso um mundo no qual ninguém tem a chance de conhecer alguém mais inteligente, mais belo ou mais forte do que ele mesmo. As multidões que acompanham as celebridades esportivas e as estrelas do cinema, por exemplo, são prova de que não há graça em desejar esse tipo de igualdade!) O que a história da encarnação parece estar fazendo é lançar uma nova luz sobre um princípio da natureza e mostrar, pela primeira vez, que este princípio de desigualdade não é nem bom nem mau. É um tema comum que perpassa tanto a bondade quanto a maldade do mundo natural, e começo a ver que ele se conserva como uma beleza suprema no universo redimido.

E, com isso, passei inconscientemente ao terceiro ponto. Eu disse que a seletividade não era injusta como suspeitamos no início porque aqueles que são selecionados para a grande honra também são selecionados para o grande sofrimento, e seu sofrimento cura outras pessoas. Na encarnação, há naturalmente esta ideia de vicariedade, de uma pessoa beneficiando-se do ganho de outra. Em sua forma mais elevada, este é o cerne do cristianismo. E também descobrimos que esta mesma vicariedade é uma característica, ou, como um músico diria, um *leitmotiv* da natureza. É uma lei do universo natural que nenhum ser pode existir por seus próprios recursos. Tudo e todos estão irremediavelmente em dívida para com tudo e todos. No universo, como vemos agora, esta é a fonte de muitos dos maiores horrores: todos os horrores do carnivorismo e os horrores ainda piores dos parasitas, aqueles terríveis animais que vivem sob a pele de outros animais, e assim por diante. E, no entanto, de repente, ao olhar para isso sob a luz da história cristã, percebe-se que essa vicariedade não é em si ruim; que todos esses animais, insetos e horrores são meramente o princípio da vicariedade de uma forma deturpada. Afinal, quando se analisa com cuidado, quase tudo de bom na natureza também vem da vicariedade. A criança, antes e após o nascimento, existe graças à mãe, tal como o parasita existe graças ao seu hospedeiro — um é um horror; o outro, a fonte de quase toda bondade natural no mundo. Tudo depende do que se faz com este princípio. Assim, também descubro, neste terceiro aspecto, que o que está por trás da encarnação encaixa-se perfeitamente com o que vejo na natureza, a cada vez (este é o ponto importante) conferindo-lhe um novo sentido. Ao aceitar este suposto capítulo faltante, a encarnação, vejo que ele começa a esclarecer todo o restante do manuscrito. Em primeiro lugar, ele elucida o padrão de morte e renascimento que existe na natureza; em segundo lugar, sua seletividade; e, em terceiro lugar, sua vicariedade.

Agora, percebo algo muito estranho. Todas as outras religiões do mundo, até onde as conheço, são ora religiões naturais, ora religiões antinaturais. As religiões naturais são aquelas pagãs simples, antigas, que conhecemos. Ficava-se bêbado no templo de Baco. Cometia-se fornicação no templo de Afrodite. A forma mais moderna de religião natural seria a religião iniciada, em certo sentido, por Bergson[4] (mas ele se arrependeu e morreu cristão) e promovida em uma forma mais popular por Bernard Shaw. As religiões antinaturais são aquelas como o hinduísmo e o estoicismo, nas quais os homens dizem: "Privarei minha carne de alimento. Não me importo se viverei ou morrerei." Todas as coisas naturais devem ser postas de lado; o objetivo é o nirvana, a apatia, a espiritualidade negativa. As religiões naturais simplesmente reforçam nossos desejos naturais. As religiões antinaturais simplesmente os contradizem. As religiões naturais oferecem uma nova confirmação daquilo que sempre pensamos sobre o universo em momentos de plena saúde e brutalidade alegre. As religiões antinaturais repetem o que sempre pensamos a seu respeito em momentos de lassidão, fragilidade ou compaixão.

Mas aqui há algo muito diferente. Aqui existe algo dizendo que nunca devemos, como os estoicos, afirmar que a morte não importa. Nada é menos cristão do que isso. A morte fez a própria Vida derramar lágrimas no túmulo de Lázaro[5] e lágrimas de sangue no Getsêmani.[6] Ela é algo aterrador, uma vil indignidade. (Lembre-se da esplêndida observação de Thomas Browne: "Não tenho tanto medo da morte quanto me envergonho dela.")[7] E, não obstante, de uma forma ou de outra, ela é infinitamente boa. O cristianismo não apenas confirma ou nega o horror da morte; ele nos diz algo completamente novo a seu respeito. Ele, mais uma vez, não apenas sanciona nosso desejo de ser mais fortes ou mais espertos do que os outros, como Nietzsche, mas também não nos permite dizer: "Ó, Senhor, acaso não haverá um dia em que todos serão igualmente bons?" O mesmo se aplica à vicariedade. O cristianismo não me permite, de modo algum, ser um explorador, agir

---

[4]Henri Bergson (1859—1941). Sua "religião natural" é especialmente evidente na obra *Matéria e memória* (1896) e *A evolução criadora* (1907).
[5]João 11:35.
[6]Lucas 22:44.
[7]*Religio Medici*, primeira parte, seção 40.

O milagre grandioso

como um parasita sobre outras pessoas; todavia, tampouco me permite sonhar com uma vida solitária. Ele me ensina a aceitar, com alegre humildade, o enorme sacrifício que outros fazem por mim e também a fazer sacrifícios por eles.

Por esse motivo, acredito que este milagre grandioso seja o capítulo que falta no romance, o capítulo em que todo o enredo sofre uma reviravolta; por esse motivo, acredito que Deus realmente mergulhou até o fundo da criação e ressurgiu trazendo toda a natureza redimida sobre seus ombros. Os milagres que já aconteceram são, naturalmente, como a Escritura tantas vezes diz, as primícias do verão cósmico que se aproxima.[8] Cristo ressuscitou, e nós também ressuscitaremos. Pedro, por alguns segundos, caminhou sobre as águas;[9] e chegará o dia em que haverá um universo refeito, infinitamente sujeito à vontade do homem glorificado e obediente, quando poderemos fazer todas as coisas e ser aqueles deuses que as Escrituras dizem que somos. Sem dúvida, o tempo ainda parece invernoso, mas o início da primavera costuma ser assim. Dois mil anos são apenas um dia ou dois de acordo com essa escala. Na verdade, deveríamos dizer: "A ressurreição aconteceu há dois mil anos" com o mesmo ânimo com que diríamos: "Vi uma flor de açafrão ontem", pois sabemos o que acompanha a flor. A primavera aproxima-se aos poucos desta maneira, mas o importante é que a esquina já foi dobrada. Existe, é claro, a diferença de que, na primavera, a flor de açafrão não escolhe se reagirá à chegada da nova estação ou não. Nós podemos escolher. Nós temos o poder ora de resistir à primavera e mergulhar de volta ao inverno cósmico, ora de adentrar nos "esplendores do auge do verão" nos quais nosso líder, o Filho do homem, já habita, e aos quais ele nos chama. Cabe a nós decidir se o seguiremos ou não; se morreremos neste inverno ou se entraremos naquela primavera e naquele verão.

---

[8] Romanos 8:23; 11:16; 16:5; 1Coríntios 15:20; Tiago 1:18; Apocalipse 14:4.
[9] Mateus 14:29.

CAPÍTULO 10

Apologética cristã

Alguns de vocês são pastores, e outros, líderes de organizações de jovens.[1] Tenho pouco direito de abordá-los em qualquer um dos casos. Os pastores é quem devem me ensinar, não o contrário. E eu mesmo nunca ajudei a organizar jovens; em minha juventude, inclusive, evitei tomar parte de qualquer tipo de organização. Se me dirijo a vocês, faço-o em resposta a um pedido que, de tão insistente, fez-me considerar o aceite uma questão de obediência.

Falarei sobre apologética. Apologética significa, é claro, defesa. A primeira pergunta é: o que nos propomos a defender? O cristianismo, naturalmente — o cristianismo segundo o entendimento da Igreja de Gales. Antes de tudo, preciso lidar com uma questão desagradável. Os leigos têm a impressão de que, na Igreja da Inglaterra, muitas vezes ouvimos sair da boca dos pastores doutrinas que não fazem parte do cristianismo anglicano e que se desviam do cristianismo anglicano de duas maneiras: (1) de um lado, sendo tão "abertas", "liberais" ou "modernas", que excluem qualquer sobrenaturalismo e, portanto, deixam de

---

[1] Este texto foi lido em uma reunião de pastores anglicanos e líderes da mocidade na *Carmarthen Conference for Youth Leaders and Junior Clergy* da Igreja de Gales, uma conferência realizada em Carmarthen na Páscoa de 1945.

ser cristãs; (2) de outro lado, sendo romanas. Não cabe a mim, evidentemente, definir para vocês o que é o cristianismo anglicano — sou aluno de vocês, não seu professor. Porém, insisto que deve haver fronteiras, independentemente de onde sejam traçadas, além das quais sua doutrina deixa de ser ora anglicana, ora cristã; e também sugiro que estes limites sejam traçados muito antes do que muitos pastores modernos pensam. Creio ser dever de vocês fixar estes limites na mente com clareza, e, caso queiram ultrapassá-los, devem, então, mudar sua profissão de fé.

Tal obrigação não advém do fato de sermos cristãos ou pastores, mas de sermos homens honestos. Existe o perigo de o clero desenvolver uma consciência profissional especial que obscureça a simples questão moral. Os homens que ultrapassam as fronteiras, em qualquer uma das duas direções, podem alegar que chegaram às novas opiniões não ortodoxas com honestidade. Em defesa destas opiniões, eles estão prontos para sofrer opróbrio e ser privados de avanço profissional, considerando-se mártires. Com isso, entretanto, perde-se de vista aquilo que tão gravemente escandaliza o leigo. Nós nunca duvidamos de que as opiniões não ortodoxas fossem sinceras; o motivo de nossa queixa é que esses homens continuam seu ministério mesmo após adotá-las. Sempre soubemos que uma pessoa que ganha a vida como agente do partido conservador pode, com sinceridade, mudar de ideia e tornar-se comunista. O que negamos é que possa sinceramente continuar trabalhando como agente do partido conservador e, ao mesmo tempo, defender a política de outro partido.

Mesmo após rejeitar o ensinamento que se encontra em contradição direta com nossa profissão, ainda precisamos definir melhor nossa tarefa. Devemos defender o cristianismo em si — a fé pregada pelos apóstolos, confirmada pelos mártires, expressa nos credos e exposta pelos pais. Ela deve ser claramente distinguida daquilo que qualquer um de nós talvez pense sobre Deus e o homem de maneira geral. Cada um de nós tem suas ênfases individuais: cada um nutre, além da fé, muitas opiniões que lhe parecem coerentes com ela, verdadeiras e importantes. E talvez sejam. Mas, como apologistas, não é nosso dever defender *tais ênfases*. Nós defendemos o cristianismo, não "minha religião". Quando mencionamos nossas opiniões pessoais, devemos sempre deixar muito clara a diferença entre elas e a fé em si. Paulo deu-nos o modelo em 1Coríntios 7:25: em determinado ponto da carta, ele não apresenta um "mandamento do Senhor", mas seu "parecer". Ninguém fica com dúvidas quanto à diferença implícita de *autoridade*.

Esta distinção, exigida pela honestidade, também oferece ao apologista uma grande vantagem tática. A grande dificuldade é fazer com que o público moderno perceba que estamos pregando o cristianismo única e simplesmente porque o consideramos *verdadeiro*; os homens sempre supõem que o estamos pregando porque gostamos dele, porque julgamos ser bom para a sociedade ou algo do tipo. Uma distinção clara entre aquilo que a fé realmente diz e aquilo que gostaríamos que ela dissesse, que entendemos a seu respeito ou que pessoalmente consideramos proveitoso ou provável força o público a ver que estamos comprometidos com os dados, assim como o cientista está comprometido com os resultados dos experimentos; isto é, que não estamos apenas falando o que queremos. Isso imediatamente o ajuda a perceber que o que está sendo discutido é um fato objetivo, que não se trata de um discurso vazio sobre ideais e pontos de vista.

Em segundo lugar, esse cuidado escrupuloso para preservar a mensagem cristã como algo distinto das próprias ideias exerce um efeito muito bom no próprio apologista. Isso o força a enfrentar, vez após vez, os elementos do cristianismo original que ele considera obscuros ou repulsivos. Ele é salvo da tentação de pular, omitir ou ignorar o que acha desagradável. E o homem que cede a essa tentação, sem dúvida, nunca progride no conhecimento cristão. Afinal, as doutrinas consideradas fáceis são obviamente aquelas que oferecem confirmação cristã de verdades já conhecidas. A verdade nova, a qual desconhecemos e da qual precisamos, deve, segundo a própria natureza das coisas, estar oculta precisamente nas doutrinas de que menos gostamos e que menos compreendemos. O mesmo se dá na ciência. O fenômeno problemático, que não se encaixa nas teorias científicas atuais, é o fenômeno que exige reconsideração e, assim, conduz a novos conhecimentos. A ciência progride porque os cientistas, em vez de fugir de fenômenos problemáticos ou silenciá-los, estão sempre procurando desvendá-los. Da mesma forma, haverá progresso no conhecimento cristão apenas se aceitarmos o desafio apresentado pelas doutrinas difíceis ou repulsivas. Um cristianismo "liberal" que se considera livre para alterar a fé quando esta se mostra complicada ou repulsiva está *obrigatoriamente* estagnado. O progresso é feito somente quando o material é *resistente*.

Disto, segue um corolário quanto à leitura particular do apologista. Há duas perguntas que ele naturalmente fará a si mesmo: (1) Tenho "acompanhado", ou me mantido a par, dos recentes movimentos na teologia? (2) Tenho *me mantido firme* (*super monstratas vias*)[2] em meio a todos esses "ventos de doutrina"?[3] Gostaria de enfatizar que a segunda pergunta, é de longe, a mais importante das duas. Nossa criação e toda a atmosfera do mundo em que vivemos asseguram-nos de que a principal tentação é ceder a ventos de doutrina, não os ignorar. Não somos, de modo algum, suscetíveis a um comportamento inflexível; estamos, na verdade, muito propensos a ser escravos da moda. Se alguém tiver de escolher entre ler livros novos ou antigos, deve

---

[2]Creio que a fonte disto seja Jeremias 6:16: *"State super vias et videte, et interrogate de semitis antiquis quae sit via bona, et ambulate in ea"*, traduzido como: "Ponham-se nas encruzilhadas e olhem; perguntem pelos caminhos antigos, perguntem pelo bom caminho. Sigam-no".
[3]Efésios 4:14.

escolher os antigos — não por serem necessariamente melhores, mas por conterem precisamente as verdades que nossa época negligencia. O padrão do cristianismo permanente deve estar bem claro em nossa mente, e é contra este padrão que devemos colocar à prova todo pensamento contemporâneo. Na realidade, devemos, a todo custo, *não* acompanhar os tempos. Nós servimos àquele que disse: "Os céus e a terra passarão, mas as minhas palavras jamais passarão".[4]

Até agora, falei de leitura teológica. A leitura científica é uma história diferente. Caso você conheça alguma ciência, é muito desejável que se mantenha atualizado. Temos de responder à postura científica atual com relação ao cristianismo, não à postura que os cientistas adotaram cem anos atrás. A ciência está em constante mudança, e devemos nos manter a par *dela*. Pelo mesmo motivo, temos de ser muito cautelosos ao nos lançar sobre qualquer teoria científica que, naquele momento, pareça estar a nosso favor. Podemos *mencionar* tais coisas; porém, devemos mencioná-las brevemente, sem sugerir que talvez sejam mais do que apenas fatos "interessantes". Frases que começam com: "A ciência já demonstrou que..." devem ser evitadas. Quando tentamos basear nossa apologética em determinado avanço da ciência, geralmente descobrimos que, enquanto ainda estávamos dando os retoques finais em nosso argumento, a ciência já mudou de ideia e retirou em silêncio a teoria sobre a qual nos fundamentávamos. *Timeo Danaos et dona ferentes*[5] é um princípio sólido.

Já que estamos falando sobre ciência, permitam-me divagar um pouco. Creio que um cristão qualificado para escrever um bom livro popular sobre qualquer ciência pode atingir muito mais resultados por meio disso do que diretamente por meio de alguma obra apologética. A dificuldade que enfrentamos

---

[4] Mateus 24:35; Marcos 13:31; Lucas 21:33.
[5] "Eu temo os gregos até quando dão presentes", Virgílio, *Eneida*, livro II, verso 49.

Apologética cristã

é esta: nós até conseguimos fazer com que as pessoas (muitas vezes) levem a sério o ponto de vista cristão por mais ou menos meia hora; porém, no momento em que a palestra ou a leitura do artigo termina, elas mergulham de volta em um mundo do qual se espera uma posição oposta. Enquanto esta situação existir, o êxito geral é simplesmente impossível. Temos de atacar a linha de comunicação do inimigo. O que queremos não é mais pequenos livros sobre cristianismo, mas pequenos livros escritos por cristãos sobre outros assuntos — com o cristianismo *latente*. Entendemos isso com mais facilidade quando consideramos o oposto. Nossa fé não é muito suscetível de ser abalada por livros sobre o hinduísmo, por exemplo. Contudo, se, pela leitura de um livro elementar sobre geologia, botânica, política ou astronomia, descobríssemos que suas implicações são hindus, isso nos estremeceria. Não são os livros escritos em defesa direta do materialismo que transformam o homem moderno em materialista, mas os pressupostos materialistas presentes em todos os outros livros. Da mesma maneira, não são os livros sobre cristianismo que realmente o inquietarão. No entanto, ele se inquietaria caso, quando buscasse uma introdução popular a determinada ciência, a melhor obra no mercado tivesse sido redigida por um cristão. O primeiro passo para a reconversão deste país é uma série, produzida por cristãos, que consiga superar a *Penguin* e a *Thinkers Library* nos próprios termos destas. O cristianismo dessa série precisaria ser latente, não explícito; e, *claro*, a ciência nela contida deveria ser completamente honesta. Uma ciência *distorcida* em favor da apologética seria pecado e loucura. Contudo, preciso voltar ao meu assunto principal.

Nosso dever é apresentar aquilo que é atemporal (o mesmo ontem, hoje e amanhã)[6] na linguagem específica de nossa

---

[6]Hebreus 13:8.

própria época. O mau pregador faz exatamente o oposto: ele toma as ideias de nossa época e as ornamenta com a linguagem tradicional do cristianismo. Assim, por exemplo, ele talvez pense sobre o Relatório Beveridge[7] e *fale* sobre a vinda do Reino. O núcleo de seu pensamento é meramente contemporâneo; apenas a superfície é tradicional. Porém, o ensinamento deve ser atemporal em seu cerne e ter uma aparência moderna.

Isso suscita a questão da teologia e da política. O mais próximo que consigo chegar de uma solução para o problema da fronteira entre elas é isto: a teologia ensina-nos quais fins são desejáveis e quais meios são lícitos, ao passo que a política nos ensina quais meios são eficazes. Logo, a teologia diz-nos que todos devem receber um salário decente. A política diz-nos por quais meios é provável que isto seja alcançado. A teologia, por sua vez, diz-nos quais destes meios são coerentes com a justiça e a caridade. Na questão política, a direção não vem da revelação, mas da prudência natural, do conhecimento de fatos complicados e da experiência. Se tivermos estas qualificações, podemos, sem dúvida, declarar nossas opiniões políticas; no entanto, devemos deixar bem claro que estamos apresentando nosso parecer pessoal, sem ordem alguma do Senhor. Não são muitos os pastores que têm essas qualificações. A maioria dos sermões políticos nada ensina à congregação além do que consta nos jornais recebidos na casa pastoral.

Nosso grande perigo atual é que a Igreja continue aplicando uma técnica meramente missionária àquilo que se tornou uma situação missionária. Há um século, nossa tarefa era edificar aqueles que haviam sido criados na fé; nossa tarefa hoje

---

[7]BEVERIDGE, William H. *Social Insurance and Allied Services*. "Command Paper" 6404, sessão parlamentar 1942—1943. Londres: H. M. Stationery Office, 1942. O "Relatório Beveridge" foi um projeto para o sistema de Segurança Social na Grã-Bretanha.

é sobretudo converter e instruir infiéis. A Grã-Bretanha é um campo missionário tanto quanto a China. Se fôssemos enviados para atuar em meio aos bantos, teríamos de aprender sua língua e suas tradições. Da mesma maneira, precisamos aprender a linguagem e os hábitos mentais de nossos próprios compatriotas incrédulos e sem instrução. Muitos pastores são completamente ignorantes a esse respeito. Aquilo que sei, aprendi ao palestrar em acampamentos da R.A.F.[8] Ali estavam presentes homens de maioria inglesa, e, portanto, algumas coisas que direi talvez sejam irrelevantes para a situação em Gales. Por favor, filtrem o que não se aplicar.

(1) Percebi que os ingleses incultos são quase totalmente céticos com relação à história. Minha expectativa era que eles não cressem nos Evangelhos por causa dos milagres, mas, na verdade, eles não creem porque os textos falam de coisas que aconteceram há dois mil anos. É bem capaz que se recusassem igualmente a acreditar na batalha de Áccio caso tivessem ouvido falar dela. Para aqueles que receberam nosso tipo de educação, é muito difícil compreender essa mentalidade. Para nós, o presente sempre equivaleu a uma parte de um enorme processo contínuo. Na mente deles, o presente ocupa quase todo o campo de visão. Antes dele, em uma posição muito isolada e irrelevante, encontra-se algo chamado "antiguidade" — uma pequena selva cômica onde salteadores de estrada, a rainha Elizabeth, cavaleiros com armaduras e outros personagens vagueiam. E (o que é mais estranho), antes da antiguidade, eles concebem uma imagem do "homem primitivo". Este homem primitivo é "ciência", não "história"; logo, existe a sensação de que ele é muito mais real do que a antiguidade. Em outras palavras, eles acreditam muito mais no pré-histórico do que no histórico.

---
[8] Força Aérea Real.

(2) Eles nutrem uma desconfiança (muito racional em vista do seu estado de conhecimento) com relação a textos antigos. Certa vez, um homem me disse: "Esses registros foram escritos antes da invenção da tipografia, não foram? E você não tem o papel original, tem? Ou seja, alguém escreveu algo que foi copiado por outra pessoa *que*, por sua vez, foi copiado por outra pessoa e assim por diante. Bem, quando chega a nós, o texto nem sequer se parece mais com o original." Esta é uma objeção difícil de replicar porque não é possível, ali no ato, ensinar ao indivíduo toda a ciência da crítica textual. Porém, neste ponto, a verdadeira religião deles (ou seja, a fé na "ciência") vem em meu auxílio. A garantia de que existe uma "ciência" chamada "crítica textual" e que seus resultados (não apenas no que se refere ao Novo Testamento, mas a textos antigos em geral) costumam ser aceitos, é normalmente recebida sem objeção. (Nem preciso observar que a palavra "texto" não deve ser usada, uma vez que, para o público, ela significa apenas uma "citação bíblica".)

(3) A noção de pecado é quase totalmente ausente. Nossa situação é, portanto, muito diferente da situação dos apóstolos. Os pagãos (e ainda mais os *metuentes*[9]) a quem eles pregavam eram assombrados por um sentimento de culpa, e o Evangelho significava, portanto, "boas novas". Nós nos dirigimos a indivíduos que foram treinados para acreditar que tudo o que está errado no mundo é culpa de alguém — dos capitalistas, do governo, dos nazistas, dos generais e assim por diante. Eles se aproximam de Deus como se fossem *juízes*. O que eles querem saber não é se podem ser absolvidos do pecado, mas se Deus pode ser absolvido por ter criado um mundo como o nosso.

---

[9] Os *metuentes*, ou "tementes a Deus", eram uma classe de gentios que adorava a Deus sem se submeter à circuncisão e a outras obrigações cerimoniais da lei judaica. Veja Salmos 118:4 e Atos 10:2.

Ao combater essa insensibilidade fatal, é inútil dirigir a atenção (a) para pecados que o público não comete ou (b) para as coisas que ele faz, mas que não considera pecado. Ele não costuma ser beberrão. Em sua maior parte, ele é composto por fornicadores, mas que não acham que tal ato é errado. É, portanto, inútil alongar-se em qualquer um desses assuntos. (Agora que os contraceptivos removeram o elemento obviamente *implacável* da fornicação, eu mesmo não acho que podemos esperar que as pessoas a reconheçam como pecado até aceitarem o cristianismo como um todo.)

Eu não tenho como oferecer uma técnica infalível para despertar o senso de pecado. Posso apenas dizer que, em minha experiência, quando começamos abordando o pecado que foi nosso principal problema na semana anterior, é surpreendente como conseguimos transmitir sua gravidade. Mas, seja qual for o método que utilizemos, nosso esforço contínuo deve ser o de desviar a mente dos ouvintes de assuntos públicos e "crimes" e direcioná-la ao que realmente importa: toda a rede de maldade, ganância, inveja, injustiça e vaidade presente na vida de "pessoas decentes comuns" como eles (e nós mesmos).

(4) Devemos aprender a linguagem de nosso público. E permitam-me começar dizendo que é absolutamente inútil definir *a priori* o que o "homem comum" entende ou não entende. É preciso descobrir pela experiência. Por exemplo, a maioria de nós teria imaginado que a mudança de "verdadeiramente e indiferentemente ministrem justiça" para "verdadeiramente e imparcialmente ministrem justiça"[10] tornaria o texto mais fácil para os incultos; porém, um pastor que conheço descobriu que o zelador da igreja não encontrava dificuldade alguma na palavra *indiferentemente* ("Significa não fazer qualquer distinção entre um

---

[10] A primeira citação é da oração por "Toda a Igreja de Cristo" para o culto da Santa Comunhão, presente no *Livro de oração comum* (1662). A segunda é a forma revisada da mesma frase no *Livro de oração comum*, de 1928.

homem e outro", disse ele), mas não fazia ideia do que *imparcialmente* significava.

Acerca desta questão da linguagem, o melhor que posso fazer é apresentar uma lista de palavras que são usadas pelas pessoas em um sentido diferente do nosso.

EXPIAÇÃO. Este termo, na verdade, não existe na língua falada moderna, embora seja reconhecida como uma "palavra religiosa". Caso transmita algum significado para os incultos, creio que seja o de *compensação*. Nenhuma palavra é capaz de explicar-lhes o que os cristãos entendem por *expiação*; é preciso parafrasear.

SER. (Substantivo) Nunca significa simplesmente "entidade" no discurso popular. Muitas vezes, significa aquilo que deveríamos chamar de "ser pessoal" (por exemplo, certo homem me disse: "Creio no Espírito Santo, mas não acho que ele seja um ser!").

CATÓLICO. Significa papista.

CARIDADE. Significa: (a) esmola; (b) "organização filantrópica"; (c) muito mais raramente, indulgência (isto é, uma postura "caridosa" para com alguém é considerada uma postura que nega ou tolera seus pecados, não a de quem ama o pecador apesar deles).

CRISTÃO. Esta palavra passou a ser quase totalmente desprovida da ideia de *crença*. Ela costuma ser um termo vago de aprovação. Já me fizeram muitas vezes a pergunta: "O que é ser cristão para você?". A resposta que as pessoas *esperam* receber é: "Cristão é um sujeito decente, generoso e assim por diante."

IGREJA. Significa: (a) um templo sagrado; (b) o clero. Ela *não* sugere, para os homens comuns, o "grupo de todos os fiéis",[11]

---

[11] Uma expressão que aparece na oração de "Ação de graças" para o fim do culto da Santa Comunhão.

sendo geralmente usada em um sentido negativo. A defesa direta da Igreja é parte de nosso dever; porém, o uso da palavra *Igreja* quando não há tempo de defendê-la afasta sentimentos de simpatia e deve ser evitado sempre que possível.

CRIATIVO. Agora significa apenas "talentoso", "original". A ideia de criação no sentido teológico está ausente.

CRIATURA. Significa "besta", "animal irracional". Uma expressão do tipo "Somos apenas criaturas" quase certamente seria mal compreendida.

CRUCIFICAÇÃO, CRUZ e similares. Séculos de hinos e cânticos religiosos desgastaram estas palavras e, agora, elas mal transmitem — se é que o fazem — a ideia de execução por tortura. É melhor parafraseá-las; e, pela mesma razão, dizer *chicotear* em lugar da palavra *açoitar* do Novo Testamento.[12]

DOGMA. Usada pelas pessoas somente no sentido negativo de "declaração sem prova feita com arrogância".

CONCEPÇÃO IMACULADA. Para os incultos, *sempre* significa *nascimento virginal.*

MORALIDADE. Significa *castidade.*

PESSOAL. Argumentei com um homem por cerca de dez minutos sobre a existência do diabo como "pessoa" até descobrir que *pessoa* para ele tinha a ideia de um ser *corpóreo.* Suspeito que esta seja uma noção generalizada. Quando as pessoas dizem que não acreditam em um Deus "pessoal", é possível que, muitas vezes, estejam apenas negando ser antropomorfistas.

POTENCIAL. Esta palavra, quando usada, tem uma conotação de engenharia. Ela *nunca* significa "possível".

PRIMITIVO. Significa grosseiro, desajeitado, inacabado, ineficiente. A expressão "cristianismo primitivo" não significa, para eles, de modo algum aquilo que significa para você.

---

[12] Mateus 27:26; Marcos 15:15; João 19:1.

SACRIFÍCIO. Não tem qualquer ligação com templo e altar. Os homens comuns estão familiarizados com esta palavra apenas no sentido jornalístico ("A nação deve estar preparada para realizar grandes sacrifícios").

ESPIRITUAL. Significa sobretudo *imaterial*, *incorpóreo*, porém com graves confusões com relação os usos cristãos de πνεῦμα.[13] Daí a ideia de que tudo o que é "espiritual" no sentido de "não sensorial" é, de alguma forma, *melhor* do que qualquer coisa sensorial. Por exemplo, as pessoas não acham que a inveja pode ser tão negativa quanto a embriaguez.

VULGARIDADE. Geralmente significa obscenidade ou "indecência". Há grandes confusões (e não só em mentes pouco instruídas) entre: (a) o obsceno ou lascivo — aquilo que é calculado para provocar volúpia; (b) o indecoroso — aquilo que atenta contra o bom gosto ou a dignidade; e (c) o vulgar propriamente dito — aquilo que é socialmente "baixo". As pessoas "boas" tendem a considerar (b) tão pecaminoso quanto (a), e, como consequência, outras acham que (a) é tão inocente quanto (b).

Concluindo: precisamos traduzir cada trecho de nossa teologia para o vernáculo. Isso é muito problemático e significa que conseguimos falar, de fato, pouquíssimas coisas em meia hora, mas é essencial. Esta prática também é de grande proveito para o nosso próprio raciocínio. Cheguei à convicção de que, se não somos capazes de traduzir nossos pensamentos para uma linguagem simplificada, é porque eles estão confusos. A capacidade de traduzir é o teste para saber se realmente entendemos aquilo que nós mesmos queremos dizer. Traduzir um trecho de alguma obra teológica para o vernáculo deveria ser uma tarefa obrigatória em todo exame de ordenação.

---

[13] Significa "espírito", como em 1 Coríntios 14: 12.

Apologética cristã

Passo agora à questão da investida em si. Ela pode ser ora emocional, ora intelectual. Falarei apenas sobre o tipo intelectual — não por subestimar o outro, mas porque, uma vez que careço dos dons necessários, não posso aconselhar neste sentido. Porém, eu gostaria de enfatizar que, quando o orador tem este dom, o apelo evangelístico direto do tipo "venha para Jesus" pode ser tão arrebatador hoje como era há cem anos. Eu já vi isso ser feito; na ocasião, um filme religioso foi projetado, e, depois, cantaram-se hinos. O efeito foi notável. Eu não sei fazer este tipo de coisa, mas aqueles que sabem deveriam fazê-lo com toda a força. Talvez uma equipe missionária ideal devesse consistir de alguém que argumente e de alguém que (no sentido pleno da palavra) pregue. Primeiro, coloca-se o argumentador para minar os preconceitos intelectuais dos ouvintes; depois, deixa-se o evangelista propriamente dito fazer seu apelo. Eu já vi isso acontecer com grande êxito. Aqui, entretanto, voltarei minha atenção apenas à investida intelectual. *Non omnia possumus omnes.*[14]

Primeiro, uma palavra de encorajamento: pessoas sem instrução não são irracionais. Descobri que elas aguentam, e conseguem acompanhar, muitos argumentos embasados quando os apresentamos devagar. Muitas vezes, sem dúvida, o fator novidade (afinal, raros são os casos em que elas já os ouviram antes) causa-lhes deleite.

Não procure atenuar o cristianismo. Não deve haver a ilusão de que ele pode existir sem o aspecto sobrenatural. A meu ver, o cristianismo é justamente a única religião da qual o elemento milagroso não pode ser separado da vida religiosa. Devemos defender com sinceridade o sobrenaturalismo desde o início.

Há duas "dificuldades" comuns com as quais você provavelmente terá de lidar. (1) "Agora que sabemos como o universo é

---

[14] "Todos não podemos tudo", Virgílio, *Bucólicas*, livro 8, verso 63.

enorme e como a Terra é insignificante, é ridículo acreditar que o Deus universal estaria especialmente interessado em nossos assuntos." Em resposta a isso, você primeiro precisa corrigir o que está errado com o *fato* explicitado. A insignificância da Terra em relação ao universo não é uma descoberta moderna: quase dois mil anos atrás, Ptolomeu (*Almagesto*, livro 1, capítulo 5) disse que, em comparação com a distância das estrelas, a Terra deveria ser tratada como um ponto matemático sem magnitude. Segundo, deve indicar que o cristianismo descreve aquilo que Deus fez pelo homem; ele não descreve (porque não sabe) o que Deus fez ou deixou de fazer em outras partes do universo. Terceiro, lembre-se da parábola da ovelha perdida.[15] Se a Terra foi buscada por Deus de maneira especial (o que não sabemos), isto não indica necessariamente que ela é a coisa mais importante do universo, mas apenas que *se desviou*. Por último, desafie toda a tendência de relacionar tamanho a importância. Por acaso, o elefante é mais importante do que o homem, ou a perna é mais importante do que o cérebro?

(2) "As pessoas acreditavam em milagres antigamente porque não sabiam que eles eram contrários às leis da natureza." Mas elas sabiam. Se José não sabia que um nascimento virginal era contrário à natureza (isto é, se desconhecesse a origem normal dos bebês), por que, ao descobrir a gravidez da esposa, ele "resolveu deixá-la secretamente"?[16] É óbvio que nenhum acontecimento seria registrado como uma maravilha *a menos que* os escritores conhecessem a ordem natural e vissem que aquilo era uma exceção. Se as pessoas ainda não soubessem que o Sol nasce no Oriente, seu interesse não seria desperto caso, algum dia, ele nascesse no Ocidente. Isso não seria registrado como um *miraculum* — na verdade, nem sequer seria registrado. A própria ideia

---

[15]Mateus 18:11-14; Lucas 15:4-7.
[16]Mateus 1:19.

de "milagre" pressupõe o conhecimento das leis da natureza; não é possível conceber uma exceção antes de se ter a ideia da regra.

É muito difícil produzir argumentos no nível popular em favor da existência de Deus, e grande parte dos argumentos mais conhecidos parece-me inválida. Alguns deles surgem em discussões com ouvintes que nos apoiam, gerando o problema do "colega inoportuno". É uma atitude grosseira (e perigosa) repeli-lo, mas, muitas vezes, é desonesto concordar com o que ele diz. Geralmente, eu evito dizer qualquer coisa acerca da validade do argumento *em si* e respondo: "Sim, isso talvez resolva a questão para mim e para você. Porém, temo que, se seguirmos essa linha, o colega aqui à minha esquerda talvez diga tal e tal coisa."

Felizmente, por mais estranho que pareça, eu descobri que as pessoas costumam estar dispostas a ouvir sobre a divindade de nosso Senhor *antes* de considerar a existência de Deus. No começo, ao proferir duas palestras, eu costumava dedicar a primeira ao simples teísmo; porém, logo desisti deste método porque ele parecia despertar pouco interesse. O número de ateus convictos e determinados, ao que tudo indica, não é muito grande.

Quando chegamos à encarnação em si, costumo verificar que alguma forma de *aut Deus aut malus homo*[17] pode ser utilizada. A maioria começa com a ideia do "grande mestre humano" que foi deificado por seguidores supersticiosos. É preciso ressaltar como isso é improvável para os judeus e como a situação foi diferente no caso de Platão, Confúcio, Buda, Maomé. As reais implicações das palavras e declarações do próprio Senhor (as quais muitos ignoram) devem ser explicadas. (Todo o argumento está, em um nível popular, muito bem expresso na obra *O homem eterno*, de Chesterton.)

Normalmente, algo tem de ser dito sobre a historicidade dos Evangelhos. Vocês, teólogos formados, podem fazer isso

---

[17] "Ou Deus, ou um homem mau."

de maneiras que eu não poderia. A abordagem que eu utilizava era apresentar-me como um crítico literário profissional que acreditava saber a diferença entre lendas e escritos históricos. Eu dizia que os Evangelhos certamente não eram lendas (em certo sentido, eles não são *bons o* suficiente) e que, se não fossem históricos, então seriam uma espécie de prosa realista de ficção que, na verdade, só passou a existir após o século XVIII. Episódios breves como o de Jesus escrevendo na areia quando lhe trouxeram a mulher apanhada em adultério[18] (os quais não têm qualquer significado *doutrinário*) são indicativos.

Uma das grandes dificuldades é manter a questão da veracidade na mente do público. As pessoas sempre acham que estamos recomendando o cristianismo não porque ele é *verdadeiro*, mas porque é *bom*. E, em discussões, elas sempre tentam fugir da questão do "verdadeiro ou falso" para assuntos como a boa sociedade, a moral, o salário dos bispos, a Inquisição espanhola, a França, a Polônia ou qualquer coisa que seja. É preciso trazê-las constantemente de volta para o ponto principal. Somente assim seremos capazes de minar (a) sua crença de que determinada medida de "religião" é desejável, mas que isso não se deve ir longe demais. É preciso salientar a todo tempo que o cristianismo é uma declaração — se falsa, de *nenhuma* importância, e, se verdadeira, de infinita importância. A única coisa que ele não pode ser é mais ou menos importante. (b) A firme descrença delas no Artigo XVIII.[19] Naturalmente, deve ser ressaltado que,

---

[18] João 8:3-8.
[19] Artigo XVIII do *Livro de oração comum*, "De obter a salvação eterna unicamente pelo nome de Cristo", que diz: "Devem também ser amaldiçoados os que se atrevem a dizer que todo o homem será salvo pela lei ou na seita que professa, contanto que seja cuidadoso em regular a sua vida segundo essa lei e a luz da natureza; porque a Escritura Sagrada somente nos propõe o Nome de Jesus Cristo como o único em que os homens se hão de salvar."

Apologética cristã

embora toda a salvação seja por intermédio de Jesus, não precisamos concluir que ele não pode salvar aqueles que não o aceitaram explicitamente em vida. E deve-se (pelo menos em minha opinião) deixar claro que não estamos declarando falsas todas as outras religiões, mas dizendo que, em Cristo, tudo o que há de verdadeiro nelas é consumado e aperfeiçoado. Por outro lado, entretanto, creio que devemos sempre combater a ideia absurda de que proposições mutuamente exclusivas sobre Deus podem ser todas verdadeiras.

De minha parte, eu já disse algumas vezes aos meus ouvintes que as duas únicas coisas que realmente valem a pena ser consideradas são o cristianismo e o hinduísmo. (O islamismo é simplesmente a maior das heresias cristãs, e o budismo é simplesmente a maior das heresias hindus. O verdadeiro paganismo está morto. Tudo o que havia de melhor no judaísmo e no platonismo sobreviveu no cristianismo.) Na realidade, para uma mente adulta, não existe uma variedade infinita de religiões a serem consideradas. Podemos *salva reverentia*[20] dividir as religiões como sopas, em "espessas" ou "ralas". Com espessas, refiro-me àquelas que incluem orgias, êxtases, mistérios e vínculos locais. A África, por exemplo, está cheia de religiões espessas. Com ralas, refiro-me àquelas que são filosóficas, éticas e universalizantes: o estoicismo, o budismo e a Igreja Ética são religiões ralas. Se há uma religião verdadeira, ela deve ser, ao mesmo tempo, espessa e rala; afinal, o verdadeiro Deus certamente criou a criança e o homem, o selvagem e o cidadão, a cabeça e a barriga. E as duas únicas religiões que satisfazem essa condição são o hinduísmo e o cristianismo. No entanto, o hinduísmo a satisfaz de maneira imperfeita. A religião rala do eremita brâmane na selva e a religião espessa do templo vizinho caminham *lado a*

---

[20] "Sem afrontar a reverência."

lado. O eremita brâmane não se incomoda com a prostituição no templo, nem o adorador do templo com a metafísica do eremita. O cristianismo, por sua vez, derruba o muro que separa os dois lados. Ele exige que um convertido da África central obedeça a uma ética universalista sofisticada; ele exige que um esnobe acadêmico do século XX como eu jejue por um Mistério e beba o sangue do Senhor. O convertido selvagem tem de ser ralo; eu tenho de ser espesso. É assim que descobrimos ter encontrado a verdadeira religião.

Uma última palavra. Descobri que nada é mais perigoso para a própria fé do que o trabalho de um apologista. Nenhuma doutrina da fé nos parece tão espectral, tão irreal quanto aquela que acabamos de defender com êxito em um debate público. Por um momento, ela pareceu basear-se apenas em nós mesmos; e, quando deixamos o debate, ela não aparenta ser mais forte do que este fraco pilar. É por isso que nós, apologistas, arriscamo-nos e apenas podemos ser salvos abandonando continuamente a trama de nossos próprios argumentos, bem como nossas bancadas intelectuais, e voltando-nos para a Realidade — isto é, abandonando a apologética cristã e voltando-nos para o próprio Cristo. É também por esse motivo que precisamos da ajuda contínua uns dos outros — *oremus pro invicem*.[21]

---

[21] "Oremos uns pelos outros."

CAPÍTULO 11

Trabalho e oração

"Mesmo que eu cedesse à sua opinião e admitisse que respostas de oração são em teoria possíveis, eu ainda acharia que elas são infinitamente improváveis. Eu não considero nada plausível a ideia de que Deus precisa do conselho desinformado (e contraditório) de seres humanos como nós para governar o mundo. Se ele é absolutamente sábio como vocês afirmam, por acaso não sabe o que é melhor? E, se ele é totalmente bom, não o fará independentemente de orarmos?"

Este é o argumento contra a oração que, nos últimos cem anos, intimidou milhares de pessoas. A explicação habitual é que ele só se aplica ao tipo mais inferior de oração, aquele em que se pede que coisas aconteçam. O tipo superior, dizem, não inclui conselhos a Deus e consiste apenas de "comunhão" ou comunicação com ele. Quem segue esta linha de raciocínio parece sugerir que o tipo inferior de oração é, na verdade, um absurdo, e que apenas crianças ou selvagens o praticam.

Nunca me contentei com este ponto de vista. A distinção entre os dois tipos de oração é legítima; e penso que, no geral (não estou bem certo), o tipo que não faz pedidos é, de fato, superior ou mais avançado. Estar em um estado de tamanha harmonia com a vontade de Deus, a ponto de não se desejar alterar o curso dos acontecimentos mesmo se possível fosse, é certamente uma condição muito elevada ou avançada.

No entanto, se o tipo inferior de oração for eliminado, surgem duas dificuldades. Em primeiro lugar, seria preciso afirmar que toda a tradição histórica da oração cristã (incluindo a própria oração do Pai nosso) estava errada; afinal, ela sempre admitiu orações pelo pão de cada dia, pela recuperação dos doentes, pela proteção contra os inimigos, pela conversão do mundo exterior e coisas do tipo. Em segundo lugar, embora o outro tipo de oração possa ser "superior" caso alguém se limite a ele por estar além do desejo de fazer qualquer outra forma de oração, nada há de especialmente "elevado" ou "espiritual" em se abster de orações que incluem pedidos simplesmente por não se considerá-las boas. Pode ser uma coisa muito bonita (mas, repito, não estou absolutamente certo) o fato de uma criança nunca pedir bolo porque, por ser tão nobre e espiritual, não tem vontade alguma de comer bolo. Porém, nada há de especialmente belo no fato de uma criança não pedir bolo por ter aprendido que não adianta fazê-lo. Creio que este assunto como um todo precise de reconsideração.

O argumento contra a oração (quero dizer, o tipo "inferior" ou antiquado) é este: aquilo que pedimos ou é bom — para nós mesmos e para o mundo em geral —, ou não é. Se for, então um Deus bom e sábio o faria de qualquer maneira. Se não for, ele não o faria. Em nenhum dos casos, a oração faria diferença alguma. Mas, se esse argumento for sólido, sem dúvida é um argumento não apenas contra a oração, mas contra a atitude de fazer qualquer outra coisa.

Em cada ação, assim como em cada oração, estamos tentando atingir determinado resultado; e este resultado deve ser bom ou ruim. Por que, então, não usamos o mesmo argumento dos oponentes da oração e dizemos que, se o resultado pretendido for bom, Deus o concretizará sem a nossa interferência e que, se for

Trabalho e oração

ruim, ele o impedirá independentemente do que façamos? Por que lavar as mãos? Se Deus deseja que fiquem limpas, elas ficarão sem que as lavemos. Se não quiser, elas permanecerão sujas (como Lady Macbeth descobriu),[1] não importa a quantidade de sabão utilizada. Por que pedir sal? Por que calçar as botas? Por que fazer qualquer coisa?

Sabemos que podemos agir e que nossas ações produzem resultados. Todo aquele que crê em Deus deve, portanto, admitir (em um sentido totalmente à parte da questão da oração) que Deus não decidiu escrever toda a história de próprio punho. A maioria dos acontecimentos no universo está, de fato, fora de nosso controle, mas não todos. É como uma peça de teatro cujo cenário e cujas linhas gerais da trama são definidos pelo autor, mas certos detalhes são deixados à improvisação dos atores. Talvez seja um mistério a razão de ele nos ter permitido provocar acontecimentos, mas é igualmente extraordinário o fato de ele nos ter permitido provocá-los por meio da oração, mais do que qualquer outro método.

Pascal diz que Deus "instituiu a oração para conferir às suas criaturas a dignidade da causalidade". Talvez fosse mais exato dizer que ele inventou tanto a oração quanto a ação física para este propósito. Ele conferiu a nós, pequenas criaturas, a dignidade de poder contribuir para o curso dos acontecimentos de duas maneiras diferentes. Ele criou a matéria do universo de modo a podermos (dentro de seus limites) fazer coisas com ela; é por isso que podemos lavar as mãos e alimentar ou assassinar outras criaturas. Da mesma maneira, ele criou seu próprio plano ou enredo da história de modo a admitir certo grau de folga, podendo ser modificado em resposta às nossas orações. Se pedir vitória em uma guerra for uma atitude tola e insolente

---

[1] SHAKESPEARE. *Macbeth*, ato V, cena II, 34-57.

(com base no fato de que Deus conhece melhor a situação), seria igualmente absurdo e insolente vestir uma capa de chuva — afinal, Deus não sabe melhor do que nós se devemos ficar secos ou molhados?

Os dois métodos pelos quais podemos provocar acontecimentos são chamados de trabalho e oração. Ambos são semelhantes no sentido de que, por meio deles, nós tentamos produzir um estado de coisas que Deus não (ou, pelo menos, não ainda) achou por bem proporcionar "por iniciativa própria". E, a partir deste ponto de vista, o antigo ditado *laborare est orare* (trabalho é oração) adquire um novo significado. O que fazemos quando capinamos um campo não é muito diferente do que fazemos quando oramos por uma boa colheita. Todavia, existe uma diferença importante entre as duas atitudes.

Nós não podemos ter certeza de que a colheita será boa, independentemente do que fizermos com o campo. Porém, podemos ter certeza de que, se arrancarmos uma erva daninha, ela não estará mais ali. Podemos ter certeza de que, se bebermos mais do que determinada quantidade de álcool, arruinaremos nossa saúde e que, se continuarmos a desperdiçar os recursos do planeta com guerras e luxos por mais alguns séculos, encurtaremos a vida de toda a raça humana. O tipo de causalidade que exercemos por meio do trabalho é, por assim dizer, divinamente garantido e, portanto, implacável. Por meio dele, somos livres para fazer tanto mal a nós mesmos quanto quisermos. Contudo, o tipo de causalidade que exercemos mediante a oração não é assim; Deus deixou para si um poder arbitrário. Se ele não o tivesse feito, a oração seria uma atividade muito perigosa para o homem, e teríamos o terrível estado das coisas vislumbrado por Juvenal: "Enormes orações que o céu nos responde em ira".[2]

---

[2] *Sátiras*, Livro IV, sátira X, verso 111.

As orações nem sempre são — no sentido bruto, factual da palavra — "atendidas". O motivo não é porque a oração é um tipo mais fraco de causalidade, mas porque é um tipo mais forte. Quando ela "funciona", ela funciona de modo ilimitado no espaço e no tempo. É por isso que Deus reteve um poder arbitrário para ora atendê-la, ora negá-la; sem esta condição, a oração nos destruiria. É cabível ao diretor dizer: "Vocês podem fazer tais e tais coisas segundo as regras fixas desta escola. Porém, outras tais e tais coisas são perigosas demais para serem regidas pelas regras gerais. Caso queiram praticá-las, é preciso fazer uma solicitação e discutir o assunto comigo em meu escritório. Só então, veremos o que será feito."

CAPÍTULO | 12

Homem ou coelho?

"É possível ter uma boa vida sem crer no cristianismo?" Esta é a questão sobre a qual me pediram para escrever, mas, antes mesmo de tentar respondê-la, tenho uma observação a fazer. Ela parece ter sido feita por alguém que diz o seguinte para si mesmo: "Eu não me importo se o cristianismo é, de fato, verdadeiro ou não. Não estou interessado em descobrir se o verdadeiro universo é mais parecido com a definição cristã do que com a dos materialistas. Só estou interessado em viver uma boa vida. Escolherei minhas crenças não porque as considero verdadeiras, mas porque as considero úteis." Francamente, acho difícil concordar com esta mentalidade. Uma das coisas que distinguem o homem dos outros animais é que ele deseja conhecer as coisas, descobrir como a realidade é — apenas por descobrir. Quando esse desejo é totalmente extinto, creio que a pessoa se tornou menos humana. E eu não acho que nenhum de vocês deixou de sentir esse desejo. O mais provável é que pregadores insensatos, por estarem sempre explicitando a utilidade do cristianismo e como ele é bom para a sociedade, tenham levado vocês a se esquecerem de que o cristianismo não é um medicamento patenteado. O cristianismo alega explicar *fatos* — isto é, dizer como o universo realmente é. A explicação do universo que ele oferece pode ser verdadeira ou não, e, uma vez que a questão se apresenta diante de nós, nossa curiosidade natural nos faz querer saber a resposta. Se o cristianismo for falso, nenhum homem sincero desejará crer nele, por mais proveitoso que seja; se for verdadeiro, todos os homens sinceros desejarão crer, mesmo que ele não os ajude de modo algum.

Logo que percebemos isso, outra descoberta acontece. Caso o cristianismo seja verdadeiro, é impossível que tanto quem conhece esta verdade quanto quem a desconhece estejam igualmente bem preparados para viver uma boa vida. O conhecimento dos fatos deve fazer diferença nas ações do indivíduo. Suponha que você encontrasse um homem à beira da morte por inanição e quisesse fazer a coisa certa. Se não tivesse conhecimento da ciência médica, você provavelmente lhe ofereceria uma boa refeição sólida; e, como consequência, o homem morreria. Isso é o que acontece quando se age às escuras. Do mesmo modo, é possível que tanto o cristão quanto o não cristão desejem fazer o bem aos seus semelhantes. O primeiro acredita que os homens vivem para sempre, que foram feitos por Deus e criados de forma a encontrar felicidade verdadeira e duradoura apenas na união com ele, mas que saíram dos trilhos e que a fé obediente em Cristo é o único caminho de volta. O segundo acredita que os homens são um resultado acidental das operações cegas da matéria, que eram meros animais no início e se aperfeiçoaram de forma mais ou menos constante, que viverão por cerca de setenta anos, que sua felicidade é totalmente alcançável por meio de serviços sociais e organizações políticas e que todo o resto (por exemplo, vivissecção, controle de natalidade, o sistema judicial, a educação) deve ser considerado "bom" ou "mau" simplesmente na medida em que ajuda ou impede este tipo de "felicidade".

Há, entretanto, um bom número de coisas que ambos os homens concordam em fazer por seus semelhantes. Ambos aprovam a existência de redes de esgoto eficientes, bons hospitais e alimentação saudável, por exemplo. Porém, cedo ou tarde, a divergência de crenças produz diferenças nas propostas práticas. Ambos, por exemplo, talvez se preocupem muito com a educação, mas o tipo de educação que eles desejam para as pessoas obviamente é bem diferente. Diante de determinada ação proposta, o materialista se limitaria a perguntar: "Isso aumentará a felicidade da maioria?", e o cristão precisaria interferir: "Mesmo que aumente a felicidade da maioria, nós não podemos fazer isso. É injusto." E, o tempo todo, uma grande diferença permearia a política deles. Para o materialista, conceitos como nações, classes e civilizações recebem mais importância do que indivíduos, porque os indivíduos vivem apenas setenta e poucos anos, ao passo que o grupo pode durar séculos. Mas, para o cristão, os indivíduos são mais importantes porque vivem eternamente; as raças, civilizações e outros agrupamentos do gênero são, em comparação, criaturas que duram um único dia.

Os cristãos e os materialistas nutrem diferentes crenças a respeito do universo, e a razão não pode estar em ambos os lados. Aquele que está errado agirá necessariamente de uma maneira que não condiz com o verdadeiro universo. Logo, na melhor das intenções, ele vai conduzir seus semelhantes à destruição.

Na melhor das intenções... ora, então não é culpa dele. De modo algum Deus (se é que existe um Deus) puniria um homem por erros bem-intencionados. Mas é só *nisso* que se deve pensar? Será que estamos prontos para correr o risco de agir às escuras por toda a vida e causar danos infinitos contanto que alguém nos assegure de que nossa pele está a salvo, que ninguém nos punirá ou culpará? Não creio que o leitor esteja nesse nível. Mas, mesmo se estiver, há algo a ser dito aqui.

A questão que se apresenta a cada um de nós não é "É possível que *alguém* tenha uma boa vida sem o cristianismo?", mas, antes: "*Eu* posso?" Todos sabemos da existência de homens bons que não foram cristãos; homens como Sócrates e Confúcio, que nunca ouviram falar do assunto, e homens como J. S. Mill, que, com toda a sinceridade, não conseguiram crer. Supondo que o cristianismo seja verdadeiro, esses homens estavam em um estado de ignorância sincera, ou erro sincero. Se suas intenções tiverem sido de fato tão boas como suponho (pois, é claro, não tenho acesso ao íntimo de seu coração), eu espero e acredito que o poder e a misericórdia de Deus remediarão os males que a ignorância deles causaria naturalmente a si próprios e àqueles que influenciaram. No entanto, o indivíduo que me pergunta "Não posso ter uma boa vida sem crer no cristianismo?" claramente não está na mesma posição. Se ele não tivesse ouvido falar do cristianismo, não estaria fazendo esta pergunta. E, se, depois de ter ouvido falar dele e o considerado com seriedade, chegasse à conclusão de que não é verdadeiro, então também não estaria fazendo a pergunta. O homem que faz esta pergunta já ouviu falar do cristianismo e não está absolutamente certo de que ele não seja verdadeiro. Sua pergunta, na verdade, é esta: "Será que preciso me preocupar com isso? Não seria mais fácil apenas fugir do assunto, não cutucar onça com vara curta e continuar sendo 'bom'? Por acaso boas intenções não são suficientes para manter-me seguro e inculpável sem que eu precise bater àquela porta aterradora e descobrir se há alguém dentro ou não?"

Nesse caso, talvez bastasse responder que o indivíduo, na verdade, está pedindo permissão para continuar sendo "bom" mesmo sem fazer seu melhor para descobrir o que significa ser *bom*. A questão, porém, não se resume a isso. Não precisamos procurar saber se Deus o punirá por sua covardia e preguiça; elas mesmas o punirão. O homem está em fuga. Ele está deliberadamente evitando descobrir se o cristianismo é verdadeiro ou falso, pois antevê problemas intermináveis caso seja verdadeiro. Ele é semelhante àquele que se "esquece" de verificar o quadro de avisos porque, se o fizesse, correria o risco de encontrar seu nome atribuído a alguma tarefa desagradável. É semelhante àquele que não consulta seu saldo bancário por medo do que poderia encontrar ali. É semelhante àquele que não vai ao médico quando sente uma dor misteriosa por ter medo do que poderia descobrir.

O homem que permanece na condição de incrédulo por tais motivos não está em um estado de erro sincero. Ele está em um estado de erro insincero, e esta insinceridade permeará todos os seus pensamentos e ações — haverá, em decorrência disso, certa volubilidade, uma vaga preocupação ao fundo, um embotamento de toda a sua perspicácia mental. Ele terá perdido sua virgindade intelectual. A rejeição sincera de Cristo, por mais errada que seja, é perdoada e curada: "Todo aquele que disser uma palavra contra o Filho do homem será perdoado".[1] Porém, *esquivar-se* do Filho do homem, virar o rosto, fingir que não viu, voltar a atenção subitamente para algo do outro lado da rua, deixar o telefone fora do gancho porque ele pode estar do outro lado da linha, não abrir determinada correspondência com caligrafia estranha porque há a chance de ter sido escrita por ele — esta é uma história bem diferente. Talvez você ainda não saiba ao certo se deve ser cristão, mas sabe muito bem que deve ser um homem, não uma avestruz escondendo a cabeça na areia.

Mesmo assim — pois a honra intelectual muito decaiu em nossa época —, eu ainda ouço alguém lutando com a questão: "Será que isso me ajudaria? Será que me faria feliz? Você realmente acha que eu seria melhor se fosse cristão?" Bem, se você quer mesmo ouvir uma resposta, eu diria "sim". Porém, eu não gosto de interferir neste ponto. Eis aqui uma porta atrás da qual, segundo algumas pessoas, o segredo do universo o aguarda. Ou isso é verdade, ou não é. E, se não for, o que a porta realmente esconde é simplesmente a maior fraude, o "conto do vigário" mais colossal de que se tem registro. Por acaso não é obviamente

---

[1] Lucas 22:10.

Homem ou coelho?

o trabalho de todo homem (que é homem, não coelho) tentar descobrir isso e, então, dedicar todas as suas energias para ora servir a este tremendo segredo, ora expor e destruir esta imensa farsa? Confrontado com tamanha questão, será que você é mesmo capaz de permanecer totalmente absorto em seu próprio "desenvolvimento moral"?

O cristianismo, portanto, lhe fará bem — muito mais do que você sempre quis ou esperou. E o primeiro bem que ele lhe fará será martelar em sua cabeça (e você não gostará *disso*!) o fato de que aquilo que foi até agora chamado de "bem" — tudo aquilo relacionado a "viver uma vida decente" e "ser bom" — não é a questão magnífica e crucial que você imaginava. Ele lhe ensinará que, na verdade, você não pode ser "bom" (não por 24 horas) por seu próprio esforço moral. E, depois, lhe ensinará que, mesmo se pudesse, você ainda não teria alcançado o propósito para o qual foi criado. A simples *moralidade* não é o fim da vida. Você foi feito para algo bem diferente disso. Confúcio e J. S. Mill (Sócrates estava muito mais próximo da realidade) simplesmente não sabiam qual o propósito da vida. As pessoas que estão sempre considerando a possibilidade de uma vida decente sem Cristo não sabem o que é a vida; se soubessem, estariam cientes de que "uma vida decente" é um mero mecanismo em comparação com aquilo para o qual nós, homens, realmente fomos feitos. A moralidade é indispensável, mas a Vida Divina, que se entrega a nós e que nos chama para ser deuses, reserva-nos algo que engolfará a moralidade. Nós seremos refeitos. Todo o coelho que há em nós desaparecerá — o coelho preocupado, escrupuloso e ético, bem como o covarde e o mundano. Nós sangraremos e guincharemos à medida em que punhados de pelo forem arrancados; e, então, surpreendentemente, encontraremos ali embaixo algo que nunca havíamos imaginado: um Homem verdadeiro, um deus eterno, um filho de Deus, forte, radiante, sábio, belo e envolto em alegria.

"Quando, porém, vier o que é perfeito, o que é imperfeito desaparecerá".[2] A ideia de viver uma "boa vida" sem Cristo é baseada em um erro duplo. Em primeiro lugar, não podemos fazê-lo; e, em segundo lugar, ao colocar uma "boa vida" como objetivo final, perdemos de vista o próprio significado de nossa existência. A moralidade é uma montanha que não conseguimos escalar por nossos próprios esforços; e, mesmo se conseguíssemos, acabaríamos perecendo no gelo e no ar rarefeito do cume, desprovidos das asas necessárias para o restante da viagem. Afinal, é *de lá* que a verdadeira subida começa. As cordas e os machados "ficam para trás". É hora de alçar voo.

---

[2] 1Coríntios 13:10.

CAPÍTULO | 13

Sobre a transmissão do *cristianismo*[1]

Em tempos de guerra, nosso interesse volta-se rapidamente das notícias que lemos no jornal sobre o conflito para o relato de qualquer homem que tenha acabado de retornar de lá. O manuscrito deste pequeno livro provocou em mim uma emoção semelhante quando o peguei pela primeira vez. Discussões sobre educação e educação religiosa são admiráveis, mas aqui temos algo diferente: um relato em primeira mão dos resultados que o sistema existente está produzindo neste exato momento. Seu valor é intensificado pelo fato de que o autor não é um ministro da educação, nem um diretor, nem um religioso, nem mesmo um professor. Os fatos registrados no texto são fatos com os quais ele se deparou inesperadamente, quase (diríamos) acidentalmente, enquanto fazia determinado trabalho durante a guerra.

Há, sem dúvida, outras coisas além disso no livro. Contudo, enfatizo seu valor puramente documentário porque este me parece ser o aspecto mais importante, aquilo que a atenção pública deveria focar. Os resumos das palestras do autor — ou

---

[1] Este texto foi publicado originalmente como prefácio do livro *How Heathen is Britain?*, de B. G. Sandhurst (Londres, 1946), no qual Sandhurst descreve seu trabalho de tentar descobrir os pontos de vista de um grupo de jovens com relação ao homem e à divindade de Cristo.

melhor, suas aberturas de debates — são, de fato, repletos de focos de interesse, e muitos desejarão comentá-los. Eles são a parte do livro mais fácil de ser discutida. Porém, insisto em dizer que fixar a atenção nela é evadir a questão central.

Além de todos os indícios de que o autor possui talentos extraordinários como professor (algo de que ele admiravelmente nem sequer parece suspeitar), dois outros fatos emergem com clareza de seu registro. Em primeiro lugar, que o conteúdo do cristianismo e o argumento a seu favor não são apresentados à maioria dos alunos no sistema atual; e, em segundo lugar, que, quando eles são apresentados, a maioria os considera aceitáveis. A importância destes dois fatos é que eles desfazem toda uma névoa de "razões para o declínio da religião" com frequência propagadas e levadas a sério. Se, por exemplo, percebêssemos que os jovens de hoje estão enfrentando cada vez mais dificuldade para chegar ao resultado correto em seus cálculos, o fato estaria devidamente explicado no momento em que descobríssemos que as escolas haviam deixado de ensinar aritmética alguns anos atrás. Após esta descoberta, ignoraríamos as pessoas que oferecessem explicações mais amplas e vagas — aquelas que dissessem que a influência de Einstein havia minado a crença ancestral em relações numéricas fixas, ou que os filmes de gângster haviam enfraquecido o desejo de obter respostas certas, ou que a evolução da consciência estava entrando em sua fase pós-aritmética. Quando uma explicação clara e simples abarca completamente os fatos, nenhuma outra é levada em consideração. Se ninguém contou à geração mais jovem o que os cristãos professam e se eles tampouco conhecem quaisquer argumentos em defesa do cristianismo, então seu agnosticismo ou sua indiferença tornam-se totalmente explicados. Não há necessidade de procurar a causa em outros lugares; não é preciso falar sobre o clima intelectual geral da época ou a influência da civilização mecanicista no caráter da vida urbana. E, ao descobrir que a causa de sua ignorância é a falta de instrução, também descobrimos o remédio. Nada há na natureza da geração mais nova que a incapacite de receber o cristianismo. Se alguém estiver preparado para transmiti-lo, ela parece estar pronta para ouvir.

Eu admito, é claro, que a explicação fornecida pelo autor apenas joga o problema para a geração anterior. Os jovens de hoje são anticristãos porque seus professores ou não querem, ou não sabem transmitir o cristianismo. É preciso buscar explicações maiores e, sem dúvida, mais amplas para a impotência ou a incredulidade de seus professores, mas deve-se observar que aqui temos um problema histórico. Os mestres de hoje são, na maior parte, os universitários de vinte anos atrás — produtos do período "pós-guerra". É o clima mental dos anos 1920 que agora domina a sala de aula. Em outras palavras, as fontes da incredulidade presente nos jovens de hoje não se encontram neles mesmos. Suas perspectivas — até que recebam instrução melhor — são um efeito colateral de um período anterior. Aquilo que os impede de ter fé não é nada intrínseco à sua natureza.

Esse fato muito óbvio — que cada geração é ensinada por uma geração anterior — deve permanecer bem firme em nossa mente. As crenças nutridas pelos estudantes agora são, em grande parte, as crenças da década de 1920. As crenças nutridas pelos estudantes na década de 1960 serão, em grande parte, as crenças dos universitários de hoje. No momento em que nos esquecemos disso, começamos a dizer coisas absurdas sobre educação. Nós falamos sobre as opiniões da adolescência contemporânea como se alguma peculiaridade destes jovens as tivesse produzido por conta própria. No entanto, elas costumam ser um resultado posterior — afinal, o mundo mental também tem suas bombas--relógio — da adolescência obsoleta, agora na meia-idade, que domina a sala de aula. Daí a inutilidade de muitos sistemas de educação. Ninguém pode transmitir a alguém aquilo que não possui. Nenhuma geração pode legar aos seus sucessores algo que não tem. Podemos fazer a ementa que desejarmos, mas, mesmo tendo planejado e preparado *ad nauseam*, se formos céticos, ensinaremos apenas ceticismo aos alunos; se formos insensatos, apenas insensatez; se formos vulgares, apenas vulgaridade; se formos santos, santidade; se heróis, heroísmo. A educação é simplesmente o meio mais consciente que cada geração tem para influenciar a seguinte. Ela não é um sistema fechado. Nada que já não esteja nos professores pode fluir para os alunos. Todos admitimos que uma pessoa que desconhece o grego não pode ensinar este idioma em sala de aula; e é igualmente certo que um homem cuja mente foi formada em um período de cinismo e desilusão não pode ensinar esperança ou bravura.

Uma sociedade predominantemente cristã propaga o cristianismo em suas escolas; uma sociedade não cristã não o faz. Nenhum ministério de educação no mundo é capaz de alterar esta lei. Em última análise, pouco há tanto a esperar quanto a temer do governo.

É possível que o Estado coloque a educação cada vez mais sob suas asas. Não duvido que, dessa maneira, ele consiga promover a conformidade e, em certo grau, talvez até mesmo o servilismo; o poder do Estado de despir o caráter liberal de uma profissão é, sem dúvida, muito grande. No entanto, todo o ensino ainda deverá ser feito por seres humanos. O Estado precisa utilizar homens existentes. Mais do que isso, enquanto estivermos em uma democracia, todo o poder estatal emanará dos homens, sobre os quais, até que toda a liberdade seja extinta, sopram os ventos livres da opinião. A mente deles é formada por influências que o governo não é capaz de controlar. E, tal como vierem a ser, assim ensinarão. O sistema abstrato de educação pode ser o que quiser, mas seu funcionamento verdadeiro será aquilo que os homens fizerem dele. Sem dúvida, haverá, em cada geração de professores, uma porcentagem — talvez até majoritária — de ferramentas do governo. Todavia, não creio que elas

Sobre a transmissão do cristianismo

serão responsáveis por determinar o caráter real da educação. O jovem — talvez o jovem inglês de maneira especial — tem um bom instinto. O ensinamento de um único homem verdadeiro vai mais longe e exerce impacto mais profundo do que uma dúzia de professores que impõem valores estrangeiros a seus alunos. Um ministro da educação (remetendo, se eu não estiver enganado, ao precedente de Juliano, o Apóstata)[2] pode até banir religiosos cristãos das escolas. Porém, se os ventos da opinião estiverem soprando na direção cristã, isto não fará diferença alguma. Talvez até nos faça bem, e o ministro terá servido involuntariamente como "o copeiro do divino".[3]

Muitas vezes, ouvimos dizer que a educação ocupa uma posição-chave. Isso é muito falso em um sentido e muito verdadeiro em outro. Caso signifique que é possível fazer algo grandioso interferindo em escolas já existentes, alterando currículos e afins, isso é muito falso. Tal como os professores são, assim eles ensinarão. Uma "reforma" talvez os incomode e sobrecarregue, mas não alterará radicalmente o efeito total do ensino. O planejamento não tem poderes mágicos de extrair figos de cardos ou peras de vinhas. As árvores fartas, vigorosas e carregadas de frutos produzem doçura, força e saúde espiritual; as árvores secas, espinhosas e murchas ensinam ódio, inveja, suspeita e complexo de inferioridade — seja lá o que você *pedir* que ela ensine. Elas farão isso inconscientemente durante todo o dia. No entanto, caso a afirmação signifique que produzir cristãos maduros agora mesmo e além desse círculo, a fim de difundir as percepções e virtudes imediatamente subcristãs, propagar a rica *penumbra* platônica ou virgiliana da fé, e, assim, alterar o tipo de indivíduo que atuará como professor no futuro — caso se queira dizer que

---
[2] Consulte a página 82.
[3] CHAUCER. *The Hous of Fame*, livro II, verso 592.

fazer isso é realizar o serviço mais importante em favor dos nossos descendentes, então a declaração é muito verdadeira.

Ao menos, é assim que me parece; não sei até que ponto o autor concordaria comigo. Ele expôs o verdadeiro funcionamento da educação moderna. Culpar os mestres dos últimos dez anos pelo problema seria ridículo. A maioria deixou de transmitir o cristianismo porque não o tinha. Você culparia um eunuco por não ter filhos ou uma pedra por não produzir sangue? A minoria, isolada em um ambiente hostil, provavelmente fez tudo o que podia, talvez até milagres — mas pouco estava em seu poder. Nosso autor também mostrou que a ignorância e a incredulidade dos alunos são, muitas vezes, removíveis; suas raízes são muito mais superficiais do que temíamos. Disto, não deduzo que nossa tarefa agora seja a de "alvejar as escolas". Primeiro, porque eu não acho que deveríamos. É improvável que, nos próximos quarenta anos, a Inglaterra tenha um governo que encoraje, ou mesmo tolere, quaisquer elementos radicalmente cristãos em seu sistema estatal de educação. Se a tendência for aumentar o controle do Estado, então o cristianismo — com suas declarações, de um lado pessoais e de outro universais, e, de ambos os lados, antitéticas ao governo onicompetente — será sempre, na verdade (embora não, por um bom tempo ainda, de forma declarada) tratado como um inimigo. Tal como o aprendizado, tal como a família, tal como qualquer profissão antiga e liberal, tal como a lei comum, ele confere ao indivíduo uma resistência contra o Estado. Por isso Rousseau, o pai dos totalitários, disse o seguinte a respeito do cristianismo (com sabedoria suficiente partindo de seu ponto de vista): *Je ne connais rien de plus contraire à l'esprit social*.[4] Segundo, mesmo se pudéssemos forçar um programa cristão às escolas existentes

---

[4]"Desconheço algo mais contrário ao espírito social."

com os professores atuais, estaríamos apenas criando mestres hipócritas e, assim, endurecendo o coração dos alunos.

Estou falando, naturalmente, de grandes escolas nas quais um caráter secular já está estampado. Se alguém, em algum canto fora do alcance do onicompetente, puder criar ou preservar uma escola verdadeiramente cristã, esta é outra história. Seu dever é simples.

Eu não acho, portanto, que nossa esperança de rebatizar a Inglaterra deva repousar na tentativa de "alcançar" as escolas. A educação não ocupa, *nesse sentido*, uma posição-chave. Converter o próximo, tanto o adulto quanto o adolescente (recém--saído da escola), é a atitude prática. O cadete, o universitário, o jovem trabalhador no C.W.U. são alvos óbvios, mas todo e qualquer indivíduo é um alvo. Se transformarmos os adultos de hoje em cristãos, as crianças de amanhã receberão uma educação cristã. Aquilo que a sociedade tem é o que, com certeza — e nada mais — será transmitido aos jovens. O trabalho é urgente, pois os homens estão perecendo ao nosso redor. Contudo, não há necessidade de inquietação quanto ao resultado final. Enquanto os cristãos continuarem tendo filhos, e os incrédulos, não, nossa ansiedade com relação ao próximo século é desnecessária. Aqueles que adoram a Força da Vida não se esforçam muito para transmiti-la; aqueles cujas esperanças estão todas baseadas no futuro terreno não confiam muitas coisas a ele. Se estes processos continuarem, dificilmente a situação final será incerta.

CAPÍTULO 14

"*Transgressores miseráveis*"

Uma interpretação da linguagem do *Livro de oração comum*

Uma das vantagens de se ter um culto escrito e impresso é que podemos ver quando os sentimentos e pensamentos das pessoas mudaram. Quando começamos a sentir dificuldade em acompanhar as palavras ali registradas, isto é claramente um sinal de que não mais nutrimos os mesmos sentimentos que nossos antepassados com relação a elas. Muitos apresentam, como reação imediata a este problema, uma simples solução: "Bem, então vamos mudar as palavras", o que seria bastante razoável se tão somente soubéssemos que estamos certos e que nossos antepassados estavam errados. No entanto, sempre vale a pena procurar saber quem é que está de fato errado.

[No cristianismo católico, ortodoxo e anglicano,] a época da quaresma é dedicada especialmente ao que os teólogos chamam de contrição. Durante os dias da quaresma, fazemos uma oração pedindo a Deus um "coração contrito".[1] Contrito, como vocês sabem, é uma palavra traduzida do latim que significa

---

[1] A coleta da quaresma está anexa ao final deste artigo.

triturado ou pulverizado. Pois bem, os homens modernos queixam-se de que há menção demais a este assunto em nosso *Livro de oração comum*. Eles não querem que seu coração seja pulverizado e não conseguem declarar com sinceridade que são "transgressores miseráveis".[2] Certa vez, conheci uma pessoa que frequentava a igreja com regularidade, mas nunca repetia as palavras "seu fardo (ou seja, dos pecados) é intolerável"[3] em uníssono com a congregação porque não sentia que ele era intolerável. O que acontecia, na verdade, é que ela não entendia as palavras. Creio que o *Livro de oração comum* quase nunca está falando primordialmente sobre nossos sentimentos; este é (acho) o primeiro erro que podemos cometer com relação às palavras "somos transgressores miseráveis". Eu não acho que o fato de nos sentirmos miseráveis ou não tenha qualquer importância aqui. Entendo que o texto emprega a palavra miserável no sentido antigo, isto é, de objeto de pena. Compreendemos com facilidade o fato de que alguém pode ser objeto de pena mesmo sem se sentir miserável quando nos imaginamos acima de dois trens expressos lotados, observando-os ir de encontro um ao outro na mesma linha a cem quilômetros por hora. Conseguimos prever que, em quarenta segundos, haverá uma colisão frontal. Acredito que, nesta situação, seria muito natural dizer que os passageiros dos trens são objetos de pena. Isto não significa que eles se sentem miseráveis, mas, sem sombra de dúvida, são objetos de pena. Creio que este seja o sentido em que a palavra "miserável" deve ser entendida. O *Livro de oração comum* não quer dizer que devemos nos sentir miseráveis, mas que, se pudéssemos ver as coisas de cima, todos perceberíamos que, de fato, somos objetos de pena.

---

[2] Extraído da *Confissão geral, proclamada na oração matutina e vespertina*, anexa.
[3] A *Confissão geral, proclamada na santa comunhão*, também anexa.

Deus no banco dos réus

Quanto à outra afirmação, a respeito de o fardo de nossos pecados ser intolerável, ela talvez fosse mais clara se disséssemos "insuportável", pois esta última palavra tem dois significados. Quando algo nos faz sentir muita dor, exclamamos: "Não consigo suportar". Contudo, também dizemos: "Aquela ponte não suportará aquele caminhão". Neste segundo caso, o sentido não é "Aquela ponte sentirá dor", mas "Se o caminhão subir naquela ponte, ela ruirá e passará a ser um monte de escombros". Eu me pergunto se o *Livro de oração comum* faz referência a isso; que, quer nos sintamos miseráveis, quer não, independentemente de nossos sentimentos, existe em cada um de nós um fardo que nos fará ruir caso nada seja feito a respeito, que nos mandará deste mundo para seja lá o que acontece em seguida, não como almas, mas como almas destruídas.

Mas será que devemos realmente acreditar que existe, em cada um de nós, algo capaz de nos derrubar se não for retirado? É muito difícil. Nenhum homem tem um conhecimento natural do próprio estado interior, e penso que talvez seja muito mais fácil entender essa possibilidade e acreditar nela considerando primeiro os outros antes de nós mesmos. Fico a me perguntar: eu me sentiria seguro ao conjecturar que todas as demais pessoas têm em sua vida um problema terrível condicionado a um terceiro; seja um superior, um subordinado, algum amigo ou parente ou até mesmo alguém dentro da própria casa, que dificulta, ou dificultou por anos a fio, sua vida muito mais do que o necessário? Refiro-me a pessoas com aquela terrível falha de caráter, que repetidamente frustram nossos esforços; que demonstram preguiça, inveja ou temperamento intolerável, sem nunca dizer a verdade, estando sempre a difamar ou fofocar, ou aquelas que apresentam qualquer outra falha fatal e, mesmo que esta não as despedace por dentro, certamente teria esse efeito em nós.

Há duas fases, creio, na abordagem a esse problema. Primeiro pensamos que, se tão somente algo externo acontecesse — se tão somente acabasse a guerra, conseguiríamos um emprego melhor; se tão somente tivéssemos uma casa nova ou se tão somente nossa sogra ou nora não mais morasse conosco — se tão somente algo do gênero acontecesse, as coisas realmente melhorariam. Porém, depois de uma certa idade, deixamos de pensar assim porque sabemos que, mesmo se tudo isso acontecesse, nosso marido continuaria sendo rabugento e egoísta; nossa esposa continuaria sendo ciumenta ou caprichosa; nosso chefe continuaria sendo um tirano; alguém que contratamos e não podemos dispensar continuaria sendo um trapaceiro. Sabemos que, se a guerra terminasse, se tivéssemos um emprego melhor e uma casa nova e se nossa sogra ou nora não mais morasse conosco, ainda haveria uma falha fatal no caráter de "fulano e ciclano".

Talvez, em meio ao sofrimento, compartilhemos um pouco do problema com um amigo próximo, e este nos pergunte: "Por que você não fala com essa pessoa? Por que não expõe o assunto? Não é possível que ela seja tão ruim quanto você pensa." Então, dizemos para nós mesmos: "Ah! Ele não faz a mínima ideia", pois, naturalmente, já tentamos muitas vezes expor o problema e sabemos, depois de algumas experiências amargas, que de nada adianta. Já tentamos várias vezes e sabemos que qualquer aproximação produz apenas escândalo ou total desentendimento; ou, pior ainda, leva o outro a reagir com gentileza e tranquilidade, concordar completamente conosco e prometer ser diferente dali em diante. E, dentro de 24 horas, tudo volta a ser exatamente como sempre foi!

Supondo que quem passa por isso não esteja enganado, iludido pela própria raiva ou algo do tipo, supondo que esteja bem próximo da verdade, tal indivíduo está, em certa medida, tendo um vislumbre do que Deus deve ver o tempo todo. Afinal, em certo sentido, ele é contra essas pessoas. Ele é contra os problemas delas assim como nós somos. Ele também fez excelentes planos; ele também fez sua parte várias vezes, enviando ao mundo profetas, sábios e, por fim, ele mesmo, seu próprio Filho. Vez após vez, seus planos foram frustrados por aquela falha fatal no caráter das pessoas. E, sem dúvida alguma, ele enxerga esta falha com muito mais clareza do que nós. Mesmo assim, até nós somos capazes de ver que, a menos que algo seja feito, esse peso que elas carregam haverá de quebrá-las algum dia. Conseguimos perceber que, sob a influência de uma inveja importuna ou de um egoísmo possessivo, o caráter delas está deixando de ser humano a cada dia que passa.

Agora dê um passo à frente. Quando Deus olha para seu escritório, ou sua congregação, ou sua escola, ou seu hospital, ou sua fábrica ou sua casa, ele vê todas essas pessoas de que falamos e, é claro, vê uma a mais: aquela que você mesmo não consegue ver. Podemos ter certeza de que, assim como há algo nos demais que constantemente frustra nossos melhores esforços, existe algo em nós igualmente fatal que está sempre frustrando os esforços alheios. Caso sejamos iniciantes na vida cristã, não temos um parâmetro para ver esta falha fatal com clareza. Quem tem mau hálito consegue senti-lo? O frequentador chato do clube tem consciência de que é chato? Por acaso existe algum homem que acredita ser chato ou extremamente invejoso? Não obstante, o mundo está repleto de chatos e invejosos. Se tivermos essas características, todos saberão antes que nós mesmos saibamos. É aí que nos perguntamos por que nossos amigos não nos contaram. Mas será que não contaram mesmo? Eles talvez tenham tentado várias vezes, e, em todas elas, achamos que estavam agindo de modo estranho, que estavam de mau humor ou simplesmente enganados. Eles talvez tenham tentado muitas vezes e provavelmente desistiram.

O que deve ser feito a respeito? De que adianta eu falar aqui sobre a falha fatal se não temos consciência dela? Creio que o primeiro passo seja abordar as falhas que sabemos que temos. Estou falando a cristãos. Muitos, sem dúvida, estão muito à frente de mim na caminhada cristã. Não me compete determinar se vocês devem confessar seus pecados a um pastor ou não (nosso *Livro de oração comum* deixa a questão em aberto, sem exigir esta atitude de ninguém),[4] mas, caso não o façam, é preciso, pelo menos, listar os problemas e realizar um ato sincero de penitência com respeito a cada um deles. Há algo poderoso nas palavras comuns, conquanto que se evitem dois perigos: o exagero emotivo — isto é, tentar requintar as coisas e transformar pequenas questões em pecados melodramáticos — e o oposto a isso, que é a atenuação dos problemas. É essencial utilizar palavras comuns, simples e conhecidas que usaríamos com qualquer outra pessoa. Com isso, me refiro a palavras tais como roubo, fornicação e ódio em vez de imprecisões como: "Eu não tive a intenção de ser desonesto", "Eu era só um rapaz" ou "Perdi a cabeça". Acredito que esta atitude — de enfrentar com sobriedade aquilo de que já temos consciência e colocá-lo diante de Deus sem desculpas, de pedir com sinceridade seu perdão e graça, e de decidir fazer todo o possível para melhorar — seja a única maneira pela qual podemos conhecer a falha fatal que está sempre diante de nós, em vez de apenas procurar ser perfeitos para nosso cônjuge ou nos tornar melhores chefes ou empregados. Se nos submetermos a esse processo, não duvido que a maioria de nós compreenderá e compartilhará palavras antigas como "contrito", "miserável" e "intolerável".

Por acaso isso soa muito sombrio? Será que o cristianismo incentiva uma introspecção mórbida? Ora, a outra alternativa é muito mais mórbida. Aqueles que não refletem sobre os próprios pecados acabam pensando sem cessar sobre os pecados dos outros. É mais saudável pensar sobre os próprios pecados; isto é o contrário de mórbido. Ela nem mesmo é, em última análise,

---

[4]Consulte a *Exortação* para o culto da santa comunhão.

muito sombria. Uma tentativa séria de arrependimento e de realmente identificar os próprios pecados é, no final das contas, um processo que traz leveza e alívio. Sem dúvida, haverá, em um primeiro momento, consternação e, com frequência, certo terror seguido de dor intensa; contudo, isso é muito melhor do que a angústia de uma multidão de pecados não analisados nem confessados escondida no fundo da mente. É a mesma diferença entre a dor de dente que nos faz procurar o dentista e a dor momentânea que sentimos quando extraímos um dente, a qual tende apenas a diminuir.

APÊNDICES DE "TRANSGRESSORES MISERÁVEIS"

1. *Coleta para a quarta-feira de cinzas (primeiro dia da quaresma), lida todos os dias da quaresma após a coleta designada para o dia:*
Deus onipotente e eterno, que nada aborreces daquilo que criastes e perdoas os pecados dos penitentes: cria e forma em nós corações novos e contritos para que, lamentando devidamente nossos pecados e reconhecendo nossa miséria, obtenhamos de ti, o Deus de toda misericórdia, perfeito perdão e remissão por intermédio de Jesus Cristo nosso Senhor. *Amém.*

2. *Confissão geral, proclamada na oração matutina e vespertina:*
Pai onipotente e misericordioso, nós erramos e nos desviamos de teus caminhos quais ovelhas desgarradas. Seguimos demasiadamente os caprichos e desejos de nosso próprio coração. Transgredimos contra tuas santas leis. Deixamos de fazer o que deveríamos ter feito e fizemos o que não deveríamos ter feito. Nada há de são em nós. Tu, porém, ó Senhor, tem misericórdia de nós, pobres pecadores. Perdoa, ó Deus, os que confessam as suas culpas. Restaura os penitentes segundo as tuas promessas declaradas à humanidade em Cristo Jesus, nosso Senhor. E permite, ó Pai misericordioso, por amor dele, que,

de hoje em diante, levemos uma vida piedosa, justa e sóbria. Para a glória de teu santo nome. *Amém.*

3. *Confissão geral, proclamada na santa comunhão:*
Deus onipotente, Pai de nosso Senhor Jesus Cristo, Criador de todas as coisas, Juiz de todos os homens: nós reconhecemos e lamentamos nossos muitos pecados e iniquidades, os quais gravemente cometemos às vezes por pensamentos, palavras e obras contra tua divina majestade, provocando, mui justamente, tua ira e indignação. Nós nos arrependemos com sinceridade e, de todo o coração, deploramos nossos delitos. A lembrança deles nos aflige; insuportável é seu fardo. Tem piedade de nós. Tem piedade de nós, misericordiosíssimo Pai. Por amor de teu Filho, nosso Senhor Jesus Cristo, perdoa-nos todo o passado e permite que, de agora em diante, te sirvamos e agrademos em novidade de vida para a honra e glória do teu nome, mediante Jesus Cristo, nosso Senhor. *Amém.*

CAPÍTULO 15

Fundação do Clube Socrático de Oxford[1]

Como uma enfermeira discreta e eficiente entrando em uma casa tomada por alguma doença, ou como o novo general aproximando-se do cerco de Ismail no poema *Don Juan*, de Byron, nossa presidente[2] irrompeu (com sua licença para o termo) durante o outono de 1941 naquela catadupa de discussões que, até mesmo em tempos de guerra, compõe cinco oitavos da vida noturna dos universitários de Oxford. Por etapas, as quais devem ter sido muito rápidas (pois não me recordo delas), verificou-se que uma nova sociedade havia sido formada, que ela se esforçava para cumprir a difícil tarefa de reunir-se uma vez por semana,[3] que de fato estava conseguindo seguir esta programação, que seus números aumentavam e que nem o mau tempo nem as salas lotadas (eram sortudos aqueles que encontravam lugar para sentar, mesmo no chão) reduziam o tamanho das reuniões. Este era o Clube Socrático. Sócrates havia exortado os homens

---

[1] Este é o prefácio de Lewis para a primeira edição do periódico *Socratic Digest*, v. 1 (Oxford, 1942—1943). Um fato muito importante não mencionado aqui é que Lewis foi o líder da sociedade desde a primeira reunião até sua partida para Cambridge em 1954.
[2] Stella Aldwinckle, ainda presidente à época.
[3] A primeira reunião aconteceu em Somerville College, Oxford, no dia 26 de janeiro de 1942.

a "seguir o argumento aonde quer que este os conduzisse", e o Clube veio à existência para aplicar este princípio a um tema específico: os *prós* e *contras* da religião cristã.

É um pouco extraordinário o fato de, até onde sei, nenhuma sociedade ter sido antes formada para tal finalidade. Já existiram muitas organizações explicitamente cristãs — a S.C.M.,[4] a Ark,[5] a O.U.C.H.,[6] a O.I.C.C.U.[7] — e também muitas outras, científicas ou políticas, cuja perspectiva, ainda que não fosse explícita, era profundamente anticristã. A questão do cristianismo surgiu com bastante frequência, sem dúvida, em conversas particulares e lançou sua sombra sobre os debates estéticos ou filosóficos em muitas sociedades; contudo, uma arena especialmente dedicada ao conflito entre cristãos e incrédulos foi algo novo. O valor disso, de um ponto de vista meramente cultural, é muito grande. Em qualquer comunidade ampla e comunicativa como uma universidade, sempre existe o perigo de aqueles que pensam igual gravitarem em *círculos*, encontrando oposição apenas sob a forma emasculada de boatos segundo os quais os de fora dizem isso ou aquilo. Os ausentes são refutados com facilidade, o dogmatismo complacente prospera, e as diferenças de opinião são amargadas por hostilidade coletiva. O grupo ouve não o melhor, mas apenas o pior do que o outro grupo tem a dizer. No Socrático, tudo isso foi modificado. Ali, era possível ouvir argumentos a favor do cristianismo sem toda a parafernália do pietismo e argumentos contra ele sem o *sansculottisme* irrelevante de nossos semanários antideus. No mínimo, ajudávamos a nos civilizar uns aos outros; por vezes,

---

[4] *Student Christian Movement.*
[5] Sociedade cristã de Oxford.
[6] *Oxford University Church Union.*
[7] *Oxford Intercollegiate Christian Union*, posteriormente chamada de *The Christian Union.*

nutríamos a arrojada esperança de que, se nosso patrono ateniense estivesse secretamente presente em nossas reuniões, ele não consideraria a atmosfera totalmente estranha.

Também aprendemos, nessas reuniões heterogêneas — e geralmente sufocantes —, onde circulavam tanto garotos ingleses recém-saídos de escolas públicas quanto *Gelehrten* europeus idosos longe de seu país de origem, que quase qualquer tipo de opinião poderia emergir. Todos acabavam descobrindo quão pouco sabiam sobre os demais. Nós, do grupo cristão, percebemos que o peso do ataque cético nem sempre era posto onde esperávamos; nossos adversários tinham de corrigir aquilo que nos parecia ser uma ignorância quase abismal da fé que acreditavam estar rejeitando.

É (teoricamente) uma dificuldade na constituição britânica o fato de o orador da Câmara dos Comuns precisar ser membro de um dos partidos. Há uma dificuldade semelhante no Socrático. Aqueles que o fundaram não fingiram, por um momento sequer, ser neutros. Foram cristãos que construíram a arena e lançaram o desafio. Portanto, sempre será possível que o tipo inferior de incrédulo (menos ateniense) considere toda a iniciativa uma forma ardilosamente — ou nem tanto assim — dissimulada de propaganda. O tipo ateniense, por sua vez, caso tivesse esta objeção a fazer, haveria de redigi-la e lê-la para o próprio Socrático. Ele seria bem-vindo para fazê-lo — embora duvido que tivesse coragem se soubesse com quanto esforço e suor o comitê havia revirado o *Who's Who* [Quem é quem] para encontrar ateus inteligentes que estivessem dispostos ou empenhados para participar e propagar sua crença. Mas, no fim das contas, a resposta a qualquer suspeita do tipo encontra-se muito mais além. Não é aqui que entra a honestidade do Socrático. Nós nunca alegamos ser imparciais. O argumento, entretanto, é imparcial. Ele, sim, tem vida própria. Ninguém pode dizer para onde ele irá. Nós nos expomos, bem como expomos o lado mais fraco de nosso grupo, aos ataques deles da mesma maneira que eles se expõem aos nossos. Pior ainda: expomo-nos ao rechaço de nossos próprios disparos; afinal, se é que posso confiar em minha experiência pessoal, nenhuma doutrina é mais turva para a fé do que aquela que acabamos de defender com êxito. A arena é comum a ambos os grupos, e nela não se pode trapacear; ali, eles nada têm a perder, ao passo que nós arriscamos tudo.

É possível que outros, ainda, apresentem uma objeção bem diferente às nossas iniciativas. Eles talvez aleguem que a discussão intelectual não pode edificar nem destruir o cristianismo. Talvez sintam que a religião é sagrada demais para ser jogada dessa forma de lá para cá em debates públicos, sagrada demais para ser discutida — quase, quem sabe, sagrada demais para que se faça qualquer coisa com ela. Claramente, os cristãos membros do Socrático pensam diferente. Eles sabem que o assentimento intelectual não é fé, mas também não acreditam que religião é apenas "o que o homem faz com sua solidão". Ou, se for, eles não se preocupam com a "religião", mas somente com o cristianismo. O cristianismo não é meramente o que o homem faz com sua solidão, tampouco o que Deus faz com sua solidão. O cristianismo diz respeito a Deus descendo à manifestação rústica da história e ali executando o que pode — e deve — ser discutido.

CAPÍTULO 16

Religião sem dogma?[1]

Em sua dissertação "Fundamentos do agnosticismo moderno", o professor Price sustenta os seguintes posicionamento: (1) que a essência da religião é a crença em Deus e na imortalidade; (2) que, na maioria das religiões atuais, a essência está atrelada a "acréscimos de dogma e mitologia"[2] considerados inverossímeis pelo progresso da ciência; (3) que seria muito desejável, se possível, manter a essência livre dos acréscimos; mas (4) que a ciência considera a essência quase tão inacreditável quanto os

---

[1] Este artigo foi lido originalmente para o Clube Socrático de Oxford no dia 20 de maio de 1946 sob o título "Religion without Dogma?" [Religião sem dogma?] e, mais tarde, publicado no *Phoenix Quarterly*, v. I, n. 1 (outono de 1946) sob o título "A Christian Reply to Professor Price" [Uma resposta cristã ao professor Price]. Trata-se de uma resposta ao artigo "The Grounds of Modern Agnosticism" [Fundamentos do agnosticismo moderno], lido pelo professor Price ao Clube Socrático no dia 23 de outubro de 1944 e publicado na mesma edição do *Phoenix Quarterly*. Embora o artigo de Lewis tenha sido reimpresso depois no *The Socratic Digest* [1948], é evidente, com base no fato de que muitos erros presentes na versão do *Socratic* foram corrigidos na versão do *Quarterly*, que esta segunda versão representa a revisão final de Lewis. Eu incluí no texto aqui todas as emendas marginais que Lewis fez em sua cópia do *Phoenix Quarterly*, bem como as partes da versão do *Socratic* que ele omitiu na revisão.
[2] PRICE, H. H. "The Grounds of Modern Agnosticism". *Phoenix Quarterly*, v. I, n. 1 (outono de 1946), p. 25.

Religião sem dogma?

acréscimos. A doutrina da imortalidade inclui a visão dualista de que o homem é uma criatura mista, uma alma em estado de simbiose com um organismo físico; porém, enquanto a ciência considerar o homem de forma monística, como um único organismo cujas propriedades psicológicas emergem do aspecto físico, a alma é uma hipótese indefensável. Em suma, o professor Price encontrou nossa única esperança em certas evidências empíricas da alma que lhe pareceram satisfatórias — a saber, nas descobertas da pesquisa psíquica.

Temo que minha discordância do professor Price comece logo no ponto inicial. Eu não defino a essência da religião como crença em Deus e na imortalidade. O judaísmo, em seus estágios anteriores, não incluía a crença na imortalidade nem, por muito tempo, crença alguma que fosse relevante do ponto de vista religioso. A existência sombria do espírito no Seol não era levada em consideração por Jeová — nem levava Jeová em consideração. No Seol, todas as coisas são esquecidas. A religião girava em torno nas exigências rituais e éticas de Jeová na vida presente e também, naturalmente, dos benefícios que se esperava dele. Estes benefícios eram, com frequência, meros benefícios mundanos (netos e a paz em Israel), muito embora um aspecto mais especificamente religioso fosse sempre expresso. Os judeus têm sede do Deus vivo,[3] deleitam-se em suas leis como se fossem mel ou ouro[4] e, na presença de Jeová, estão conscientes de que têm lábios e coração impuros.[5] Além disso, a glória ou o esplendor de Deus são adorados por si só. No budismo, por outro lado, vemos que uma doutrina de imortalidade é central, mas nada há de especificamente religioso. O ato de ser salvo da imortalidade,

---

[3] Salmos 42:2.
[4] Salmos 19:10.
[5] Isaías 6:5.

liberto da reencarnação, é o cerne da mensagem. A existência dos deuses não é necessariamente menosprezada, mas carece de qualquer relevância religiosa. No estoicismo, mais uma vez, tanto a qualidade religiosa quanto a crença na imortalidade são variáveis; porém, elas não variam em relação direta. Até mesmo no próprio cristianismo, encontramos uma expressão impressionante — não desprovida da influência do estoicismo — da posição subordinada da imortalidade. Henry More, ao concluir um poema sobre a vida espiritual, diz que se, depois de tudo, descobrisse que fosse mortal, estaria

> [...] satisfeito
> Mesmo morrendo um Deus solitário e mortal.[6]

Do meu ponto de vista, o exemplo do judaísmo e do budismo é de imensa importância. O sistema, que é insignificante sem uma doutrina de imortalidade, considera a imortalidade como um pesadelo, não um prêmio. A religião que, de todas as religiões antigas, é mais especificamente religiosa — isto é, ao mesmo tempo mais ética e numinosa — mal se interessa pela questão. Acreditando, como eu, que Jeová é um ser verdadeiro, o *ens realissimum*, nunca será suficiente minha admiração pelo tino divino de exercitar a raça eleita por séculos na religião antes de sequer sugerir o segredo resplandecente da vida eterna. Ele age como o amante rico da história que se disfarça de pobre, corteja a donzela por seus próprios méritos e, somente após ganhar seu coração, revela que tem um trono e um palácio a oferecer. Afinal, tenho para mim que qualquer religião que comece com uma sede por imortalidade encontra-se condenada desde o início. Até que

---

[6]GROSART, Alexander B. (Org.). "Resolution". *The Complete Poems of Dr Henry More*. Edimburgo, 1878, verso 117, p. 176.

determinado nível espiritual seja alcançado, a promessa de imortalidade sempre agirá como um suborno que corrompe toda a religião e inflama de modo infinito a presunção que ela deveria derrubar e erradicar. A essência da religião, a meu ver, é a sede de um fim superior aos fins naturais; é o desejo que o eu finito tem de um objeto inteiramente bom em si mesmo e para ele, bem como a aquiescência e rejeição do eu finito em favor deste objeto. O fato de que a rejeição própria redundará em autodescoberta, que o pão lançado sobre as águas será encontrado após muitos dias, que morrer é viver — estes são paradoxos sagrados que não devem ser contados à raça humana cedo demais.

Por diferir do professor Price quanto à essência da religião, eu naturalmente não posso, em certo sentido, discutir se a essência segundo sua definição recebe acréscimos de dogma e mitologia. Porém, reconheço sem problemas que a essência segundo minha definição sempre coexiste com outras coisas; e que algumas destas outras coisas até mesmo eu chamaria de mitologia. Minha lista de coisas mitológicas, entretanto, não coincide com a dele, e nossas opiniões sobre a mitologia em si provavelmente diferem. Naturalmente, há um grande número de pontos de vista a respeito. Os mitos já foram aceitos como verdades literais, como verdades alegóricas (pelos estoicos), como confusões da história (por Evêmero),[7] como mentiras eclesiásticas (pelos filósofos do Iluminismo), como rituais agrícolas imitativos reputados por proposições (na época de Frazer).[8] Se partirmos de uma filosofia naturalista, é provável que o resultado seja algo semelhante à opinião de Evêmero ou Frazer. No entanto, eu não sou naturalista.

---

[7]Escritor siciliano (c. 315 a.C.) que desenvolveu a teoria de que as antigas crenças sobre os deuses se originaram na elaboração de tradições de personagens históricos.
[8]FRAZER, James George. *The Golden Bough: A Study in Magic and Religion.* Londres, 1922.

Deus no banco dos réus

Creio que, na abundância de mitologia que nos foi transmitida, há uma grande mistura de fontes — histórias reais, alegorias, rituais, o simples prazer humano de contar histórias, entre outras. E, a estas fontes, eu incluiria o sobrenatural, tanto o diabólico quanto o divino. Precisamos nos preocupar aqui apenas com este último. Se minha religião for errônea, a presença de temas semelhantes em histórias pagãs significa, naturalmente, ocorrências do mesmo erro ou de um erro semelhante nelas. Mas, se minha religião for verdadeira, essas histórias podem muito bem ser uma *preparatio evangelica*, uma insinuação divina em forma poética e ritual da mesma verdade central que posteriormente recebeu foco (por assim dizer) e historicidade na encarnação. Para mim, que me aproximei do cristianismo movido por grande interesse e respeito pelo que há de melhor na imaginação pagã, que amava Balder mais do que Cristo e que amava Platão mais do que Agostinho, o argumento antropológico contra o cristianismo, nunca foi formidável. Pelo contrário, eu não poderia acreditar no cristianismo se me obrigassem a dizer que há mil religiões no mundo das quais 999 são puro disparate e que apenas uma (felizmente) é verdadeira. Minha conversão, em grande parte, dependeu do reconhecimento do cristianismo como a completude, a realização, a enteléquia, de algo que nunca havia estado inteiramente ausente da mente humana. E eu ainda acho que o argumento agnóstico com base nas semelhanças entre o cristianismo e o paganismo só funciona quando se conhece a resposta. Se partirmos do conhecimento, fundamentado em outros critérios, de que o cristianismo é falso, as histórias pagãs serão apenas mais um prego em seu caixão; seria a mesma coisa se partíssemos do conhecimento de que crocodilos não existem: as diversas histórias sobre dragões ajudariam a confirmar nossa descrença. Todavia, se a veracidade ou falsidade do cristianismo for a questão em foco na discussão, o argumento da antropologia é certamente uma *petitio*.

Religião sem dogma?

Há, obviamente, muitas coisas no cristianismo que eu aceito como fatos, mas que o professor Price consideraria mitologia. Com isso, quero dizer milagres. Alega-se que a ciência demonstrou a impossibilidade deles. Segundo o professor Price, "uma divindade que interviesse de modo milagroso e suspendesse as leis naturais jamais poderia ser aceita pela ciência";[9] e então ele passa a considerar se poderíamos continuar crendo em um teísmo sem milagres. Porém, receio não ter entendido por que os milagres nunca poderiam ser aceitos por alguém que aceita a ciência.

O professor Price fundamenta sua opinião na natureza do método científico. Ele afirma que este método se baseia em dois pressupostos. O primeiro é que todos os acontecimentos estão sujeitos a leis, e ele acrescenta: "Não importa, para nossos propósitos, se as leis são 'determinísticas' ou apenas 'estatísticas'".[10] Contudo, eu diria que isso importa para a opinião dos cientistas a respeito dos milagres. A noção de que as leis naturais podem ser meramente estatísticas é resultado da crença moderna de que a unidade individual de matéria não obedece a leis. As estatísticas foram introduzidas para explicar por que, apesar da ausência de leis na unidade individual, o comportamento de corpos físicos é regular. A explicação era que, por meio de um princípio bem conhecido por atuários, a lei das médias nivelava as excentricidades individuais das inúmeras unidades contidas mesmo no menor corpo físico. Porém, com esta concepção de unidades sem lei, toda a impregnabilidade do naturalismo do século XIX foi, ao que me parece, abandonada. De que adianta dizer que todos os acontecimentos estão sujeitos a leis se também dizemos que cada acontecimento que sobrevém à unidade individual de matéria *não* está sujeito às leis? De fato, se definirmos natureza

---

[9]PRICE, *op. cit.*, p. 20.
[10]*Ibid.*

como o sistema de acontecimentos no espaço-tempo regido por leis interdependentes, então a nova física realmente admitiu que algo além da natureza existe. Pois, se natureza significa o sistema interdependente, o comportamento da unidade individual jaz fora da natureza. Admitimos aquilo que pode ser chamado de *subnatural*. Com esta admissão, que segurança temos para declarar que não pode haver também um sobrenatural? Talvez seja verdade que a ausência de leis nos pequenos acontecimentos introduzidos na natureza a partir do *subnatural* seja sempre resolvida pela lei das médias. Isto não significa necessariamente que grandes acontecimentos não poderiam ser introduzidos na natureza pelo sobrenatural nem que, do mesmo modo, eles permitiriam ser explicados.

O segundo pressuposto que o professor Price atribui ao método científico é "que as leis só podem ser descobertas pelo estudo de regularidades publicamente observáveis".[11] É claro. Isso não me parece tanto um pressuposto, mas uma proposição óbvia. Qual seria a relevância para a questão? Se um milagre acontece, ele é, por definição, uma interrupção da regularidade. Descobrir uma regularidade é, por definição, não descobrir suas interrupções, mesmo que ocorram. Não se pode descobrir um acidente ferroviário estudando Bradshaw;[12] isto é possível apenas estando lá no momento em que o acidente acontece ou ouvindo o relato de uma testemunha depois do ocorrido. Não se pode descobrir recessos escolares inesperados estudando um calendário; é preciso aguardar até que eles sejam anunciados. No entanto, isso certamente não significa que quem estuda Bradshaw seja logicamente forçado a negar a possibilidade de acidentes ferroviários. Este aspecto do método científico apenas

---

[11] *Ibid.*
[12] George Bradshaw (1801—1853), que criou o *Bradshaw's Railway Guide* [Guia de ferrovias de Bradshaw], publicado de 1839 a 1961.

mostra (o que ninguém, até onde sei, jamais negou) que, se milagres *ocorressem*, a ciência, como ciência, não poderia provar nem refutar sua ocorrência. Aquilo que não é recorrente não é material para a ciência. É por isso que a história não é uma das ciências experimentais. Não podemos descobrir o que Napoleão fez na batalha de Austerlitz pedindo-lhe que volte e lute novamente em um laboratório com os mesmos combatentes, no mesmo *campo*, sob as mesmas condições climáticas e na mesma época. Precisamos consultar os registros. Nós, na verdade, não provamos que a ciência exclui milagres; apenas provamos que a questão dos milagres, tal como inúmeras outras questões, exclui tratamento laboratorial.

Se eu, portanto, transferisse os milagres da ciência para a história (mas não, evidentemente, para historiadores que fogem à questão partindo de pressupostos materialistas), o professor Price acharia que eu também não me sairia muito bem. Aqui é preciso cautela, pois não professo ser um historiador nem um crítico textual. Eu gostaria de remeter o leitor ao livro *The Third Day* [O terceiro dia], de Arnold Lunn.[13] Se Arnold estiver certo, a crítica bíblica que começou no século XIX já esgotou todas as suas possibilidades, e a maioria de suas conclusões foi contestada com êxito; contudo, tal como o materialismo do século XIX, ela ainda continuará a dominar o pensamento popular por muito tempo. O que posso dizer com mais certeza é que esse *tipo* de crítica — o qual descobre que todos os livros antigos foram produzidos por uns seis autores anônimos munidos de tesoura e cola e que cada relato, de menor interesse que seja, sequer chega perto de ser histórico — já começou a desaparecer nos estudos que conheço. O período de ceticismo arbitrário com relação ao cânone e ao texto de Shakespeare já terminou,

---

[13]Londres, 1945.

e é razoável esperar que este método seja, em breve, utilizado somente em documentos cristãos e sobreviva apenas na série *Thinkers Library* e nas faculdades teológicas.

Vejo-me, portanto, obrigado a discordar do segundo ponto do professor Price. Eu não acho que a ciência demonstrou — nem, por natureza, poderia demonstrar — que o elemento milagroso na religião é falso. Não me refiro, naturalmente, aos efeitos psicológicos da ciência sobre aqueles que a praticam ou analisam seus resultados. Pode até ser o caso de que a aplicação continuada de métodos científicos gere uma disposição mental desfavorável com relação aos milagres, mas, mesmo assim, haveria certa diferença neste aspecto nas diversas ciências existentes. Sem dúvida, se pensarmos, não sobre os milagres especificamente, mas sobre a religião em geral, tal diferença existe. Matemáticos, astrônomos e físicos costumam ser religiosos, até mesmo místicos; biólogos, muito menos; economistas e psicólogos, bem raramente. É à medida que o objeto de estudo se aproxima do próprio homem que a propensão antirreligiosa se intensifica.

E isso me leva ao quarto argumento do professor Price — pois prefiro postergar a consideração do terceiro. O quarto argumento, lembrando, é o de que a ciência questiona não somente o que o professor chama de acréscimos mitológicos à religião, como também a própria essência desta. A essência é, para ele, o teísmo e a imortalidade. Enquanto a ciência natural explicar de modo satisfatório o homem como uma entidade puramente biológica, ela excluirá a alma e, logo, a imortalidade. Isso, sem dúvida, é o motivo de os cientistas mais, ou muito, voltados ao homem em si serem os mais antirreligiosos.

Seguramente, se o naturalismo estiver certo, é neste ponto — no estudo do próprio homem — que ele obterá sua vitória final e destruirá todas as nossas esperanças: não somente nossa esperança de imortalidade, mas nossa esperança de encontrar significado na vida aqui e agora. Por outro lado, se o naturalismo estiver errado, é aqui que ele revelará seu defeito filosófico fatal — e creio ser este o caso.

Sob o ponto de vista inteiramente naturalista, os acontecimentos são determinados por leis. Assim, nosso comportamento lógico — em outras palavras, nossos pensamentos e nosso comportamento ético, incluindo ideais e atos de vontade — é regido por leis bioquímicas; estas, por sua vez, por leis físicas, que são declarações atuariais acerca dos movimentos sem lei da matéria. Estas unidades nunca tiveram a intenção de produzir o universo regular que vemos: a lei das médias (sucessora do *exiguum clinamen* de Lucrécio)[14] produziu-o a partir da colisão destas variações aleatórias em movimento. O universo físico nunca teve a intenção de produzir organismos. Os elementos químicos relevantes na Terra e o calor do sol, deste modo justapostos, deram origem a esta preocupante enfermidade da matéria: a organização. A seleção natural, operando nas minúsculas diferenças entre um organismo e outro, tropeçou no tipo de fosforescência ou miragem a que chamamos de consciência e que, em alguns córtices de certos crânios, em certos momentos, ainda em obediência às leis físicas — estas, porém, agora filtradas por leis de um tipo mais complicado — toma a forma a que chamamos de pensamento. Tal, por exemplo, é a origem deste artigo, e tal foi a origem do artigo do professor Price. Aquilo que deveríamos chamar de "pensamento" foi apenas o último elo de uma cadeia causal de elos irracionais. O modo como ele falou foi resultado do comportamento da matéria de seu cérebro, e toda a história do universo até aquele momento foi o que o obrigou a se comportar dessa maneira. O que chamamos de pensamento foi essencialmente um fenômeno semelhante a outras secreções — isto é, a forma que o

---

[14] "Pequena inclinação". *De Rerum Natura*, livro II, verso 292.

vasto processo irracional da natureza foi obrigado a assumir em determinado ponto do espaço e do tempo.

É evidente que, no momento em que aconteceu, isso não lhe pareceu ter sido assim. A impressão do professor foi a de estar estudando a natureza das coisas, de estar, de certa forma, ciente das realidades, até mesmo de realidades extrassensoriais, fora de sua própria mente. No entanto, caso o naturalismo esteja rigorosamente correto, Price estava enganado: ele estava apenas desfrutando do reflexo consciente de acontecimentos irracionalmente determinados em sua própria mente. Para ele, seus pensamentos (como os chamou) poderiam ter, com realidades exteriores, a relação totalmente imaterial a que chamamos de verdadeiro ou falso; embora, na verdade, por não passarem de sombras de acontecimentos cerebrais, não é fácil perceber como eles poderiam ter qualquer relação com o mundo exterior, exceto relações de causalidade. E, quando o professor Price defendia os cientistas, falando de sua devoção à verdade e de sua constante busca pela melhor luz que conheciam, sua impressão era a de estar escolhendo uma postura em obediência a um ideal. Ele não acreditava estar apenas sofrendo uma reação determinada por fontes, em última instância, amorais e irracionais, tão capazes de carregar valores de certo ou errado quanto um soluço ou um espirro.

Teria sido impossível ao professor Price escrever, ou a nós ler, seu artigo com o mínimo interesse se sustentássemos conscientemente o ponto de vista do naturalismo como ele de fato está constituído. E podemos ir ainda mais longe. Seria impossível aceitar o naturalismo propriamente dito se acreditássemos nele com sinceridade e coerência. O naturalismo é um sistema de pensamento, mas, segundo ele, todos os pensamentos são meros acontecimentos com causas irracionais. É, pelo menos para mim, impossível enxergar os pensamentos que compõem o naturalismo desse modo e, ao mesmo tempo, considerá-los como um verdadeiro discernimento da realidade externa. Bradley fez distinção entre *ideia-impulso* e *ideia-criação*,[15] mas parece-me que o naturalismo está comprometido a considerar ideias simplesmente como impulsos. O significado, afinal, é uma relação de um tipo totalmente novo, tão remoto, misterioso e obscuro ao estudo empírico quanto a própria alma.

Talvez isso possa ser expresso de uma forma ainda mais simples. Todos os pensamentos individuais (sejam juízos de fatos ou de valores) são sempre desconsiderados no instante em que se acredita que podem ser explicados, sem exceção, como resultado de causas irracionais. Tão logo descobrimos que a fala de outra pessoa é o resultado puro de seus sistemas complexos ou de um osso que pressiona seu cérebro, deixamos de atribuir qualquer importância às suas palavras. E, se o naturalismo fosse verdadeiro, todos os pensamentos seriam inteiramente resultado de causas irracionais. Logo, todos os pensamentos seriam desprovidos de valor. Logo, o naturalismo é sem valor. Se ele for verdadeiro, então não é possível conhecer verdade alguma. Ele causa seu próprio fim.

Lembro, certa vez, que alguém me apresentou um tipo especial de nó. Quando, por segurança, se dava uma volta a mais para reforçá-lo, ele se desfazia completamente, voltando a ser um mero pedaço de barbante. O mesmo acontece com o naturalismo. Ele segue reivindicando um território após o outro: primeiro, o inorgânico; em seguida, os organismos inferiores; depois, o corpo humano; então, suas emoções. Porém, quando dá o passo final e procura oferecer uma explicação naturalista do pensamento em si, tudo se desfaz. O último passo fatal invalida todos os anteriores. Afinal, eles eram raciocínios, mas a própria razão foi desacreditada. Devemos, portanto, ora deixar de pensar completamente, ora começar do zero.

---

[15]BRIDGES, Robert (Org.). "Spoken and Written English". *The Collected Papers of Henry Bradley*. Oxford, 1928, p. 168-193.

Não há razão alguma para colocar em cena o cristianismo ou o espiritualismo a partir desse ponto. Não precisamos deles para refutar o naturalismo. O naturalismo refuta a si mesmo. Podemos acreditar em qualquer coisa sobre o universo, menos no naturalismo. A validade do pensamento racional, aceito em um sentido totalmente não naturalista, transcendental (por assim dizer) e sobrenatural, é o pressuposto necessário a todas as outras teorias. Simplesmente não faz sentido partir de determinada visão do universo e tentar encaixar as alegações sobre o pensamento em uma etapa posterior. Pelo mero ato de pensar, já declaramos que nossos pensamentos são mais do que meros acontecimentos naturais. Todas as outras proposições devem ser encaixadas da melhor maneira possível em torno desta afirmação principal.

Ao sustentar que a ciência não refutou o elemento milagroso na religião, muito menos que o naturalismo, em rigor, é capaz de refutar qualquer coisa além de si mesmo, eu obviamente não compartilho da preocupação do professor Price em encontrar uma religião que possa prescindir daquilo que ele chama de mitologia. O que ele propõe é o simples teísmo, considerado viável pela crença na imortalidade, por sua vez garantida pela pesquisa psíquica. O professor Price não está, naturalmente, argumentando que a imortalidade, por si só, provaria o teísmo; ela apenas removeria um obstáculo ao teísmo. Ele encontra a fonte positiva do teísmo na experiência religiosa.

Neste ponto, é muito importante determinar qual dentre as duas perguntas seguintes estamos fazendo. Podemos estar perguntando (1) se esta religião mínima e depurada, sugerida pelo professor Price, é capaz, como entidade histórica, social e psicológica, de conferir um novo coração à sociedade, fortalecer a vontade moral e produzir todos aqueles outros benefícios que as antigas religiões alegadamente produziram em alguns momentos. Ou talvez estejamos perguntando (2) se esta religião mínima seria a verdadeira; isto é, se ela contém as únicas proposições verdadeiras que se pode fazer a respeito de questões fundamentais.

A primeira pergunta não é religiosa, mas sociológica. A mente religiosa propriamente dita, assim como o tipo mais antigo de mente científica, não dá a mínima para proposições socialmente úteis. Ambas têm sede de realidade, de um objetivo absoluto, daquilo que é o que é. A "mente aberta" do cientista e a mente vazia e silenciada do místico são esforços no sentido de eliminar aquilo que é nosso a fim de que o Outro possa falar. E se, afastando-nos da postura religiosa, falarmos por um momento como meros sociólogos, temos de admitir que a história não nos encoraja a esperar muito poder revigorante de uma religião mínima. Tentativas de produzir esta espécie de religião não são novas — desde Aquenáton[16] e Juliano, o Apóstata[17] até o barão Herbert de Cherbury[18] e o falecido H. G. Wells. Mas onde estão os santos, as consolações, os êxtases? A maior destas tentativas foi a simplificação das tradições judaicas e cristãs àquilo chamamos de islamismo. No entanto, este manteve muitos elementos que o professor Price consideraria míticos e bárbaros, e sua cultura não é, de modo algum, uma das mais ricas ou progressivas.

Tampouco consigo ver como tal religião, caso se tornasse uma força vital, seria preservada por muito tempo em sua liberdade do aspecto dogmático. Afinal de contas, seu Deus deveria

---

[16]Aquenáton (Amenhotep IV), rei do Egito, que ascendeu ao trono em cerca de 1375 a.C. e introduziu uma nova religião na qual o deus-sol Rá (designado "Áton") substituiu Amon.

[17]Imperador romano (c. 361—363 d.C.), que foi criado compulsoriamente como cristão, mas que, ao ascender ao trono, declarou-se pagão e despendeu grandes esforços para restabelecer o culto a deuses antigos.

[18]Edward Herbert (1583-1648). Ele é conhecido como "pai do deísmo" por alegar que, dentre as "noções comuns" apreendidas pelo instinto, estão a existência de Deus, o dever de culto e arrependimento bem como as recompensas e punições futuras. Ele acreditava que esta "religião natural" havia sido corrompida por superstições e dogmas.

ser concebido de modo panteísta ou à moda judaica, platônica, cristã? Se quisermos preservar a religião mínima em toda a sua pureza, suponho que a resposta correta seja esta: "Não sabemos, e devemos estar satisfeitos por não saber." Contudo, este é o fim da religião mínima como questão prática. Afinal, a pergunta é de premente importância prática. Se o Deus da religião do professor Price for uma espiritualidade impessoal difundida por todo o universo, presente do mesmo modo em todos os pontos do espaço e do tempo, então ele — ou isso — certamente será concebido como algo além do bem e do mal, expresso igualmente no bordel, na câmara de tortura, na fábrica ou na universidade. Se, por outro lado, ele for um Ser pessoal presente fora de sua criação, ordenando isso e proibindo aquilo, temos consequências muito diferentes. A escolha entre esses dois pontos de vista afeta a escolha entre cursos de ação a cada momento, tanto na vida privada quanto na pública. Esta, entretanto, não é a única questão que se apresenta. Por acaso, a religião mínima sabe se seu deus tem a mesma relação com todos os homens ou se ele se relaciona de forma diferente com uns e outros? A fim de ser fiel ao seu caráter não dogmático, ela deve responder mais uma vez: "Não pergunte." Porém, se a resposta for essa, a religião mínima não pode excluir a opinião cristã de que ele estava presente de modo especial em Jesus, nem a opinião nazista de que ele está presente de modo especial na raça alemã, nem a opinião hindu de que ele está presente de modo especial no brâmane, nem a opinião centro-africana de que ele está presente de modo especial no fêmur de um soldado inglês morto.

Todas estas dificuldades estão ocultas de nossos olhos enquanto a religião mínima existe apenas no papel. Porém, imagine que ela tenha se estabelecido por tudo aquilo que restou do Império Britânico e suponha que o professor Price (com muita relutância e apenas movido por um senso de dever) tenha se tornado seu líder supremo na terra. Prevejo que uma de duas coisas

Religião sem dogma?

aconteceria. (1) No primeiro mês de seu reinado, ele declararia sua primeira definição dogmática. Ele diria, por exemplo: "Não. Deus não é uma força amoral difusa por todo o universo que considera o *sati*[19] e a prostituição ritual menos ou mais aceitáveis do que a construção de hospitais e o ensino infantil; ele é um criador justo, separado de sua criação, que exige de vocês justiça e misericórdia" ou (2) o professor Price não se pronunciaria. No segundo caso, não está claro o que haveria de acontecer? Aqueles que chegassem à religião mínima a partir do cristianismo conceberiam Deus à maneira judaica, platônica, cristã; aqueles que viessem do hinduísmo o conceberiam de modo panteísta; e os homens comuns que viessem de lugar algum o conceberiam como um criador justo em seus momentos de indulgência. O ex-marxista pensaria que Deus está presente de modo especial no proletariado, e o ex-nazista pensaria que ele está presente de modo especial no povo alemão. E, então, todos eles fariam conferências mundiais onde falariam a mesma língua e chegariam a acordos muito edificantes; no entanto, teriam coisas totalmente diferentes em mente. A religião mínima, na verdade, não pode ser praticada enquanto for mínima. Ao *fazer* qualquer coisa, já assumimos um dos dogmas. Na prática, ela não seria uma religião; seria apenas uma nova coloração dada a todas as variedades de coisas que as pessoas já fazem.

Eu diria ao professor Price, com muito respeito, que, quando falou de mero teísmo, ele estava o tempo todo tomando por base determinada concepção de Deus inconscientemente; isto é, ele estava pressupondo algum dogma sobre Deus. E eu não acho o fazia por simples dedução, nem sobretudo a partir de sua própria experiência religiosa, nem mesmo de algum estudo da

---

[19] Antigo costume entre algumas comunidades hindus de queimar a viúva viva com os restos mortais do marido. [N. T.]

experiência religiosa em geral — afinal, a experiência religiosa pode produzir quase qualquer tipo de Deus. Acredito que o professor tenha pressuposto certo tipo de Deus por ter sido criado de determinada maneira: porque o bispo Butler, Hooker, Tomás de Aquino, Agostinho, Paulo, Cristo, Aristóteles e Platão estão, como dizemos, "em seu sangue". Ele não estava começando do zero. Se estivesse, se Deus fosse um ser desprovido de qualquer dogma em sua mente, duvido que ele teria procurado sequer a salvação social em um conceito tão vazio. Todo o valor e a força da religião mínima, tanto para ele quanto para todos os outros que a aceitam, derivam não dela, mas da tradição nela inscrita.

A religião mínima, em minha opinião, nos deixará fazendo aquilo que já fazíamos antes. Ora, isso, em si, não é uma objeção do ponto de vista do professor Price. Ele não estava buscando unidade, mas certo dinamismo espiritual para ajudar-nos a enfrentar a noite escura da civilização. Se a pesquisa psíquica tiver o efeito de possibilitar que as pessoas prossigam, ou retornem, a todas as diversas religiões que o naturalismo ameaçou e se, assim, elas conseguirem obter poder, esperança e disciplina, ele ficará, imagino, satisfeito. Todavia, o problema é que, se esta religião mínima fizer com que budistas se mantenham budistas e nazistas se mantenham nazistas, ela nos deixará, creio eu — como homens ocidentais, mecanizados, democráticos, secularizados — exatamente onde estávamos. De que maneira uma crença na imortalidade assegurada pela pesquisa psíquica e a crença em um Deus desconhecido restaurarão em nós a virtude e energia de nossos antepassados? Parece-me que ambas as crenças, a menos que sejam reforçadas por outra coisa, serão muito obscuras e inoperantes para o homem moderno. Se soubéssemos de fato que Deus é justo, que tem propósitos para nós, que é o comandante de uma batalha cósmica e que algo real depende de nossa conduta em campo, então ela teria algum propósito. Ou se, mais uma vez, as declarações que professam vir de outro mundo tivessem um sotaque que realmente *sugerisse* um outro mundo, se falassem (como até mesmo as religiões inferiores falam) com aquela voz perante a qual nossa natureza mortal treme com admiração ou alegria, ela também teria um propósito. No entanto, o deus do teísmo mínimo continua sendo impotente para despertar temor ou amor. O poder para fazê-lo só poderia vir daqueles recursos tradicionais aos quais, na concepção do professor Price, a ciência nunca nos permitirá retornar. Com relação às declarações dos médiuns... não quero ser ofensivo. Mas será que até o espírita mais convicto pode alegar que alguma frase proveniente dessa fonte ocupa lugar de destaque entre os dizeres de ouro da humanidade, ou que seu poder para elevar, fortalecer ou corrigir sequer se aproxima (muito menos se iguala) ao de dizeres de qualidade mais inferior? Por acaso alguém pode negar que a grande maioria das mensagens dos espíritos está lastimavelmente abaixo dos melhores pensamentos e das melhores palavras deste mundo? Ou que, na maioria delas, encontramos banalidade e provincianismo, uma união paradoxal de formalidade e entusiasmo, de monotonia e efusão, o que sugeriria que as almas desses homens moderadamente respeitáveis estão sob a custódia de Annie Besant[20] e Martin Tupper?[21]

Não estou argumentando, com base na trivialidade das mensagens, que sua alegação de ser proveniente dos mortos é falsa. Se eu o fizesse, os espíritas responderiam que esta característica existe por causa de imperfeições no meio de comunicação. Que assim seja. Não estamos discutindo a veracidade do espiritismo, mas sua capacidade de ser o ponto de partida de uma religião.

---

[20]Annie Besant (1847-1933) foi uma defensora fervorosa das causas liberais e tornou-se membro da Sociedade Teosófica em 1889.
[21]Martin Tupper (1810-1889) é provavelmente mais bem conhecido por sua obra *Proverbial Philosophy* [Filosofia proverbial], uma coletânea de máximas e reflexões triviais em forma rítmica.

Deus no banco dos réus

E, para este efeito, eu diria que a pobreza de seu conteúdo o desqualifica. Uma religião mínima composta por mensagens de espíritos e pelo simples teísmo não tem poder algum de tocar as cordas mais profundas da nossa natureza nem de evocar qualquer reação que nos eleve sequer a um nível secular mais elevado — que dirá à vida espiritual. O deus em cujos dogmas não se crê é apenas uma sombra. Ele não produz o temor do Senhor, onde começa a sabedoria, e, portanto, não produz o amor no qual ela é consumada. A imortalidade sugerida pelas mensagens é capaz de produzir, em espíritos medíocres, apenas um vago consolo para aspirações pessoais não satisfeitas, uma sequência obscura à história deste mundo segundo a qual tudo termina bem (bem, entretanto, em um sentido lastimável!); os mais espirituais, por sua vez, percebem que essa imortalidade acrescenta um novo horror à morte — o horror de uma mera sucessão interminável, de um aprisionamento indefinido naquilo que liga a todos nós, *das Gemeine*.[22] Nada há, nesta religião mínima, que possa convencer, converter ou (no sentido mais elevado) consolar; nada, portanto, que possa restaurar vitalidade à nossa civilização. Ela não é valiosa o suficiente. Ela nunca poderá controlar nossa preguiça e ganância naturais, nem sequer rivalizar com elas. Uma bandeira, uma canção, uma amizade antiga, todas estas coisas são mais fortes do que ela; e, muito mais ainda, as religiões pagãs. Em vez de fixar minhas esperanças nessa religião, eu quase voltaria a dar ouvidos ao sangue pulsante em minhas veias (pois o sangue é, pelo menos em algum sentido, a vida), unindo-me ao cântico das mênades:

> Felizes aqueles que têm os demônios como amigos,
> Aqueles que santificam seus dias de vida
> Participando de orgias divinas

---

[22]GOETHE, Johann Wolfgang. *Epilog zu Schillers Glocke*, 1. 32. "*Das Gemeine*" significa algo como "aquilo que domina todos nós".

Religião sem dogma?

Até que a dança pulse na batida de seu coração
Enquanto se alegram com
Dionísio nas montanhas...[23]

Sim, quase; eu quase preferiria ser um pagão sustentado por um credo antiquado.[24] Quase — mas, naturalmente, de modo algum. Se alguém for forçado a tal alternativa, talvez seja melhor morrer de fome em um universo totalmente secularizado e sem sentido do que evocar as obscenidades e crueldades do paganismo. Elas são atraentes porque são uma distorção da verdade, e, portanto, retêm parte de seu sabor. Com esta observação, porém, passei à nossa segunda questão. Não começarei, na parte final deste artigo, uma apologética da veracidade do cristianismo. Apenas direi algo que, de uma forma ou de outra, eu talvez já tenha dito com muita frequência. Se não há Deus, então não temos qualquer interesse na religião mínima ou em qualquer outra. Não criaremos uma mentira para salvar a civilização. Mas, se Deus existe, é muito provavelmente axiomático o fato de a iniciativa se encontrar completamente do lado dele. Se ele pode ser conhecido, será por revelação própria de sua parte, não por especulação nossa. Nós, portanto, o procuramos onde se alega que ele se revelou por milagre, por mestres inspirados, por rituais prescritos. As tradições conflitam, mas, quanto mais as estudamos com bons olhos, mais nos tornamos cientes de um elemento comum em muitas delas: o tema de sacrifício, de comunhão mística mediante derramamento de sangue, de morte e renascimento, de redenção — é claro demais para que não percebamos. Temos total direito de fazer uso de crítica moral

---

[23]EURÍPEDES. *As bacantes*, 1. 74.
[24]Citação implícita das linhas nove e dez do soneto *The World is too Much with Us* [O mundo é demasiado para nós], de William Wordsworth (1770-1850), um dos maiores poetas românticos inglês. [N. E.]

e intelectual. O que não temos direito de fazer, em minha opinião, é simplesmente remover o elemento ético e defini-lo como uma religião própria. Em vez disso, é nessa tradição, ao mesmo tempo completamente ética e transcendental à ética — na qual os antigos temas do sacrifício e do renascimento se repetem em uma forma que transcende, embora não mais perturbe, nossa consciência e nossa razão — é que ainda podemos acreditar, de modo bastante razoável, que temos a consumação de toda a religião, a mensagem mais completa do outro absoluto, o criador vivo. E este, se é que é Deus, deve ser o Deus não só dos filósofos, mas dos místicos e dos selvagens, não só da cabeça e do coração, mas também das emoções primitivas e das eminências espirituais além de toda a emoção. Ainda podemos nos associar à Igreja com sensatez, à única organização concreta que preservou até o presente momento o cerne de todas as mensagens que já vieram de fora do mundo, pagãs e talvez pré-pagãs, e começar a praticar a única religião que se baseia não só na seleção de certos elementos supostamente "superiores" em nossa natureza, mas no quebrantamento e na reconstrução, bem como na morte e no renascimento, desta natureza em todas as suas partes: nem grego nem judeu nem bárbaro, mas uma nova criação.

[*Observação:* o debate entre Lewis e o professor Price não terminou aqui. Na quarta edição do periódico *The Socratic Digest* [1948], foi publicada uma "Resposta" ao artigo "Religião sem dogma?" de Lewis pelo professor Price (p. 94-102). Depois, em uma reunião do Clube Socrático no dia 2 de fevereiro de 1948, G. E. M. Anscombe leu um artigo intitulado "A Reply to Mr C. S. Lewis' Argument that 'Naturalism' is Self-refuting" [Resposta ao argumento de C. S. Lewis de que 'o naturalismo refuta a si mesmo'], posteriormente publicado na mesma edição do *Digest* (p. 7-15) como "Resposta" do professor Price. Anscombe criticou o argumento encontrado nas páginas 136-138 do artigo impresso acima e também o terceiro capítulo, "A autocontradição do naturalista", do livro *Miracles* de Lewis (Londres, 1947). Os dois breves textos citados a seguir são (A) a resposta de Lewis a Anscombe, registrada no livro de atas do Socrático, e (B) uma resposta escrita pelo próprio Lewis, ambas reimpressas na mesma edição já mencionada do *Digest* (p. 15-16). Ciente de que o terceiro capítulo de sua obra *Miracles* era ambíguo, Lewis revisou-o para a nova edição da Fontana (1960), renomeando-o como "A principal dificuldade do naturalismo".]

A

Em sua resposta, C. S. Lewis concordou que as palavras "causa" e "razão" estão longe de ser sinônimas, mas afirmou que o reconhecimento de uma razão poderia ser a causa do consentimento, e este consentimento só seria racional quando sua causa também o fosse. Ele negou que palavras como "reconhecimento" e "percepção" pudessem ser empregadas adequadamente com relação a um ato mental cujas causas não incluíssem o objeto percebido ou reconhecido.

Anscombe disse que Lewis não a havia compreendido e, portanto, a primeira parte da discussão restringiu-se aos dois oradores, que procuraram esclarecer suas posições e diferenças. Anscombe afirmou que Lewis continuava não distinguindo entre "ter razões" e "arrazoar" no sentido causal. Lewis entendeu que a oradora estava fazendo uma divisão quádrupla entre: (1) razões lógicas; (2) ter razões (isto é, psicológicas); (3) causas históricas; (4) causas científicas ou regularidades observadas. O ponto principal na resposta dele foi que uma regularidade observada era apenas o sintoma de uma causa, não a causa em si, e, em resposta a uma interrupção do Secretário, ele se referiu à sua noção de causa como "mágica". Seguiu-se uma discussão aberta, na qual alguns membros tentaram mostrar a Anscombe que havia uma ligação entre razão e causa, ao passo que outros argumentaram contra o Presidente [Lewis], dizendo que o teste para a validade da razão nunca poderia ser algo semelhante ao teste para se descobrir o estado da corrente sanguínea. O Presidente acabou admitindo que a palavra "válido" fora infeliz. Com base na discussão de modo geral, verificou-se que o argumento de Lewis precisaria ser muito analítico e rigoroso a fim de que sua noção de "validade" como o efeito de causas pudesse resistir ao teste apresentado por todas as perguntas feitas a ele.

B

Admito que *válido* foi uma palavra ruim para o que eu quis dizer; *verídico* (ou *verífico* ou *verífero*) teria sido melhor. Também admito que a relação de causa e efeito entre acontecimentos é distinta da relação de razão e consequência entre proposições. Uma vez que nosso idioma usa a palavra *porque* para ambos os casos, utilizemos então *porque CE* para a relação de causa e efeito ("Esta boneca sempre cai com os pés no chão *porque* há pesos neles") e *porque RC* para a relação de razão e consequência ("A é igual a C *porque RC* ambos são iguais a B"). No entanto, quanto mais clareza houver nesta distinção, mais aumenta minha dificuldade. Para que um argumento seja *verífico*, a conclusão deve estar relacionada às premissas como consequência da razão; isto é, a conclusão existe *porque RC* outras proposições são verdadeiras. Em contrapartida, o fato de pensarmos na conclusão é um acontecimento e deve estar relacionado a acontecimentos prévios como efeito da causa; isto é, este ato de pensamento deve ocorrer *porque CE* acontecimentos prévios ocorreram. Parece, portanto, que nunca pensamos na conclusão *porque RC* ela é a consequência de suas razões, mas apenas *porque CE* certos acontecimentos anteriores aconteceram. Se assim for, não me parece que a sequência *RC* nos torna mais propensos a chegar à verdadeira conclusão. E é isto, em grande parte, o que eu quis dizer com a dificuldade do naturalismo.

CAPÍTULO 17

Alguns pensamentos

À primeira vista, nada parece mais óbvio do que a ideia de que pessoas religiosas devem cuidar dos doentes; nenhuma construção cristã — exceto, talvez, uma igreja — é mais natural do que um hospital cristão. Examinando mais a fundo a questão, vemos que isso está, na verdade, ligado ao eterno paradoxo, ao feliz caráter duplo do cristianismo. E, se algum de nós estivesse conhecendo o cristianismo pela primeira vez hoje, estaria bem consciente deste paradoxo.

Suponhamos que uma pessoa de fora começasse observando as atividades cristãs que estão, em certo sentido, voltadas para este mundo. Ela descobriria que o cristianismo havia sido, como uma mera questão de fato histórico, o agente que preservara a civilização secular sobrevivente à queda do Império Romano; que a Europa lhe deve a salvação da agricultura, da arquitetura, das leis e da própria alfabetização naquelas épocas perigosas. Ela descobriria que esta mesma religião sempre curou os enfermos e cuidou dos pobres; que, mais do que qualquer outra, abençoou o casamento; e que as artes e a filosofia tendem a florescer ao seu redor. Em suma, está sempre ora fazendo tudo aquilo que o humanitarismo secular exige, ora amargamente se arrependendo de não o ter feito. Se nosso inquiridor parasse neste ponto, ele não teria dificuldade alguma em classificar o cristianismo: reservar-lhe-ia um lugar no mapa das "grandes religiões". Obviamente (diria ele), esta é uma das religiões voltadas para o mundo, tal como o confucionismo ou as religiões agrícolas das grandes cidades-estados mesopotâmicas.

E se, entretanto, nosso inquiridor partisse (como é bem possível) de uma série bem diferente de fenômenos cristãos? Ele poderia observar que a imagem central em todas as artes cristãs é a de um homem morrendo aos poucos por tortura; que o instrumento de sua tortura é o símbolo mundial da fé; que o martírio é uma ação quase especificamente cristã; que nosso calendário é repleto de jejuns tanto quanto de festas; que meditamos constantemente não só em nossa mortalidade, mas também na mortalidade de todo o universo; que fomos chamados a confiar todo o nosso tesouro a outro mundo; e que até mesmo certo desdém por toda a ordem natural (*contemptus mundi*) foi, por vezes, contado como virtude cristã. E aqui, mais uma vez, caso não dispusesse de outras informações, o inquiridor consideraria o cristianismo muito fácil de classificar; desta vez, porém, o classificaria como uma das religiões que negam o mundo. Ele seria rotulado como o budismo.

Qualquer uma das conclusões seria justificável se o homem tivesse apenas uma das metades da evidência diante de si. É somente quando une as metades e vê que o cristianismo corta bem ao meio a classificação que estava tentando aplicar, é que ele toma conhecimento do que tem diante de si — e creio que, nesse momento, fica perplexo.

Provavelmente a maioria dos leitores destas páginas sempre foi cristã no decurso de sua vida. Se assim for, eles talvez considerem difícil concordar com a perplexidade a que me refiro. Para os cristãos, a explicação de tal caráter duplo da fé parece óbvia. Eles vivem em um universo graduado ou hierárquico onde há um lugar para tudo e onde tudo deve ser mantido no lugar certo. O sobrenatural é superior ao natural, mas cada um tem seu lugar;

assim como o homem é superior ao cão, mas o cão tem seu lugar. Não nos surpreende, portanto, que a cura dos doentes e a provisão dos pobres sejam menos importantes do que a salvação de almas (nos casos em que, como às vezes acontece, aquelas são uma alternativa a esta); e, ao mesmo tempo, muito importantes. Porque Deus criou o natural — inventou-o com seu amor e talento artístico —, o natural exige nossa reverência; porém, de outro ponto de vista, por ser apenas uma criatura e não o próprio Deus, o natural tem pouca importância. Além disso, porque a natureza, especialmente a natureza humana, é caída, ela deve ser corrigida, e o mal nela presente deve ser mortificado. Todavia, sua essência é boa; correção é algo muito diferente do repúdio maniqueísta ou da superioridade estoica. Assim, em todo o verdadeiro ascetismo cristão, há respeito pelo que está sendo rejeitado, algo que, creio eu, nunca encontramos no ascetismo pagão. Casamento é bom, mas não para mim; vinho é bom, mas não devo bebê-lo; festas são boas, mas hoje jejuarei.

Tal postura, penso eu, depende logicamente das doutrinas da criação e da queda. Algumas distorções obscuras de uma doutrina da queda podem ser encontradas no paganismo; contudo, é espantosa a raridade com que se encontra uma verdadeira doutrina da criação fora do cristianismo, se é que encontramos. No politeísmo, os deuses costumam ser produto de um universo já em existência — o poema *Hyperion*, de Keats, é essencialmente, se não em detalhes, uma figura bem fiel da teogonia pagã. No panteísmo, o universo nunca é algo que Deus fez. É uma emanação, algo que flui dele; ou uma aparência, algo que ele nos dá a impressão de ser, mas que não é; ou até mesmo um ataque de esquizofrenia incurável de que ele inexplicavelmente sofre. O politeísmo é sempre, no fim das contas, culto à natureza; o panteísmo é sempre, no fim das contas, hostilidade à natureza. Nenhuma destas crenças nos deixa realmente livres *tanto* para saborear o café da manhã *quanto* para mortificar nosso apetite desenfreado — muito menos para mortificar apetites considerados inocentes no presente a fim de que não se tornem desenfreados no futuro.

E nenhum deles nos deixa livres para fazer o que está sendo feito no Hospital Lourdes todos os dias: lutar contra a morte com tanta seriedade, destreza e calma como se fôssemos humanitários seculares, porém sabendo o tempo todo que a morte é, para o bem e para o mal, algo que os humanitários seculares nunca sonharam. O mundo, ciente de como todos os nossos investimentos reais estão no além-túmulo, talvez espere que estejamos menos preocupados do que outras pessoas que seguem aquilo que se chama de Novo Pensamento[1] e nos dizem que a "morte não importa". No entanto, nossa mente "não se elevou"[2] desta maneira, e nós seguimos alguém que chorou junto ao túmulo Lázaro — certamente não porque viu Maria e Marta chorando e se entristeceu com a falta de fé delas (embora alguns assim interpretem), mas porque a morte, o castigo do pecado, é ainda mais terrível aos seus olhos do que aos nossos. A natureza que ele havia criado como Deus, a natureza que ele havia assumido como homem, jazia diante dele em sua ignomínia; ela se reduzira a um mau cheiro, a um alimento para vermes. Embora fosse revivê-la momentos depois, ele chorou por sua desonra. Citando um escritor de cuja opinião compartilho, "Não tenho tanto medo da morte quanto me envergonho dela".[3] E isso nos traz de volta ao paradoxo. De todos os homens, nós temos a maior esperança com relação à morte; mesmo assim, nada nos faz ter paz com sua *desnaturalidade*. Sabemos que não fomos feitos para ela; sabemos como ela se infiltrou em nosso destino como uma intrusa;

---

[1]Movimento espiritual do século XIX que enfatiza crenças metafísicas. [N. T.]
[2]Salmo 131:1.
[3]A referência é à obra *Religio Medici*, de Thomas Browne (primeira parte, seção 40), onde ele diz: "Não tenho tanto medo da morte quanto me envergonho dela."

Alguns pensamentos

e sabemos quem a derrotou. Porque nosso Senhor ressuscitou, sabemos que, em um sentido, ela é um inimigo já desarmado; porém, porque sabemos que o nível natural também é criação de Deus, não podemos deixar de lutar contra a morte que o arruína, bem como contra todas as outras máculas que nele se afiguram: a dor e a pobreza, a barbárie e a ignorância. Porque amamos algo mais do que este mundo, amamos este mundo muito mais do que aqueles que nada conhecem além dele.

CAPÍTULO 18

"*O problema* de *fulano...*"

Suponho que sete em cada dez dos que leem estas palavras enfrentam algum tipo de dificuldade com relação a um outro indivíduo da espécie humana. Seja alguém no trabalho ou no lar, seja o patrão ou o funcionário, sejam as pessoas com quem se divide a casa ou aquelas em cuja casa se habita, sejam sogros, pais ou filhos, seja a esposa ou o marido — alguém está dificultado sua vida mais do que o necessário nestes últimos dias. Nós não costumamos mencionar estas dificuldades (especialmente as domésticas) para estranhos. Porém, às vezes fazemos isso. Um colega nos pergunta por que estamos tão mal-humorados, e a verdade nos escapa.

Em tais ocasiões, o colega geralmente diz: "Mas por que você não conversa com ela? Por que você não se abre com sua esposa (ou seu marido, ou seu pai, ou sua filha, ou seu chefe, ou seu proprietário do imóvel ou seu inquilino)? As pessoas costumam ser razoáveis. Você só precisa fazer com que elas enxerguem as coisas sob o ângulo certo. Explique de uma maneira sensata, tranquila, amigável." E nós, independentemente do que respondamos, lá no fundo pensamos com tristeza: "É porque ele não conhece fulano." Nós conhecemos. Nós sabemos como é absolutamente impossível fazer com que ele dê lugar à razão. Nós já tentamos até cansar; ou, então, nunca tentamos por estar

"O problema de fulano..."

cientes, desde o início, de que seria em vão. Sabemos que, se procurarmos "nos abrir com fulano", uma das seguintes coisas acontecerá: ou haverá "drama"; ou fulano nos olhará com completo espanto e dirá: "Não faço a mínima ideia do que você está falando"; ou (o que talvez seja a pior alternativa) fulano concordará conosco e prometerá mudar de atitude — porém, no dia seguinte, será exatamente o mesmo de antes.

Você sabe que qualquer tentativa de conversar com essa pessoa será frustrada pela antiga e fatal falha existente no caráter dela. Além disso, ao olhar para trás, você se lembra de como todos os seus planos sempre foram frustrados por essa falha fatal — pelo incurável ciúme, ou pela preguiça, ou pelo melindre, ou pela confusão, ou pelo autoritarismo, ou pela irritabilidade, ou pela inconstância de fulano. Até certa idade, você talvez tenha nutrido a ilusão de que alguma felicidade externa — uma melhoria na saúde, um aumento no salário, o fim da guerra — resolveria sua dificuldade. Mas agora você sabe que não é assim. A guerra acabou, e você percebe que, mesmo se as outras coisas acontecessem, fulano ainda seria fulano, e você continuaria enfrentando o mesmo problema de sempre. Mesmo se ficasse milionário, seu marido continuaria sendo opressor, sua esposa continuaria sendo implicante, seu filho continuaria bebendo ou sua sogra continuaria morando com você.

É um grande passo entender que é assim que as coisas funcionam e enfrentar o fato de que, mesmo se todos os fatores externos contribuíssem, a verdadeira felicidade ainda dependeria do caráter das pessoas com quem temos de viver — e não podemos modificar o caráter delas. Agora vem a questão. Ao passar por isso, temos, pela primeira vez, um vislumbre de como deve ser para Deus. Afinal, naturalmente, é a este tipo de coisa (de certa forma) que o próprio Deus se opõe. Ele providenciou um mundo belo e abundante para as pessoas viverem. Ele lhes deu inteligência para entender como este mundo pode ser usado e consciência para saber como ele deve ser usado. Deus idealizou as coisas de que as pessoas necessitam para a vida biológica (comida, bebida, descanso, sono, exercício) de modo a serem prazerosas. E, após tudo isso, vê todos os seus planos sendo arruinados — assim como nossos pequenos planos são arruinados — pela perversão delas. Tudo aquilo que ele lhes deu para que fossem felizes é transformado em ocasião para brigas, ciúmes, excessos, acúmulos e parvoíces.

Talvez você diga que a situação é muito diferente para Deus, pois ele poderia, se quisesse, alterar o caráter das pessoas, ao passo que nós não temos este poder. No entanto, esta diferença não é tão profunda quanto poderíamos imaginar a princípio. Deus estabeleceu como regra para si que não modificaria o caráter das pessoas à força. Ele o pode fazer e o fará somente se elas o permitirem, verdadeiramente limitando, deste modo, seu poder. Às vezes, nós nos perguntamos por que ele fez isso ou até mesmo gostaríamos que ele não o tivesse feito. Mas, ao que tudo indica, ele acha que vale a pena. Ele prefere ter um mundo de seres livres, com todos os riscos que isto implica, a um mundo de pessoas que agem corretamente como máquinas pelo simples motivo de serem incapazes de agir de outra maneira. Quanto mais conseguimos imaginar como seria um mundo de seres automáticos perfeitos, mais, creio eu, enxergamos a sabedoria dele.

Eu afirmei que, quando todos os nossos planos são arruinados pelo caráter das pessoas com as quais temos de lidar, estamos, "em *certo* sentido", vendo como esta situação deve ser para Deus. Mas apenas em certo sentido. Há dois aspectos em que o ponto de vista de Deus é muito diferente do nosso. Em primeiro lugar, ele vê (como você) que todas as pessoas em sua casa ou no seu trabalho são, em graus variados, inadequadas ou difíceis; mas, ao olhar para essa mesma casa, essa mesma fábrica ou esse mesmo escritório, ele vê mais uma pessoa com o mesmo problema — uma pessoa que você mesmo não vê. Refiro-me, é claro, a você mesmo. Este é o grande passo seguinte na sabedoria: perceber que você também é exatamente esse tipo de gente. Você também tem uma falha fatal em seu caráter. Todas as esperanças e planos dos demais foram frustrados repetidas vezes pelo seu caráter, assim como suas esperanças e planos foram arruinados pelo caráter deles.

Não é bom, de modo algum, minimizar essa realidade com uma confissão geral e vaga, do tipo: "É claro, eu sei que tenho falhas." É importante perceber que há uma falha realmente fatal em você, algo que provoca nos demais o mesmo sentimento de *desespero* gerado pelas falhas deles. E ela é quase certamente algo que você desconhece — assim como aquilo que os anúncios chamam de "halitose": todos notam, menos o próprio indivíduo. Mas por que, talvez você me pergunte, os outros não lhe contaram? Acredite em mim: eles tentaram contar muitas vezes, mas você não conseguiu "aceitar". Talvez uma boa medida daquilo que você chama de "implicância", "mau humor" ou "estranheza" da parte deles seja apenas tentativas de fazê-lo ver a verdade. Além disso, você não conhece a fundo nem mesmo as falhas de que já tem consciência. Você diz: "Admito que perdi a cabeça ontem à noite", mas os outros sabem que você sempre faz isso; que é, de modo geral, alguém mal-humorado. Você diz: "Admito que bebi muito sábado passado", mas todos os demais sabem que você é um bêbado habitual.

Esse é um aspecto em que o ponto de vista de Deus difere do meu. Ele vê o caráter de todos; eu vejo o de todos, exceto o meu. Porém, a segunda diferença é esta: ele ama as pessoas apesar de suas falhas. Ele não deixa de amá-las. Ele não as abandona. E não venha me dizer: "Para ele é fácil, pois não tem de conviver com elas." Ele tem, sim. Ele está tanto dentro quanto fora delas. Ele está *com* elas de modo muito mais íntimo, próximo e incessante do que jamais poderemos estar. Cada pensamento vil na mente das pessoas (e na nossa), cada momento de maldade, inveja, arrogância, ganância e presunção confrontam seu amor paciente e intenso e entristecem seu espírito mais do que o nosso.

Quanto mais pudermos imitar Deus em ambos esses aspectos, mais progresso faremos. Devemos amar mais o indivíduo que nos causa problema e aprender a olhar para nós mesmos como pessoas exatamente iguais. Alguns consideram mórbida a atitude de estar sempre pensando nas próprias falhas. Isso seria bem verdade se a maioria de nós conseguisse parar de pensar nas próprias falhas sem imediatamente começar a pensar nas falhas dos outros. Infelizmente, *gostamos* de pensar nas falhas dos outros; e, no sentido apropriado da palavra "mórbido", este é o prazer mais mórbido do mundo.

Nós não gostamos de receber limites, mas sugiro uma forma de limite que deveríamos impor a nós mesmos: devemos abster-nos de pensar sobre as falhas dos outros, a menos que nossos deveres como professor ou pai tornem necessário fazê-lo. Sempre que esses pensamentos impróprios surgirem, por que não simplesmente afastá-los e pensar, em vez disso, em nossas próprias falhas? Afinal, neste caso, com a ajuda de Deus, é *possível* fazer algo. De todas as pessoas inadequadas em sua casa ou em seu trabalho, existe apenas uma que você pode melhorar muito. Esse é o fim prático do qual devemos partir. E é melhor que o façamos. Teremos de lidar com isso algum dia e, quanto mais adiarmos a tarefa, mas difícil será começar.

Qual é a alternativa, afinal? Vemos com clareza que nada, nem mesmo Deus com todo o seu poder, pode fazer alguém realmente feliz enquanto o indivíduo continuar sendo invejoso, egoísta e maldoso. Tenha certeza de que há algo dentro de nós que, a menos que seja alterado, é capaz de tirar do alcance de Deus o poder de evitar que sejamos eternamente infelizes. Enquanto este algo permanecer aqui, não poderá haver céu para nós, da mesma maneira que não pode haver bons aromas para alguém resfriado nem música para o surdo. Não é uma questão de Deus nos "mandar" para o inferno. Em cada um de nós, há algo crescendo que, em si mesmo, será o *inferno* a menos que seja arrancado pela raiz. O assunto é sério. Coloquemo-nos nas mãos dele de uma vez por todas — hoje mesmo, agora mesmo.

CAPÍTULO 19

O que devemos pensar a respeito de Jesus Cristo?

O que devemos pensar a respeito de Jesus Cristo? Esta é uma pergunta que tem, em certo sentido, um lado extremamente cômico. Afinal, a verdadeira pergunta não é o que devemos pensar a respeito de Jesus Cristo, mas o que ele deve pensar a nosso respeito. A imagem de uma mosca tentando chegar a alguma conclusão sobre um elefante apresenta elementos cômicos. Talvez, entretanto, a pergunta se refira a como devemos lidar com Jesus no sentido seguinte: "Como devemos resolver o problema histórico apresentado a nós pelos atos e pelas palavras que ficaram registrados acerca deste Homem?" Este problema exige harmonizar duas coisas. De um lado, temos a profundidade e a sanidade de seu ensinamento moral, aceito de modo quase geral sem questionamentos muito sérios, nem mesmo por aqueles que se opõem ao cristianismo. Inclusive, quando estou discutindo com pessoas muito antagônicas a Deus, percebo que elas fazem questão de dizer: "Sou completamente a favor do ensinamento moral do cristianismo". Além disso, parece haver um consenso geral de que, no ensinamento deste Homem e de seus seguidores imediatos, a verdade moral é exibida em sua melhor e mais pura forma. Não se trata de um idealismo medíocre; ele é cheio de sabedoria e perspicácia. É tudo muito realista; é um ensinamento vívido no mais alto grau, produto de uma mente sã. Bem, esse é um fenômeno.

O outro fenômeno é a natureza estarrecedora dos comentários teológicos deste Homem. Todos sabem a que estou me referindo, e eu gostaria de enfatizar que a alegação estarrecedora em questão não foi feita em apenas um momento de sua carreira. Há, é claro, o momento que levou à sua execução. O momento em que o sumo sacerdote lhe disse: "Quem é você?", e ele respondeu: "Eu sou o Ungido, o Filho do Deus incriado, e você me verá surgir no final de toda a história como o juiz do Universo". Porém, a declaração não se restringe apenas a esse momento dramático. Quando analisamos suas conversas, encontramos esse tipo de declaração permeando todas as situações. Por exemplo, ele saía por ali dizendo às pessoas: "Eu perdoo seus pecados." Ora, é muito natural que um homem perdoe algo que fizemos contra *ele*. Se alguém *me* trapaceia roubando cinco libras, é perfeitamente possível e razoável que eu diga: "Bem, eu o perdoo. Vamos deixar isso para lá." Mas o que você diria se alguém tivesse roubado cinco libras de *você*, e *eu* dissesse: "Está tudo bem, eu o perdoo"? Há também outra declaração curiosa que parece escapar quase por acidente. Em certa ocasião, esse Homem estava observando Jerusalém do monte quando, de repente, afirmou algo extraordinário: "Eu continuo a enviar profetas e sábios a vocês." Ninguém teceu qualquer comentário. E, no entanto, do nada, quase por acaso, ele estava alegando ser o poder que, ao longo dos séculos, enviara sábios e líderes ao mundo. Existe ainda outra curiosa observação curiosa. Em quase todas as religiões, há observâncias desagradáveis como o jejum, mas, do nada, esse Homem diz: "Ninguém precisa jejuar enquanto eu estiver aqui." Quem é esse Homem, capaz de afirmar que sua mera presença suspende todas as regras normais? Quem é essa pessoa, capaz de abreviar o dia letivo na escola e dispensar os alunos? Por vezes, as declarações sugerem que ele era completamente desprovido de qualquer pecado ou falha. A postura é sempre essa. "Vocês, com quem estou falando, são todos pecadores", mas ele nunca sequer insinua que esta mesma repreensão poderia ser feita a seu próprio respeito. Em outra ocasião, ele declara: "Eu sou o unigênito do Pai; antes de Abraão, eu sou". E lembre-se do significado das palavras "eu sou" em hebraico: elas eram o nome de Deus, o qual não deveria ser proferido por ser humano algum; eram o nome cuja pronúncia era passível de morte.

Bem, esse é o outro lado. De um lado, um ensinamento moral claro e definido. De outro, alegações que, se não forem verdadeiras, provêm de um megalomaníaco — em comparação com o qual Hitler seria o homem mais são e humilde do mundo. Não há meio-termo nem paralelo em outras religiões. Se você perguntasse a Buda: "Você é filho de Brama?", ele responderia: "Filho meu, você ainda está no vale da ilusão." Se perguntasse a Sócrates: "Você é Zeus?", ele daria risada. Se perguntasse a Maomé: "Você é Alá?", ele primeiro rasgaria as próprias vestes, depois decapitaria você. Se perguntasse a Confúcio: "Você é o céu?", acho que ele provavelmente responderia: "Comentários em desacordo com a natureza são de mau gosto." A ideia de um grande mestre moral alegando o que Cristo alegou está fora de questão. Em minha opinião, a única pessoa que pode dizer esse tipo de coisa é ora o próprio Deus, ora um completo lunático que sofre do tipo de delírio que compromete a saúde da mente. Se você acredita ser um ovo poché em busca de uma fatia de pão que o agrade, é até possível que esteja são; mas, se pensa que é Deus, você está perdido. Podemos notar, de passagem, que Jesus nunca foi considerado um mero mestre em assuntos morais. Ele não produziu tal impressão em pessoa alguma que o conheceu. Na verdade, os três principais efeitos que ele produziu nos demais foram: ódio, terror e adoração. Não vemos sinal algum de uma simples aprovação moderada por parte de alguém.

Como podemos harmonizar esses dois fenômenos contraditórios? Uma tentativa consiste em afirmar que o Homem, na verdade, não falou essas coisas; que seus seguidores exageraram a história, produzindo, desse modo, a lenda de que ele as teria dito. Isso é difícil, entretanto, porque seus seguidores eram todos judeus; isto é, pertenciam à nação mais convicta de todas de que havia apenas um Deus, que não poderia haver outro de modo algum. É muito estranho pensar que esta terrível invenção acerca de um líder religioso poderia ter surgido em meio ao povo menos propenso a cometer tal erro em todo o mundo. Pelo contrário, temos a impressão de que nenhum de seus seguidores imediatos, nem mesmo os escritores do Novo Testamento, aceitaram a doutrina com facilidade.

Outra questão é que, segundo esse ponto de vista, precisaríamos considerar os relatos do Homem como *lendas*. Ora, como historiador literário, estou perfeitamente convencido de que os Evangelhos são qualquer coisa, menos lendas. Já li um número considerável de lendas e estou bem certo de que não são a mesma coisa. Os Evangelhos não são artísticos o suficiente para ser lendas. Do aspecto imaginativo, eles são desajeitados: não apresentam um desenvolvimento apropriado. A maior parte da vida de Jesus é totalmente desconhecida para nós, bem como a de qualquer outra pessoa daquela época, e nenhum criador de lendas faria uma coisa dessas. Além de pequenas porções dos diálogos platônicos, desconheço conversas na literatura antiga como aquelas que encontramos no quarto Evangelho. Nada houve de semelhante, sequer na literatura moderna, até cerca de cem anos atrás, quando o romance realista passou a existir. Na história da mulher flagrada em adultério, lemos que Cristo se abaixou e escreveu algo na areia com o dedo. Nada proveio disso. Ninguém jamais baseou qualquer doutrina nisso. E a arte de *inventar* pequenos detalhes irrelevantes para tornar uma cena imaginária mais convincente é uma arte puramente moderna. Certamente a única explicação dessa passagem é que ela realmente aconteceu. O autor inseriu essa cena no texto simplesmente porque a *viu* acontecer.

Então chegamos à história mais estranha de todas, a história da ressurreição. É muito necessário esclarecê-la. Certa vez, ouvi alguém dizer: "A importância da ressurreição é que ela fornece evidência de sobrevivência, isto é, evidência de que a personalidade humana sobrevive à morte." Segundo este ponto de vista, o que aconteceu com Cristo teria sido o que sempre aconteceu com todos os homens, mas, no caso dele, teríamos desfrutado do privilégio de acompanhar o processo. Porém, sem dúvida, isso não é o que os escritores cristãos primitivos tinham em mente. Algo absolutamente novo na história do universo havia acontecido. Cristo tinha derrotado a morte. A porta que sempre estivera trancada foi, pela primeira vez, aberta à força. Isso é algo bem distinto de uma mera sobrevivência do espírito. Não quero dizer, contudo, que aqueles cristãos não criam na sobrevivência do espírito. Pelo contrário, eles acreditavam tão piamente nela, que, em mais de uma ocasião, Cristo teve de assegurá-los de que ele mesmo *não* era um espírito. A questão é que, mesmo crendo neste tipo de sobrevivência, eles consideraram a ressurreição algo totalmente diferente e novo. As narrativas da ressurreição não são uma imagem de sobrevivência após a morte; elas registram como um modo totalmente novo de ser surgira no universo. Algo novo adentrara no universo, tão novo quanto a primeira vida orgânica. Esse Homem, após a morte, não se divide em "espírito" e "cadáver". Um novo modo de ser surge ali. Essa é a história. O que devemos pensar a respeito dela?

A pergunta é, suponho, se alguma hipótese abarca os fatos tão bem quanto a hipótese cristã. Esta hipótese é a de que Deus desceu ao universo criado, à humanidade, e ascendeu de novo, levando-o consigo. A hipótese alternativa não é que a história se trata de lenda, de exagero ou que se refira à aparição de um fantasma. A outra hipótese é que a história é ora loucura, ora mentira. A menos que se opte pela segunda alternativa (o que eu não consigo fazer), o indivíduo se volta para a teoria cristã.

"O que devemos pensar a respeito de Cristo?" Não há a menor dúvida do que devemos pensar a respeito dele; trata-se antes e inteiramente do que ele deve pensar a nosso respeito. Temos de aceitar ou rejeitar a história.

As coisas que ele diz são muito diferentes daquilo que qualquer outro mestre já disse. Alguns declaram: "Esta é a verdade acerca do universo. Este é o caminho que você deve seguir", mas ele afirma: "*Eu* sou o caminho, a verdade e a vida." Ele diz: "Ninguém pode alcançar a realidade absoluta exceto por meu intermédio. Se retiver a própria vida, você será inevitavelmente arruinado. Se abrir mão dela, será salvo." Ele diz também: "Se você se envergonhar de mim — isto é, se, ao ouvir este chamado, virar o rosto, eu também virarei meu rosto quando retornar como Deus, sem disfarce algum desta vez. Se algo o estiver separando de Deus e de mim, seja o que for, livre-se disso. Se for o olho, arranque-o. Se for a mão, corte-a fora. Se você tomar o primeiro lugar para si, você será o último. Venham a mim todos os que carregam um fardo pesado, e eu resolverei sua situação. Seus pecados, todos eles, serão apagados. Eu tenho capacidade para fazer isso. Eu sou o renascimento, eu sou a vida. Comam-me, bebam-me, eu sou seu alimento. E, por último, não temam, pois eu conquistei o universo inteiro." Esta é a questão.

CAPÍTULO | 20

Os sofrimentos dos *animais*
Um problema na teologia[1]

O QUESTIONAMENTO de C. E. M. Joad

Por muitos anos, o problema do sofrimento e do mal pareceu apresentar-me uma oposição insuperável ao cristianismo. Ou Deus era capaz de eliminá-los, mas não o fazia — e, neste caso, uma vez que Deus deliberadamente tolerava a presença de uma situação ruim no universo, eu não entendia como ele poderia ser bom; ou Deus desejava eliminá-los, mas não tinha capacidade para tanto — e, nesse caso, eu não entendia como ele poderia ser onipotente. O dilema remonta a Agostinho, e ninguém ousa afirmar que existe uma solução simples.

Além disso, todas as tentativas de minimizar a questão do sofrimento, de atenuar sua absoluta crueldade ou de não o apresentar como um mal muito grande — quem sabe o maior de todos males — são falhas óbvias. Elas são testemunhas muito

---

[1] Em seu livro *O problema do sofrimento*, uma das perguntas que Lewis fez a si mesmo foi: como explicar a ocorrência do sofrimento em um universo que é criação de um Deus inteiramente bom e em criaturas que não são moralmente pecaminosas? Seu capítulo sobre "O sofrimento dos animais" incitou uma arguição por parte do falecido C. E. M. Joad, que era Chefe do Departamento de Filosofia na Universidade de Londres. O resultado foi esta controvérsia.

mais da bondade do coração do homem ou talvez do mal-estar de sua consciência, do que da perspicácia de suas faculdades.

E, no entanto, ao admitir que o sofrimento é um mal, talvez o maior dos males, eu passei a aceitar o ponto de vista cristão sobre o sofrimento como algo não incompatível com o conceito cristão de Criador e do mundo que ele criou. Resumidamente, considero este ponto de vista da seguinte maneira: não era do interesse de Deus criar uma espécie que consistisse de autômatos virtuosos, pois a "virtude" do autômato, o qual nada pode fazer além daquilo que faz, é apenas um título de cortesia. É semelhante à "virtude" da pedra que rola ladeira abaixo ou da água que congela a 0º C. Para qual finalidade, talvez se pergunte, Deus criaria tais criaturas? Para que fosse louvado por elas? Mas o louvor automático é uma mera sucessão de ruídos. Para que ele as amasse? Mas elas são inamáveis em essência; não é possível amar fantoches. Portanto, Deus deu ao homem livre-arbítrio para que este pudesse crescer em virtude por seus próprios esforços e tornar-se, como um ser moral livre, um objeto digno do amor de Deus. Dar errado, entretanto, faz parte da liberdade: o homem desvirtuou-se, fazendo mau uso do dom de Deus e praticando o mal. O sofrimento é um subproduto do mal; desse modo, ele entrou no mundo como resultado do mau uso do dom divino do livre-arbítrio por parte do homem.

Até aí eu consigo entender; até aí, de fato, eu aceito. É plausível, é racional, faz sentido.

Porém, agora me deparo com uma dificuldade para a qual não vejo solução; e, com efeito, foi na esperança de encontrar alguma solução que este artigo foi escrito. Trata-se da dificuldade do sofrimento animal e, de modo mais específico, do sofrimento do mundo animal antes de o homem entrar na cena cósmica. Que explicação os teólogos dão a isso? A explicação mais elaborada e criteriosa que conheço é a de C. S. Lewis.

Ele começa distinguindo senciência e consciência. Quando temos as sensações *a*, *b* e *c*, o fato de as termos e o fato de sabermos que as temos indicam que há algo suficientemente fora delas para que percebamos que elas ocorrem e se sucedem. A isto chamamos consciência, a consciência à qual as sensações acontecem. Em outras palavras, a experiência de sucessão, a sucessão de sensações, exige a presença de um "eu" ou uma alma à parte das sensações que este "eu" ou esta alma experimenta. (Lewis emprega a proveitosa metáfora do leito de um rio ao longo do qual corre o fluxo de sensações.) A consciência, portanto, implica um *ego* contínuo que reconhece a sucessão de sensações; a senciência é a mera sucessão. Ora, os animais têm senciência, mas não consciência. Lewis ilustra esse fato da seguinte maneira:

> Isso significaria que, se chicoteássemos a criatura duas vezes, haveria, de fato, duas dores; todavia, não haveria um eu coordenador capaz de reconhecer: "senti duas dores". Nem mesmo na dor única haveria um eu para dizer: "Sinto dor". Se conseguisse distinguir a si mesma da sensação — distinguir o leito do rio — o suficiente para dizer "Sinto dor", a criatura também seria capaz de associar as duas sensações como uma experiência *sua*.[2]

(*a*) Em primeiro lugar, eu entendo o argumento de Lewis — ou, melhor, entendo, mas não percebo sua relevância. O problema em questão é como explicar a ocorrência do sofrimento (i) em um universo que é criação de um Deus bom e (ii) em criaturas que não são moralmente pecaminosas. Ser informados de que as criaturas não são criaturas de verdade, por não serem conscientes no sentido definido de consciência, de nada

---

[2] *The Problem of Pain*. Londres, 1940, capítulo 9, p. 120.

nos ajuda. Se for verdade, como diz Lewis, que a maneira correta de apresentar a questão não é afirmar que "Este animal está sentindo dor", mas que "Está ocorrendo dor neste animal",[3] a dor existe do mesmo jeito. A dor é sentida mesmo se não houver *ego* contínuo algum para senti-la e associá-la a dores passadas e futuras. O que exige explicação é o fato de a dor ser sentida — independentemente de quem ou o que a sinta ou de haver alguma consciência contínua que a sinta ou não — em um universo planejado por um Deus bom.

(*b*) Em segundo lugar, a teoria da senciência como mera sucessão de sensações pressupõe que não há uma consciência contínua. A ausência de consciência contínua pressupõe a ausência de memória. Ora, parece-me um absurdo dizer que os animais não se lembram das coisas. O cão que se retrai à vista do chicote com o qual foi constantemente açoitado *comporta-se* como se lembrasse, e o comportamento é tudo o que deve nos guiar. Em geral, todos nós agimos como se o cavalo, o gato e o cão tivessem excelente memória, por vezes melhor do que a nossa. Eu não vejo como é possível explicar a memória sem uma consciência contínua.

Lewis reconhece isso e admite que os animais superiores — macacos, elefantes, cães, gatos e outros — têm um eu que associa experiências; que eles têm, de fato, o que ele chama de alma.[4] Todavia, este pressuposto nos apresenta um novo conjunto de dificuldades.

(*a*) Se os animais têm alma, o que se deve pensar acerca de sua imortalidade? A questão, vale lembrar, é discutida detalhadamente no início do livro *A ilha dos pinguins*, de Anatole France, após o míope S. Mael batizar os pinguins no céu, mas nenhuma solução satisfatória é oferecida.

---

[3] *Ibid.*, p. 120-121.
[4] *Ibid.*, p. 121.

(*b*) Lewis sugere que os animais domésticos superiores alcançam a imortalidade como membros de uma sociedade coletiva da qual o homem é o cabeça. Ao que tudo indica, o contexto de um "pai de família e uma dona de casa criando filhos e animais em sua propriedade"[5] é o que sobrevive à morte. "Caso você pergunte", escreve ele, "acerca de um animal criado como um membro do Corpo doméstico, onde reside sua identidade pessoal, eu respondo: 'O lugar onde sua identidade sempre residiu em vida foi na relação com o Corpo e, de modo especial, com o mestre, que é o Cabeça do corpo'. Em outras palavras, o homem conhece seu cão, e o cão conhece seu dono — e, ao conhecê-lo, *é* ele mesmo."[6]

Se isso é boa teologia, não sei; mas, para nosso presente questionamento, gera duas dificuldades.

(i) O argumento não contempla o caso dos animais superiores desprovidos de contato com o homem — por exemplo, macacos e elefantes —, os quais, segundo Lewis, também têm alma.

(ii) Se o animal pode alcançar uma individualidade imortal boa por intermédio de um homem bom, então pode também alcançar uma individualidade imortal má por intermédio de um homem mau. Pense nos cães obesos que passam o dia inteiro deitados no colo de mulheres ociosas. É um pouco cruel pensar que, por nenhuma falha de sua parte, os animais que pertencem a donos egoístas, complacentes ou cruéis tornam-se parte de grupos com as mesmas características por toda a eternidade e, talvez, sejam punidos por participar deles.

(*c*) Se os animais têm alma e, presumivelmente, liberdade, deve-se adotar, com relação ao sofrimento deles, a mesma explicação que damos ao sofrimento dos homens. O sofrimento, em outras palavras, é um dos males decorrentes do pecado. Os animais

---

[5] *Ibid.*, p. 127.
[6] *Ibid.*, p. 128.

superiores são, portanto, corruptos. E então surge a pergunta: quem os corrompeu? Parece haver duas respostas possíveis: (1) o diabo; (2) o homem.

(1) Lewis considera esta resposta. Os animais, segundo ele, talvez fossem todos herbívoros no início. Eles se tornaram carnívoros — isto é, começaram a caçar, dilacerar e comer uns aos outros — porque "algum poder grandioso criado já operava para o mal no universo material, no sistema solar ou, pelo menos, no planeta Terra, antes mesmo de o homem entrar em cena. [...] Se é que existe tal

Poder [...], ele pode muito bem ter corrompido a criação animal antes de o homem surgir".[7]

Tenho três comentários a fazer:

(i) Francamente, considero inconcebível a suposição de que Satanás tenha tentado macacos. E esta, estou bem ciente, não é uma objeção lógica. É a imaginação — ou, talvez, o senso comum — que se revolta contra tal sugestão.

(ii) Embora a maioria dos animais seja vítima da sanguinolência das "garras" da natureza, muitos não são. Ovelhas caem do barranco, quebram a perna e morrem de fome; centenas de milhares de aves migratórias morrem de inanição todos os anos; criaturas são atingidas por raios, mas sobrevivem, e seu corpo queimado custa a morrer. Esses sofrimentos acontecem por causa da corrupção?

(iii) O caso dos animais sem alma não pode, conforme o próprio Lewis demonstrou, receber a explicação da "corrupção moral". Contudo, considere um único exemplo do funcionamento da natureza. As vespas, *Ichneumonidae*, aguilhoam lagartas de modo a paralisar seus centros nervosos e, depois, depositam seus ovos sobre elas. Quando as larvas eclodem

---
[7]*Ibid.*, p. 122-123.

dos ovos, imediatamente passam a se alimentar da carne viva, porém indefesa, de suas incubadoras: as lagartas paralisadas, mas ainda sencientes.

É difícil supor que a lagarta não sente dor enquanto é lentamente consumida; mais difícil ainda é atribuir sua dor à corrupção moral. No entanto, o mais difícil de tudo é conceber como tal funcionamento poderia ter sido planejado por um Criador infinitamente bom e sábio.

(2) A hipótese de que os animais foram corrompidos pelo homem não explica o sofrimento deles durante as centenas de milhões de anos (provavelmente cerca de 900 milhões) em que havia criaturas vivas sobre a terra, mas não homens.

Em suma, os animais ora têm alma, ora não têm. Se não tiverem, não pode haver responsabilidade moral por seu sofrimento, nem se pode usar como desculpa para seu sofrimento o uso impróprio do dom divino da liberdade moral. Se tiverem, não podemos oferecer uma explicação plausível (*a*) para sua imortalidade — como traçaríamos a linha divisória entre animais com almas e homens com almas? Nem para (*b*) sua corrupção moral, o que possibilitaria aos apologistas cristãos dar ao sofrimento deles o mesmo tipo de explicação proposta e aceitável dada com relação ao homem.

É possível que haja uma resposta para esse problema, e eu seria grato a quem pudesse me contá-la.

A RESPOSTA de C. S. Lewis

Embora haja prazer e risco no ato de confrontar um debatedor tão sincero e econômico quanto o Dr. Joad, eu o faço com grande relutância. O Dr. Joad escreve não como um mero polemista que exige respostas, mas como um inquiridor que realmente as deseja obter. Envolvo-me agora no assunto somente porque minhas respostas não o satisfizeram antes. E é desconcertante para mim e talvez deprimente para ele, em certo sentido, o fato de ser-lhe necessário retornar a uma loja que não foi capaz de fornecer os produtos que ele buscava no passado. Se fosse inteiramente uma questão de defender os produtos originais, eu deixaria para lá. Mas não é bem isso. Creio que ele compreendeu mal o que eu estava vendendo.

O Dr. Joad está preocupado com o nono capítulo de meu livro *O problema do sofrimento*. E a primeira coisa que quero dizer é que ninguém conseguiria saber, lendo seu artigo, o quão admitidamente especulativo é o capítulo em questão. Este aspecto foi reconhecido em meu prefácio e enfatizado várias vezes ao longo do próprio capítulo. Isso, sem dúvida, não é capaz de amenizar as dificuldades do Dr. Joad; respostas insatisfatórias não se tornam satisfatórias por serem experimentais. Menciono o caráter do capítulo para sublinhar o fato de que ele ocupa um nível muito diferente daqueles que o precedem. E essa diferença indica o lugar que minha "conjectura" a respeito das Feras (eu assim as chamei na época e assim ainda as chamo) ocupava em meu pensamento, o mesmo lugar que eu gostaria que toda esta questão ocupasse na mente do Dr. Joad.

Os oito primeiros capítulos do meu livro procuraram abordar o argumento *prima facie* contra o teísmo com base no sofrimento humano. Eles foram fruto de uma lenta mudança de opinião, nada diferente da mudança pela qual o próprio Dr. Joad passou e da qual ele imediatamente produziu testemunho honroso e (espero) valioso. O processo do raciocínio dele diferiu do meu em muitos pontos (muito provavelmente de um jeito melhor). No entanto, acabamos chegando, mais ou menos, ao mesmo lugar. A posição que ele menciona em seu artigo, "Até aí eu consigo entender; até aí, de fato, eu aceito", é muito próxima à que cheguei nos oito primeiros capítulos de meu livro *O problema do sofrimento*.

Até aí, tudo bem. Porém, após "transpor" o problema do sofrimento humano, o Dr. Joad e eu somos confrontados pelo problema do sofrimento animal. Nós concordamos neste ponto também. Ambos (se eu o entendo corretamente) nos afastamos com desgosto dos "discursos simples que consolam os cruéis",[8] proferidos por teólogos que não parecem enxergar a existência de um problema real, contentando-se em dizer que os animais são apenas animais. Para nós, o sofrimento sem culpa ou fruto moral, por menor e insignificante que seja o sofredor, é um assunto muito sério.

Agora, peço ao Dr. Joad que acompanhe com atenção meu raciocínio neste ponto, pois não sei se é exatamente o que ele pensa. O que eu faço não é defender uma doutrina de senciência animal com a conclusão: "As feras não são sacrificadas sem recompensa e, portanto, Deus é justo". Ao analisar com cuidado meu nono capítulo, vê-se que ele pode ser dividido em duas partes bem desiguais: o primeiro parágrafo e o restante do texto. Essas partes podem ser resumidas da seguinte maneira:

Primeira parte. As informações que Deus nos forneceu possibilitam-nos entender o sofrimento humano em certo grau. No entanto, carecemos de dados semelhantes com relação às feras. Não sabemos o que elas são nem por que existem. Tudo o que podemos dizer com certeza é que, se Deus é bom (e eu acho que temos razões para afirmar que ele é), a aparência de crueldade divina no mundo animal deve ser falsa. Resta-nos apenas imaginar qual poderia ser a realidade por trás desta falsa aparência.

Segunda parte. Aqui estão algumas de minhas hipóteses.

Ora, importa muito mais saber se o Dr. Joad concorda com a primeira parte do que se ele aprova as especulações da segunda. Porém, abordarei primeiro, até onde for possível, a crítica dele às especulações.

---

[8]CHESTERTON, G. K. "A Hymn", verso 11, o qual começa assim: "Ó Deus da terra e do altar".

(1) Embora aceite (*positionis causa*)[9] minha distinção entre senciência e consciência, o Dr. Joad considera-a irrelevante. "A dor é sentida", escreve ele, "mesmo se não houver *ego* contínuo algum para senti-la e associá-la a dores passadas e futuras", e "o que exige explicação é o fato de a dor ser sentida — independentemente de quem ou do que a sinta." Concordo que, em certo sentido, não importa (para o presente propósito) "quem ou o que" a sente. Isto é, não importa o quão medíocre, impotente ou pequeno seja o sofredor, tampouco se é ou não objeto de nossa empatia natural. No entanto, certamente importa o quanto o sofredor é capaz daquilo que podemos reconhecer como sofrimento, o quanto o ser verdadeiramente digno de pena condiz com seu modo de existência. Dificilmente se pode negar que, quanto mais a criatura tem uma consciência consistente, mais compaixão e indignação seus sofrimentos merecem. E isso me parece sugerir que, quanto menos consciência consistente ela tem, menos compaixão e indignação eles merecem. Eu ainda considero possível haver um sofrimento tão instantâneo (pela ausência de toda percepção de sucessão), que seu *invalor* — se é que posso cunhar esta palavra — é indistinguível de zero. Um correspondente cita o exemplo de nossa própria experiência quando sentimos dores agudas desacompanhadas de medo. Elas podem ser intensas, mas desaparecem assim que reconhecemos sua intensidade. No meu caso, eu nada encontro nelas que demande compaixão; elas são, na verdade, cômicas. A tendência é que se ria delas. Uma série de dores como essas é, sem dúvida, terrível; mas a alegação é que a série não poderia existir para a senciência sem a consciência.

(2) Eu não acho que o comportamento que parece ter "se originado na memória" prove a existência da memória no sentido consciente. Um observador não humano poderia supor que,

---

[9] "Para fins de argumentação".

quando piscamos à aproximação de um objeto, é porque nos "lembramos" de sofrimentos enfrentados em ocasiões anteriores. Contudo, nenhuma memória, no sentido pleno, estaria envolvida nisso. (É verdade, sem dúvida, que o comportamento do organismo é modificado por experiências passadas, e podemos assim, por metonímia, dizer que os nervos se lembram daquilo que a mente se esquece; mas não é disso que eu e o Dr. Joad estamos falando.) Ora, caso a memória seja tomada como pressuposto em todos os casos em que o comportamento se adapta a uma provável reincidência de acontecimentos passados, deveríamos presumir, em alguns insetos, a existência de uma memória consciente dos hábitos de reprodução de seus pais. Estaríamos dispostos a acreditar nisso?

(3) É evidente que minha teoria sugerida sobre a ressurreição de animais domésticos "em" seu contexto humano (e, portanto, indiretamente divino) não abrange animais selvagens ou animais domésticos maltratados. Eu mesmo apresentei esse argumento, e acrescentei: "isso serve apenas como ilustração [...] dos princípios gerais a serem observados na elaboração de uma teoria de ressurreição animal".[10] Em seguida, apresentei uma sugestão alternativa, observando, espero, os mesmos princípios. Meu principal objetivo nesse momento era liberar a imaginação e, ao mesmo tempo, confirmar um agnosticismo apropriado com relação ao significado e destino dos animais. Eu comecei dizendo que, se nossa afirmação anterior da bondade divina fosse sólida, poderíamos ter certeza de que, *de uma forma ou de outra*, "tudo ficaria bem, e toda sorte de coisas ficaria bem".[11] Eu quis reforçar isso indicando o quão pouco sabemos e, portanto, quantas coisas poderíamos ter em mente como possibilidades.

---

[10] *The Problem of Pain*, p. 128.
[11] NORWICH, Juliana de. *Revelações do amor divino*, capítulo 27.

(4) Se o Dr. Joad acha que eu imaginei Satanás "tentando macacos", eu sou o culpado por usar a palavra "encorajado". Peço desculpas pela ambiguidade. Na verdade, eu não havia pressuposto que a "tentação" (isto é, a solicitação da vontade), fosse a única maneira pela qual o diabo poderia corromper ou prejudicar. Ela provavelmente não é sequer a única maneira pela qual ele pode prejudicar seres humanos. Quando nosso Senhor falou sobre a mulher deformada como alguém "a quem Satanás mantinha presa",[12] eu presumo que sua intenção não tenha sido dizer que ela fora tentada à deformidade. A corrupção moral não é o único tipo de corrupção. Porém, a palavra *corrupção* talvez tenha sido mal escolhida e gerado o mal-entendido. A palavra *distorção* teria sido mais segura.

(5) Meu correspondente escreve: "Até mesmo as lesões mais severas na maioria dos animais invertebrados são quase indolores, se não completamente indolores, na opinião da maioria dos biólogos. Loeb reuniu muitas evidências para mostrar que animais sem hemisférios cerebrais são indistinguíveis das plantas em todos os aspectos psicológicos. Isso logo nos traz à mente o exemplo das lagartas que se alimentam com serenidade enquanto suas entranhas são devoradas por larvas de uma vespa *ichneumon*. A Lei da Vivissecção não se aplica a invertebrados, o que indica as opiniões daqueles que a formularam."

(6) Embora o Dr. Joad não mencione a questão, não posso deixar de acrescentar mais sugestões interessantíssimas com relação ao medo animal apresentadas pelo mesmo correspondente. Ele indica que o medo humano contém dois elementos: (*a*) as sensações físicas, devido às secreções e outros fatores; e (*b*) as imagens mentais do que aconteceria se perdêssemos o controle, se a bomba caísse ou se o trem descarrilasse. Ora, (*a*) em si

---

[12] Lucas 13:16.

está longe de ser puro sofrimento. Afinal, quando produzimos (*a*) com a ausência de (*b*), sem acreditar em (*b*) ou mesmo com (*b*) sob controle, muitos se divertem — daí as montanhas-russas, o rafting, o automobilismo, o alpinismo, entre outros.

No entanto, nada disso tem significado algum para o leitor que não aceita a primeira parte do meu nono capítulo. Ninguém, em sã consciência, edificaria uma teodiceia tendo por fundamento especulações sobre a mentalidade animal. Tais especulações servem apenas, como eu disse, para abrir a imaginação às possibilidades e para aprofundar e confirmar nosso inevitável agnosticismo com relação à realidade — e isso somente após os caminhos de Deus *para o homem* terem deixado de parecer injustificáveis. Nós desconhecemos a resposta; essas são apenas especulações. O que realmente importa é o argumento de que deve haver uma resposta; o argumento de que, se, em nossa própria vida, o único domínio em que conhecemos Deus (se é que conhecemos), nós reconhecemos a *pulchritudo tam antiqua et tam nova*,[13] então, em outros domínios — nos quais não o podemos conhecer (*connaître*), embora possamos saber (*savoir*) algumas poucas coisas a seu respeito —, não é possível que ele seja um poder das trevas, mesmo que haja aparência do contrário. Afinal, também houve aparência do contrário em nosso próprio domínio; contudo, tanto para o Dr. Joad quanto para mim, elas foram, de alguma forma, superadas.

Sei que há momentos em que a incessante continuidade e a impotência desesperadora do sofrimento animal, ou ao menos daquilo que parece ser o sofrimento animal, fazem com que todos os argumentos a favor do teísmo soem vazios — de modo especial quando o mundo dos insetos aparenta ser o próprio inferno em operação ao nosso redor. Então, a antiga indignação,

---

[13] AGOSTINHO. *Confissões*, livro 10, capítulo 27. "Beleza tão antiga e tão nova."

a antiga compaixão surge. No entanto, esta experiência é de uma estranha ambivalência. Não preciso explicar muito a ambivalência, pois acredito já tê-lo feito em outros lugares, e estou certo de que o Dr. Joad a discerniu há muito tempo. Ao considerar essa compaixão e essa indignação como simples experiências subjetivas que venha a ter sem qualquer validade além de sua força no momento (a qual será mudada pelo próximo momento), dificilmente posso usá-las como padrões para denunciar a criação. Pelo contrário, elas se tornam argumentos fortes contra Deus apenas na medida em que eu as considero esclarecimentos transcendentes ao qual a criação deve se conformar ou ser condenada. Elas são argumentos contra Deus apenas se forem a própria voz de Deus. Quanto mais *shelleyana*, quanto mais *prometeica* minha revolta, mais certamente ela exige uma sanção divina. O fato de Joad ou de Lewis — meros acidentes nascidos na época de uma civilização segura e liberal que dela absorvem determinados sentimentos humanitários — ofenderem-se com o sofrimento, que relevância tem isso? Como se pode basear um argumento a favor de Deus ou contra ele em um acidente histórico como esse!

Não. Não é se sentimos essas coisas, mas se alegamos estar certos em senti-las, se estamos certos de que esses padrões têm um império *de jure* sobre todos os mundos possíveis, somente então — e só então — elas se tornam motivo de incredulidade e, ao mesmo tempo, de credulidade. O Deus dentro de nós reassume sua posição no momento em que condenamos o aparente Deus exterior. Assim, no poema de Tennyson, o homem que havia se convencido de que o Deus de sua crença herdada era mau, exclamou: "Se existe tal Deus, que o Grande Deus o amaldiçoe e o reduza a nada".[14] Afinal, se não houver um "Grande

---

[14] "Despair", capítulo xix, página 106.

Deus" por trás da maldição, quem é que amaldiçoa? Apenas um fantoche do pequeno "Deus" aparente. Sua própria maldição está envenenada já na raiz: ele é semelhante às próprias crueldades que está condenando; é parte dessa tragédia sem sentido.

Disso, vejo apenas duas saídas: ou que há um Grande Deus e um "deus desta era",[15] um príncipe das potestades do ar, o qual o Grande Deus amaldiçoa, por vezes, por nosso intermédio; ou que as operações do Grande Deus não são o que me parecem ser.

---

[15] 2Coríntios 4:4.

CAPÍTULO 21

O teísmo é importante?[1]

Perdi as anotações que continham minha resposta ao artigo do professor Price e agora não me recordo do que se tratava, exceto que aceitei muito bem sua simpatia com relação aos politeístas. E continuo aceitando. Quando pessimistas expressam seu temor de que a Inglaterra esteja retrocedendo ao paganismo, sou tentado a responder: "Quem me dera." Afinal, considero impossível um dia testemunharmos a abertura de uma sessão no Parlamento com o abate de um touro branco adornado com flores dentro da Câmara dos Lordes, bem como ministros deixando sanduíches no Hyde Park como oferenda para as dríades. Se tal situação ocorresse, o apologista cristão teria algo com que se ocupar. O pagão, conforme demonstra a história, é um homem especialmente conversível ao cristianismo. Ele é basicamente o homem religioso pré-cristão, ou subcristão. O homem pós-cristão de nossa época difere dele na mesma medida em que uma divorciada difere de uma virgem. O cristão e o pagão têm muito mais em comum um com o outro do que qualquer um dos dois

---

[1] Esta é uma resposta a um artigo do professor H. H. Price lido no Clube Socrático de Oxford. O artigo foi publicado sob o mesmo título no *The Socratic Digest*, n. 5 (1962), p. 39-47, e a resposta de Lewis foi originalmente publicada no mesmo periódico.

tem com os escritores da revista *New Statesman*, os quais, sem dúvida, concordariam comigo. Quanto ao restante, o que agora me ocorre após reler o artigo do professor Price é o que direi a seguir.

1. Creio que devemos introduzir ao debate uma distinção entre dois sentidos da palavra *fé*. Um dos sentidos é (a) um assentimento intelectual. Neste sentido, fé (ou "crença") em Deus quase não difere da fé que temos na uniformidade da natureza ou na consciência das outras pessoas. Isto é o que, penso eu, por vezes chamamos de fé "teórica", "intelectual" ou "carnal". A palavra também pode significar (b) uma confiança, ou segurança, no Deus cuja existência é deste modo admitida. Isso envolve uma atitude da vontade. É algo mais parecido com a confiança depositada em um amigo. No geral, concordaríamos que a fé no sentido A não é um estado religioso. Os demônios que "creem — e tremem"[2] têm a fé A. O homem que amaldiçoa a Deus ou o ignora talvez tenha a fé A. Os argumentos filosóficos a favor da existência de Deus têm aparentemente o objetivo de produzir a fé A. Sem dúvida, aqueles que os elaboram são ávidos por produzir a fé A porque ela é uma pré-condição à fé B, e, nesse sentido, sua intenção última é religiosa. Contudo, seu objeto imediato, a conclusão que procuram provar, não é. Logo, não acho que eles possam ser justamente acusados de tentar chegar a uma conclusão religiosa a partir de premissas não religiosas. Concordo com o professor Price que isso não pode ser feito; contudo, nego que os filósofos religiosos estejam tentando fazê-lo.

Penso também que, em algumas épocas, supostas provas do teísmo tiveram muito mais eficácia na produção da fé A do que o professor Price sugere. Quase todos os que conheço que aceitaram o cristianismo na vida adulta foram influenciados por

---

[2] Tiago 2:19.

argumentos em favor do teísmo que lhes pareceram, no mínimo, prováveis. Conheci algumas pessoas que foram completamente convencidas pela prova ontológica de Descartes;[3] isto é, receberam a fé A a partir de Descartes e depois foram em busca da fé B — e a encontraram. Até mesmo indivíduos bastante incultos que foram cristãos a vida inteira recorrem, com não pouca frequência, a alguma forma simplificada do argumento do design. A mera aceitação da tradição implica um argumento que, por vezes, se evidencia nas seguintes palavras: "Reconheço que todos esses homens sábios não teriam acreditado nisso se não fosse verdade."

Sem dúvida, a fé A costuma envolver certo grau de segurança subjetiva que vai além da certeza lógica, ou mesmo da suposta certeza lógica, dos argumentos utilizados. Ela pode conservar tal segurança por muito tempo, suponho, sem o apoio da fé B. Tal excesso de segurança neste tipo de assentimento não é algo, de maneira alguma, incomum. A maioria dos que acreditam na uniformidade da natureza, na evolução, no sistema solar e em coisas do gênero compartilha dela.

2. Duvido que pessoas religiosas pressuponham que a fé B segue automaticamente à aquisição da fé A. Aquela é descrita como um "dom".[4] Assim que obtemos a fé A na existência de Deus, somos instruídos a pedir ao próprio Deus que nos dê o dom da fé B. Um pedido estranho, você talvez diga, a se fazer a uma Causa Primeira, um *Ens Realissimum* ou um *Motor Imóvel*. Poder-se-ia argumentar, porém — e acho que eu mesmo o faria —, que nem mesmo um Deus tão aridamente filosófico chega a repelir uma abordagem pessoal; ele apenas não a

---
[3]Isso está brevemente resumido na obra *Discurso do método*, parte 4, de René Descartes, onde ele diz: "Penso, logo existo."
[4]Por exemplo, 1Coríntios 12:1-11; Efésios 2:8.

atrai. Simplesmente não haveria mal algum em experimentar. No entanto, eu certamente admito que a maioria daqueles que pedem a fé B em oração após obter a fé A, o faz porque já teve algum tipo de experiência religiosa. Talvez a melhor maneira de expressar isso seja dizer que a fé A converte em experiência religiosa aquilo que, até então, era apenas potencial ou implicitamente religioso. Nesta forma modificada, eu aceitaria o ponto de vista do professor Price de que as provas filosóficas nunca, por si, conduzem à religião. Algo no mínimo semirreligioso as usa antes, e as "provas" removem uma inibição que impedia seu desenvolvimento à forma de religião propriamente dita.

Isso não é exatamente *fides quaerens intellectum*,[5] pois tais experiências semirreligiosas não eram *fides*. A despeito da rejeição do professor Price, eu ainda acho que a explicação do Numinoso[6] fornecida por Otto é a melhor análise delas de que dispomos. Acredito ser um erro considerar o Numinoso meramente como uma questão de "sentimento". É certo que Otto só o pode descrever referindo-se às emoções que ele suscita em nós; todavia, nada do que existe pode ser descrito salvo em termos de seus efeitos na consciência. Temos, em nosso idioma, um nome exato para a emoção despertada pelo Numinoso, do qual Otto, ao escrever em alemão, carecia: temos a palavra temor — uma emoção muito semelhante ao medo, com a importante diferença de que não necessariamente implica qualquer estimativa de perigo. Quando temos medo de um tigre, o medo é de que ele nos mate; quando temos medo de um fantasma, o medo é apenas do fantasma em si — não temos medo de que ele faça isto ou aquilo. O Numinoso ou o Temível é aquilo de que temos este tipo de medo, por assim dizer, sem objeto ou interesse — este

---
[5]"Fé à procura de entendimento".
[6]OTTO, Rudolf. *O sagrado*. São Leopoldo: Sinodal, 2015.

temor. E "o Numinoso" não é um nome para o nosso sentimento de temor, assim como o "o Desprezível" não é um nome para o desprezo. Ele é a resposta à pergunta: "Do que você sente temor?" E aquilo de que sentimos temor certamente não é o temor em si.

Segundo Otto e, em certo sentido, com o professor Price, eu encontraria a semente da experiência religiosa em nossa experiência do Numinoso. Em nossa época, tal experiência acontece, mas, até que a religião venha e a transforme, ela costuma parecer uma forma especial de experiência estética. Na antiguidade, creio que a experiência do Numinoso tenha se tornado o Sagrado apenas à medida em que o Numinoso (não necessariamente moral em si) passou a estar associado ao bem moral. Isto acontecia com regularidade em Israel e esporadicamente em outros lugares. Contudo, creio que, nem mesmo no paganismo mais elevado, esse processo tenha gerado algo exatamente como a *fides*. Não há credos no paganismo. Em Israel, temos *fides*, mas sempre ligada a determinadas afirmações históricas. A fé não é simplesmente depositada no numinoso *Elohim*, nem mesmo simplesmente no sagrado *Jeová*, mas no Deus "de nossos pais", o Deus que chamou Abraão e tirou Israel do Egito. No cristianismo, esse elemento histórico é fortemente reafirmado. O objeto da fé é, ao mesmo tempo, o *ens entium*[7] dos filósofos, o Temível Mistério do paganismo, a Santa Lei dos moralistas e Jesus de Nazaré, que foi crucificado sob Pôncio Pilatos e ressuscitou ao terceiro dia.

Portanto, temos de admitir que a fé, como a conhecemos, não flui somente do argumento filosófico; nem somente da experiência do Numinoso; nem somente da experiência moral; nem somente da história; mas de acontecimentos históricos que

---

[7] "Ser dos seres".

satisfazem e, ao mesmo tempo, transcendem a categoria moral, que se conectam aos elementos mais numinosos do paganismo e que (conforme nos parece) exigem, como pressuposição, a existência de um Ser que é mais, mas não menos, do que o Deus que muitos filósofos respeitáveis acreditam ser capazes de conceber.

A experiência religiosa, tal como a conhecemos, realmente envolve todos esses elementos. Podemos, entretanto, empregar a palavra em um sentido mais restrito de modo a designar momentos de experiência mística, piedosa ou meramente numinosa; e então podemos perguntar, consoante ao professor Price, como tais momentos, sendo uma espécie de *visio*, estão relacionados à fé — a qual, por definição, "não é vista". Esta não me parece ser uma das perguntas mais difíceis. A "experiência religiosa" no sentido mais restrito vem e vai — especialmente vai. A operação da fé é reter, no que tange à vontade e ao intelecto, aquilo que é irresistível e óbvio durante os momentos de graça especial. Pela fé, sempre cremos naquilo de que já tivemos vislumbres imperfeitos e que, no futuro, esperamos ver com perfeição para sempre. Em relação às premissas filosóficas, a fé do cristão é, sem dúvida, excessiva; em relação ao que lhe é, por vezes, mostrado, ela talvez seja defeituosa. Minha fé, até mesmo em um amigo terreno, vai além de tudo o que poderia ser provado; contudo, em outro sentido, é possível que eu muitas vezes esteja depositando menos confiança do que ele merece.

CAPÍTULO 22

Réplica ao *Dr. Pittenger*

Com relação a uma das acusações que o Dr. Norman Pittenger faz em seu texto "Critique", presente na edição de 1º de outubro de *Christian Century*,[1] eu devo, com vergonha, admitir minha culpa. Ele me flagrou usando a palavra "literalmente" no contexto errado, um clichê jornalístico odioso que eu agora condeno com mais veemência do que ele.[2]

Também devo reconhecer certo grau de verdade em sua acusação de *apolinarianismo*; há uma passagem em meu livro *O problema do sofrimento* que poderia insinuar, forçando-se um pouco o sentido, uma concepção escandalosamente bruta da encarnação. Assim, eu incluí uma retificação em nota de rodapé na edição francesa, mas não fui capaz de fazê-lo em outras edições — salvo, porém, na medida em que o próprio texto de *Cristianismo puro e simples*, livro 4, capítulo 3, fornece um antídoto para o problema.

---

[1] PITTENGER, W. Norman. "A Critique of C. S. Lewis". *Christian Century*, v. LXXV, 1º de outubro de 1958, p. 1104-1107.
[2] Em *Broadcast Talks* (Londres, 1942), parte II, capítulo 5, p. 60, Lewis havia escrito que "todo o povo cristão é literalmente o organismo físico por meio do qual Cristo age — somos seus dedos e músculos, as células de seu corpo". A palavra "literalmente", entretanto, foi excluída quando *Broadcast Talks* foi unido a outros dois livros curtos e impresso sob o título *Mere Christianity* (Londres, 1952). A frase supracitada se encontra no livro II, capítulo 5, p. 51. [Publicado no Brasil como: *Cristianismo puro e simples*, (Rio de Janeiro, 2017)].

Réplica ao Dr. Pittenger

Isso não significa que minha concepção atual do assunto satisfaria plenamente o Dr. Pittenger. Ele fala sobre "a validade do lugar singular ocupado por nosso Senhor na fé cristã como Aquele em quem Deus era tão ativo e tão presente, que poderia ser chamado de 'Deus-Homem'".[3] Eu não estou bem certo do que isso significa. Será que eu poderia reescrever suas palavras dizendo que "o lugar singular ocupado por nosso Senhor na estrutura da realidade absoluta, bem como o modo e o grau igualmente singulares da presença e da ação de Deus nele, fazem com que a fórmula 'Deus-Homem' seja sua descrição objetivamente verdadeira"? Se assim for, creio que estamos quase em acordo. Ou será que eu deveria reescrever suas palavras dizendo que "o lugar singular que os cristãos (de modo subjetivo, em suas próprias conjecturas) conferiram a nosso Senhor como Aquele em quem Deus estava presente e ativo em um grau singular fez com que lhes fosse razoável chamá-lo de Deus-Homem"? Se assim for, devo objetar. Em outras palavras, se a expressão "poderia ser chamado", utilizada pelo Dr. Pittenger, significa qualquer coisa inferior a "é" ou diferente de "é", eu não posso aceitar sua fórmula. Afinal, eu acredito que Jesus Cristo é (de fato) o único Filho de Deus — isto é, o único Filho original de Deus, por intermédio do qual os outros são capacitados a "se tornarem filhos de Deus".[4] E, caso o Dr. Pittenger esteja tentando atacar essa doutrina, pergunto-me então por que ele me escolheu como seu representante. Ela já teve defensores muito mais valorosos.

Em seguida, volto a atenção para meu livro *Milagres* — e lamento dizer que, neste ponto, tenho de defrontar as acusações do Dr. Pittenger com repúdios bastante diretos. Ele diz que o livro "começa com uma definição de milagre como a 'violação' das leis

---
[3] PITTENGER, p. 1106.
[4] João 1:12.

da natureza".[5] Ele está enganado. A passagem (capítulo 2), na verdade, diz: "Eu emprego a palavra *milagre* com o significado de uma interferência na natureza por poder sobrenatural".[6] Se o Dr. Pittenger pensa que a diferença entre o texto original e sua citação equivocada é meramente verbal, ele interpretou mal quase o livro inteiro. Eu nunca igualei a natureza (o sistema espaço-temporal de fatos e acontecimentos) às leis da natureza (os padrões em que estes fatos e acontecimentos se encaixam). Seria como igualar a fala em si às regras da gramática. No capítulo 8, eu bato na tecla de que nenhum milagre pode ou precisa violar as leis da natureza; que "a definição de milagre como algo que viola as leis da natureza é [...] imprecisa";[7] e que "A arte divina do milagre não é a arte de suspender o padrão aos quais os acontecimentos se conformam, mas de inserir novos acontecimentos neste padrão".[8] Quantas vezes é preciso dizer algo para não ser acusado de ter dito o extremo oposto? (Não estou, sequer por um momento, imputando desonestidade ao Dr. Pittenger; todos nós sabemos muito bem como é difícil captar ou reter a substância de um livro que consideramos antagônico.)

Mais uma vez, Dr. Pittenger contrasta minha opinião com aquela que considera os milagres um sinal da ação e presença de Deus na criação. Contudo, no capítulo 15, eu digo que o milagre de Caná manifesta "o Deus de Israel que, ao longo de todos esses séculos, nos deu vinho" e que, nas multiplicações milagrosas de alimento, Deus "faz em menor proporção e mais próximo de nós [...] aquilo que sempre fez nos mares, lagos e pequenos

---
[5] PITTENGER, p. 1105.
[6] *Miracles: A Preliminary Study.* (Londres, 1947). Uma vez que Lewis posteriormente revisou o terceiro capítulo desse livro, todas as minhas referências são da edição impressa "revista" de *Miracles* (Fontana Books, Londres, 1960, p. 9).
[7] *Ibid.*, p. 63.
[8] *Ibid.*, p. 64.

riachos".[9] Por acaso não era isso o que o Dr. Pittenger queria que eu dissesse e o que Atanásio diz (*De Incarnatione* capítulo xiv, página 8, editado por F. L. Cross, 1939)?

É bem verdade que eu não faço uso das diferentes palavras (*semeia*, *terata* e outras) que os escritores do Novo Testamento empregam com relação aos milagres. Mas por que eu deveria? Eu estou escrevendo a pessoas que querem saber se certas coisas poderiam ter acontecido, não como elas deveriam ser chamadas; se poderíamos, sem absurdos, crer que Cristo ressuscitou do sepulcro vazio. Receio que a maioria de meus leitores, se convencida de que ele não ressuscitou, teria considerado de pouca importância decidir se, caso ele o tivesse feito, tal acontecimento inexistente teria sido um *teras* ou um *dunamis*. E (de certo modo) é possível entender, de fato, a razão deles.

O Dr. Pittenger acha que o naturalista que tentei refutar no capítulo 3 é uma falácia. Ele não pode ser encontrado nos círculos que o Dr. frequenta, mas é bem comum de onde eu venho — e, presumivelmente, em Moscou. Para falar a verdade, existe uma dificuldade realmente séria naquele capítulo (que deve ser reescrito), mas o Dr. Pittenger ora não a viu, ora generosamente se manteve em silêncio sobre o assunto.[10]

Eu gostaria agora de abordar a questão mais difícil e interessante de todas: a do quarto Evangelho. Ela é difícil porque, mais uma vez, não entendo muito bem o que o Dr. Pittenger escreve. Ele me acusa de colocar todos os quatro Evangelhos na mesma categoria e, de modo especial, de acreditar que Jesus alegou a divindade só porque o quarto Evangelho diz que ele o fez. No entanto, isso não significa que o Dr. Pittenger simplesmente o considera falso. Segundo ele, o texto fornece a "interpretação" do

---

[9] *Ibid.*, p. 140-141.
[10] Lewis revisou, conforme mencionado na nota de rodapé anterior, o terceiro capítulo de *Miracles*.

"significado" de nosso Senhor que os cristãos primitivos "consideraram" — e consideraram "corretamente" — "verdadeiro".[11] Ora, na minha língua, o significado de qualquer coisa que seja "considerado corretamente verdadeiro" é seu significado verdadeiro, e aqueles que encontram este significado encontram o que o objeto em questão realmente significa. Se o quarto Evangelho nos apresenta o que Jesus Cristo realmente quis dizer, por que eu sou culpado de aceitá-lo? Mas, para ele, eu sou culpado; logo, as palavras do Dr. Pittenger devem conter algum outro sentido. Será que ele quer dizer que aquilo que os cristãos "consideraram corretamente verdadeiro" não era verdadeiro? Ou que o significado considerado corretamente verdadeiro por eles teria sido "considerado erroneamente" verdadeiro por nós? Ou será que eles teriam entendido corretamente o "significado" e erroneamente a "interpretação do significado"? Eu desisto.

Confesso, entretanto, que o problema do quarto Evangelho suscita em mim um conflito entre autoridade e parecer pessoal: a autoridade de todos aqueles homens instruídos que consideram o Evangelho como um documento não histórico e meu parecer como crítico literário que me obriga a considerá-lo, no mínimo, tão próximo aos fatos quanto a obra *Johnson* de Boswell. Se ouso aqui seguir meu parecer em oposição à autoridade, isto se dá, em parte, porque eu nunca poderia entender como é possível escapar do dilema *aut deus aut malus homo*[12] restringindo-se aos sinóticos. Os homens modernos não parecem se alarmar com a alegação de Jesus de perdoar pecados como os contemporâneos da época; não pecados cometidos contra ele mesmo, mas pecados de modo geral. Sem dúvida, entretanto, eles reagiriam de maneira diferente caso fossem pessoalmente confrontados por tal alegação. Se o Dr. Pittenger me dissesse que dois colegas

---
[11] PITTENGER, p. 1106.
[12] "Ou Deus ou um homem mau."

o haviam feito perder o cargo de docente por contar mentiras sobre seu caráter, e eu respondesse: "Eu perdoo a ambos", por acaso ele não consideraria esta atitude uma impertinência (tanto no sentido antigo quanto no sentido moderno) de minha parte, beirando a insanidade? E, naturalmente, todos os três sinóticos narram a história de alguém que, em seu julgamento, selou o próprio destino afirmando ser o Filho de Deus.

Sou acusado de atribuir "uma transcendência quase espacial" a Deus e de negar sua presença contínua na natureza porque falo dele como quem "invade" ou "se intromete" nela.[13] Isso é realmente muito duro da parte do Dr. Pittenger. Sem dúvida, a própria palavra "transcendência" contém uma imagem espacial. A palavra "imanência" também. E a expressão "a ação e a *presença* de Deus na criação", do Dr. Pittenger, também.[14] Precisamos, afinal de contas, falar a língua dos homens. (Recebi muito esclarecimento acerca deste problema na obra *Symbolism and Belief* [Simbolismo e crença], de Edwyn Bevan.) No entanto, reconheço abertamente que, mesmo acreditando em ambas, eu ressaltei a transcendência de Deus mais do que sua imanência. Eu achei, e ainda acho, que a situação atual exige isso. Não vejo, ao meu redor, o risco de deísmo, mas de um panteísmo imoral, crédulo e sentimental. Muitas vezes, descobri que ele era inclusive o principal obstáculo à conversão.

O Dr. Pittenger diz que eu baseio a fé na autoridade (a qual "surgiu na Igreja e obteve a aprovação de grandes doutores").[15] Mas ele também; sua autoridade é "o testemunho totalmente unânime de todos os cristãos desde o tempo dos apóstolos".[16] Não sei ao certo por que ele chama minha autoridade de "mecânica".

---

[13] PITTENGER, p. 1105.
[14] *Ibid.*
[15] PITTENGER, p. 1106, citando *Problem of Pain* (Londres, 1940), capítulo 5, p. 60, de Lewis.
[16] PITTENGER, p. 1106.

Deus no banco dos réus

Ela por acaso não difere da autoridade dele por ser, sobretudo, averiguável? O "testemunho totalmente unânime" seria grandioso se o tivéssemos. Evidentemente, entretanto, a esmagadora maioria dos cristãos, assim como a de outros homens, morreu e está morrendo enquanto escrevo estas palavras sem registrar seu "testemunho". Como o Dr. Pittenger consulta sua autoridade?

No entanto, a acusação que realmente me ofendeu foi a de insensibilidade para com os animais. Ela também me surpreendeu; afinal, outros acusam a mesma passagem de ser extremamente sentimental.[17] É difícil agradar a todos. Todavia, se os patagônios me consideram um anão, e os pigmeus me consideram um gigante, talvez minha estatura seja, na verdade, bem normal.

A afirmação de que eu não dou "muita importância" para o sermão do monte, mas que "prefiro" a "ética paulina" da pecaminosidade e impotência do homem[18] sugere a existência de alternativas a serem escolhidas; eu, porém, enxergo etapas a serem seguidas. A maioria dos meus livros é evangelística, dirigida a *tous exo*. Teria sido absurdo pregar o perdão e um Salvador àqueles que desconhecessem a necessidade de qualquer um dos dois. Portanto, o diagnóstico (você poderia chamá-lo exatamente de *ética*?) de Paulo e de João Batista precisou ser enfatizado. Até onde sei, nem mesmo o Senhor o retificou ("Se vocês, apesar de serem maus [...]").[19] Quanto a dar "importância" ao sermão do monte, bem, se isso significa "gostar" ou apreciar, suponho que ninguém lhe dê "importância". Quem *gosta* de ser atingido por uma marreta e cair de cara no chão? Sou incapaz de imaginar uma condição espiritual mais mortal do que a de quem consegue ler essa passagem com deleite e tranquilidade. Isso seria de

---

[17]A referência é ao capítulo "O sofrimento dos animais" em *O problema do sofrimento*.
[18]PITTENGER, p. 1106.
[19]Mateus 7:11; Lucas 11:13.

fato viver "tranquilo em Sião".[20] Tal indivíduo ainda não estaria preparado para a Bíblia; precisaria, antes, aprender algum bom senso no islamismo: "O céu e a terra e tudo o que há entre eles: achais que eu os criei de *brincadeira*?"

E isso ilustra algo que me parece ser uma fraqueza no método crítico do Dr. Pittenger. Ele julga meus livros *in vacuo*, sem considerar o público ao qual foram dirigidos nem os erros prevalentes que eles estavam tentando combater. O naturalista passa a ser uma falácia porque não pode ser encontrado em meio aos "cientistas de primeira linha" e aos leitores de Einstein. Todavia, eu estava escrevendo *ad populum*, não *ad clerum*. Isso é relevante tanto para a forma com que abordo a questão, quanto para a questão em si. É bem verdade que não compreendo por que é vulgar ou ofensivo aplicar uma ilustração baseada na geometria plana e sólida a fim de explicar, com relação à santa Trindade, o conceito de que aquilo que é contraditório em determinado nível pode ser coerente em outro.[21] Eu poderia compreender a comoção do Dr. Pittenger se eu tivesse comparado Deus a um juiz injusto ou Cristo a um ladrão noturno; contudo, objetos matemáticos parecem estar livres das associações impuras que a mente é capaz de fazer.

Mas deixemos isso de lado. Suponhamos que a imagem seja vulgar. Se ela consegue transmitir ao incrédulo aquilo que ele precisa desesperadamente conhecer, a vulgaridade deve ser tolerada. A bem da verdade, a própria vulgaridade da imagem pode ser uma vantagem; há muito sentido nas razões promovidas por Aquino (acompanhando Pseudo-Dionísio) para que verdades divinas sejam apresentadas *sub figuris vilium corporum*[22] (*Suma Teológica*, Questão I, Artigo 9 *ad tertium*).

---

[20] Amós 6:1.
[21] Em *Cristianismo puro e simples*, livro 5, capítulo 2, p. 212, Lewis diz: "Na dimensão de Deus, por assim dizer, você encontra um Ser que são três Pessoas, enquanto permanece sendo um Ser, da mesma forma que o cubo são seis quadrados sendo um único cubo".
[22] "Sob as figuras de corpos vis."

Quando comecei a me envolver com estas questões, o cristianismo apresentava-se às vastas multidões de compatriotas incrédulos sob duas formas diferentes: ora na forma altamente emotiva oferecida por avivadores, ora na linguagem ininteligível de clérigos extremamente eruditos. A maioria das pessoas não era alcançada por nenhum dos dois grupos. Minha tarefa era, portanto, a de um simples *tradutor* — a de passar a doutrina cristã, ou aquilo que se acreditava que ela fosse, para o vernáculo, para uma linguagem que pessoas incultas pudessem acompanhar e entender. Para este fim, um estilo mais ponderado, mais *nuancé*, mais rebuscado, mais rico em ambiguidades prolíficas — a bem dizer, um estilo mais parecido com o do próprio Dr. Pittenger — teria sido pior do que inútil. Ele não somente teria deixado de esclarecer o leitor comum, como teria despertado sua suspeita. O pobre leitor teria pensado que eu estava defendendo ambos os lados, subido na cerca; oferecendo, em um momento, aquilo que tomava de volta logo em seguida, procurando enganá-lo. É possível, sim, que eu tenha cometido erros teológicos. Meu jeito talvez tenha sido imperfeito. Outros talvez façam melhor daqui por diante. Estou pronto, se for jovem o suficiente, para aprender. O Dr. Pittenger seria um crítico mais útil se aconselhasse uma cura além de apontar as muitas doenças. Como será que ele mesmo executa esse tipo de tarefa? Quais métodos ele emprega — e com que sucesso — quando procura converter uma multidão heterogênea, composta por lojistas, advogados, corretores de imóveis, coveiros, policiais e artesãos que o cercam em sua própria cidade?

Uma coisa, no mínimo, é certa. Se verdadeiros teólogos tivessem se dedicado a essa laboriosa tarefa de tradução cerca de cem anos atrás, quando começaram a perder o contato com o povo (pelo qual Cristo morreu), não haveria lugar para mim.[23]

---

[23] Consulte a Carta 11.

CAPÍTULO 23

Devemos abandonar a imagem que temos de Deus?[1]

O bispo de Woolwich incomoda a maioria de nós, cristãos leigos, menos do que ele imagina. Há muito tempo, abandonamos a crença em um Deus assentado sobre um trono em um céu físico. Nós chamamos tal crença de antropomorfismo, e ela foi oficialmente condenada antes de nossa época. Há algo a respeito disso em Gibbon. Nunca conheci qualquer adulto que substituísse "Deus lá em cima" por "Deus lá fora" no sentido "espacialmente externo ao universo". Se eu dissesse que Deus está "fora" ou "além" do espaço-tempo, seria tal como "Shakespeare está fora de *A tempestade*"; isto é, as cenas e pessoas da história não esgotam seu ser. Sempre pensamos em Deus estando não somente "dentro" e "acima", como também "abaixo" de nós, isto é, as profundezas da terra. Podemos, de modo imaginativo, falar sobre o Pai "no céu" e também sobre os braços eternos que se estendem "por baixo". Não compreendemos por que o bispo está tão ávido por canonizar uma imagem e banir a outra.

---

[1] Este artigo, que apareceu pela primeira vez no *The Observer* (24 de março de 1963), é uma resposta ao artigo do então bispo de Woolwich, Dr. J. A. T. Robinson, intitulado "Our Image of God Must Go" [Devemos abandonar a imagem que temos de Deus] em *The Observer* (17 de março de 1963), que é um resumo do livro *Honest to God* [Honesto para com Deus], do Dr. Robinson (Londres, 1963).

Reconhecemos sua liberdade de usar qual preferir, mas reivindicamos nossa liberdade de usar ambas.

Seu entendimento de Jesus como uma "janela" parece completamente ortodoxa ("Quem me vê, vê o Pai"[2]). Talvez a verdadeira novidade esteja na doutrina do bispo a respeito de Deus. Porém, não podemos ter certeza, pois nisto ele é muito obscuro. Ele traça uma nítida distinção entre perguntar se Deus existe como pessoa e entre perguntar se a realidade última é pessoal. Mas será que quem responde "sim" à segunda pergunta não responde "sim" à primeira? Qualquer entidade descritível como Deus, sem abusos grosseiros de linguagem, deve ser a realidade suprema — e, se a realidade suprema é pessoal, então Deus é pessoal. Será que o bispo quis dizer que algo que não é uma "pessoa" pode, mesmo assim, ser "pessoal"? Até mesmo isso poderia ser aceito se a expressão "não é uma pessoa" significasse "é além de uma pessoa", conforme sustentado pela doutrina da Trindade. Mas não é isso que o bispo quer dizer.

Assim, embora por vezes intrigado, não fiquei impactado com seu artigo. Seu coração, embora talvez corra certo perigo de fanatismo, está no lugar certo. Se ele não conseguiu explicar por que as coisas que diz o tocam com tanta profundidade como se evidencia no texto, isso talvez seja sobretudo um problema literário. Se eu tivesse de defender sua posição, eu diria o seguinte: "A imagem da mãe-terra inclui algo que a imagem do pai-céu deixa de fora. Religiões da mãe-terra foram, até agora, espiritualmente inferiores às do pai-céu, mas talvez seja hora de readmitir alguns de seus elementos." Eu não acreditaria nisso de modo muito veemente, mas algum tipo de argumento poderia ser elaborado.

---

[2] João 14:9.

PARTE II

CAPÍTULO | 1

Perigos
do *arrependimento*
nacional

A ideia de arrependimento nacional parece, à primeira vista, oferecer um contraste tão edificante ao falso moralismo nacional do qual a Inglaterra costuma ser acusada e com o qual ela participou (ou diz ter participado) da última guerra, que o cristão naturalmente a abraça com esperança. Jovens cristãos de modo especial — seminaristas formandos e pastores recém-formados — voltam-se para ela em grande escala. Eles estão propensos a crer que a Inglaterra é, em parte, culpada pela guerra atual e a admitir sua própria parcela na culpa do país. Agora, qual seria essa parcela, eu não sei determinar. Afinal, a maioria desses jovens era criança, e nenhum deles tinha direito ao voto ou à experiência que lhes possibilitaria votar com sabedoria quando a Inglaterra tomou grande parte das decisões às quais as desordens atuais poderiam ser atribuídas. Por acaso eles não estariam se arrependendo de algo que simplesmente não fizeram?

Se estiverem, poderíamos supor que se trata de um erro inofensivo. É com tão pouca frequência que os homens se arrependem de pecados reais, que o arrependimento ocasional de um pecado imaginário poderia parecer quase desejável. No entanto, o que realmente acontece (e já vi acontecer) com os jovens penitentes nacionais é um pouco mais complicado. A Inglaterra não é um agente natural, mas uma sociedade civil. Quando falamos das ações da Inglaterra, queremos dizer as ações do governo britânico. O jovem chamado a arrepender-se da política externa da Inglaterra está, na verdade, sendo chamado a arrepender-se dos atos de seu próximo; afinal, um diplomata ou um ministro de relações exteriores é, sem dúvida, um próximo. E o arrependimento pressupõe condenação. O primeiro encanto fatal do arrependimento nacional é, portanto, o incentivo que ele nos dá para nos afastarmos da amarga tarefa de arrepender-nos de nossos próprios pecados e, em vez disso, voltarmo-nos ao dever mais agradável de lamentar — mas, primeiro, de criticar — a conduta dos outros. Se isso estivesse claro para o jovem, ele, sem dúvida, lembrar-se-ia da lei da caridade. Infelizmente os próprios termos nos quais o arrependimento nacional lhe é recomendado escondem sua verdadeira natureza. Fazendo uso de uma perigosa figura de linguagem, ele chama o governo não de "eles", mas de "nós". E, uma vez que, como penitentes, não somos encorajados a ser benevolentes com nossos próprios pecados nem a dar-nos o benefício da dúvida, um governo chamado de "nós" é *ipso facto* colocado além da esfera da caridade ou mesmo da justiça. Podemos dizer o que quisermos a seu respeito. Podemos nos entregar ao vício popular da maledicência sem restrições, sentindo, o tempo todo, que estamos praticando a contrição. O grupo de jovens penitentes diz assim: "Arrependamo-nos de nossos pecados nacionais"; porém, o que querem dizer é: "Atribuamos a nosso próximo (até mesmo nosso próximo cristão) na política, sempre que discordarmos dele, toda intenção abominável que Satanás puder sugerir à nossa imaginação".

Essa fuga do arrependimento pessoal ao lugar tentador

> Onde as paixões têm o privilégio de atuar
> E nunca ouvem o som do próprio nome,[1]

---

[1]WORDSWORTH. *The Prelude*, livro XI, verso 230.

é bem-vinda à covardia moral de qualquer um. Contudo, ela é duplamente atraente para o jovem intelectual. Quando um homem com mais de quarenta anos tenta se arrepender dos pecados da Inglaterra e amar os inimigos do país, se empenha para fazer algo custoso; afinal, foi criado para nutrir certos sentimentos patrióticos que não podem ser mortificados sem esforço. Porém, um homem instruído em torno dos vinte anos de idade não costuma ter sentimentos do gênero a mortificar. Na arte, na literatura, na política, ele fez, desde que se lembra, parte de uma minoria inflamada e revoltosa; ele bebeu, misturado ao leite da mãe, uma desconfiança dos estadistas ingleses e um desprezo pelos costumes, prazeres e entusiasmos de seus compatriotas menos educados. Todos os cristãos sabem que devem perdoar seus inimigos. Mas "meu inimigo" significa, sobretudo, o homem que sou realmente tentado a odiar e caluniar. Ao ouvir jovens cristãos intelectuais conversando, logo descobrimos quem é seu verdadeiro inimigo. Ele parece ter dois nomes: coronel Blimp e o "homem de negócios". Suspeito que este último geralmente se refira ao pai daquele que o menciona, mas é apenas uma especulação. O certo é que, ao pedir a tais pessoas que perdoem os alemães e os russos e abram os olhos para os pecados da Inglaterra, estamos pedindo-lhes não que mortifiquem, mas que cedam à sua paixão dominante. Não quero dizer que o que estamos pedindo não seja correto e necessário em si; devemos perdoar todos os nossos inimigos a fim de não sermos condenados. No entanto, esta não é, de modo algum, a exortação de que seu público precisa. Os pecados coletivos dos quais ele deve ser instruído a se arrepender são aqueles próprios de sua idade e classe: o desprezo que sentem pelos incultos, a prontidão para suspeitar do mal, as provocações moralistas de opróbrio público, a violação do quinto mandamento.[2] Acerca destes pecados, eles

---

[2] "Honra teu pai e tua mãe, a fim de que tenhas vida longa na terra que o Senhor, o teu Deus, te dá" (Êxodo 20:12).

nada discutem. Até que o façam, devo considerar sua franqueza com relação ao inimigo nacional uma virtude barata. Se o indivíduo não é capaz de perdoar o coronel Blimp, que está tão próximo de si, como poderia perdoar os ditadores que nem sequer viu?

Não é, portanto, dever da Igreja pregar o arrependimento nacional? Creio que sim. Porém, o dever — como muitos outros — só pode ser realizado com proveito por alguém que o realize com relutância. Sabemos que talvez seja preciso "odiar" a própria mãe por amor ao Senhor.[3] A ideia de um cristão repreendendo a mãe, embora trágica, pode ser edificante; porém, só será edificante se houver plena certeza de que ele é um bom filho e que, em sua repreensão, o zelo espiritual triunfa — não sem angústia — sobre a forte afeição natural. No momento em que há motivos para suspeitar de que ele *gosta* de repreendê-la — de que ele acredita elevar-se acima do nível natural ao passo que, na verdade, ainda esteja rastejando no nível não natural — o espetáculo torna-se simplesmente repugnante. As duras palavras de nosso Senhor são benéficas apenas àqueles que as consideram duras. Há um capítulo terrível na obra *Vie de Jésus*, de M. Mauriac. Quando o Senhor falou sobre irmãos e filhos se indispondo contra os pais, os discípulos ficaram horrorizados. Judas, não. Ele o aceitou com muita naturalidade: "*Pourquoi cetter stupeur?, se demande Judas. [...] Il aime dans le Christ cette vue simple, ce regard de Dieu sur l'horreur humaine*".[4] Há duas mentalidades que defrontam os paradoxos dominicais sem hesitar. Deus nos guarde de uma delas.

---

[3]Lucas 14:26: "Se alguém vem a mim e ama o seu pai, sua mãe, sua mulher, seus filhos, seus irmãos e irmãs, e até sua própria vida mais do que a mim, não pode ser meu discípulo".
[4]MAURIAC, François. *Vie de Jésus*. Paris, 1936, capítulo 9. "'Por que o espanto?' perguntou Judas [...] O que ele amava em Cristo era sua visão simples das coisas, seu olhar divino sobre a depravação humana."

CAPÍTULO 2

Dois caminhos para o "eu"

Acredita-se que a abnegação esteja — e, de fato, está — muito próxima do cerne da ética cristã. Quando Aristóteles enaltece determinado tipo de amor-próprio, podemos sentir, apesar das cuidadosas distinções que ele faz entre o *Philautia*[1] legítimo e o ilegítimo, que aqui encontramos algo essencialmente subcristão. É mais difícil, entretanto, determinar o que achamos do capítulo *De la douceur envers nous-mêmes*,[2] de São Francisco de Sales, no qual somos proibidos de nutrir ressentimento até mesmo contra nós mesmos e aconselhados a reprovar nossas próprias falhas *avec des remonstrances douces et tranquilles*,[3] sentindo mais compaixão do que paixão. No mesmo espírito, Juliana de Norwich recomenda-nos ser "amorosos e pacíficos", não só com relação a nossos "semelhantes cristãos", mas também a "nós mesmos".[4] Mesmo o Novo Testamento manda-nos amar o próximo como a nós mesmos,[5] o que seria um mandamento horrível caso

---

[1] *Ética a Nicômaco*, livro IX, capítulo 8.
[2] Parte III, capítulo 9, "Of Meekness towards Ourselves", de *Introduction to the Devout Life* (Lyons, 1609).
[3] "com repreensões brandas e calmas".
[4] *Revelações do amor divino*, capítulo 49.
[5] Mateus 19:19; 22:39; Marcos 12:31,33; Romanos 13:9; Gálatas v. 14; Tiago 2:8.

tivéssemos de odiar-nos. Contudo, nosso Senhor também diz que um verdadeiro discípulo deve "odiar a própria vida".[6]

Não devemos explicar essa aparente contradição afirmando que o amor-próprio é certo até determinado ponto e errado ao ultrapassar esse limite. Não se trata de uma questão de grau. Há dois tipos de ódio próprio que se parecem muito em seus estágios iniciais, mas um dos quais está errado desde o início, e o outro certo em seu fim. Quando Shelley fala sobre o desprezo próprio como fonte de crueldade ou quando um poeta posterior diz que não consegue tolerar o homem "que odeia seu próximo como a si mesmo", eles se referem a um ódio muito real e não cristão contra o eu que é capaz de tornar diabólico um homem cujo egoísmo comum teria deixado ser (pelo menos, por um momento) meramente animal. O economista ou psicólogo calejado de nossa época, reconhecendo a "corrupção ideológica" ou a motivação freudiana em sua própria composição, não necessariamente aprende a humildade cristã. Ele talvez chegue àquilo que se chama de "visão inferior" de todas as almas, inclusive da própria alma, que se expressa em cinismo ou em crueldade, ou em ambos. Nem mesmo os cristãos, aceitando certas formas da doutrina da depravação total, estão livres desse perigo. A conclusão lógica do processo é a adoração do sofrimento — dos outros e de si mesmo — que vemos, se é que li corretamente, na obra *Voyage to Arcturus* [Viagem a Arcturus], de David Lindsay, ou no vazio extraordinário que Shakespeare descreve no final de *Ricardo III*. Ricardo, em sua angústia, tenta voltar-se ao amor-próprio. No entanto, ele "enxergou além" de todas as emoções por tanto tempo, que "enxergou além" até mesmo desta. Ela se torna uma mera tautologia: "Ricardo ama Ricardo; isto é, eu sou eu."[7]

---

[6]Lucas 14:26; João 12:25.
[7]*Ricardo III*, ato V, cena III, 184.

Dois caminhos para o "eu"

Ora, o eu pode ser considerado de duas maneiras. Por um lado, é criatura de Deus, motivo de amor e regozijo; mesmo que no presente, porém, encontre-se em condição detestável, apenas digno de pena e necessitado de cura. Por outro lado, é aquele eu, dentre todos os outros, chamado *eu* — que, por este motivo, faz uma reivindicação irracional de preferência. Esta reivindicação deve ser não apenas odiada, mas simplesmente eliminada; sem "nunca", conforme disse George MacDonald, "poder receber um momento sequer de trégua da morte eterna". O cristão deve travar uma guerra interminável contra o clamor do *ego* como *ego*, embora ame e aprove o eu propriamente dito, salvo seus pecados. O mesmo amor-próprio que ele tem de rejeitar é, para ele, uma amostra de como deveria se sentir com relação a todos os egos; e ele pode esperar que, quando aprender de verdade (o que dificilmente acontecerá nesta vida) a amar o próximo como a si mesmo, poderá ser capaz de amar a si mesmo como a seu próximo — isto é, com caridade em vez de parcialidade. Aquele outro tipo de ódio próprio, ao contrário, odeia o eu propriamente dito. Ele começa aceitando o valor especial do *eu* pessoal; então, com o orgulho ferido ao descobrir que tal objeto querido é tão decepcionante, procura vingança — primeiro neste mesmo eu, depois em todos os outros. Profundamente egoísta, mas agora com um egoísmo invertido, ele usa o revelador argumento "Eu não poupo a mim mesmo" — com a implicação de que "logo, *a fortiori,* não preciso poupar os outros" — e torna-se como o centurião em Tácito, *toleraverat immitior quia*.[8]

O ascetismo errado atormenta o eu; o ascetismo correto destrói o egoísmo. Devemos morrer diariamente; porém, é melhor amar o eu do que não amar coisa alguma e ter compaixão do eu do que não se compadecer por ninguém.

---

[8] *Anais,* livro I, seção XX, verso 14. "Mais implacável porque ele (próprio) o havia suportado".

CAPÍTULO | 3

Reflexão
sobre o terceiro
mandamento

Com base nas cartas enviadas ao *The Guardian*[1] e em muitas outras publicações, tomamos conhecimento do crescente desejo de um "partido" cristão, uma "frente" cristã ou uma "plataforma" cristã na política. Nada deveria ser desejado com mais ardor do que um verdadeiro ataque à política mundial por parte do cristianismo; e nada, à primeira vista, seria tão adequado para realizar este ataque do que um partido cristão. Todavia, é estranho o fato de certas dificuldades da ideia já serem negligenciadas antes mesmo de a tinta da obra *Scholasticism and Politics* [Escolasticismo e política?][2], de M. Maritain, secar.

Um partido cristão precisaria escolher entre a opção de limitar-se a declarar quais fins são desejáveis e quais meios são lícitos e a opção de ir além e selecionar, dentre os meios lícitos, aqueles que julga viáveis e eficazes e dar-lhes apoio prático. Caso escolha a primeira alternativa, não seria um partido político. Praticamente todos os partidos professam fins que reconhecemos ser desejáveis: segurança, salário mínimo e o melhor

---

[1] *The Guardian* era um jornal semanal anglicano, fundado em 1846 para defender princípios tractarianos e demonstrar a relevância deles para o pensamento secular da época.
[2] MARITAIN, Jacques. *Scholasticism and Politics*. Trad. M. J. Adler. Londres, 1950.

equilíbrio possível entre as reivindicações de ordem e liberdade. O que diferencia um partido do outro são os meios que cada um defende. Não discutimos se os cidadãos devem ser felizes, mas qual sistema seria mais suscetível de fazer com que isso acontecesse: um Estado igualitário ou hierárquico, o capitalismo ou o socialismo, o despotismo ou a democracia.

O que, então, o partido cristão faria? Philarchus, um cristão devoto, está convencido de que o bem-estar temporal só pode advir de uma vida cristã, e que uma vida cristã só pode ser promovida na comunidade por um Estado autoritário que tenha eliminado os últimos vestígios da odiada infecção "liberal". Ele considera o fascismo não tanto como um mal, mas como algo bom corrompido; julga a democracia como um monstro cuja vitória seria uma derrota para o cristianismo; e é tentado a aceitar auxílio até mesmo fascista, na esperança de que ele e seus amigos atuem como fermento na massa dos fascistas britânicos. Stativus, por outro lado, é igualmente devoto e cristão. Com profunda consciência da Queda — e, portanto, convencido de que a criatura humana deve ter apenas o mínimo de poder sobre seus semelhantes — e ávido por defender as ordens divinas de qualquer infração por parte das ordens de César, ele ainda vê na democracia a única esperança de liberdade cristã. Ele é tentado a aceitar ajuda dos defensores do *status quo* mesmo que as motivações comerciais ou imperiais destes não apresentem sequer uma aparência de teísmo. Por último, temos Spartacus, também cristão e também sincero, repleto de condenações proféticas e dominicais a fazer com relação às riquezas e certo de que o "Jesus histórico", traído por tanto tempo pelos apóstolos, pelos pais, e pelas igrejas, exige de nós uma revolução esquerdista. E ele também é tentado a aceitar ajuda de incrédulos que professam abertamente ser inimigos de Deus.

Os três tipos representados por esses três cristãos supostamente se uniriam para formar um partido cristão. Então, ora haveria um impasse (e aqui terminaria a história do partido cristão), ora um dos três conseguiria lançar um partido próprio, expulsando do grupo os outros dois com seus respectivos seguidores. O novo partido — provavelmente a minoria dos cristãos, os quais, por sua vez, já são a minoria dos cidadãos — seria pequeno demais para ser efetivo. Na prática, ele teria de associar-se ao partido não cristão mais próximo no que se refere aos meios defendidos por suas crenças: os fascistas, caso fosse Philarchus; os conservadores, caso fosse Stativus; os comunistas, caso fosse Spartacus. Resta-nos perguntar de que maneira a situação resultante seria diferente daquela em que os cristãos se encontram hoje.

Não é razoável supor que esse novo partido cristão teria o poder de influenciar a organização infiel à qual se associasse. Por que isso haveria de acontecer? Aquilo de que ele se autodenominasse seria o que haveria de representar; não a cristandade, mas parte da cristandade. O princípio que o separa de seus irmãos e o une a aliados políticos não seria teológico. Ele não teria autoridade para falar em nome do cristianismo; não teria mais poder do que a mera habilidade política de seus membros para controlar o comportamento dos aliados incrédulos. No entanto, existiria ali uma novidade real e desastrosa: ele não seria simplesmente uma *parte* da cristandade, mas *uma parte que alega ser o todo*. Pelo simples ato de autodenominar-se partido cristão, ele implicitamente acusaria de apostasia e traição todos os cristãos que não se unissem a ele. Ele seria exposto, em um nível exacerbado, à tentação da qual ninguém é poupado pelo diabo em momento algum: a tentação de reivindicar, para nossas opiniões favoritas, o tipo e o grau de certeza e autoridade que pertencem somente à fé. O perigo de confundir nossos meros entusiasmos naturais, mesmo que legítimos, com o zelo santo é sempre grande. Por acaso seria possível conceber um meio mais fatal de aumentar este perigo do que chamar um pequeno grupo de fascistas, comunistas ou democratas de "partido cristão"? O demônio inerente a cada partido está sempre pronto para disfarçar-se de Espírito Santo; a formação de um partido cristão significa entregar-lhe o disfarce mais eficiente que se poderia imaginar. E, uma vez que o disfarce tenha obtido êxito, serão imediatamente acatadas suas ordens para que se revogue todas as leis morais e para que se justifique qualquer coisa que os aliados incrédulos do partido "cristão" desejarem fazer. Se é que homens cristãos algum dia poderiam ser levados a crer que traição e assassinato são os meios legais para estabelecer o *regime* que desejam, bem como que falsos julgamentos, perseguição religiosa e vandalismo organizado são os meios legais para mantê-lo, eles certamente seriam convencidos por meio de um processo como esse. Devemos nos lembrar da história dos antigos pseudocruzados medievais, dos *Covenanters*,[3] dos *Orangemen*.[4] Sobre aqueles que acrescentam as palavras "Assim diz o Senhor" às suas declarações meramente humanas, recai a maldição de uma consciência que parece cada vez mais clara à medida que se carrega de pecado.

Tudo isto advém da atitude de fingir que Deus falou quando não falou. Ele não resolverá a questão da herança dos irmãos: "Homem, quem me designou juiz ou árbitro entre vocês?"[5] Pela luz natural, ele nos mostrou quais meios são lícitos; já para descobrir quais são eficazes, ele nos deu o cérebro. O resto ele deixou a nosso encargo.

M. Maritain sugeriu a única maneira pela qual o cristianismo (em oposição aos cismáticos que alegam, em blasfêmia,

---

[3]Grupos de presbiterianos na Escócia que, nos séculos XVI e XVII, se uniram por juramentos religiosos e políticos para preservar a causa de sua religião.
[4]Membros da Ordem de Orange (fundada em 1795), que defendia a causa do protestantismo na Irlanda.
[5]Lucas 12:14.

representá-lo) pode influenciar a política. A inconformidade influenciou a história inglesa moderna não porque existia um partido inconformista, mas porque havia uma consciência inconformista que todos os partidos tinham de levar em consideração. Poderia, assim, ser criada uma sociedade interdenominacional de eleitores cristãos responsável por elaborar uma lista de fins e meios a ser cobrada dos partidos políticos por cada membro como preço de seu apoio. Uma sociedade do gênero poderia alegar ser uma representação muito mais real da cristandade do que qualquer "frente cristã"; e, por esta razão, devo estar preparado, em princípio, para que a adesão e a obediência sejam obrigatórias aos cristãos. "Então tudo se resume a incomodar os M. P.[6] com cartas?" Sim, apenas isso. Creio que tal atitude mescla a pomba e a serpente. Creio que ela implicaria um mundo onde os partidos têm de tomar cuidado para não alienar os cristãos, em vez de um mundo onde os cristãos têm de ser "fiéis" a partidos infiéis. Em suma, creio que as opções para que uma minoria influencie a política sejam "incomodar" simplesmente ou, então, tornar-se um "partido" no novo sentido continental (isto é, uma sociedade secreta de assassinos e chantagistas) — alternativa esta impossível para os cristãos. Porém, eu me esqueci. Há uma terceira maneira de influenciar a política: tonando-se a maioria. Aquele que converte o próximo realiza o ato político-cristão mais prático de todos.

---

[6]Membros do Parlamento.

CAPÍTULO 4

Sobre a *leitura* de *livros antigos*[1]

Circula por aí uma ideia estranha de que livros antigos, sobre qualquer assunto, devem ser lidos apenas por profissionais, e que os amadores devem contentar-se com livros modernos. Assim, descobri, ensinando literatura inglesa, que, se um aluno comum deseja aprender algo sobre o platonismo, a última coisa que ele pensa em fazer é procurar uma tradução de *O Banquete*, de Platão, na prateleira da biblioteca. Ele prefere ler um livro moderno e tedioso dez vezes mais comprido, cheio de "ismos" e influências, que só apresenta informações sobre o que Platão realmente falou mais ou menos a cada doze páginas. Tal erro é, de certa forma, aceitável, pois nasce da humildade. O aluno tem certo receio de se defrontar com um dos grandes filósofos face a face. Ele se sente inadequado e acha que não o entenderá. No entanto, desconhece que aquele grande homem, justamente por causa de sua grandeza, é muito mais inteligível do que seu comentarista moderno. O aluno mais simples consegue entender, se não tudo, grande parte do que Platão falou; em contrapartida, quase ninguém consegue entender certos livros sobre o platonismo.

---

[1] Este artigo foi originalmente escrito e publicado como introdução da obra *The Incarnation of the Word of God* [A encarnação do verbo], de Atanásio, traduzida por A. Religious of C.S.M.V., Londres, 1944.

Sempre foi, portanto, um dos meus principais empenhos como professor persuadir os jovens de que o conhecimento de primeira mão é não apenas mais digno de ser adquirido do que o conhecimento de segunda mão, como também costuma ser muito mais fácil e mais agradável.

Em nenhum outro lugar, a preferência equivocada por livros modernos e a timidez diante de livros antigos são mais exacerbadas do que na teologia. Quase sempre que nos deparamos com um pequeno grupo de estudos composto por cristãos leigos, podemos ter certeza de que eles estão estudando não Lucas, Paulo, Agostinho, Tomás de Aquino, Hooker[2] ou Butler,[3] mas M. Berdyaev,[4] M. Maritain,[5] Niebuhr,[6] Sayers[7] ou até eu mesmo.

Ora, isso me parece estar às avessas. Naturalmente, uma vez que eu mesmo sou um escritor, meu desejo não é que o leitor comum pare de ler livros modernos. Porém, se ele tiver de escolher entre o novo e o antigo, minha recomendação é que ele leia o antigo. E eu lhe daria este conselho justamente porque o leitor comum é um amador e, portanto, está muito menos protegido do que o especialista contra os perigos de uma dieta contemporânea exclusiva. Um livro novo ainda está em teste, e o amador não está em posição de julgá-lo. Ele tem de ser testado segundo o grande acervo do pensamento cristão formado ao longo dos séculos, e todas as suas implicações ocultas (das quais muitas vezes nem mesmo o próprio autor suspeita) têm de ser trazidas à luz. Muitas vezes, ele não pode ser compreendido sem o conhecimento proveniente de uma boa quantidade de outros livros

---

[2] Richard Hooker (c. 1554—1600), pastor anglicano.
[3] Joseph Butler (1692—1752), bispo de Durham.
[4] Nicolas Berdyaev (1874—1948), filósofo e autor russo.
[5] Jacques Maritain (nascido em 1882), filósofo francês tomista.
[6] Reinhold Niebuhr (nascido em 1892), teólogo norte-americano.
[7] Dorothy L. Sayers (1893—1957), autora de várias peças religiosas e muitas histórias populares de detetive.

modernos. Quando começamos a participar, às onze horas, de uma conversa que começou às oito, não enxergamos a relevância do que está sendo dito. Comentários que nos soam muito comuns produzirão riso ou irritação nos outros, e não entenderemos por que — e a razão, é claro, é que partes anteriores da conversa lhe conferiram um sentido especial. Da mesma maneira, frases em um livro moderno que parecem bastante normais talvez tenham sido direcionadas "a" algum outro livro; desta forma, você pode ser levado a aceitar algo que teria rejeitado com indignação se conhecesse seu verdadeiro significado. A única segurança é ter um padrão claro e central de cristianismo ("cristianismo puro e simples", como Baxter o chamou) que coloque as controvérsias do momento na devida perspectiva. E este padrão só pode ser adquirido em livros antigos. É uma boa regra sempre incluir um livro antigo entre a leitura de dois livros novos. Se isso for demais para você, talvez então devesse ler, no mínimo, um livro antigo a cada três livros novos.

Cada época tem um ponto de vista próprio. Cada uma é especialmente boa em enxergar certas verdades e suscetível a cometer certos erros. Todos nós, portanto, precisamos de livros que corrijam os erros característicos de nosso próprio tempo. E isto significa livros antigos. Todos os escritores contemporâneos compartilham, em certa medida, a perspectiva contemporânea — mesmo aqueles que, como eu, mais parecem se opor a ela. Quando leio as controvérsias de tempos passados, nada me impressiona mais do que o fato de que ambos os lados costumam considerar como ponto pacífico muitas coisas que agora negaríamos completamente. Eles acreditavam estar na posição mais oposta possível um do outro, sendo que, na realidade, estavam o tempo todo secretamente unidos — unidos *entre* si e *contra* épocas anteriores e posteriores — por um grande conjunto de pressuposições em comum. Podemos ter certeza de que a cegueira característica do século XX — a cegueira acerca da qual a posteridade perguntará: "Mas como eles *poderiam* ter pensado aquilo?" — reside onde nunca suspeitamos e refere-se a algo a respeito do qual Hitler e o presidente Roosevelt[8] ou H. G. Wells e Karl Barth concordam pacificamente. Nenhum de nós pode escapar totalmente dessa cegueira; todavia, sem dúvida a aumentamos, bem como enfraquecemos nossas defesas contra ela quando nos limitamos a ler livros modernos. Quando são verdadeiros, os livros modernos oferecem-nos verdades que já conhecíamos parcialmente. Quando são falsos, agravam o erro pelo qual já fomos perigosamente acometidos. O único paliativo é manter a brisa marítima pura dos séculos soprando em nossa mente, e isto só pode ser feito mediante a leitura de livros antigos. Não, é claro, que exista algum tipo de mágica inerente ao passado. As pessoas não eram mais inteligentes do que hoje; elas cometiam tantos erros quanto nós. Mas não os *mesmos* erros. Elas não encorajam os erros que cometemos; e seus erros, agora expostos e palpáveis, não nos oferecem risco. Duas cabeças pensam melhor do que uma — não porque são infalíveis, mas porque é improvável que sigam pela mesma direção errada. Sem dúvida, os livros do futuro seriam corretivos tão bons quanto os livros do passado, mas infelizmente não temos acesso a eles.

Eu acabei lendo os clássicos cristãos quase sem querer, como consequência de meus estudos de inglês. Alguns, como Hooker, Herbert,[9] Traherne,[10] Taylor[11] e Bunyan,[12] li por serem excelentes escritores ingleses; outros, como Boécio,[13] Agostinho, Tomás

---

[8] Isso foi escrito em 1943.
[9] George Herbert (1593—1633), poeta inglês.
[10] Thomas Traherne (1637—1674), autor inglês de obras religiosas.
[11] Jeremy Taylor (1613—1667), pastor inglês mais conhecido por suas obras *Holy Living* e *Holy Dying*.
[12] John Bunyan (1628—1688), mais conhecido pela obra *O peregrino*.
[13] Boécio nasceu em cerca de 470 d.C. e escreveu *Consolação da filosofia*.

Sobre a leitura de livros antigos

de Aquino e Dante, por serem "influências". Descobri George MacDonald aos dezesseis anos de idade, a quem minha lealdade nunca oscilou, muito embora eu tenha procurado ignorar seu cristianismo por um bom tempo. Você perceberá que eles são uma mistura; representantes de muitas igrejas, contextos e épocas. E isso me leva a mais uma razão para lê-los. As divisões da cristandade são inegáveis e são, por alguns desses escritores, expressas com muita impetuosidade. No entanto, se alguém for tentado a pensar — como aquele que lê apenas autores contemporâneos — que o "cristianismo" tem tantos significados que nada significa, basta sair de seu próprio século para descobrir que isso não é verdade. Considerado ao longo dos séculos, o "cristianismo puro e simples" não é uma transparência interdenominacional insípida, mas algo positivo, consistente e inesgotável. Descobri isso, aliás, à minha própria custa. Na época em que eu ainda odiava o cristianismo,[14] aprendi a reconhecer, como um aroma muito familiar, aquele *algo* quase invariável que me defrontava ora no Bunyan puritano, ora no Hooker anglicano, ora no Dante tomista. Este algo estava presente (adocicado e floral) em Francisco de Sales;[15] (grave e rústico) em Spenser[16] e Walton;[17] (sombrio, porém viril) em Pascal[18] e Johnson;[19] e também, com um aroma suave, assustador e paradisíaco em Vaughan,[20] Boehme[21] e Traherne. Na sobriedade urbana do século XVIII, também não se estava a salvo:

---

[14] Quem desejar saber mais sobre esse período deve ler a autobiografia de Lewis, *Surprised by Joy* (Londres, 1955).
[15] Francisco de Sales (1567—1622) é mais conhecido por suas obras *Filoteia* e *Tratado do amor de Deus*.
[16] Edmund Spenser (c. 1552—1599), autor de *A rainha das fadas*.
[17] Izaak Walton (1593—1683), mais conhecido pela obra *Compleat Angler*.
[18] Blaise Pascal (1623—1662), reconhecido especialmente pela obra *Pensamentos*.
[19] Dr. Samuel Johnson (1709—1784).
[20] Henry Vaughan (1622—1695), poeta inglês.
[21] Jakob Boehme (1575—1624), autor alemão teosófico luterano.

Law[22] e Butler eram dois obstáculos que nos lembravam dele. O suposto "paganismo" dos elisabetanos não o conseguiu deixar de fora; esse algo estava à espreita onde talvez se esperasse ser o lugar mais seguro de todos: bem no cerne de *A rainha das fadas* e *Arcadia*.[23] Ele era, é claro, variado; ao mesmo tempo, porém, tão inequivocamente igual. Era reconhecível, inesquivável — o odor que é morte para nós até permitirmos que se torne vida:

> um ar que mata
> Sopra daquela terra distante.[24]

Todos estamos, com razão, angustiados e envergonhados com as divisões da cristandade. Todavia, é possível àqueles que sempre viveram no redil cristão ficar desalentados com muita facilidade por conta disso. As divisões são ruins, mas estes indivíduos não sabem como a situação é vista de fora. De lá, o que permanece intacto, apesar de todas as divisões, ainda aparenta ser (como de fato é) uma unidade muito formidável. Eu sei porque vi; e nossos inimigos também sabem. Esta unidade pode ser encontrada por qualquer um saindo-se da própria época. Ela não é uma unidade suficiente, mas é mais do que se pensava até então. Imersos nela, temos uma experiência interessante quando nos aventuramos a falar alguma coisa. Somos considerados papistas quando reproduzimos Bunyan, panteístas quando citamos Aquino e assim por diante. Afinal, agora subimos àquele elevado viaduto que cruza os séculos e que parece ser tão alto visto dos vales, tão baixo visto das montanhas, tão estreito comparado aos pântanos e tão amplo comparado às trilhas das ovelhas.

---

[22]William Law (1686—1761), cuja obra *Serious Call to a Devout and Holy Life* [Chamado sério a uma vida devota e santa] muito influenciou Lewis.
[23]De Philip Sidney (1554—1586).
[24]A. E. Housman. *A Shropshire Lad* [Um rapaz de Shropshire]. Londres, 1896, estrofe 40.

Sobre a leitura de livros antigos

O presente livro é uma espécie de experimento. A tradução destina-se ao mundo em geral, não apenas a alunos de teologia. Se obtiver êxito, outras traduções de outros grandes livros cristãos presumivelmente virão em seguida. Em um sentido, é claro, ela não é a primeira na área. Traduções de *Theologia Germanica*,[25] *Imitação*,[26] *Scale of Perfection*[27] e *Revelações*, de Juliana de Norwich,[28] já estão no mercado e são muito valiosas, embora algumas delas não sejam muito eruditas. Não obstante, será observado que eles são livros de devoção, não de doutrina. Ora, o leigo ou amador precisa ser instruído e exortado também. Nesta época, sua necessidade de conhecimento é de grande premência. Eu tampouco admitiria qualquer divisão drástica entre os dois tipos de livro. Minha tendência é considerar os livros doutrinários muitas vezes mais proveitosos na devoção do que os livros devocionais, e suspeito que a mesma experiência aguarde muitas outras pessoas. Creio que muitos daqueles que acham que "nada acontece" quando se sentam ou se ajoelham para ler um livro devocional acabam descobrindo, hora ou outra, que seu coração canta espontaneamente ao destrinchar densas teologias com um cachimbo entre os dentes e um lápis na mão.

Esta é uma boa tradução de um livro excelente. Atanásio perdeu um pouco do apreço popular por causa de uma frase no "Credo Atanásio".[29] Não insistirei no argumento de que essa obra não é exatamente um credo e que tampouco o era para Atanásio, pois a considero excelente. Pois bem, a ofensa é vista nas seguintes palavras: "A menos que cada um observe a lei íntegra e

---

[25] Tratado místico anônimo do século XIV.
[26] *Imitação de Cristo*, um manual de devoção espiritual posto em circulação pela primeira vez em 1418. A autoria é tradicionalmente atribuída a Tomás de Kempis (c. 1380—1471).
[27] De Walter Hilton (falecido em 1396), místico inglês.
[28] *Revelações do amor divino*, de Juliana de Norwich (c. 1342—após 1413).
[29] Uma profissão de fé encontrada no *Livro de oração comum* inglês.

imaculada, certamente perecerá para sempre". Elas costumam ser mal interpretadas, pois a palavra-chave é *observar*, não *aceitar* nem mesmo *crer*, mas *observar*. O autor, porém, não está falando sobre incrédulos, mas sobre apóstatas; não sobre quem nunca ouviu falar de Cristo nem sobre quem o compreendeu mal e se recusou a aceitá-lo, mas sobre quem, após realmente ter entendido e crido, permite ser — sob a influência da indolência, dos costumes ou de qualquer outra confusão instigada — atraído para modos de pensamento subcristãos. Essas palavras são uma advertência contra o curioso pressuposto moderno de que todas as mudanças de crença, independentemente de como tenham sido ocasionadas, são sempre isentas de culpa.[30] Contudo, esta não é minha preocupação imediata. Menciono o "Credo (comumente chamado) de Atanásio" apenas para tirar da mente do leitor o que talvez fosse um espectro e colocar o verdadeiro Atanásio em seu lugar. O epitáfio dele diz: *Athanasius contra mundum*, isto é, "Atanásio contra o mundo". Nós temos orgulho de nosso país por ter se colocado mais de uma vez contra o mundo. Atanásio fez o mesmo. Ele defendeu a doutrina trinitária, "íntegra e imaculada", quando parecia que todo o mundo civilizado estava regredindo do cristianismo para a religião de Arius[31] — para uma daquelas religiões sintéticas "sensatas" recomendadas com tanta veemência hoje e que, tanto então quanto agora, incluíam entre seus devotos muitos clérigos extremamente cultos. A glória dele é não ter mudado com o tempo; sua recompensa é permanecer ainda hoje, quando aqueles tempos, como todos os tempos, já passaram.

Quando abri seu livro *De Incarnatione* pela primeira vez, logo descobri, por meio de um teste muito simples, que estava lendo uma obra-prima. Eu entendia grego cristão muito pouco,

---

[30]Veja Hebreus 6:4 *et seq.*
[31]Ário (c. 250—336), defensor da doutrina subordinacionista sobre a pessoa de Cristo.

exceto o Novo Testamento, e esperava enfrentar dificuldades. Para meu espanto, achei o texto quase tão fácil quanto Xenofonte; e só a mente de um mestre poderia, no quarto século, ter escrito com tanta profundidade a respeito de tal assunto com uma simplicidade tão clássica. A cada página que lia, a impressão se confirmava. Sua abordagem dos milagres é extremamente necessária hoje, pois é a resposta final aos que lhes apresentam objeções como se aqueles fossem "violações arbitrárias e absurdas das leis da natureza".[32] Ali eles são retratados como o recontar, em letras maiúsculas, da mesma mensagem que a natureza escreve com sua obscura letra cursiva; como as operações que se poderia esperar de Alguém tão cheio de vida que, quando desejou morrer, precisou "tomar emprestada a morte de outros". O livro inteiro, de fato, é um retrato da árvore da vida — um livro vigoroso e precioso, repleto de vitalidade e segurança. Não podemos, admito, nos apropriar de toda a sua segurança nos dias de hoje. Não podemos apontar para a virtude elevada da vida cristã nem para a coragem alegre, quase zombeteira, do martírio cristão como prova de nossas doutrinas com a mesma segurança com que Atanásio as considerava uma consequência natural. Mas quem quer que seja o culpado por isso, não é Atanásio.

A tradutora conhece o grego cristão muito mais do que eu, de modo que não me caberia elogiar sua versão. Contudo, esta me parece seguir a tradição adequada da tradução para o inglês. Não creio que o leitor encontrará aqui aquele aspecto fastidioso, tão comum em versões modernas de línguas antigas. É só isso o que o leitor de língua inglesa perceberá; aqueles, porém, que compararem a versão com o original serão capazes de estimar quanto apuro e talento está por trás de escolhas como, por exemplo, "*those wiseacres*" ("estes sabichões"), logo na primeira página.

---

[32] Alguns anos após isso ter sido escrito, o próprio Lewis redigiu uma admirável defesa dos milagres em sua obra *Miracles: A Preliminary Study*. Londres, 1947.

CAPÍTULO 5

Duas palestras

"Assim", disse o palestrante, "Termino onde comecei. A evolução, o desenvolvimento, a luta lenta para o alto e avante de seres rudimentares e incipientes à crescente perfeição e elaboração — esta parece ser a fórmula de todo o universo.

Vemos isso ilustrado em tudo o que estudamos. O carvalho vem da semente. A locomotiva gigante que temos hoje vem do foguete. As maiores realizações da arte contemporânea provêm de uma linha contínua iniciada nos rabiscos primitivos com os quais o homem pré-histórico adornava as paredes da caverna.

O que são a ética e a filosofia do homem civilizado senão uma milagrosa elaboração dos mais primitivos instintos e tabus selvagens? Cada um de nós se transformou — ao longo de lentas fases pré-natais nas quais éramos, a princípio, mais parecidos com peixes do que com mamíferos — a partir de uma partícula de matéria pequena demais para ser vista. O próprio homem vem dos animais; o orgânico, do inorgânico. Desenvolvimento é a palavra-chave. O caminho de todas as coisas é do inferior para o superior."

Nada disso, é claro, era novo para mim ou para qualquer um na plateia. Porém, o conteúdo foi apresentado com muita qualidade (muito melhor do que em minha reprodução aqui), e tanto a voz quanto a figura do palestrante eram impressionantes.

Bem, pelo menos elas impressionaram a mim; caso contrário, eu não conseguiria explicar o sonho curioso que tive aquela noite.

Eu sonhei que estava ainda na palestra, e a voz ressoava do palco. No entanto, o homem dizia coisas erradas. Ou, então, talvez tivesse falado coisas certas até o momento em que cheguei, mas, sem dúvida, começou a falar coisas erradas depois disso. As palavras de que pude me lembrar quando acordei foram as seguintes: "[...] parece ser a fórmula de todo o universo. Vemos isso ilustrado em tudo o que estudamos. A semente vem do carvalho totalmente desenvolvido. O primeiro motor rudimentar, o foguete, vem não de um motor ainda mais rudimentar, mas de algo muito mais perfeito do que ele mesmo e muito mais complexo: a mente do homem, e de um homem talentoso. Os primeiros desenhos pré-históricos vêm, não de rabiscos primitivos, mas da mão e do cérebro de seres humanos em nada inferiores a nós; a propósito, é evidente que o primeiro homem a conceber a ideia de desenhar uma gravura deve ter tido um talento muito maior do que qualquer artista que o sucedeu. O embrião a partir do qual a vida de cada um de nós começou não se originou de algo ainda mais embrionário, mas de dois seres humanos plenamente desenvolvidos: nossos pais. Declínio — o movimento descendente — é a palavra-chave. O caminho de todas as coisas é do superior para o inferior. As coisas rudimentares e imperfeitas sempre provêm das perfeitas e desenvolvidas."

Eu não pensei muito no assunto enquanto me barbeava, mas, já que o aluno das dez não compareceria naquela manhã, pude sentar-me para refletir sobre o sonho após responder minhas cartas.

Parecia-me que havia muito a ser dito a favor do palestrante do sonho. É verdade que vemos, ao nosso redor, coisas partindo de começos pequenos e rudimentares rumo à perfeição; contudo, é igualmente verdade que os próprios começos pequenos e rudimentares sempre se originam de algo totalmente crescido e desenvolvido. Todos os adultos já foram bebês, é verdade; porém, todos os bebês são gerados e nascidos de adultos. O milho vem da semente; porém, a semente vem do milho. Eu poderia até mesmo citar um exemplo que o professor do sonho esqueceu. Todas as civilizações se desenvolvem a partir de pequenos começos; porém, quando olhamos para elas, sempre descobrimos que estes pequenos começos "se desprenderam" (assim como a semente se desprende do carvalho) de alguma outra civilização madura. As armas e até mesmo a culinária dos antigos bárbaros germânicos são, por assim dizer, destroços do navio naufragado da civilização romana. O ponto de partida da cultura grega é o que restou das antigas culturas minoicas suplementado por restos da civilização egípcia e fenícia.

Mas então, pensei, como fica a primeira civilização de todas? Assim que me fiz essa pergunta, percebi que o palestrante do sonho escolhera seus exemplos com cautela. Ele havia falado apenas sobre coisas que podemos ver acontecendo ao nosso redor e deixado de lado a questão dos começos absolutos. Ele havia, com bastante razão, pontuado que, no presente e no passado *histórico*, nós vemos a vida imperfeita sendo gerada pela vida perfeita e *vice-versa*. No entanto, ele nem mesmo tentou esboçar uma resposta ao verdadeiro palestrante a respeito do início de toda a vida. A opinião deste era que, quando se voltava ao passado longínquo — àquelas partes do passado que menos se conhece —, descobria-se um começo absoluto, algo pequeno e imperfeito.

Esse era um ponto a favor do palestrante verdadeiro. Ele, pelo menos, tinha uma teoria sobre o começo absoluto, ao passo que o palestrante do sonho havia passado por cima do assunto. Mas será que o palestrante verdadeiro também não tinha passado um pouco por cima do assunto? Afinal, ele nem sequer insinuara que sua teoria das primeiras origens pressupunha a crença de que os hábitos da natureza haviam se alterado completamente desde aquela época. Os hábitos atuais mostram-nos um ciclo sem fim:

o pássaro vem do ovo, e o ovo vem do pássaro. Todavia, segundo ele, deveríamos acreditar que tudo começou com um ovo que não foi precedido por um pássaro. Talvez até tenha sido assim. No entanto, toda a plausibilidade *prima facie* de seu ponto de vista — a facilidade com que o público o aceitou como algo natural e óbvio — só foi possível porque ele passou por cima da imensa diferença entre esse processo e os processos que de fato observamos. Ele fez isso chamando nossa atenção para o fato de que os ovos viram aves e fazendo-nos esquecer que aves botam ovos. Nós fomos treinados para fazer isso durante toda a vida; treinados para contemplar o universo com um olho fechado. Faz-se com que o "desenvolvimentalismo" pareça plausível por uma espécie de truque.

Pela primeira vez na vida, passei a considerar a questão com os dois olhos abertos. No mundo que conheço, o perfeito produz o imperfeito, o qual, por sua vez, se torna perfeito — o ovo gera a ave, e a ave gera o ovo — em uma sucessão interminável. Se alguma vez tivesse havido uma vida gerada de modo espontâneo a partir de um universo puramente inorgânico ou uma civilização edificada pelas próprias forças a partir de pura selvageria, este acontecimento teria sido totalmente diferente dos começos de todas as vidas e civilizações subsequentes. Isso pode ter acontecido, mas toda a plausibilidade se esvai. Em qualquer um dos pontos de vista, o primeiro começo deve ter estado fora dos processos normais da natureza. Um ovo que não procede de ave alguma não é mais "natural" do que uma ave que existe desde toda a eternidade. E, uma vez que a sequência ovo-ave-ovo não leva a começo plausível algum, não seria razoável buscar a verdadeira origem em algum lugar fora de toda essa sequência? É preciso sair dos mecanismos e ir para o mundo dos homens a fim de se encontrar o verdadeiro criador do foguete. Ora, não é igualmente razoável procurar o verdadeiro criador da ordem natural fora da natureza?

CAPÍTULO | 6

Meditação
em um galpão de
ferramentas

Hoje, passei alguns momentos dentro de um escuro galpão de ferramentas. O sol brilhava lá fora, e, pela fresta acima da porta, entrava um raio. De onde eu estava, aquele feixe de luz, com partículas flutuantes de poeira, era o que mais se destacava no local. Todo o resto se encontrava quase completamente envolto em sombras. Eu via o raio de sol, não as coisas ao seu redor.

Então, me movi de modo que o raio apontasse para meus olhos. No mesmo instante, toda a imagem anterior desapareceu. Eu não via mais o galpão nem (de modo destacado) o feixe de luz. Em vez disso, via, emolduradas pela fenda irregular acima da porta, folhas verdes movimentando-se nos galhos de uma árvore lá fora e, atrás delas, a mais ou menos 145 milhões de quilômetros, o Sol. Olhar na direção do raio e olhar para o raio são experiências muito diferentes.

Este é apenas um exemplo muito simples da diferença entre olhar na direção de algo e olhar para algo. Um jovem conhece uma garota. O mundo se transforma quando ele a vê. A voz dela lhe traz à lembrança algo de que procurou se lembrar a vida toda, e dez minutos de conversa com ela são mais preciosos do que todos os favores que as outras mulheres do mundo poderiam lhe prestar. Ele está, como se diz, "apaixonado". Então, vem um cientista e descreve a experiência deste jovem observando-a de fora. Para ele, é tudo uma questão de genes e estímulos biológicos reconhecidos. Essa é a diferença entre olhar *na direção* do impulso sexual e olhar *para* ele.

Quando pegamos a prática dessa distinção, encontramos exemplos em todo lugar. O matemático, em seus momentos de reflexão, tem a impressão de estar contemplando verdades fora do espaço e do tempo acerca de quantidades. Porém, se o fisiologista cerebral pudesse olhar dentro da cabeça do matemático, nada encontraria situado fora do tempo e do espaço; apenas minúsculos movimentos na massa cinzenta. O selvagem dança em êxtase à meia-noite diante de Nyonga e acredita, com todo o seu ser, que sua dança está ajudando a produzir novas colheitas, a chuva primaveril e os bebês. O antropólogo, ao observar o selvagem, apenas registra a realização de um ritual de fertilidade do tipo tal e tal. A menina chora porque a boneca quebrou, como se tivesse perdido uma amiga de verdade; já o psicólogo diz que seu instinto maternal transbordou temporariamente sobre um pedaço de cera modelada e pintada.

Assim que percebemos essa simples distinção, uma pergunta surge. Uma vez que olhar para algo e olhar na direção de algo produzem experiências diferentes, qual é a experiência "verdadeira" ou "válida"? Qual delas nos diz mais sobre o objeto? E não podemos fazer essa pergunta sem notar que, mais ou menos durante os últimos cinquenta anos, todos têm agido como se a resposta fosse óbvia. Pressupõe-se, sem discussão, que se quisermos a verdadeira explicação da religião, não devemos consultar religiosos, mas antropólogos; que, se quisermos a verdadeira explicação do amor sexual, não devemos consultar amantes, mas psicólogos; que, se quisermos compreender alguma "ideologia" (tal como a cavalaria medieval ou a ideia de "cavalheirismo" do século XIX), é preciso dar ouvidos não àqueles que viveram naqueles contextos, mas a sociólogos.

As pessoas que olham *para* as coisas desfrutam de uma posição favorável; aquelas que olham *na direção* das coisas são simplesmente desprezadas. Passou a ser aceita até mesmo a ideia de que a explicação externa de algo refuta ou "desmistifica", de alguma forma, a explicação dada internamente. "Todos esses ideais morais que parecem tão belos e transcendentais vistos de dentro", diz o sabichão, "são, na verdade, apenas uma massa de instintos biológicos e tabus herdados." E ninguém inverte a situação respondendo: "Se você olhar de dentro, as coisas que lhe parecem instintos e tabus de repente revelarão sua verdadeira natureza transcendental".

Essa é, na verdade, toda a base do tipo específico de pensamento "moderno". E — talvez você se pergunte — por acaso ela não é uma base bastante razoável? Afinal de contas, somos muitas vezes enganados pelas coisas do lado de dentro. Por exemplo, a garota que nos parece tão maravilhosa quanto estamos apaixonados pode ser, na realidade, uma pessoa muito comum, tola ou desagradável. A dança do selvagem para Nyonga, na verdade, não produz colheitas. Por termos sido enganados durante tanto tempo olhando na direção das coisas, não seria um bom conselho que apenas olhássemos para elas — que, de fato, desconsiderássemos todas as experiências internas?

Bem, não. Existem duas objeções fatais contra o ato de desconsiderar *todas* as experiências internas. E a primeira é esta. Nós as desconsideramos a fim de pensar com mais precisão. Porém, não podemos pensar — e, logo, não podemos pensar com precisão — se nada temos *sobre* o que pensar. Um fisiologista, por exemplo, pode estudar a dor e descobrir que ela "é" (seja lá o que *é* significa) determinado acontecimento neural. Todavia, a palavra *dor* não teria sentido algum a menos que ele tivesse pessoalmente "estado do lado de dentro" por meio do verdadeiro sofrimento. Se ele nunca tivesse olhado *na direção* da dor, simplesmente não saberia *para* o que estava olhando.

Meditação em um galpão de ferramentas

O próprio objeto de suas inquisições externas só existe porque o fisiologista esteve, pelo menos uma vez, do lado de dentro.

Este exemplo talvez nunca venha a ocorrer — afinal, todos já a sentiram alguma vez —, mas é muito fácil passar a vida toda dando explicações sobre religião, amor, moral, honra e outras coisas sem se ter estado do lado de dentro de qualquer uma delas. E, se fizermos isso, estaremos apenas jogando com palavras. Estaremos explicando algo sem saber o quê. É por isso que uma grande parte do pensamento contemporâneo é, a rigor, sobre nada — todo o aparato do pensamento funciona no vácuo.

Agora, voltemo-nos à outra objeção, ao galpão de ferramentas. Eu poderia ter desconsiderado o que vi quando olhei na direção do raio (isto é, as folhas se movendo e o Sol) alegando que aquilo era, "na verdade, apenas um feixe de luz poeirento em um galpão escuro". Ou seja, eu poderia ter definido como "verdadeira" minha "visão lateral" do raio. Porém, essa visão lateral é, em si, um aspecto da atividade a que chamamos de ver. E este novo aspecto também poderia ser olhado de fora. Um cientista poderia me dizer que aquilo que parecia ser um feixe de luz no galpão era, "na verdade, apenas uma agitação de meus nervos óticos". E isso seria igualmente uma desconsideração: a imagem do raio de luz no galpão de ferramentas teria agora de ser desconsiderada tal como a imagem anterior das árvores e do Sol. E então, onde você está?

Em outras palavras, só é possível sair de uma experiência entrando em outra. Deste modo, se todas as experiências internas são enganadoras, estamos sempre enganados. O fisiologista cerebral pode dizer, se quiser, que o pensamento do matemático é "apenas" um minúsculo movimento físico da massa cinzenta. Mas e quanto ao pensamento do próprio fisiologista cerebral naquele exato momento? Um segundo fisiologista, analisando-o, poderia afirmar que também se trata apenas de um minúsculo movimento físico no crânio do primeiro fisiologista. Até onde vai essa tolice?

A resposta é que nunca devemos permitir que essa tolice comece. Devemos, a fim de não correr o risco de idiotismo, negar, desde o início, a ideia de que o olhar *para* é intrinsecamente mais verdadeiro ou que é melhor do que olhar *na direção de*. É preciso olhar tanto *na direção de* quanto *para* tudo. Em determinados casos, encontraremos razão para considerar inferior uma das duas perspectivas. Por exemplo, a visão interna do pensamento racional deve ser mais verdadeira do que a visão externa, que vê apenas movimentos da massa cinzenta; afinal, se a visão externa fosse a correta, nenhum pensamento (incluindo este próprio pensamento) teria valor, e isto é contraditório. Não é possível existir uma prova de que nenhuma prova importa. Já a visão interna da dança do selvagem para Nyonga, por sua vez, pode ser considerada enganadora porque encontramos razões para crer que colheitas e bebês não são afetados por ela. Na verdade, temos de considerar cada caso individualmente. Contudo, devemos começar sem preconceito com relação a qualquer uma das perspectivas. Não sabemos de antemão se é o amante ou o psicólogo quem fornece a explicação mais correta do amor, nem se ambas as explicações são igualmente corretas de maneiras diferentes ou se ambas são igualmente erradas. Precisamos apenas descobrir. Mas o desprezo tem de acabar.

CAPÍTULO 7

Fragmentos

1

— Bem, — disse meu amigo — não vejo razão para não haver livros no céu. Porém, acho que nossa biblioteca lá conterá apenas alguns dos livros que tínhamos na terra.

— Quais? — perguntei.

— Os que doamos ou emprestamos.

— Espero que estes últimos não tenham marcas de dedo das pessoas que os tomaram emprestado — falei.

— Ah, eles terão — respondeu ele. — Porém, assim como as feridas dos mártires terão se transformado em beleza, você verá que as marcas de dedo terão se transformado em belas letras adornadas ou detalhes laterais requintados nos livros.

2

"Os anjos", disse ele, "não têm sentidos; sua experiência é puramente intelectual e espiritual. É por isso que conhecemos algo acerca de Deus que eles não conhecem. Existem aspectos específicos de seu amor e de sua alegria que só podem ser transmitidos a um ser criado por experiência sensorial. Certas coisas a respeito de Deus que os serafins não são capazes de entender fluem para nós do azul do céu, do sabor do mel, do delicioso abraço da água, seja fria ou quente, e até mesmo do próprio sono."

3

— Você está sempre me puxando para baixo — disse eu ao meu corpo.

— Puxando *você* para baixo! — respondeu ele — Bem, eu gosto disso! Quem foi que me ensinou a gostar de tabaco e álcool? Você, é claro, com sua ideia adolescente absurda de ser "adulto". Meu paladar detestou ambos a princípio, mas você fez o que queria. Quem foi que pôs fim a todos aqueles pensamentos indignados e vingativos de ontem à noite? Eu, é claro, insistindo em pegar no sono. Quem é que se esforça ao máximo para impedi-lo de falar demais e comer demais, fazendo com que você sinta secura na garganta, dor de cabeça e indigestão? Hein?

— E o sexo? — perguntei.

— O que é que tem? — replicou o corpo. — Se você e sua maldita imaginação me deixassem em paz, eu não lhe causaria problemas. Isso tudo vem da alma; você me dá ordens e, em seguida, me culpa por cumpri-las!

4

— Quando oramos por coisas específicas, — disse eu — sempre me parece que estamos aconselhando Deus quanto à melhor forma de governar o mundo. Não seria mais sensato aceitar que ele sabe o que é melhor?

— Com base no mesmo princípio — disse ele —, suponho que você nunca peça à pessoa sentada ao seu lado que lhe passe o sal, uma vez que Deus é quem sabe se você deve usar o sal ou não. E suponho que você nunca leve um guarda-chuva consigo, pois Deus é quem sabe se você deve ficar seco ou molhado.

— Isso é muito diferente — protestei.

— Não vejo como poderia ser diferente — replicou ele. — É estranho que ele nos tenha permitido influenciar o curso dos acontecimentos. Mas, uma vez que nos permite fazer isso de uma forma, não vejo por que não nos deixaria fazê-lo de outra.

CAPÍTULO 8

O declínio da religião

Pelo que observo nos jovens de Oxford atualmente, é muito fácil chegar a conclusões opostas quanto à situação religiosa daquilo que chamamos de "nova geração" — muito embora os universitários incluam homens e mulheres quase tão divididos entre si em idade, pontos de vista e experiências quanto eles mesmos se encontram divididos com relação aos professores. Muitas evidências podem ser apresentadas para demonstrar tanto que a religião se encontra em declínio final nesse meio, quanto que um novo interesse por ela é uma das características mais notáveis ali. E, de fato, algo que pode ser chamado de "declínio" e algo que pode ser chamado de "reavivamento" estão acontecendo ao mesmo tempo. Talvez seja mais útil procurar compreender ambos do que tentar encontrar um "vencedor".

Diz-se que o "declínio da religião", tanto lamentado (ou bem-vindo) é demonstrado pelas capelas vazias. Ora, é bem verdade que as capelas que costumavam estar cheias em 1900 estão vazias em 1946. Contudo, essa mudança não foi gradual. Ela aconteceu no exato momento em que o comparecimento à capela nas faculdades deixou de ser obrigatório. Não foi exatamente um declínio; foi um precipício. As sessenta pessoas que costumavam ir porque o horário do culto era um pouco mais tarde do que o horário exigido para aquelas que não compareciam¹ (sua única alternativa para dormir um pouco mais) deixaram de ir; restaram, então, cinco cristãos. A eliminação da obrigatoriedade não criou uma nova situação religiosa; apenas revelou a situação que já existia há muito tempo. E isso é típico do "declínio da religião" em toda a Inglaterra.

Em todas as classes e regiões do país, a prática visível do cristianismo cresceu muito menos nos últimos cinquenta anos. Isso é considerado, muitas vezes, uma demonstração de que a nação como um todo abandonou a perspectiva cristã e adotou uma perspectiva secular. Todavia, se julgarmos o século XIX com base nos livros nele escritos, a perspectiva de nossos avós (com pouquíssimas exceções) era tão secular quanto a nossa. Os romances de Meredith, Trollope e Thackeray não foram escritos por ou para pessoas que enxergam este mundo como a antecâmara da eternidade, que consideram o orgulho o maior dos pecados, que desejam ser pobres de espírito e que esperam uma salvação sobrenatural. Ainda mais significativa é a ausência de qualquer interesse pela encarnação na obra *Um conto de Natal*, de Dickens. Maria, os magos e os anjos são substituídos por "espíritos" de sua própria invenção, e os animais presentes não são o boi e o jumento no estábulo, mas o ganso e o peru na loja de aves. Mais impressionante é o trigésimo terceiro capítulo de *The Antiquary*, no qual o Lord Glenallan perdoa a idosa Elspeth por uma ofensa intolerável. Glenallan é retratado por Scott como um eterno penitente e asceta, um homem cujos pensamentos estavam, há anos, fixos no sobrenatural. Porém, quando tem de perdoar, nenhuma motivação cristã entra em cena: a batalha é

---

¹Depois que passou a haver um grande número de alunos não anglicanos nas faculdades de Oxford, aqueles que não desejavam frequentar o culto matutino na capela eram obrigados a se apresentar ao reitor cinco ou dez minutos antes do culto para ter o nome colocado na lista de chamada. Assim, aqueles que não compareciam à capela tinham de levantar mais cedo do que os outros. Nem o comparecimento à capela nem a chamada são obrigatórios hoje.

vencida pela "generosidade de sua natureza". Não ocorre a Scott que os fatos, os momentos de solidão, o rosário e o confessor do personagem, por mais úteis que sejam como "propriedades" românticas, poderiam estar efetivamente associados a uma ação séria que diz respeito ao enredo do livro.

Espero não ser mal interpretado. Não quero dizer que Scott não foi um escritor corajoso, generoso, honorável e ilustre. Quero dizer que, em sua obra, assim como na obra da maioria de seus contemporâneos, apenas valores seculares e naturais são levados a sério. Platão e Virgílio estão, nesse sentido, mais próximos do cristianismo do que eles.

Assim, o "declínio da religião" torna-se um fenômeno muito ambíguo. Uma maneira de apresentar a verdade seria dizer que a religião que decaiu não foi o cristianismo. Foi, em vez disso, um vago teísmo com um código ético forte e viril que, longe de ter se oposto ao "mundo", foi absorvido por toda a trama de instituições e sentimentos ingleses. Deste modo, ele exigia o comparecimento à igreja como (na melhor das hipóteses) parte da lealdade e considerava as boas maneiras (na pior das hipóteses) uma prova de respeitabilidade. Por esta razão, uma pressão social tal qual a eliminação da obrigatoriedade não gerou uma nova situação. A nova liberdade possibilitou que observações precisas fossem feitas pela primeira vez. Quando ninguém vai à igreja por outro motivo salvo Cristo, o número de crentes verdadeiros pode finalmente ser descoberto. É preciso acrescentar que esta nova liberdade foi, em parte, causada pelas próprias condições reveladas. Se as diversas forças anticlericais e antiteístas em operação no século XIX tivessem precisado atacar um corpo sólido de cristãos radicais, a história poderia ter sido diferente. Porém, a mera "religião" — "moral com um pouco de emoção", "aquilo que o homem faz com sua solidão", "a religião de todos os homens bons" — tem pouco poder de resistência. Ela não é boa em dizer não.

O declínio da "religião", assim compreendida, parece-me ser uma bênção em certos aspectos. Na pior das hipóteses, ela esclarece a questão. Para os universitários modernos, o cristianismo é considerado, no mínimo, uma das opções intelectuais de que dispõem. Ele está, por assim dizer, na pauta do dia: pode ser discutido — e uma conversão pode acontecer. Lembro-me de épocas em que isso era muito mais difícil. A "religião" (distinta do cristianismo) era vaga demais para ser debatida ("sagrada demais para ser mencionada com leviandade") e tão confundida com sentimentos e boas maneiras, que era considerada um tema embaraçoso. Caso precisasse ser discutida, isso era feito na surdina. Certo aspecto da vergonha da cruz é, e deveria ser, irremovível. Porém, o mero constrangimento social e sentimental se foi. A névoa da "religião" desfez-se; o posicionamento e o tamanho de ambos os exércitos podem ser observados, e um tiroteio real agora é possível.

O declínio da "religião" é, sem dúvida, uma coisa negativa para o "mundo". Por causa dele, suponho que todas as coisas que fizeram da Inglaterra um país razoavelmente feliz correm perigo: a relativa pureza de sua vida pública, a relativa humanidade de sua força policial e a possibilidade de certo respeito e bondade mútuos entre adversários políticos. Contudo, não estou certo de que ele torna conversões ao cristianismo mais raras ou difíceis; talvez o contrário. Ele faz com que a escolha seja mais inevitável. Quando a Távola Redonda é quebrada, os homens precisam seguir ora Galaaz ora Mordred: não há mais meio-termo.

Basta acerca do declínio da religião; voltemo-nos agora para o reavivamento cristão. Aqueles que alegam haver tal reavivamento apontam para o sucesso (conforme pode ser medido pelas vendas) de vários escritores que são explícita e até mesmo agressivamente cristãos, para a aparente popularidade de palestras sobre temas teológicos e para a enérgica atmosfera de discussões nada hostis em que vivemos. Na verdade, eles apontam para aquilo que já ouvi sendo descrito como "a fraude cristã intelectual". É difícil descrever o fenômeno em termos neutros; mas talvez ninguém negue que o cristianismo tenha hoje "ganhado visibilidade" em meio à *intelligentsia* mais jovem diferentemente de, digamos 1920. A diferença é que agora os calouros falam como se a posição anticristã fosse óbvia. A época da "simples não fé" chegou ao fim tanto quanto aquela da "simples fé".

Nesse aspecto, aqueles que estão do mesmo lado que eu estão bem satisfeitos. Temos motivo para agradecer; e os comentários que tenho a acrescentar procedem, espero, não de um desejo natural da meia-idade de jogar água fria em toda e qualquer iniciativa, mas apenas do desejo de evitar, e, portanto, frustrar possíveis decepções.

Em primeiro lugar, todo aquele que aceita o cristianismo deve admitir que um maior interesse por ele, ou até mesmo uma medida crescente de assentimento intelectual, é muito diferente da conversão da Inglaterra ou mesmo de uma única alma. A conversão exige uma alteração da vontade, e uma alteração que, em última instância, não ocorre sem a intervenção do sobrenatural. No entanto, eu não concordo, de modo algum, com aqueles que concluem a partir disso que a disseminação de um clima intelectual (e imaginativo) favorável ao cristianismo é inútil. Os fabricantes de munição não são considerados inúteis porque não vencem as batalhas, por mais apropriado que seja lembrar este fato específico caso eles procurassem reivindicar para si a honra devida aos combatentes. Se, em decorrência de um clima intelectual apropriado, a razão e a imaginação do homem não estiverem do lado errado quando ele chegar à crise na qual deve ora aceitar, ora rejeitar Cristo, o conflito acontecerá sob condições favoráveis. Aqueles que ajudam a produzir e a difundir tal clima desempenham, portanto, um trabalho útil; porém, ao mesmo tempo, não grande coisa. Sua parcela é modesta; e é sempre possível que nada — absolutamente nada — resulte daí. Muito mais acima do que eles, está aquele personagem que, até onde sei, o movimento cristão atual ainda não produziu — o *Pregador* no sentido pleno, o Evangelista, o homem em chamas, o homem que contagia. O propagandista, o apologista, representa apenas João Batista; o Pregador representa o próprio Senhor. Ele será enviado — ou então não surgirá. Porém, a menos que venha, nós, meros intelectuais cristãos, não realizaremos muita coisa. Isso, entretanto, não significa que devemos parar de trabalhar.

Em segundo lugar, devemos lembrar que um interesse amplo e vivo por determinado assunto é justamente o que chamamos de moda. E a natureza da moda é não durar. O movimento cristão atual pode, ou não, ter um longo futuro adiante. No entanto, cedo ou tarde, ele perderá a atenção pública; em um lugar como Oxford, tais mudanças acontecem com uma rapidez extraordinária. Bradley e outros idealistas perderam força após pouco tempo; o plano Douglas, ainda mais de repente; e os vorticistas, da noite para o dia.[2] (Quem se lembra do *pogobol*? Que lê *Childermass*?)[3] Seja lá o que a mera moda tenha trazido ao sucesso atualmente, ela mesma o levará embora. As conversões verdadeiras permanecerão; nada mais. Nesse sentido, podemos estar à beira de um reavivamento cristão real e permanente. Porém, ele acontecerá de modo lento e obscuro em grupos pequenos. A luz do sol atual (se é que posso chamá-lo assim) é certamente temporária. O grão deve ser colocado no celeiro antes que chegue a época de chuvas.

Tal mutabilidade é o destino de todos os movimentos, modas, climas intelectuais e similares. Porém, o movimento cristão

---

[2] F. H. Bradley (1846—1924) foi membro da Merton College, Oxford, e autor de *Appearance and Reality* [Aparência e realidade] (Londres, 1893). Major C. H. Douglas, socioeconomista, escreveu, entre outras obras, *Social Credit* [Crédito social] (Londres, 1933). Os vorticistas foram uma escola de artistas da década de 1920.
[3] Ninguém, praticamente. Até onde consegui descobrir, o *pogobol*, ou *pogo-stick*, inventado em 1922, é uma haste com uma mola utilizada para saltar. *Childermass* foi escrito por P. Wyndham Lewis (Londres, 1928).

O declínio da religião

também enfrenta algo mais sério do que a simples inconstância do gosto. Nós ainda não tivemos (pelo menos em meio aos jovens de Oxford) uma oposição realmente feroz. Contudo, se obtivermos muitos outros êxitos, ela certamente surgirá. O inimigo ainda não achou que vale a pena direcionar todas as suas forças contra nós. Mas ele logo o fará. Isso acontece na história de todo movimento cristão, a começar pelo ministério do próprio Cristo. No início, ele é bem-vindo por todos os que não têm motivo especial para a ele se opor; nesta fase, quem não é contra é a favor. O que os homens observam é a diferença do movimento em relação aos aspectos do mundo que eles já desprezam. Depois, entretanto, à medida que o verdadeiro significado das declarações cristãs se torna evidente, bem como sua exigência de rendição total e o enorme abismo entre natureza e *sobrenatureza*, os homens se "ofendem" cada vez mais. Antipatia, terror e, por fim, ódio vêm à tona. Ninguém dos que se recusam a dar o que as declarações cristãs pedem (e elas tudo pedem) pode suportá-las; quem não é a favor passa a ser contra. É por isso que não devemos promover uma imagem do atual movimento intelectual como algo que está simplesmente crescendo, difundindo-se e regenerando milhões por meio de uma agradável racionalidade. Muito antes de ele se tornar tão importante assim, haveria uma verdadeira oposição, e estar do lado cristão custaria ao homem (no mínimo) sua carreira. Lembre-se, porém, de que, na Inglaterra, a oposição muito provavelmente será *chamada* de cristianismo (ou cristocracia, cristianismo britânico ou algo do gênero).

Eu acho — mas como poderia saber? — que tudo está indo razoavelmente bem. Mas ainda é cedo. Nenhuma armadura, nossa ou de nossos inimigos, está mobilizada ainda. Os combatentes sempre tendem a imaginar que a guerra está mais longe do que realmente está.

CAPÍTULO 9

Vivissecção

A coisa mais rara do mundo é ouvir uma discussão racional sobre vivissecção. Aqueles que a desaprovam costumam ser acusados de "sentimentalismo", e, com muita frequência, seus argumentos justificam a acusação. Eles pintam imagens de lindos cãezinhos sobre mesas de dissecação. No entanto, o outro lado está sujeito exatamente à mesma coisa. Eles também, muitas vezes, defendem a prática pintando imagens do sofrimento de mulheres e crianças que só pode ser aliviado (garantem-nos) pelos frutos da vivissecção. O primeiro apelo, tão claramente quanto o segundo, é dirigido ao sentimento, ao sentimento específico que chamamos de piedade. E nenhum deles prova coisa alguma. Se a prática for correta — e, se for, é um dever —, sentir piedade dos animais é uma das tentações a que devemos resistir a fim de cumprir este dever. Se a prática for errada, sentir piedade do sofrimento humano é precisamente a tentação que mais nos seduzirá a realizá-la. Todavia, a pergunta em questão — se a vivissecção é certa ou errada — permanece sem resposta.

Uma discussão racional sobre o assunto deve começar inquirindo-se a dor é, ou não é, um mal. Se não for, o argumento contra a vivissecção vem abaixo. Contudo, também vem abaixo o argumento a favor dela. Afinal, se a prática não for defendida com base no fato de reduzir o sofrimento humano, com que base o será? E, se a dor não for um mal, porque o sofrimento humano deveria ser reduzido? Devemos, portanto, tomar como pressuposto para toda a discussão que a dor é um mal; caso contrário, nada há a ser discutido.

Ora, se a dor é um mal, então a imposição de dor em si é claramente um ato maligno. Há, entretanto, males necessários. Alguns atos que seriam maus em si mesmos podem ser desculpáveis e até mesmo louváveis quando funcionam como meios necessários para um bem maior. Ao afirmar que a imposição de dor propriamente dita é má, não estamos afirmando que a dor nunca deveria ser infligida. A maioria de nós acha que ela pode ser corretamente infligida em função de um bom propósito, tal como na odontologia ou em punições de caráter justo e reformatório. A questão é que ela sempre exige justificação. O homem que inflige dor carrega o fardo de mostrar por que um ato ruim em si é, em circunstâncias específicas, bom. Com relação àquele que causa prazer, cabe a nós provar (caso o critiquemos) que sua ação é errada. Porém, quando nos defrontamos com um indivíduo infligindo dor, é ele quem deve provar que sua ação é correta. Caso não o consiga fazer, é ele um homem mau.

A vivissecção só pode ser defendida mediante a demonstração de que é certo fazer uma espécie sofrer a fim de que outra seja mais feliz. E é aqui que as opiniões se dividem. O defensor cristão e o defensor "científico" comum (ou seja, naturalista) da prática seguem linhas bem diferentes.

O defensor cristão, sobretudo nos países latinos, está muito propenso a dizer que temos o direito de fazer o que quisermos com os animais porque eles "não têm alma". Mas o que isso significa? Caso signifique que os animais não têm consciência, como é que eles sabem disso? Afinal, certamente se comportam como se tivessem — pelo menos os animais superiores. Quanto a mim, estou inclinado a pensar que muito menos animais do que se supõe têm aquilo que reconhecemos como consciência.

Mas essa é apenas uma opinião. A menos que saibamos, por outros critérios, que a vivissecção é correta, não devemos correr o risco moral de afligir os animais com base em uma mera opinião. Em contrapartida, a alegação de que eles "não têm alma" talvez signifique que eles não têm responsabilidades morais e não são imortais. Contudo, a ausência de "alma" nesse sentido torna a imposição de dor a eles não mais fácil, e sim mais difícil de ser justificada. Afinal, significa que os animais não podem merecer a dor, nem lucrar moralmente por meio da disciplina que ela produz, nem podem ser recompensados com felicidade em outra vida por ter recebido sofrimento nesta. Deste modo, todos os fatores que tornam a dor mais tolerável ou um pouco menos maligna no caso de seres humanos estariam ausentes nos animais. A ausência de alma, na medida que isso tem alguma relevância para a questão, é um argumento contra a vivissecção.

A única linha racional a ser seguida pelo cristão vivisseccionista é dizer que a superioridade do homem com relação ao animal é um fato real e objetivo, garantido pela Revelação, e que a validade de se sacrificar animais para o homem é uma consequência lógica. Nós valemos "mais do que muitos pardais"[1] e, ao dizer isso, não estamos expressando uma mera preferência natural por nossa própria espécie simplesmente porque é nossa espécie, mas nos conformando a uma ordem hierárquica criada por Deus e realmente presente no universo, quer seja reconhecida, quer não. Tal posição, porém, pode não ser satisfatória. Talvez não entendamos como uma divindade benevolente poderia desejar que chegássemos a tais conclusões acerca da ordem hierárquica que criou. Talvez achemos difícil formular um direito humano de afligir animais em termos que não impliquem igualmente um direito angélico de afligir homens. E talvez pensemos

---

[1] Mateus 10:31.

que, embora uma superioridade objetiva seja alegada com razão para o homem, esta mesma superioridade deve *consistir* parcialmente de não se comportar como um vivisseccionista; que devemos demonstrar ser melhores do que os animais justamente pelo fato de reconhecermos deveres para com eles que eles não reconhecem para conosco. No entanto, para todas essas questões, pode haver opiniões diferentes e sinceras. Se, com base em nossa superioridade divinamente ordenada, um patologista cristão considera correta a prática da vivissecção e a realiza com cuidado escrupuloso de modo a evitar qualquer traço de dor desnecessária, com tremendo respeito pela responsabilidade que assume e um senso vívido do modo elevado com que a vida humana deve ser vivida a fim de justificar os sacrifícios feitos por ela, podemos (quer concordemos com ele ou não) respeitar seu ponto de vista.

Mas, é claro, a grande maioria dos vivisecionistas não tem essa base teológica. Eles são, em sua maioria, naturalistas e darwinianos. Agora, aqui, sem dúvida, deparamo-nos com um fato muito alarmante. As pessoas que repelem desdenhosamente qualquer consideração pelo sofrimento dos animais, caso ela sirva de obstáculo à "pesquisa", são as mesmas que negam com veemência, em outro contexto, a existência de qualquer diferença radical entre o homem e os outros animais. De acordo com a visão naturalista, os animais são, no fundo, exatamente o mesmo *tipo* de coisa que nós. O homem é simplesmente o antropoide mais inteligente de todos. Todos os fundamentos que o cristão poderia utilizar para defender a vivissecção são, portanto, tomados dele. Sacrificamos outras espécies em favor da nossa, não porque nossa espécie tem algum privilégio metafísico objetivo com relação às outras, mas apenas porque é a nossa própria espécie. Pode até ser muito natural demonstrar tal fidelidade à própria espécie, mas, neste caso, os naturalistas não devem mais criticar o "sentimentalismo" dos antivivisecionistas. Se a lealdade à própria espécie, se a preferência dada ao homem pelo simples fato de sermos homens não for um sentimento, então o que é? Este pode ser um sentimento bom ou mau, mas, sem dúvida alguma, é um sentimento. Tente baseá-lo na lógica para ver o que acontece!

No entanto, o aspecto mais sombrio da vivissecção é o seguinte: se um simples sentimento justifica a crueldade, por que parar em um sentimento em favor da raça humana como um todo? Afinal, existe um sentimento em favor dos homens brancos em detrimento dos negros, em favor dos *Herrenvolk* em detrimento dos não arianos, em favor dos povos "civilizados" ou "progressivos" em detrimento dos povos "selvagens" ou "retrógrados". E, por fim, em favor de nosso próprio país, partido ou classe em detrimento dos outros. Uma vez que a antiga ideia cristã de uma diferença absoluta de espécie entre o homem e o animal é abandonada, não pode ser encontrado argumento algum em favor de experimentos em animais que também não seja um argumento em favor de experimentos em homens inferiores. Se cortamos os animais em pedaços simplesmente porque eles não nos podem impedir e porque estamos defendendo nosso lado na luta pela existência, é lógico cortarmos em pedaços os tolos, os criminosos, os inimigos ou os capitalistas pelas mesmas razões. E, na verdade, os experimentos em homens já começaram. Todos nós sabemos que os cientistas nazistas os realizaram. Todos nós suspeitamos que nossos próprios cientistas começarão a praticá-los, em segredo, a qualquer momento.

O fato alarmante é que os vivisseccionistas ganharam a primeira rodada. Nos séculos XIX e XVIII, as pessoas não eram rotuladas de "chatas" quando protestavam contra a vivissecção. Lewis Carroll protestou, se me lembro corretamente de sua famosa carta, valendo-se do mesmo argumento que apresentei aqui.[2]

---

[2] GREEN, Roger Lancelyn (Org.). "Vivisection as a Sign of the Times". *The Works of Lewis Carroll*. Londres, 1965, p. 1089-1092. Veja também "Some Popular Fallacies about Vivisection", *ib.*, p. 1092-1100.

O Dr. Johnson — um homem cuja mente tinha tanta *determinação* quanto a de qualquer homem — protestou em uma observação sobre *Cimbelino*, digna de ser citada na íntegra. No ato I, cena V, a rainha explica ao médico que deseja receber venenos para fazer experimentos em "criaturas que não consideramos dignas de enforcamento — mas nenhuma delas humanas".[3] O médico responde:

> Vossa Alteza
> Apenas endurecerá o coração com esta prática.[4]

Johnson comenta: "O pensamento provavelmente teria sido mais ampliado se o autor tivesse se escandalizado com experimentos de épocas posteriores, realizados por uma raça de homens que praticaram torturas sem piedade e as relataram sem qualquer vergonha — e, ainda assim, gozaram do direito de ser chamados de seres humanos".[5]

As palavras são dele, não minhas. Na verdade, não ousamos empregar uma linguagem tão dura como essa com tamanha serenidade hoje em dia. A razão por que não ousamos é que o outro lado, na verdade, venceu. E, embora a crueldade até mesmo contra animais seja uma questão importante, tal vitória é um sintoma de questões ainda mais importantes. A vitória da vivissecção representa um grande avanço para o triunfo do utilitarismo implacável e amoral sobre o antigo mundo da lei ética; um triunfo de que nós mesmos, bem como os animais, já somos vítimas, e do qual Dachau e Hiroshima assinalam os feitos mais recentes. Ao justificar a crueldade contra os animais,

---

[3]SHAKESPEARE. *Cymbeline*, ato I, cena v, p. 19-20.
[4]*Ibid.*, p. 23.
[5]RALEIGH, Walter. *Johnson on Shakespeare: Essays and Notes Selected and Set Forth with an Introduction* [Shakespeare por Johnson: ensaios, notas e introdução com apresentação]. Londres, 1908, p. 181.

colocamo-nos também no nível animal. Escolhemos a selva e, portanto, devemos agir de acordo com nossa escolha.

Perceba que não despendi tempo falando sobre o que realmente acontece nos laboratórios. Sem dúvida, nos dirão que, por incrível que pareça, pouca crueldade acontece ali. Esta é uma questão com a qual, no momento, nada tenho a ver. Primeiro é preciso decidir o que deve ser permitido; depois, cabe à polícia descobrir o que já está sendo feito.

CAPÍTULO 10

Traduções modernas da Bíblia

Talvez o leitor que abra este volume[1] sobre o balcão de uma livraria se pergunte por que precisamos de uma nova tradução de partes da Bíblia, especialmente das epístolas. "Já não temos," pode-se questionar, "na *Authorized Version* [Versão Autorizada],[2] a mais bela tradução que qualquer língua poderia ostentar?" Algumas pessoas que conheci vão ainda mais longe e acham que uma tradução moderna é não apenas desnecessária, como também ofensiva. Elas não suportam ver alteradas certas palavras consolidadas pelo tempo; isso lhes parece irreverente.

Há várias respostas para tais pessoas. Em primeiro lugar, o tipo de objeção que elas apresentam a uma nova tradução é muito parecido com o tipo apresentado no passado a qualquer tradução feita para o inglês. Dezenas de almas sinceramente piedosas no século XVI estremeciam diante da ideia de verter o consagrado latim da Vulgata para nosso idioma inglês, comum e (como pensavam) "bárbaro". Parecia-lhes que a verdade sagrada

---

[1]Este artigo foi publicado originalmente como introdução da obra *Letters to Young Churches: A Translation of the New Testament Epistles* [Cartas a jovens igrejas: uma tradução das epístolas do Novo Testamento] (Londres, 1947) de J. B. Phillips.
[2]Atualmente, mais conhecida como *King James Version* ou *King James Bible*, famosa tradução bíblica publicada em 1611. [N. E.]

perdia sua santidade quando era despojada do latim polissilábico, por tanto tempo ouvido em missas e horas canônicas, e transmitida na "linguagem que os homens usam" — na linguagem impregnada de todas as associações comuns de creches, pousadas, estábulos e ruas. A resposta para a época é a mesma resposta para agora. O único tipo de santidade que as Escrituras podem perder sendo modernizadas (ou, pelo menos, as Escrituras do Novo Testamento) é um tipo acidental que ela nunca teve para seus escritores ou primeiros leitores. O Novo Testamento no grego original não é uma obra de arte literária. Ele não foi escrito em linguagem solene, eclesiástica; foi escrito no tipo de grego falado no Mediterrâneo Oriental após este idioma ter se tornado internacional e, portanto, após ter perdido sua verdadeira beleza e sutileza. No Novo Testamento, vemos o grego sendo utilizado por pessoas que não nutriam qualquer sentimento real com relação às palavras gregas porque elas não haviam feito parte de sua infância. Trata-se de uma espécie de grego "básico"; uma língua sem raízes, uma língua utilitária, comercial e administrativa. Por acaso, isso nos surpreende? Não deveria, salvo à medida em que a própria encarnação nos surpreende. A mesma humildade divina responsável por decretar que Deus deveria assumir a forma de um bebê no seio de uma camponesa e, mais tarde, a de um pregador itinerante preso pelas autoridades romanas também decretou que ele deveria ser pregado em uma linguagem vulgar, prosaica e não literária. Se conseguimos digerir o primeiro fato, conseguimos digerir o segundo. A encarnação é, nesse sentido, uma doutrina irreverente; o cristianismo é, nesse sentido, uma religião irremediavelmente irreverente. Quando achamos que o cristianismo deveria ter vindo ao mundo envolto em toda a beleza que agora vemos na Versão Autorizada, estamos tão distantes do alvo quanto os judeus estavam ao pensar que o Messias viria como um grande rei terreno. A verdadeira santidade, a verdadeira beleza e sublimidade do Novo Testamento (bem como as da vida de Cristo) são de um tipo diferente: estão a quilômetros mais de profundidade, ou muito mais *adentro*.

Em segundo lugar, a Versão Autorizada deixou de ser uma tradução boa (isto é, clara). Ela não está mais em inglês moderno; os significados das palavras mudaram. O mesmo glamour antigo que a tornou (no sentido superficial) tão "bela", tão "sagrada", tão "reconfortante" e tão "inspiradora" também a tornou, em muitos pontos, ininteligível. Onde Paulo diz: "Desconheço algo que me acuse", a tradução diz: "*I know nothing by myself*" [Eu não sei nada por conta própria].[3] Esta é uma boa tradução para o século XVI (embora, mesmo assim, um pouco antiquada); contudo, para o leitor moderno, ela nada significa, ou então significa algo completamente diferente do que Paulo disse. A verdade é que, para que haja uma tradução, é preciso haver retraduções periódicas. A tradução definitiva de um livro para outra língua é algo que não existe, pois as línguas estão em constante mudança. Não devemos comprar uma única roupa para nosso filho e esperar que ele tenha o que vestir por toda a vida; ele crescerá e precisará de roupas novas que lhe sirvam.

E, por fim, embora talvez pareça um paradoxo desagradável, temos de afastar-nos da Versão Autorizada às vezes simplesmente *porque* ela é tão bela e solene. A beleza exalta, mas também abranda. Associações antigas valorizam, mas também confundem. Por causa dessa bela solenidade, é possível que as realidades extasiantes ou horripilantes narradas pelo Livro cheguem até nós de forma atenuada e mitigada; assim, talvez apenas suspiremos em calma reverência quando deveríamos, em vez disso, estar ardendo de vergonha, atônitos e aterrorizados ou enlevados diante de esperanças e adorações arrebatadoras. Será que a palavra "flagelou"[4] nos dá a mesma ideia de "chicoteou"?

---

[3] 1Coríntios 4:4.
[4] João 19:1.

Será que "escarneciam"[5] fere nossos ouvidos da mesma maneira que "ridicularizavam"?

Devemos, portanto, acolher todas as novas traduções (contanto que sejam feitas por especialistas idôneos). Além disso, é, sem dúvida, uma atitude sensata por parte daqueles que se aproximam da Bíblia pela primeira vez não iniciar seu contato com a Versão Autorizada — exceto, talvez, na leitura dos livros históricos do Antigo Testamento, cujos arcaísmos convêm ao estilo narrativo do material. Dentre as traduções modernas, as do Dr. Moffatt[6] e do monsenhor Knox[7] parecem-me particularmente boas. O presente volume concentra-se nas epístolas, fornecendo mais ajuda para o iniciante; seu escopo é diferente. Os resumos que antecedem cada uma das cartas são de especial proveito; o leitor que não as leu antes fará bem em começar por eles, refletindo um pouco a seu respeito antes de se voltar para o texto propriamente dito. Eu teria sido poupado de muito trabalho se este livro tivesse chegado às minhas mãos quando comecei a buscar com seriedade o significado do cristianismo. Afinal, aquele que deseja fazer esta descoberta deve encarar as epístolas. E, gostemos ou não, a maioria delas foi escrita por Paulo. Ele é o autor cristão de quem ninguém pode se esquivar.

Um equívoco espantoso acerca de Paulo dominou a mente moderna por muito tempo, a saber: que Jesus pregou uma religião afável e simples (encontrada nos Evangelhos) e que Paulo, depois, a corrompeu, transformando-a em uma religião cruel e complicada (encontrada nas epístolas). Ora, isso é realmente insustentável. Os textos mais aterrorizantes de todos saíram da

---

[5]Mateus 27:29; Marcos 15:20; Lucas 22:63; 23:11,36.
[6]James Moffatt (1870—1944). Sua tradução do Novo Testamento foi publicada em 1913; a do Antigo Testamento, em 1924; e, em 1935, ambas foram revisadas.
[7]Ronald A. Knox (1888—1957) publicou uma tradução do Novo Testamento em 1945 e uma tradução do Antigo Testamento em 1949.

boca de nosso Senhor; de Paulo, por sua vez, vieram todos os textos em que podemos basear a esperança de que os homens serão salvos. Se é que fosse possível provar que Paulo alterou o ensinamento do Mestre de alguma forma, ele o teria feito de uma maneira totalmente oposta do que se supõe popularmente. No entanto, não há evidência alguma a favor de uma doutrina pré-paulina diferente da doutrina de Paulo. As epístolas são, em sua maior parte, os documentos cristãos mais antigos de que dispomos. Os Evangelhos vêm depois. Os Evangelhos, entretanto, não são "o evangelho", a declaração da fé cristã; eles foram escritos para os que já haviam sido convertidos, que já haviam aceitado "o evangelho". Eles deixam de fora muitas das "complicações" (isto é, a teologia), pois são destinados aos leitores que já foram instruídos. Nesse sentido, as epístolas são mais primitivas e mais centrais do que os Evangelhos — embora não mais, é claro, do que os acontecimentos grandiosos narrados pelos Evangelhos. O ato de Deus (a encarnação, a crucificação e a ressurreição) vem em primeiro lugar; depois, a primeira análise teológica do ato, que se encontra nas epístolas; por fim, os Evangelhos, os quais foram redigidos conforme a geração que havia conhecido o Senhor perecia, a fim de fornecer aos cristãos um registro do grande ato e de alguns dizeres de Jesus. A concepção popular colocou tudo de cabeça para baixo, e a causa não é difícil de ser encontrada. No início de toda rebelião, há uma fase em que o rei em si ainda não é atacado. O povo diz: "O rei é bom. Os ministros dele é que estão errados. Eles o representam mal e corrompem todos os seus planos — os quais, temos certeza, seriam bons se tão somente os ministros permitissem que gerassem resultados." E a primeira vitória consiste em decapitar alguns ministros; só mais tarde é que se dá um passo adiante e se decapita o próprio rei. Da mesma forma, o ataque do século XIX contra Paulo foi, na realidade, apenas uma etapa na revolta contra Cristo. Os homens não estavam prontos em grande número para atacar o próprio Cristo. Eles deram o primeiro passo normal: atacaram um de seus principais ministros. Tudo aquilo de que não gostavam no cristianismo foi, portanto, atribuído a Paulo. Infelizmente, o argumento não impressionou aqueles que haviam realmente lido os Evangelhos e as epístolas com atenção. No entanto, ao que tudo indica, poucas pessoas o haviam feito; logo, a primeira vitória foi obtida. Paulo foi culpado e banido, e o mundo deu o próximo passo: atacou o próprio Rei. Porém, àqueles que desejam saber o que Paulo e seus colegas realmente disseram, o presente volume será de grande proveito.

CAPÍTULO 11

Clérigas na igreja?

"Eu apreciaria infinitamente mais os bailes", disse Caroline Bingley, "se eles fossem realizados de uma maneira diferente [...]. Seria muito mais racional se conversas, em vez de danças, estivessem na ordem do dia." "Muito mais racional, atrevo-me a dizer," respondeu seu irmão, "mas muito menos parecido com um baile".[1] Somos informados de que ela ficou em silêncio; contudo, poderia ser dito que Jane Austen não permitiu que Bingley apresentasse toda a força de seu argumento. Ele deveria ter respondido com um *distinguo*. Em um sentido, a conversa é mais racional por ser capaz de exercer a razão; a dança, não. Porém, nada há de irracional em exercer outras competências além da razão. Em determinadas ocasiões e para certos fins, a verdadeira irracionalidade encontra-se naqueles que não o fazem. O indivíduo que tenta domar um cavalo, redigir um poema ou gerar um filho por meros silogismos é irracional, muito embora os silogismos em si sejam mais racionais do que as atividades exigidas para esses fins. É racional a atitude de não fazer uso da razão, ou não se limitar à razão, nas situações erradas; e, quanto mais racional for o indivíduo, mais ele saberá disso.

---

[1] *Orgulho e preconceito*, capítulo 11.

Deus no banco dos réus

O objetivo dessas observações não é fazer uma crítica de *Orgulho e preconceito*. Elas surgiram em minha mente quando ouvi dizer que a Igreja da Inglaterra[2] estava sendo aconselhada a permitir mulheres na ordem de clérigos. Estou ciente da improbabilidade de que tal proposta seja considerada com seriedade pelas autoridades. Dar um passo tão revolucionário no presente momento, desligarmo-nos do passado cristão e ampliar as divisões entre nós mesmos e as outras igrejas ao estabelecer uma ordem de clérigas em nosso meio seria, em grande medida, irresponsavelmente imprudente. Além do mais, a própria Igreja da Inglaterra seria despedaçada pela operação. Minha preocupação com respeito à proposta é de uma natureza mais teórica. A questão envolve algo muito mais profundo do que uma revolução na ordem.

Tenho absoluto respeito por quem defende as mulheres no pastorado. Creio que tais pessoas são sinceras, piedosas e sensatas. De certo modo, na verdade, elas são sensatas demais. É aí que minha discordância se assemelha à discordância de Bingley com relação à irmã. Sou tentado a dizer que o sistema proposto nos tornaria muito mais racionais, "mas muito menos parecidos com uma igreja".

À primeira vista, toda a racionalidade (no sentido de Caroline Bingley) está do lado dos inovadores. Afinal, temos falta de pastores, e descobrimos, em várias profissões, que as mulheres são capazes de realizar muito bem todo o tipo de atividade antes considerada restrita ao poder masculino. Ninguém do grupo que discorda da proposta está dizendo que as mulheres têm menos capacidade de piedade, zelo, aprendizado ou qualquer outra coisa que pareça necessária ao cargo pastoral. O que, então, exceto um preconceito gerado pela tradição, proibir-nos-ia de

---

[2]Chamada de Igreja Episcopal nos Estados Unidos.

Clérigas na igreja?

recorrer às abundantes reservas que poderiam transbordar o pastorado se tão somente as mulheres fossem, como em muitas outras profissões, colocadas em pé de igualdade com os homens? E, contra essa enxurrada de senso comum, os opositores (dentre estes, muitas mulheres) nada conseguem ter, a princípio, além de uma aversão inarticulada e uma sensação de desconforto que eles mesmos acham difícil de analisar.

A história evidencia, creio, que essa reação não advém de qualquer tipo de desprezo para com as mulheres. A Idade Média demonstrou tamanha reverência a uma mulher em especial, que nos foi plausível acusar aquele período de considerar a bendita virgem quase como "uma quarta pessoa da Trindade". Nunca, porém, até onde eu sei, em todos aqueles anos, qualquer coisa remotamente parecida com um cargo sacerdotal lhe foi atribuída. Toda a salvação depende da decisão que ela tomou com as palavras *Ecce ancilla*.[3] Ela esteve unida em intimidade inconcebível durante nove meses com a Palavra eterna; ela esteve aos pés da cruz.[4] No entanto, esteve ausente tanto na última ceia[5] quanto na vinda do Espírito no Pentecostes.[6] Tal é o registro das Escrituras. Tampouco se pode alegar que as condições locais e temporárias condenavam as mulheres ao silêncio e à vida privada. Havia pregadoras naquela época. Certo homem tinha quatro filhas que "profetizavam",[7] isto é, pregavam. Havia profetizas até mesmo na época do Antigo Testamento. Profetizas, porém — não clérigas.

Neste ponto, o reformador sensato poderia perguntar por que razão, se as mulheres podem pregar, elas não podem assumir

---

[3]Após ser informada pelo anjo Gabriel de que havia encontrado graça diante de Deus e que daria à luz o menino Jesus, a virgem exclamou: "Sou serva do Senhor" (Lucas 1:38). O *Magnificat* segue nos versículos 46 a 55.
[4]Mateus 27:55-56; Marcos 15:40-41; Lucas 23:49; João 19:25.
[5]Mateus 26:26; Marcos 14:22; Lucas 22:19.
[6]Atos 2:1 *et seq.*
[7]Atos 21:9.

as demais atribuições de um clérigo. Esta questão intensifica o desconforto de meu posicionamento. Começamos a sentir que o que realmente nos separa de nossos adversários é uma diferença entre o significado que ambos os grupos conferem à palavra "clérigo". Quanto mais eles falam (e falam com razão) sobre a competência das mulheres na administração, seu tato e sua empatia ao atuar como conselheiras, seu talento para "visitação", mais percebemos que o aspecto central está sendo esquecido. Para nós, o clérigo é sobretudo um representante, um representante duplo — responsável por representar-nos para Deus, e Deus, para nós. Nossos próprios olhos nos ensinam isso na igreja. Em alguns momentos, o clérigo vira as costas para os bancos e se volta para o oriente, rogando a Deus por nós; em outros momentos, ele se volta para nós, instruindo-nos em nome de Deus. Não temos qualquer objeção contra uma mulher realizando a primeira ação; a dificuldade reside na segunda. Mas, por quê? Por que a mulher não deveria representar a Deus neste sentido? Sem dúvida, não porque ela é necessariamente, nem mesmo provavelmente, menos santa, menos caridosa ou mais insensata do que o homem. Neste sentido, ela pode ser tão "semelhante a Deus" quanto o homem; e algumas o são muito mais do que certos homens. O sentido no qual ela não pode representar a Deus talvez fique mais claro se contemplarmos a questão de outro ângulo.

Suponha que o reformador, em vez de dizer que uma boa mulher pode ser semelhante a Deus, diga que Deus é semelhante a uma boa mulher. Suponha que ele diga que podemos orar à "Mãe nossa que está nos céus" tanto quanto ao "Pai nosso". Suponha que ele sugira que a encarnação poderia ter assumido tanto uma forma feminina quanto masculina e que a segunda Pessoa da Trindade poderia muito bem ser chamada de Filha ou de Filho. Suponha, por fim, que o casamento místico fosse invertido: que a Igreja fosse o noivo e que Cristo fosse a noiva. Tudo isso, parece-me, está envolvido na afirmação de que a mulher pode representar Deus como o pastor faz.

Ora, é certo que, se todas essas suposições fossem postas em prática, teríamos uma religião diferente. Todos sabem que deusas foram adoradas, e muitas religiões tiveram mulheres como líderes. Todavia, estas foram religiões de caráter bem diferente do cristianismo. Desconsiderando o desconforto, ou mesmo o terror, que a ideia de verter toda a nossa linguagem teológica para o gênero feminino suscita na maioria dos cristãos, o senso comum questiona: "Por que não? Uma vez que Deus não é um ser biológico e não tem sexo, que importância tem se dissermos *Ele* ou *Ela*, *Pai* ou *Mãe*, *Filho* ou *Filha*?"

No entanto, os cristãos acreditam que o próprio Deus foi quem nos ensinou a maneira correta de falar a seu respeito. Dizer que tanto faz é dizer ora que toda a imagem masculina não é inspirada, que é de origem meramente humana, ora que, mesmo se for inspirada, é completamente arbitrária e acessória. Isso, sem dúvida, é intolerável; e, se for tolerável, é um argumento não a favor de clérigas cristãs, mas contra o cristianismo. Além disso, tal atitude certamente se baseia em uma visão superficial da imagem apresentada a nós. Sem recorrer à religião, sabemos, graças à nossa experiência poética, que imagem e apreensão estão mais unidas do que o senso comum está disposto a admitir aqui; que uma criança que aprendeu a orar a uma mãe nos céus teria uma vida religiosa radicalmente diferente de uma criança cristã. E, da mesma maneira que imagem e apreensão formam uma unidade orgânica, o corpo e a alma humana o são para o cristão.

O que os inovadores estão realmente sugerindo é que o sexo é algo superficial, irrelevante para a vida espiritual. Dizer que homens e mulheres são igualmente elegíveis para determinado cargo é o mesmo que dizer que, para os propósitos do cargo, o sexo de quem o ocupa é irrelevante. Estamos, nesse contexto, tratando ambos como neutros. À medida que o Estado se torna, cada vez mais, semelhante a uma colmeia ou a um formigueiro, ele necessita de um número crescente de trabalhadores que possam ser considerados neutros. Isso talvez seja inevitável para nossa vida secular. Porém, em nossa vida cristã, devemos retornar à realidade. Nela, não somos unidades homogêneas, mas órgãos diferentes e complementares de um corpo místico. Nunburnholme declarou que a igualdade entre homens e mulheres é um princípio cristão.[8] Eu não me lembro de as Escrituras, nem os pais, nem Hooker, nem o *Livro de oração comum* terem afirmado isso, mas não vem ao caso aqui. O ponto é que, a menos que "igual" signifique "intercambiável", a igualdade de nada adianta para o clericarismo feminino. E o tipo de igualdade que implica intercambialidade (tal qual máquinas idênticas) é, para os seres humanos, uma ficção legal. Ele pode até ser uma ficção legal proveitosa, mas, na igreja, nós viramos as costas para ficções. Uma das finalidades para as quais o sexo foi criado é simbolizar as coisas ocultas de Deus. Uma das funções do casamento humano é expressar a natureza da união entre Cristo e a Igreja. Nós não temos autoridade para nos apropriar das figuras vivas e originais que Deus pintou na tela da natureza e mudá-las de lugar a nosso bel-prazer como se fossem meras figuras geométricas.

É isso o que o senso comum chama de "místico". Exatamente. A Igreja alega ser a portadora de uma revelação. Se esta alegação for falsa, não desejaremos ter clérigas, mas abolir os pastores de modo geral. Se for verdadeira, esperaremos encontrar na Igreja um elemento que os incrédulos chamam de irracional e que os crentes chamam de suprarracional. Deve haver algo nele nebuloso à nossa razão, porém não contrária a ela — assim como as realidades do sexo e do sentido no nível natural são nebulosos.

---

[8]NUNBURNHOLME, Marjorie. "A Petition to the Lambeth Conference". *Time and Tide*, v. XXIX, n. 28 (10 de julho de 1948), p. 720.

Clérigas na igreja?

E esta é a verdadeira questão. A Igreja da Inglaterra só pode continuar sendo uma igreja se retiver esse elemento nebuloso. Se o abandonarmos, se retivermos apenas o que pode ser justificado por padrões de prudência e conveniência segundo o senso comum evoluído, estaremos trocando a revelação pelo antigo fantasma da Religião Natural.

É doloroso para mim, sendo um homem, ter de afirmar o privilégio, ou o fardo, imposto pelo cristianismo sobre meu próprio sexo. Tenho grave consciência de como a maioria de nós é inadequada, em nossas individualidades históricas e atuais, para ocupar o lugar que nos foi preparado. Contudo, conforme diz um velho ditado do exército, nós batemos continência para o uniforme, não para a pessoa que o está vestindo. Somente quem veste o uniforme masculino pode (a título provisório, até a *parúsia*)[9] representar o Senhor para a Igreja; afinal, somos todos, coletiva e individualmente, femininos para ele. É possível que nós, homens, sejamos clérigos muito ruins. E isso acontece porque não somos masculinos o suficiente. A cura, porém, não reside em apelar àqueles que não são masculinos. Se um homem for um marido muito ruim, a situação não pode ser resolvida invertendo-se os papéis. Se determinado homem for um parceiro ruim de dança, a cura para isso reside em sua decisão de frequentar aulas de dança com mais diligência, não na resolução dos bailes de passar a ignorar distinções de sexo e tratar todos os dançarinos como indivíduos neutros. Isto seria, é claro, muito sensato, civilizado e evoluído, mas, mais uma vez, "muito menos parecido com um baile".

E este paralelo entre a Igreja e o baile não é tão fantasioso quanto alguns poderiam pensar. A Igreja deveria ser mais parecida com um baile do que com uma fábrica ou um partido

---

[9] O retorno futuro de Cristo em glória para julgar os vivos e os mortos.

político. Ou, explicando de modo mais detalhado, poderíamos dizer que estes últimos estão na periferia, a Igreja está no centro, e o baile está entre os dois. A fábrica e o partido político são criações artificiais — "um fôlego pode criá-los, tal como um fôlego os criou". Neles, não estamos lidando com seres humanos em sua totalidade concreta; apenas com "mãos" ou eleitores. Não estou, naturalmente, empregando "artificial" em um sentido depreciativo aqui. Tais artifícios são necessários; contudo, por serem nossos artifícios, somos livres para reorganizá-los, descartá-los e experimentá-los como quisermos. O baile, por sua vez, existe para estilizar algo que é natural e diz respeito aos seres humanos em sua totalidade — a saber, a corte. Não podemos reorganizar ou interferir muito. No caso da Igreja, estamos muito mais além: nela, lidamos com homens e mulheres não apenas como fatos da natureza, mas como sombras dinâmicas e tremendas de realidades totalmente fora de nosso controle e, em grande medida, além de nosso conhecimento direto. Ou, melhor, não estamos lidando com elas (como logo descobriremos se interferirmos), mas elas, conosco.

CAPÍTULO 12

Deus no banco dos réus

Pediram-me que escrevesse sobre as dificuldades que o homem enfrenta ao tentar apresentar a fé cristã aos incrédulos modernos. Este é um assunto muito amplo para minha capacidade ou até mesmo para o escopo de um artigo. As dificuldades variam conforme o público a que ela é apresentada. Ele pode ser de diferentes nacionalidades e ser composto por crianças ou adultos, cultos ou ignorantes. Tenho experiência apenas com o público inglês quase exclusivamente adulto composto, em sua maioria, por homens (e mulheres) que serviam na R.A.F.[1] Isso significa que, embora pouquíssimos fossem versados no sentido acadêmico do termo, um grande número dispunha de um conhecimento limitado de ciência prática elementar e era mecânico, eletricista ou operador de telegrafia sem fio; afinal, os subalternos da R.A.F. pertencem ao que quase pode ser chamado de "intelectuais do proletariado". Além disso, falei a alunos em universidades. Estas limitações em minha experiência devem ser consideradas pelos leitores. Na única ocasião em que falei a soldados foi que descobri o quão imprudente seria fazer generalizações com base em tal experiência. De imediato, tornou-se claro para mim que o

---

[1] Força Aérea Real.

nível de inteligência no exército é muito inferior ao da R.A.F. e que uma abordagem muito diferente seria necessária.

A primeira coisa que aprendi falando à R.A.F. foi que eu estava enganado ao considerar o materialismo como nosso único adversário considerável. Em meio aos "intelectuais do proletariado" ingleses, o materialismo é apenas um de muitos credos não cristãos: há teosofia, espiritismo, israelismo britânico, dentre outros. A Inglaterra sempre foi, evidentemente, o lar dos "excêntricos", e não vejo qualquer sinal de que eles estejam diminuindo. Algo que quase nunca encontro, entretanto, é um marxismo coerente. Não tenho como saber se isso acontece porque é algo muito raro, porque os homens que discursam na presença das autoridades o ocultam ou porque os marxistas não participam das reuniões em que profiro minhas palestras. E, mesmo quando se professa o cristianismo, ele é muitas vezes maculado com elementos panteístas. Declarações cristãs rigorosas e bem informadas, quando são feitas, costumam vir de católicos romanos ou membros de denominações protestantes radicais (por exemplo, os batistas). Os públicos compostos por estudantes compartilham, em menor grau, da imprecisão teológica que encontro na R.A.F.; ali, entretanto, as declarações rigorosas e bem informadas vêm de anglocatólicos e de católicos romanos; raramente, quando acontece, de dissidentes. As diversas religiões não cristãs mencionadas acima quase não se fazem presentes.

Outra coisa que aprendi com a R.A.F. é que o proletariado inglês nutre um ceticismo com relação à história que chega a ser inimaginável para as pessoas com formação universitária. Este me parece ser, de longe, o maior abismo entre cultos e incultos. O homem instruído tem por hábito, quase sem perceber, enxergar o presente como resultado de uma longa perspectiva de séculos. Na mente dos meus ouvintes da R.A.F., esta perspectiva simplesmente não existia. A meu ver, eles não acreditavam de verdade que a sociedade dispõe de conhecimentos confiáveis sobre o homem histórico. No entanto, isso curiosamente costumava estar associado à convicção de que sabemos muita coisa a respeito do homem pré-histórico; sem dúvida, porque o homem pré-histórico é rotulado de "ciência" (que é confiável), ao passo que Napoleão ou Júlio César são rotulados de "história" (que não é confiável). Assim sendo, o que praticamente preenchia a imaginação deles era uma imagem pseudocientífica do "homem das cavernas" e uma imagem do "presente"; entre as duas, havia apenas uma região indefinida e irrelevante onde os espectros de soldados romanos, carruagens, piratas, cavaleiros de armaduras, salteadores e similares perambulavam envoltos em uma névoa. Eu havia suposto que, se meus ouvintes não cressem nos Evangelhos, isto aconteceria por causa da presença de milagres em seus relatos. Contudo, minha impressão é a de que eles não criam simplesmente porque os textos narram acontecimentos de muito tempo atrás; isto é, que eles duvidavam tanto da batalha de Áccio quanto da ressurreição pelo mesmo motivo. Este ceticismo era defendido por alguns com o argumento de que todos os livros redigidos antes da invenção da tipografia foram copiados várias vezes, fazendo com que o texto fosse alterado a ponto de não mais ser reconhecido. E aqui houve outra surpresa. Quando o ceticismo histórico assumia esta forma racional, ele podia ser atenuado com facilidade pela mera declaração de que existia uma "ciência chamada criticismo textual", a qual nos fornecia garantia razoável de que alguns textos antigos eram precisos. Esta pronta aceitação da autoridade dos especialistas é significativa não só por sua ingenuidade, mas também porque sublinha um fato do qual, de modo geral, minhas experiências me convenceram: que uma parcela muito pequena da oposição que enfrentamos é inspirada por malícia ou suspeita. Ela é baseada em uma dúvida genuína e, com frequência, uma dúvida que parece razoável ao nível de conhecimento daquele que duvida.

Suspeito que minha terceira descoberta apresente uma dificuldade mais grave na Inglaterra do que em outros lugares. Refiro-me à dificuldade ocasionada pela língua. Em todas as sociedades, sem dúvida, a linguagem do homem comum difere da linguagem do homem culto. A língua inglesa com seu duplo vocabulário (latino e nativo), o estilo inglês (com sua ilimitada tolerância a gírias, mesmo em contextos polidos) e a cultura inglesa, que não permite a existência de algo semelhante à Academia Francesa, ampliam o abismo de modo excepcional. Há quase duas línguas no país. O homem que deseja falar aos incultos em inglês precisa aprender a língua deles. Não basta evitar aquilo que considera "palavras difíceis". Ele deve descobrir empiricamente quais palavras existem na linguagem de seu público e o que elas significam — por exemplo, que *potencial* não significa "possível", mas "poder"; que *criatura* não significa criatura, mas "animal"; que *primitivo* significa "rude" ou "tosco"; que *rude* significa (com frequência) "escabroso", "obsceno"; que a *Imaculada Conceição* (exceto para os católicos romanos) significa "o nascimento virginal". *Ser* significa "ser pessoal". Certo homem me disse: "Creio no Espírito Santo, mas não acho que ele seja um ser!", e, com isso, ele queria dizer: "Eu creio que existe um Ser, mas que ele não é pessoal." Em contrapartida, *pessoal* às vezes significa "corpóreo". Quando um inglês sem instrução diz que acredita "em Deus, mas não em um Deus pessoal", ele talvez queira dizer simples e unicamente que não é um antropomorfista no sentido estrito e original da palavra. *Abstrato* parece ter dois significados: (a) "imaterial"; (b) "vago", obscuro e não prático. Logo, a aritmética não é, na linguagem deles, uma ciência "abstrata". *Prático* muitas vezes significa "econômico" ou "utilitário". *Moral* quase sempre significa "castidade". Assim, em seu linguajar, a frase "Esta mulher não é imoral, mas é ladra" não seria um contrassenso, significando simplesmente isto: "Ela é casta, porém desonesta". *Cristão* tem um sentido laudatório, não descritivo; por exemplo, a expressão "padrões cristãos" significa simplesmente "padrões morais elevados". A proposição "Tal pessoa não é cristã" seria considerada uma crítica ao comportamento dela, nunca uma mera declaração de suas crenças. Também é importante observar que, dentre duas palavras, aquela considerada mais difícil pelo homem culto pode, na verdade, ser a mais fácil para o inculto. Recentemente, foi proposta uma mudança em uma oração feita pela Igreja da Inglaterra: o trecho que diz que os magistrados podem "verdadeiramente e indiferentemente ministrar justiça" deveria ser alterado para "verdadeiramente e imparcialmente ministrar justiça". No entanto, um pastor da região rural me contou que o zelador de sua igreja não apenas entendia, como era capaz de explicar com precisão o significado de "indiferentemente", mas que não fazia ideia do que "imparcialmente" significava.

A língua inglesa popular, portanto, simplesmente tem de ser aprendida por quem pretende pregar aos ingleses, assim como o missionário aprende o idioma bantu antes de pregar aos bantus. Isso é ainda mais necessário porque, uma vez que o sermão ou o debate começa, divagações sobre o significado de palavras tendem a enfadar públicos não instruídos e até mesmo a suscitar desconfiança. Não existe assunto pelo qual eles menos se interessem do que filologia. Nosso problema costuma ser simplesmente de tradução. Todas as provas de ordenação pastoral deveriam incluir a tradução de uma passagem de alguma obra teológica clássica para o vernáculo. O trabalho é penoso, mas imediatamente recompensado. Ao tentar traduzir nossas doutrinas para a linguagem comum, descobrimos o quanto nós mesmos as entendemos. Nossa incapacidade de traduzir pode ser, às vezes, consequência de ignorarmos o vernáculo; mas, com muito mais frequência, ela expõe o fato de que não sabemos exatamente o que queremos dizer.

Além da dificuldade linguística, a maior barreira que já encontrei foi a ausência quase total de qualquer senso de pecado na mente do público. Isso me impactou mais quando falei à R.A.F. do que quando falei a alunos; se (como eu acredito) o proletariado é mais hipócrita do que as demais classes, ou se as pessoas instruídas escondem melhor seu orgulho, isso gera uma nova situação para nós. Os pregadores cristãos primitivos depreendiam de seus ouvintes, quer fossem judeus, *metuentes* ou pagãos, um sentimento de culpa. (Sabe-se que este sentimento era comum em meio aos pagãos pelo fato de que tanto o epicurismo quanto as religiões de mistério alegavam aplacá-lo, embora de formas diferentes.) Assim, a mensagem cristã era, naquela época, inequivocamente o *Evangelium*, as boas novas. Ela prometia cura àqueles que tinham consciência da própria doença. Já nós temos de convencer nossos ouvintes de seu indesejável diagnóstico antes que possamos esperar que eles acolham as boas novas do remédio.

O homem de antigamente aproximava-se de Deus (ou dos deuses) tal qual um acusado se aproxima do juiz. Para o homem moderno, os papéis são invertidos. Ele é o juiz; Deus está no banco dos réus. E ele é um juiz bastante gentil. Se Deus apresentar uma justificativa razoável para permitir guerras, pobreza e doenças, o homem está pronto para ouvi-lo. O julgamento pode até mesmo terminar em absolvição. Porém, o importante é que o homem esteja na tribuna e que Deus esteja no banco dos réus.

Costuma ser inútil tentar combater esse posicionamento como os pregadores faziam antes, insistindo em falar sobre pecados como a embriaguez e a incastidade. O proletariado moderno não é ébrio. Quanto à fornicação, os contraceptivos fizeram uma profunda diferença. Por haver a possibilidade de este pecado arruinar a vida de uma garota do ponto de vista social, tornando-a mãe de um bastardo, a maioria dos homens reconhecia o erro e sentia a consciência incomodada. Agora que tal consequência não é obrigatória, a prática não é, penso, reconhecida como pecado de modo geral. Minha experiência sugere que, se é que podemos despertar a consciência dos nossos ouvintes, devemos fazê-lo partindo de direções bem diferentes. Devemos falar de arrogância, maldade, inveja, covardia, avareza, dentre outros. Mesmo assim, estou muito longe de acreditar que encontrei a solução para este problema.

Por fim, devo acrescentar que meu próprio trabalho sofreu muito com o incurável intelectualismo de minha abordagem. O apelo simples, emotivo ("venha a Jesus") ainda é, muitas vezes, bem-sucedido. Porém, aqueles que, como eu mesmo, carecem do dom de fazê-lo, não devem tentar.

CAPÍTULO 13

Nos bastidores

Quando eu era criança e ia ao teatro, o que mais me chamava a atenção era o cenário. O interesse, porém, não era estético. Sem dúvida, os jardins, as sacadas e os palácios das "cenas" *eduardianas* eram muito mais belos aos meus olhos à época do que seriam hoje em dia, mas isso nada tinha a ver com a questão. Um cenário feio também causava o mesmo efeito em mim. E, a propósito, eu não acreditava que aquelas imagens pintadas em telas eram de verdade. Pelo contrário, eu acreditava que todas as coisas no palco eram mais artificiais do que realmente eram (e desejava que assim o fosse).

Quando um ator entrava em cena com roupas modernas comuns, eu nunca achava que ele estava usando um terno de verdade, com colete e calças autênticos, vestidos do jeito normal. Eu achava que ele estava usando — e, de certo modo, acreditava que ele deveria estar usando — algum tipo de macacão teatral vestido como uma peça única, com fecho invisível nas costas. O terno do palco não deveria ser um terno; deveria ser algo bastante diferente que, não obstante (e é aí que entra o prazer), dava a impressão de ser um terno para a plateia. Talvez seja por isso que eu continuei, mesmo depois de adulto, a crer na teoria do chá frio; até que um ator de verdade observou que quem detém o papel principal em uma peça apresentada em Londres tem condições de fornecer (se preciso for), e certamente o faria, uísque de verdade à própria custa para seu personagem em vez de beber um copo de chá frio todas as noites após a encenação do jantar no palco.

Não. Eu sabia muito bem que o cenário era pintado; que os ambientes e as árvores do palco, vistos de trás, não se pareciam com ambientes nem com árvores. E era nisso que residia o interesse. Era este o fascínio exercido pelo teatro de brincadeira que tínhamos em casa, onde montávamos nosso próprio cenário. Nós cortávamos um pedaço de papelão em forma de torre e o pintávamos; depois, colávamos um bloco comum de brinquedo atrás dele para que ficasse em pé. O êxtase estava em correr em volta daquele cenário. Quando se olhava de frente, havia uma torre. Quando se olhava de trás, havia um simples papelão marrom e um bloco de brinquedo.

No teatro de verdade, não podíamos ir "do lado de atrás", mas sabíamos que seria a mesma coisa. No momento em que o ator desaparecia nos bastidores, ele entrava em um mundo diferente. Todos sabiam que não era um mundo de beleza ou charme especiais. Alguém deve ter me dito — ou, seja como for, eu acreditava — que aquele era um mundo sombrio com piso frio e paredes caiadas. O encanto residia na ideia de ser possível, desse modo, entrar e sair de um mundo em apenas três passos.

Ninguém queria ser ator (naquela época) para receber fama ou aplauso, mas simplesmente para ter esse privilégio da transição. Sair do camarim, deixando para trás paredes lisas e corredores utilitários, e entrar — de repente — na caverna do Aladim, no quarto dos Darlings ou onde quer que fosse a fim de se tornar outra pessoa e estar em outro lugar parecia algo extremamente invejável.

O melhor de tudo era quando a porta nos fundos do palco se abria e deixava à mostra uma passagem — uma passagem irreal, é claro, com painéis de lona, sugerindo (o que sabíamos não ser verdade) que o quarto falso montado sobre o palco era parte de uma casa inteira. "Só é possível dar uma *espiadinha* na passagem da Casa do Espelho [...], e ela é muito parecida com a nossa passagem, até onde conseguimos ver. Porém, sabemos que ela pode ser completamente diferente mais adiante", disse Alice para a gatinha.[1] Todavia, a passagem do palco não fazia ninguém conjecturar. *Sabia-se* que ela era muito diferente "adiante", que ela deixava completamente de ser uma passagem.

Eu invejava a crianças que se sentavam no camarote. Sentando-se lateralmente desta maneira, esticando-se o pescoço, forçando-se um pouco a vista, era possível encontrar, na passagem, o ponto exato em que ela deixava de existir; a junção entre o real e o aparente.

Anos mais tarde, eu tive a oportunidade de estar "do lado de trás". O palco fora montado para uma peça *elizabetana*. O pano de fundo do cenário representava a frente de um palácio com uma sacada. Eu estava (de determinado ponto de vista) nesta sacada, mas, na verdade (de outro ponto de vista), eu estava em pé sobre uma plataforma sustentada por cavaletes atrás da lona, olhando através de uma abertura. Foi um momento extremamente satisfatório.

Agora, pergunto-me, o que está por trás de tudo isso? E o que se pode extrair disso? Não faço qualquer objeção à inclusão de explicações freudianas, desde que elas não tenham permissão para eliminar todas as outras. A questão talvez esteja, conforme suponho que alguém pense, ligada às curiosidades infantis com relação ao corpo feminino. Mas a sensação não é essa. "Claro que não", a pessoa responderá. "Você não deve esperar que seja, assim como... vejamos o que seria um bom paralelo... assim como ambientes e florestas no palco não parecem (de frente) ser um conjunto de objetos de ripa e lona em formatos estranhos agrupados em frente a bastidores frios e empoeirados."

---

[1] CARROLL, Lewis. *Alice através do espelho e o que ela encontrou por lá*, capítulo 1.

Deus no banco dos réus

O paralelo é bastante exato. O complexo, insinuando-se no inimaginável inconsciente e, de repente, transformando-se (e ganhando admissão apenas por meio desta transformação) ao adentrar na única "mente" que eu jamais poderei conhecer de forma direta, é de fato muito semelhante ao ator caminhando ainda com sua expressão não teatral por aqueles bastidores lisos e frios, e, então, surgindo como o Sr. Darling no quarto ou como Aladim na caverna.

No entanto, por incrível que pareça, é possível encaixar a teoria freudiana no prazer que mencionei no início com tanta facilidade quanto o podemos encaixar na teoria freudiana. Por acaso nosso prazer (que até mesmo eu tenho um pouco) na psicologia profunda em si não é um exemplo deste prazer no contraste entre os "bastidores" e o "palco"? Começo a me perguntar se essa antítese teatral mexe conosco por ser um símbolo de algo universal.

Todas as coisas são, na verdade, o ato de fazer aquilo que o ator faz quando sai dos bastidores. Fótons ou ondas (ou seja lá o que forem) vêm em nossa direção do sol pelo espaço. Eles são, em um sentido científico, "luz". Porém, ao entrar no ar, tornam-se "luz" em um sentido diferente; tornam-se aquilo que as pessoas comuns chamam de *luz solar* ou *dia*, a bolha de luminosidade azul ou cinza ou esverdeada na qual andamos e enxergamos. O dia é, desse modo, uma espécie de palco.

Outras ondas (desta vez, de ar) alcançam meu tímpano, percorrem um nervo e estimulam meu cérebro. Tudo isso acontece nos bastidores; há aqui tanta ausência de som quanto há de drama nos corredores caiados. Então, de alguma forma (nunca vi uma explicação para isso), elas aparecem no palco (ninguém sabe me dizer *onde* este palco se localiza) e se transformam, por exemplo, na voz de um amigo ou na *Nona Sinfonia*. Ou, é claro, no rádio do meu vizinho — o ator talvez suba ao palco para reproduzir um papel disparatado em uma peça ruim. Mas a transformação sempre acontece.

Necessidades biológicas, produzindo estados fisiológicos temporários ou por eles estimuladas, sobem ao cérebro do jovem, pisam no palco misterioso e surgem como "amor" — e este pode ser (uma vez que todo o tipo de peça é apresentado ali) o amor celebrado por Dante, ou o amor de um Guido,[2] ou de um Sr. Guppy.[3]

Podemos chamar isso de contraste entre realidade e aparência. No entanto, talvez o fato de o termos observado pela primeira vez no teatro nos proteja da ameaça de subestimação oculta na palavra aparência. Afinal de contas, no teatro, naturalmente, a peça, a "aparência", é o principal. Todas as "realidades" dos bastidores só existem por causa dela e só têm valor na medida em que a promovem. Uma parábola boa e neutra seria a história de Schopenhauer sobre os dois japoneses que frequentavam um teatro inglês. Um se esforçou para entender a peça mesmo sem conhecer uma palavra sequer do idioma. O outro se esforçou para entender como o cenário, a iluminação e outros mecanismos funcionavam, muito embora nunca houvesse estado presente nos bastidores de um teatro. "Aqui", disse Schopenhauer, "temos o filósofo e o cientista".[4] Contudo, no lugar de "filósofo", ele também poderia ter escrito "poeta", "amante", "adorador", "cidadão", "agente moral" ou "homem comum".

Todavia, observe que a parábola de Schopenhauer falha de duas maneiras. O primeiro japonês poderia ter tomado providências

---

[2] Um dos personagens principais da obra *The Ring and the Book* [O anel e o livro], de Robert Browning.

[3] Um personagem da obra *A casa soturna*, de Charles Dickens.

[4] Lewis estava provavelmente citando de memória a parábola de Arthur Schopenhauer contida em *Studies in Pessimism* [Estudos do pessimismo], que diz assim: "Dois chineses que peregrinavam pela Europa foram ao teatro pela primeira vez. Um deles se limitou a estudar todo o maquinário e conseguiu descobrir como ele funcionava. O outro tentou compreender o significado da peça a despeito de sua ignorância da língua. Aqui temos o astrônomo e o filósofo." A parábola encontra-se na obra *Essays from the Parerga and Paralipomena* [Ensaios de Parerga e Paralipomena], trad. T. Bailey Saunders (Londres, 1951), p. 80-81.

para aprender inglês. No entanto, será que recebemos algum dicionário ou gramática, será que podemos encontrar o professor da língua em que este drama universal está sendo apresentado? Alguns (eu estou incluso) diriam que sim; outros diriam que não — o debate prossegue. E o segundo japonês poderia ter tomado providências — poderia ter mexido os pauzinhos e conhecido pessoas — de modo a ter acesso aos bastidores e ver como as coisas funcionam com os próprios olhos. Pelo menos, ele sabia que tais coisas existiam.

Nós carecemos de ambas essas vantagens. Ninguém pode jamais ir "do lado de trás". Ninguém pode, em um sentido comum, encontrar ou sentir um fóton, uma onda sonora ou o inconsciente. (Esta talvez seja uma razão por que "ir do lado de atrás" no teatro é empolgante; estamos fazendo algo que, na maioria dos casos, é impossível.) Nós nem sequer temos, em última instância, certeza absoluta de que tais coisas existem. Elas são conceitos, ideias pressupostas para explicar nossa experiência, mas nunca para ser experimentadas. Podemos inferi-las com grande probabilidade, mas elas são, no fim das contas, hipotéticas.

Até mesmo a existência dos atores nos bastidores é hipotética. Eles talvez não existam antes de entrar em cena. E, caso existam, uma vez que não podemos ir do lado de trás para verificar, é possível que sejam muito diferentes do que imaginamos em relação à sua vida e personalidade fora dos palcos e também uns dos outros.

CAPÍTULO 14

Reavivamento ou decadência?

"Mas você negaria", perguntou o diretor, "que há, aqui no Ocidente, um grande e crescente interesse pela religião?"

Esse não é o tipo de pergunta que eu considero fácil de responder. *Grande* e *crescente* são palavras que parecem envolver estatísticas, e eu não dispunha de estatísticas. Eu supunha que havia um interesse bastante generalizado, mas não estava certo de que o diretor o estava interpretando do jeito certo. No passado, quando a maioria das pessoas tinha uma religião, o que ele quis dizer com "interesse pela religião" dificilmente poderia ter existido. Afinal de contas, as pessoas religiosas — isto é, as pessoas quando estão sendo religiosas — não estão "interessadas" na religião. Os homens que têm deuses adoram esses deuses; são os espectadores que descrevem tal prática como "religião". As mênades pensavam em Dionísio, não em religião. *Mutatis mutandis*, isso vale também para os cristãos. No momento em que um homem aceita com seriedade determinada divindade, seu interesse pela "religião" chega ao fim. Ele agora tem algo mais em que pensar. A facilidade atual de reunir um público para debater sobre religião não prova que mais pessoas estão se tornando religiosas. O que isso realmente prova é a existência de um grande número de "votos flutuantes", e cada conversão reduz esse público potencial.

Uma vez que o clima de troca de opiniões possibilita a formação de votos flutuantes, não vejo por que eles haveriam de diminuir rapidamente. A indecisão, com muita frequência bastante sincera, é muito natural. Seria insensato, entretanto, deixar de perceber que ela não gera incômodo. A hesitação é muito agradável, pois qualquer decisão tem um preço. Tanto o cristianismo verdadeiro quanto o ateísmo coerente fazem exigências ao homem. No entanto, aceitar, quando necessário, e como possibilidades, todos os confortos do primeiro sem sua disciplina — ou desfrutar de toda a liberdade do segundo sem suas abstinências emocionais e filosóficas — bem, isso pode até ser sincero, mas é muito confortável.

"E por acaso você também poderia negar", perguntou o diretor, "que o cristianismo está ganhando mais respeito nos círculos eruditos hoje do que nos últimos séculos? Os intelectuais estão se aproximando. Observe homens como Maritain, como Bergson, como [...]."

Porém, eu não fiquei nada feliz com isso. Sem dúvida, o intelectual convertido é uma figura característica de nossa época. Contudo, este fenômeno seria mais promissor se não tivesse ocorrido em um momento em que os intelectuais (exceto os cientistas) estão perdendo todo o contato com praticamente toda a raça humana, bem como a influência sobre ela. Nossos poetas e críticos mais estimados são lidos apenas por nossos críticos e poetas mais estimados (os quais não costumam apreciá-los muito), e ninguém mais lhes dá atenção. Um número crescente de pessoas extremamente cultas simplesmente ignora o que os "eruditos" estão fazendo. Sua produção nada lhes diz. Os eruditos, por sua vez, ignoram-nas ou insultam-nas. Não é provável, portanto que conversões de intelectuais causem muita influência. Elas podem até mesmo gerar uma terrível suspeita de que o cristianismo se tornou parte da "farsa erudita"; de que ele foi adotado, como o surrealismo e as imagens pintadas por chimpanzés, como mais um método de "impressionar a burguesia". Isso seria terrivelmente

Reavivamento ou decadência?

cruel para com eles, sem dúvida; mas os intelectuais, por sua vez, já disseram muitas coisas cruéis sobre os outros.

"Mas, por outro lado," bradou o diretor, "mesmo que não exista, ou ainda não exista, uma religião explícita, será que não estamos testemunhando uma grande mobilização para a defesa dos padrões que, sendo ou não reconhecidos, compõem parte de nossa herança espiritual? Os valores ocidentais — ou eu poderia dizer os valores cristãos [...]."

Todos nós estremecemos. E para mim, em particular, emergiu a lembrança de uma barraca de chapas onduladas utilizada como capela pela R.A.F., onde alguns aviadores de joelho e um jovem capelão oravam com as seguintes palavras: "Ensina-nos, ó Senhor, a amar *as coisas que Tu defendes.*" Ele estava sendo absolutamente sincero, e eu creio de todo o coração que as *coisas* em questão incluíam algo mais e algo melhor do que "os valores ocidentais", sejam eles quais forem. No entanto... para mim, suas palavras pareciam implicar um ponto de vista incompatível com o cristianismo ou com qualquer teísmo sério. Afinal, segundo este ponto de vista, Deus não é o objetivo ou o fim. Ele é (ainda bem!) esclarecido; ele tem, ou "defende", os ideais corretos. Ele é valorizado por essa razão. Ele se classifica, sem dúvida, como um líder. Mas, naturalmente, um líder conduz para algo além de si mesmo, para o verdadeiro objetivo. Essas palavras estão muito longe de significar: "Fizeste-nos para Ti, e inquieto está nosso coração enquanto em Ti não repousar". As mênades eram mais religiosas do que isso.

"E os substitutos da religião estão sendo desacreditados", prosseguiu o diretor. "A ciência passou a ser mais um fantasma do que um deus. O céu marxista na terra [...]."

Outro dia mesmo uma senhora me contou que, ao falar sobre morte com uma garota, esta respondeu: "Ah, mas quando eu chegar a *essa* idade, a ciência já terá feito algo a respeito." Então, lembrei me de quantas vezes, ao debater com públicos simples, eu havia me deparado com a forte crença de que tudo o que havia de errado com o homem seria, em longo prazo (e não tão longo assim), corrigido pela "educação". E isso me levou a pensar em todas as "abordagens" à "religião" que já vi. Primeiro, um cartão postal anônimo disse que eu deveria ser arrastado por uma carroça por professar crer no nascimento virginal. Em outra ocasião, ao ser apresentado a um célebre ateu erudito, ele resmungou, desviou o olhar e depressa se afastou para o canto oposto da sala. Por fim, um norte-americano desconhecido escreveu-me perguntando se a carruagem flamejante de Elias era, na verdade, um disco voador. Eu me defronto com teósofos, israelitas britânicos, espíritas, panteístas. Por que pessoas como o diretor sempre falam sobre "religião"? Por que não religiões? Religiões abundam. O cristianismo, como eu gosto de observar, é apenas uma delas. Eu recebo cartas de santos, que nem sequer têm noção da própria condição, demonstrando fé radiante, alegria, humildade e até mesmo humor em meio a terríveis sofrimentos. Também recebo cartas de novos convertidos que desejam pedir desculpas por pequenas indelicadezas que publicaram contra a minha pessoa em anos passados.

Esses fragmentos são todo o "Ocidente" que realmente conheço em primeira mão. Eles fogem ao discurso do diretor, pois ele fala com base em livros e artigos. As santidades, os ódios e as loucuras que realmente nos rodeiam mal estão representados ali. Menos ainda, o grande fator negativo — algo mais profundo do que ele entenderia por simples ignorância. O pensamento da maioria das pessoas carece de uma dimensão que ele toma como pressuposto. Dois exemplos talvez esclareçam a distinção. Certa vez, depois de eu falar algo no ar sobre a lei natural, um coronel idoso (obviamente uma *anima candida*)[1] escreveu-me

---

[1] "uma alma pura, franca."

Reavivamento ou decadência?

dizendo que aquilo o havia interessado muito e pediu-me que recomendasse "alguma boa *brochura* que tratasse do assunto de modo completo". Isso é ignorância — em grau impressionante. Eis o outro exemplo. Um veterinário, um operário e eu cambaleávamos, exaustos, em uma ronda da Guarda Nacional tarde da noite. Eu e o veterinário estávamos conversando sobre as causas das guerras e chegamos à conclusão de que deveríamos esperar sua recorrência. "Mas, mas, mas," gaguejou o operário. Após um momento de silêncio, ele bradou: "Mas, se é assim, qual é a razão de este mundo maldito continuar existindo?" Eu tive uma noção muito clara do que estava acontecendo. Pela primeira vez na vida, aquele homem havia se defrontado com uma questão realmente fundamental. O tipo de coisa que havíamos considerado a vida toda — o significado da existência — só então lhe ocorrera. Aquela era uma dimensão completamente nova para ele.

Existe um "Ocidente" homogêneo? Duvido. Tudo o que poderia haver está acontecendo à nossa volta. As religiões zumbem ao nosso redor como abelhas. A grave adoração ao sexo — bem diferente da viva depravação endêmica em nossa espécie — é uma delas. Traços de religiões embrionárias ocorrem na ficção científica. Enquanto isso, como sempre, o cristianismo também é seguido. Porém, hoje em dia, quando não é seguido, ele não precisa ser imitado. Este fato explica boa parte do que se denomina decadência da religião. Além disso, por acaso o presente é tão diferente de outras épocas, ou o "Ocidente", de qualquer outro lugar?

CAPÍTULO 15

Antes que possamos nos comunicar

Pediram-me que escrevesse sobre "o problema da comunicação" — a saber, a "comunicação entre os cristãos e o mundo exterior sob condições modernas". E, como costuma acontecer quando sou questionado, eu me sinto um pouco constrangido pela simplicidade e despretensão da resposta que desejo dar. O que tenho a dizer parece-me estar em um nível mais rudimentar e inferior do que se espera.

Minhas ideias sobre "comunicação" são puramente empíricas, e dois episódios (ambos totalmente verídicos) ilustrarão o tipo de experiência em que elas se baseiam.

1. No antigo *Livro de oração comum*, uma das preces era para que os magistrados ministrassem a justiça "verdadeiramente e indiferentemente". Os revisores pensaram que o texto ficaria mais fácil se a palavra *indiferentemente* fosse substituída por *imparcialmente*. Um pastor que conheço, da região rural, perguntou ao zelador de sua igreja a opinião deste sobre o significado da palavra *indiferentemente*, e recebeu a resposta correta:

— Significa não fazer distinção entre um sujeito e outro.

— E o que — prosseguiu o pastor — você acha que *imparcialmente* significa?

Ah — respondeu o zelador após uma pausa —, já *isso* eu não saberia dizer.

Todos entendem o que se passou na mente dos revisores. Eles temiam que o "indivíduo comum sentado no banco da igreja" entendesse a palavra *indiferentemente* da maneira como ela costuma ser entendida: com o sentido de "negligentemente", ou sem preocupação. Eles sabiam que pessoas mais instruídas não incorreriam neste erro, mas achavam que todas as demais incorreriam. A resposta do zelador, entretanto, revela que a classe menos instruída de todas não faria isso. O erro seria cometido apenas por aqueles de nível educacional mediano; por aqueles cuja língua é moderna (nossos anciãos diriam "educada"), sem ser erudita. As classes mais superiores e mais inferiores estariam a salvo; e a palavra *imparcialmente*, que impede a má interpretação de fiéis "medianos", não faria sentido para os simples.

2. Durante a guerra, eu tive uma discussão com um trabalhador a respeito do diabo. Ele disse que acreditava na existência do diabo, mas "não em um diabo pessoal". A discussão ia ficando cada vez mais confusa para ambas as partes, e estava evidente que nós estávamos, de alguma maneira, falando sobre coisas diferentes. Então, quase por acidente, eu descobri o que estava errado. Percebi que o trabalhador estivera, o tempo todo, empregando a palavra *pessoal* no simples sentido de *corpóreo*. Ele era um homem muito inteligente, e, uma vez que fiz esta descoberta, não houve mais dificuldades. Ao que tudo indica, nós não havíamos discordado a respeito de nada; nossa diferença era apenas de vocabulário. Isso me fez pensar nos milhares de pessoas que alegam crer "em Deus, mas não em um Deus pessoal" e que estão, na verdade, tentando dizer-nos simplesmente que não são, no sentido estrito do termo, *antropomorfistas*; que estão, na realidade, declarando sua perfeita ortodoxia neste ponto.

O erro que cometemos, eu e os revisores do *Livro de oração comum*, foi este: nós tínhamos noções *a priori* do que as pessoas simples querem dizer com determinadas palavras. Eu parti do pressuposto de que o trabalhador fazia o mesmo uso que eu de certa palavra. Os revisores — de modo mais sutil, porém não mais correto — partiram do pressuposto de que o sentido da palavra *indiferentemente* era de conhecimento geral, algo que a mudança em si buscava prevenir. — Mas, ao que tudo indica, não devemos chegar a uma conclusão *a priori* acerca do que outras pessoas querem dizer com as palavras de nosso idioma, assim como não devemos simplesmente inferir o significado de palavras francesas proferidas pelos franceses. Devemos ser completamente empíricos. Devemos ouvir, observar e memorizar. E, é claro, devemos por de lado qualquer traço de vaidade ou pedantismo quanto aos usos "certos" e "errados".

Tenho a sensação, porém, de que essa é uma abordagem muito enfadonha e prosaica à questão. Quando se deseja discutir o problema da comunicação em um nível grandioso e filosófico, ou quando se deseja falar sobre conflitos de *Weltanschauung* e a situação da consciência moderna, urbana ou da crise, é desencorajador descobrir que o primeiro passo é simplesmente linguístico, no sentido mais bruto da palavra. Mas é.

O que queremos ver nas provas de ordenação ministerial é a exigência de uma (simples) tradução; um trecho de alguma obra teológica a ser vertido para o inglês vernáculo comum. Apenas vertido; não adornado, não diluído, não "melhorado". O exercício é muito parecido com o processo de escrever em latim. Em vez de dizer: "Como Cícero teria dito isso?", temos de nos perguntar: "Como um escoteiro ou uma camareira diriam isso?".

Logo de imediato, descobrimos dois subprodutos proveitosos dessa atividade.

1. No processo de eliminação de tudo o que é técnico, erudito ou alusivo no texto, descobrimos, talvez pela primeira vez, o verdadeiro valor da linguagem culta: a concisão. Ela é capaz de dizer com dez palavras aquilo que o discurso popular mal consegue dizer com uma centena. A popularização da passagem

terá de ser muito mais longa do que o original, e isso é algo que temos de aceitar.

2. Também descobrimos — pelo menos eu, um "tradutor" prolixo, acredito ter descoberto — o quanto nós mesmos entendíamos, até o momento, a linguagem que agora tentamos traduzir. Eu fui, muitas e muitas vezes, proveitosamente humilhado desta forma. Temos, ou acreditamos ter, um ponto de vista específico — por exemplo, sobre a expiação, os mandamentos ou a inspiração — e podemos passar anos debatendo-o e defendendo-o diante de outras pessoas *semelhantes a nós*. Podemos até refinar nosso discurso para atender aos críticos, empregar metáforas brilhantes que parecem esclarecer suas obscuridades e fazer comparações com outros pontos de vista e "colocações" que, de alguma maneira, dão a impressão de estabelecer a posição do discurso em uma espécie de aristocracia de ideias. Afinal, todos os outros estão falando a mesma língua e se movendo no mesmo mundo do discurso. Tudo parece estar bem. No entanto, a história é outra quando tentamos expor o mesmo ponto de vista para um mecânico perspicaz ou para um estudante genuinamente curioso, porém irreverente. Eles nos farão alguma pergunta tremendamente rudimentar (que nunca seria feita em contextos eruditos), e nós seremos como um espadachim habilidoso sendo transfixado por um adversário que vence simplesmente por desconhecer os princípios básicos da luta. A pergunta rudimentar será fatal. E, neste momento, parece que nunca havíamos entendido de verdade o que defendemos por tanto tempo. Nunca refletimos de verdade sobre o assunto; não até o fim, não até "o fim absoluto".

É preciso, então, desistir ou começar de novo. Se, mesmo com paciência e capacidade mediana, não formos capazes de explicar algo para alguém sensato (pressupondo que ele nos dê ouvidos), é porque, na verdade, nós mesmos não o entendemos. Neste caso, o processo também é muito parecido com o de escrever em latim; os trechos que não conseguimos verter para o latim geralmente são os que não conseguimos entender em nosso próprio idioma.

Aquilo contra o qual devemos nos prevenir de maneira especial são exatamente as palavras da moda, ou as palavras encantatórias, do círculo que ocupamos. Em nossa geração, elas talvez sejam *envolvimento, compromisso, em oposição a, sob julgamento, existencial, crise* e *confronto*. De todas as expressões, estas são as menos suscetíveis de serem compreendidas para quem estiver separado de nós por uma escola de pensamento, por uma década, por uma classe social. Elas são como linguajar familiar ou gírias escolares. E nossa linguagem pessoal é capaz de iludir a nós mesmos tanto quanto a estranhos inescrutáveis. Tais palavras encantadas parecem ser esclarecedoras e repletas de significado, mas podemos ser enganados. Aquilo que deduzimos delas pode, por vezes, não ser exatamente uma concepção clara, mas uma mera sensação reconfortante de estar em casa com os nossos. "Nós nos entendemos", com muita frequência, significa: "Temos afinidade". Afinidade é uma coisa boa. Ela pode até ser, de algumas maneiras, melhor do que o entendimento intelectual. Mas não é a mesma coisa.

CAPÍTULO | 16

Interrogatório

[A entrevista a seguir foi feita com C. S. Lewis no dia 7 de maio 1963 em sua sala na Magdalene College, Cambridge. O entrevistador foi o Sr. Sherwood E. Wirt, da Billy Graham Evangelistic Association Ltd.]

Sr. Wirt:
Professor Lewis, se você tivesse um jovem amigo interessado em começar a escrever sobre temas cristãos, como você o aconselharia a se preparar?

Lewis:
Eu diria que, se um homem deseja escrever sobre química, deve aprender química. O mesmo se aplica ao cristianismo. Porém, com relação à prática da escrita em si, eu não saberia aconselhar alguém. É uma questão de talento e interesse. Creio que o indivíduo precisa estar extremamente inspirado para tornar-se escritor. Escrever é como "saciar um desejo" ou "coçar-se". A escrita é resultado de um impulso muito forte e, quando isso acontece, eu — digo por mim — preciso deixar acontecer.

Sr. Wirt:
Você poderia sugerir uma maneira de promover a criação de uma literatura cristã forte o suficiente para influenciar nossa geração?

Lewis:
Não há fórmula para essas coisas. Não tenho receitas nem remédios. Os escritores são formados de tantas maneiras individuais, que não nos cabe prescrever. Nem a própria Escritura é sistemática; o Novo Testamento apresenta grande variedade. Deus nos mostrou que pode usar qualquer instrumento. Lembre-se de que a jumenta de Balaão pregou um sermão muito eficaz em meio aos "zurros" do profeta.[1]

Sr. Wirt:
A leveza é uma característica de seus escritos, mesmo ao abordar temas teológicos pesados. Você diria que há um segredo para assumir tal postura?

Lewis:
Acredito que seja uma questão de temperamento. No entanto, estudar eruditos da Idade Média e as obras de G. K. Chesterton ajudou-me a assumir essa postura. Chesterton, por exemplo, não tinha medo de gracejar ao tratar de temas cristãos sérios. Da mesma maneira, as peças teatrais religiosas da Idade Média abordavam assuntos sagrados, como a natividade de Cristo, com sátiras.

Sr. Wirt:
Então os escritores cristãos deveriam, em sua opinião, se esforçar para ser engraçados?

Lewis:
Não. Acho que jocosidades forçadas em contextos espirituais são uma abominação, e as tentativas de alguns escritores religiosos de serem bem-humorados são simplesmente terríveis. Algumas pessoas escrevem de um jeito pesado; outras, de um

---

[1] Números 22:1-35.

Interrogatório

jeito leve. Eu prefiro a leveza, pois acredito que existe muita falsa reverência. Há solenidade e intensidade demais em torno de assuntos sagrados; há discursos solenes em excesso.

Sr. Wirt:
Mas a solenidade não é adequada e propícia para uma atmosfera sagrada?

Lewis:
Sim e não. Há uma diferença entre a vida religiosa pessoal e coletiva. A solenidade é apropriada na igreja, mas aquilo que é apropriado na igreja não é necessariamente apropriado fora dela, e vice-versa. Por exemplo, posso orar enquanto escovo os dentes, mas isso não significa que devo escovar os dentes na igreja.

Sr. Wirt:
Qual é sua opinião a respeito do tipo de literatura sendo produzida na Igreja cristã hoje em dia?

Lewis:
Uma grande parte do que está sendo publicado por escritores na tradição religiosa é um escândalo e está, na verdade, afastando pessoas da igreja. Os escritores liberais que estão continuamente adaptando e desbastando a verdade do Evangelho são os responsáveis por isso. Não consigo entender como um homem pode publicar sua descrença em tudo aquilo que sua sobrepeliz pressupõe. Acredito ser uma forma de prostituição.

Sr. Wirt:
O que você acha do novo e controverso livro *Honest to God* [Honesto com Deus], de John Robinson, bispo de Woolwich?

Lewis:
Prefiro ser honesto a ser "honesto com Deus".

Sr. Wirt:
Quais escritores cristãos o ajudaram?

Lewis:
O livro contemporâneo que mais me ajudou foi *O homem eterno*, de Chesterton. Além deste, a obra de Edwyn Bevan, *Symbolism and Belief*; a de Rudolf Otto, *O sagrado*; e as peças de Dorothy Sayers.[2]

Sr. Wirt:
Creio que foi a Chesterton que perguntaram o motivo de ter se tornado membro da igreja, e ele respondeu: "Para me livrar dos meus pecados."

Lewis:
Não basta querer se livrar dos próprios pecados. Também precisamos crer naquele que nos salva de nossos pecados. Precisamos não apenas reconhecer que somos pecadores; precisamos crer em um Salvador que remove os pecados. Certa vez, Matthew Arnold escreveu: "Estar faminto não prova que temos pão." O fato de sermos pecadores não significa que seremos salvos.

Sr. Wirt:
Em seu livro *Surpreendido pela alegria*, você comenta que foi trazido à fé contrariado e indignado, buscando desesperadamente um jeito de escapar.[3] Ou seja, você sugere que foi, de certa forma, forçado a tornar-se cristão. Você acredita ter tomado uma decisão no momento em que se converteu?

---

[2] Tal como *The Man Born to be King* [O homem que nasceu para ser rei] (Londres, 1943; reimpresso em Grand Rapids, 1970).
[3] *Suprised by Joy* (Londres, 1955), capítulo 14, p. 215.

Lewis:
Eu não expressaria dessa forma. O que escrevi em *Surpreendido pela alegria* foi que, "antes de Deus se aproximar de mim, foi-me oferecido aquilo que hoje me parece um momento de escolha absolutamente livre".[4] No entanto, sinto que a minha decisão não foi tão importante. Eu fui o objeto, não o sujeito, neste caso. Fui escolhido. Depois eu fiquei feliz com o resultado, mas, naquele momento, o que eu ouvi foi Deus dizendo: "Abaixe a arma e vamos conversar."

Sr. Wirt:
Isso me soa como se você tivesse chegado a um ponto muito inequívoco de decisão.

Lewis:
Bem, eu diria que a ação mais forçada de todas é também a mais livre de todas. Afinal de contas, nenhuma parte de nós fica fora da ação. É um paradoxo que expressei em *Surpreendido pela alegria* ao dizer que escolhi, muito embora não parecesse possível fazer o oposto.[5]

Sr. Wirt:
Há vinte anos, você escreveu: "Um homem que fosse meramente um ser humano e dissesse o tipo de coisa que Jesus disse não seria um grande mestre de moral. De duas uma, ou ele seria um lunático — do nível de alguém que afirmasse ser um ovo frito —, ou então seria o diabo em pessoa. Faça a sua escolha. Ou esse homem era, e é, o Filho de Deus; ou então um louco ou algo pior. Você pode descartá-lo como sendo um tolo ou pode cuspir nele e matá-lo como a um demônio; ou, então, poderá cair de joelhos a seus

---
[4] *Ibid.*, p. 211.
[5] *Ibid.*

pés e chamá-lo de Senhor e Deus. Mas não me venha com essa conversa mole de ele ter sido um grande mestre de moral, pois ele não nos deu essa alternativa, nem tinha essa pretensão".[6] Você diria que seu ponto de vista sobre essa questão mudou desde então?

Lewis:
Eu diria que não houve qualquer alteração substancial.

Sr. Wirt:
Você diria que o objetivo da literatura cristã, inclusive de seus próprios escritos, é ocasionar um encontro do leitor com Jesus Cristo?

Lewis:
Essa não é minha linguagem, mas é o propósito que tenho em vista. Por exemplo, acabei de terminar um livro sobre oração, o qual concebi em forma de uma correspondência imaginária com alguém que apresenta algumas dificuldades do assunto.[7]

Sr. Wirt:
Como podemos promover o encontro de pessoas com Jesus Cristo?

Lewis:
Não podemos estabelecer um padrão para Deus. Há muitos jeitos diferentes de trazer pessoas para o reino dele, até mesmo alguns que eu desprezo! Por isso, aprendi a ser cauteloso em meu julgamento.

Contudo, podemos impedir esse encontro de muitas formas. Por exemplo, como cristãos, somos tentados a fazer concessões desnecessárias àqueles que estão fora da fé. Nós cedemos demais. Com isso, entretanto, não quero dizer que devemos correr o risco

---
[6] *Cristianismo puro e simples* (Rio de Janeiro, 2017), capítulo 3, p. 86.
[7] Ele está falando de *Oração: Cartas a Malcolm*.

de ser inconvenientes testemunhando em horas impróprias; mas sempre chega o momento em que temos de mostrar que discordamos. Devemos hastear nossa bandeira cristã a fim de sermos fiéis a Jesus Cristo. Não podemos permanecer em silêncio ou abrir mão de tudo.

Em uma de minhas histórias infantis, há um personagem chamado Aslam que diz: "Eu só conto às pessoas sua própria história."[8] Isto é, não posso falar sobre a maneira como Deus lida com os outros; só sei dizer como ele lida comigo. Naturalmente, devemos orar pedindo o despertar espiritual e, de várias formas, podemos fazer algo para promovê-lo. Contudo, devemos lembrar que nem Paulo nem Apolo dão o crescimento.[9] Conforme Charles Williams disse, "Muitas vezes, o altar deve ser construído em determinado lugar a fim de que o fogo desça em outro".[10]

Sr. Wirt:
Professor Lewis, seus escritos apresentam uma característica incomum, que não se vê com muita frequência em discussões sobre temas cristãos: você escreve com gosto.

Lewis:
Se eu não gostasse de escrever, não continuaria a fazê-lo. De todos os meus livros, apenas um eu não gostei de escrever.

Sr. Wirt:
Qual?

---

[8] Com algumas pequenas variações, Aslam diz isso para duas crianças que lhe perguntam a respeito da vida de outras pessoas em *The Horse and His Boy* [O Cavalo e seu Menino] (Londres, 1954), capítulo 11, p. 147, e capítulo 14, p. 180.
[9] 1Coríntios 3:6.
[10] "Geralmente, se prepara o caminho para o céu, mas ele vem por outro meio; o sacrifício é preparado, mas o fogo atinge outro altar." WILLIAMS, Charles. *He Came Down from Heaven* [Ele desceu do céu]. Londres, 1938, capítulo 2, p. 25.

Lewis:
Cartas de um diabo a seu aprendiz. As cartas eram secas e sarcásticas. À época, eu estava pensando sobre objeções à vida cristã e decidi expressá-las do jeito que o diabo as expressaria. Porém, transformar coisas boas em "ruins" e coisas ruins em "boas" é cansativo.

Sr. Wirt:
Qual seria sua sugestão para um jovem escritor cristão em busca de um estilo pessoal?

Lewis:
O caminho para se desenvolver um estilo é: (a) saber exatamente o que se deseja dizer; e (b) ter certeza de que se está dizendo exatamente isso. O leitor, é preciso lembrar, não sabe de antemão o que nós pretendemos comunicar. Se nossas palavras forem ambíguas, o conteúdo lhe escapará. Às vezes, penso que escrever é como conduzir ovelhas por uma estrada. Se houver alguma porteira aberta à esquerda ou à direita, os leitores certamente seguirão por ali.

Sr. Wirt:
Você acredita que o Espírito Santo pode falar ao mundo por intermédio de escritores cristãos hoje em dia?

Lewis:
Prefiro não emitir qualquer opinião sobre a "iluminação" direta de um autor pelo Espírito Santo. Não tenho como saber se o que está escrito veio do céu ou não. Creio, porém, que Deus é o Pai das luzes — tanto das luzes naturais, quanto das luzes espirituais (Tiago 1:17). Isto é, Deus não está interessado apenas em escritores cristãos propriamente ditos. Ele se interessa por todo o tipo de escrita. Da mesma maneira, um chamado santo não se limita a cargos eclesiásticos. O indivíduo responsável por cuidar de uma plantação de nabos também está servindo a Deus.

Sr. Wirt:
Um escritor norte-americano, o Sr. Dewey Beegle, expressou a opinião de que o hino de Isaac Watts intitulado "When I Survey the Wondrous Cross" [Ao contemplar a maravilhosa cruz] é mais inspirado por Deus do que o Cântico dos Cânticos de Salomão no Antigo Testamento. Qual seria sua opinião a respeito?

Lewis:
Os grandes santos e místicos da Igreja pensam exatamente o oposto. Eles encontraram verdades espirituais tremendas no Cântico dos Cânticos. Há uma diferença de níveis aqui; existe a questão do cânone. Também devemos lembrar que a carne ingerida pelo adulto pode ser inadequada para o paladar de uma criança.

Sr. Wirt:
Como você avaliaria as tendências literárias modernas, exemplificadas por escritores como Ernest Hemingway, Samuel Beckett e Jean-Paul Sartre?

Lewis:
Li muito pouco nessa área. Eu não sou um acadêmico contemporâneo. Eu não sou sequer um acadêmico do passado; sou, em vez disso, um amante do passado.

Sr. Wirt:
Você acredita que o uso de vulgaridade e obscenidade é necessário para se estabelecer uma atmosfera realista na literatura contemporânea?

Lewis:
Não. Eu considero esse fenômeno um sintoma ou um sinal de uma cultura que perdeu a fé. O colapso moral segue o colapso espiritual. Eu contemplo o futuro imediato com grande apreensão.

Sr. Wirt:
Você acha, então, que a cultura moderna está sendo descristianizada?

Lewis:
Não posso falar sobre os aspectos políticos da questão, mas tenho algumas opiniões claras sobre a descristianização da Igreja. Creio que há muitos pregadores transigentes e muitos frequentadores que nem sequer são crentes. Jesus Cristo não disse: "Vão pelo mundo todo e digam que está tudo bem." O Evangelho é algo completamente diferente. Ele está, na verdade, em oposição direta ao mundo.

O ataque contra o cristianismo no mundo é bem forte. Cada guerra, cada naufrágio, cada caso de câncer, cada desastre contribuem para a elaboração de um argumento *prima facie* contra o cristianismo. Não é fácil ser crente diante destes fatos superficiais. Isso exige uma forte fé em Jesus Cristo.

Sr. Wirt:
Você aprova homens como Bryan Green e Billy Graham, os quais pedem às pessoas que tomem uma decisão quanto à vida cristã?

Lewis:
Tive o prazer de conhecer Billy Graham uma vez. Jantamos juntos durante sua visita à Universidade de Cambridge, em 1955, ocasião em que ele liderou uma missão voltada aos alunos. Minha impressão foi a de que ele era um homem muito modesto e sensato; gostei muito dele.

Em uma civilização como a nossa, sinto que todos precisam chegar a alguma conclusão quanto às declarações que Jesus Cristo fez em vida; caso contrário, serão culpados ora de negligenciar a questão, ora de fugir dela. Na União Soviética é diferente. Muitas pessoas que vivem na Rússia hoje nunca

Interrogatório

precisaram considerar as alegações de Cristo porque nunca ouviram falar delas.

Da mesma maneira, nós, que vivemos em países anglófonos, nunca fomos forçados a considerar as declarações, digamos, do hinduísmo. Porém, em nossa civilização ocidental, somos obrigados, tanto do ponto de vista moral quanto intelectual, a ter uma opinião sobre Jesus Cristo; se nos recusarmos a fazê-lo, seremos culpados de agir como maus filósofos e maus pensadores.

Sr. Wirt:
Qual é sua opinião sobre a disciplina diária da vida cristã — a necessidade de passar tempo a sós com Deus?

Lewis:
Nós recebemos ordens do Novo Testamento sobre o assunto. Eu parto do pressuposto de que todos os que se tornam cristãos adotam essa prática. Ela nos é imposta por nosso Senhor; e, uma vez que os mandamentos são dele, creio que devemos segui-los. Afinal, é possível que Jesus Cristo estivesse sendo literal quando nos mandou procurar um lugar secreto e fechar a porta.[11]

Sr. Wirt:
O que você acha que acontecerá nos próximos anos da história, Sr. Lewis?

Lewis:
Não tenho como saber. Meu foco principal é o passado. Eu viajo com as costas voltadas para o motor, e isso dificulta a direção. O mundo pode parar em dez minutos; enquanto isso, devemos continuar realizando nossa tarefa. O ideal é ocupar a posição de

---

[11] Mateus 6:5-6.

filhos de Deus, vivendo cada dia como se fosse o último, mas fazer planos como se o mundo pudesse durar cem anos.

Temos, naturalmente, a garantia do Novo Testamento com relação a acontecimentos futuros.[12] Acho difícil conter o riso quando vejo pessoas preocupando-se com algum tipo de destruição futura. Por acaso elas não sabem que morrerão de qualquer maneira? Pelo jeito, não. Certa vez, minha esposa perguntou a uma jovem amiga se ela já havia pensado sobre a morte, e esta respondeu: "Quando eu chegar a essa idade, a ciência já terá feito algo a respeito!"

Sr. Wirt:
Você acha que viagens ao espaço se tornarão corriqueiras?

Lewis:
A possibilidade fazer de contato com outros planetas habitados, se é que eles existem, me deixa horrorizado. Nós apenas transferiríamos para lá todo o nosso pecado e nossa ganância e estabeleceríamos um novo colonialismo. Não suporto pensar nisso. Porém, caso nos acertássemos com Deus aqui na terra primeiro, é claro que tudo seria diferente. Contanto que sejamos espiritualmente despertados, podemos sair pelo espaço levando coisas boas conosco. Esta seria uma situação bem diferente.

---

[12]Mateus 24:4-44; Marcos 13:5-27; Lucas 21:8-33.

PARTE III

CAPÍTULO | 1

"*Bulverismo*"

Ou a base do pensamento do século XX

É desastrosa, como diz Emerson em algum lugar, a descoberta de que existimos. Quero dizer, é desastroso quando, em vez de simplesmente atentarmos para a rosa, somos obrigados a pensar que a estamos observando com um certo tipo de mente e um certo tipo de olhos. É desastroso porque, se não formos muito cuidadosos, a cor da rosa é atribuída aos nervos óticos, e seu perfume, ao nariz — e, no fim das contas, não sobra rosa alguma. Os filósofos profissionais demonstram incômodo com essa cegueira universal há mais de duzentos anos, mas o mundo não lhes deu muito ouvido. Agora, porém, o mesmo desastre está acontecendo em um nível que todos nós podemos compreender.

Recentemente, nós "descobrimos que existimos" em dois novos sentidos. Os freudianos descobriram que existimos como feixes de complexos, e os marxistas descobriram que existimos como membros de uma classe econômica. Antes se supunha que, se algo parecesse óbvio a cem homens, é porque provavelmente era verdadeiro. Hoje em dia, porém, o freudiano diz que primeiro temos de analisar os cem homens; então descobriremos, por exemplo, que o motivo de considerarem Elizabeth I uma grande rainha é o fato de terem um complexo materno.

Ou seja, seus pensamentos são "psicologicamente contaminados" na fonte. O marxista, por sua vez, diz que temos de analisar os interesses econômicos dos cem homens; então, descobriremos, por exemplo, que o motivo de considerarem a liberdade uma coisa boa é o fato de serem membros da burguesia, cuja prosperidade cresce sob a política do *laissez-faire*. Ou seja, seus pensamentos são "ideologicamente contaminados" na fonte.

Ora, isso é obviamente muito interessante, mas nem sempre se nota que há um preço a ser pago. Há duas perguntas que devem ser feitas àqueles que dizem esse tipo de coisa. A primeira é: *todos* os pensamentos são contaminados desse jeito na fonte ou só alguns? A segunda é: tal contaminação invalida o pensamento contaminado, no sentido de torná-lo falso?

Caso digam que *todos os pensamentos* são assim contaminados, devemos, é claro, lembrá-los de que o freudismo e o marxismo são sistemas de pensamento tanto quanto a teologia cristã ou o idealismo filosófico. O freudiano e o marxista estão no mesmo barco em que todos nós estamos e, portanto, não nos podem criticar de fora. Eles serraram o galho sobre o qual se apoiavam. Caso, por outro lado, digam que a contaminação não invalida necessariamente o pensamento, então ela também não necessariamente invalida o nosso. Neste caso, eles poupam o próprio galho, mas também o nosso.

O único caminho possível é afirmar que alguns pensamentos são contaminados e outros não o são — o que tem a vantagem (se é que freudianos e marxistas consideram isso uma vantagem) de ser aquilo em que todos os homens lúcidos sempre acreditaram. Mas se assim for, devemos então perguntar como se faz para descobrir quais são contaminados e quais não são. De nada adianta dizer que os contaminados são aqueles que estão de acordo com os desejos secretos do indivíduo. *Algumas* coisas em que eu gostaria de acreditar devem, de fato, ser verdadeiras; é impossível dispor um universo que contradiga os desejos de todos, em todos os aspectos, em todos os momentos. Suponha que eu acredite ter, após fazer contas, um grande saldo bancário. E suponha que você deseje descobrir se minha crença é apenas um "pensamento positivo". Nunca será possível chegar a uma conclusão examinando minha condição psicológica. A única maneira de descobrir é sentando e fazendo o cálculo. Somente após verificar minhas contas, você saberá se eu tenho aquele saldo ou não. Caso determine que a aritmética está correta, qualquer enaltecimento de minha condição psicológica será apenas perda de tempo. Caso determine que a aritmética está errada, talvez seja relevante explicar, do ponto de vista psicológico, como eu pude fazer as contas tão mal, e a doutrina do desejo oculto passa a ser relevante — mas somente *após* você mesmo ter feito a soma e descoberto que eu estava errado por motivos puramente aritméticos. O mesmo se dá com todos os raciocínios e sistemas de pensamento. Quando procuramos descobrir quais deles estão contaminados por meio de especulações sobre os desejos do indivíduo, estamos apenas nos enganando. Primeiro é preciso descobrir, com bases puramente lógicas, quais deles de fato falham como argumentos. Depois, se quisermos, podemos dar prosseguimento e descobrir as causas psicológicas do erro.

Em outras palavras, é preciso demonstrar *que* alguém está errado antes de começar a explicar *por que* ele está errado. O método moderno consiste em pressupor, sem discussão, *que* o indivíduo está errado e, em seguida, desviar sua atenção disso (a única questão realmente relevante) por meio de uma longa explicação de como ele pôde ser tão tolo. No decurso dos últimos quinze anos, constatei que esse vício é tão comum, que precisei inventar um nome para ele. Eu o chamo de *bulverismo*. Algum dia, ainda vou escrever a biografia de seu inventor imaginário, Ezekiel Bulver, cujo destino foi determinado aos cinco anos de idade, quando, após o pai defender que a soma de dois lados de um triângulo é maior do que o comprimento do terceiro, ouviu a mãe replicar:

"Ah, você diz isso *porque é um homem*". "Naquele momento", afirmou E. Bulver, "raiou em minha mente a grande verdade de que a refutação não é uma parte necessária do argumento. Quando tomamos como pressuposto o erro de nosso oponente e passamos a explicá-lo, o mundo se lança aos nossos pés. No entanto, quando tentamos provar que ele está errado ou (pior ainda) quando tentamos descobrir se ele está errado ou certo, o dinamismo nacional de nossa época nos coloca contra a parede." Foi assim que Bulver se tornou um dos edificadores do século XX.

Os frutos de sua descoberta podem ser encontrados por quase toda parte. Vejo minha religião ser rejeitada com base no argumento de que "o pastor que desfrutava de uma vida confortável no século XIX tinha todos os motivos para assegurar ao trabalhador que a pobreza seria recompensada em outro mundo". Bem, sem dúvida, ele tinha. Mesmo supondo que o cristianismo seja um erro, eu ainda vejo como alguns teriam motivo para inculcá-lo nos demais. Vejo isso com tanta facilidade, que poderia, naturalmente, inverter o jogo e dizer que "o homem moderno tem todos os motivos para tentar convencer-se de que não há sanções eternas por trás da moral que ele rejeita". Afinal, o *bulverismo* é um jogo verdadeiramente democrático; todos podem jogá-lo o tempo todo, e ele não concede privilégios injustos à pequena minoria ofensiva que raciocina. Porém, é claro, ele não nos leva um passo sequer à frente em nosso processo de concluir se a religião cristã é verdadeira ou falsa. Esta questão ainda deve ser discutida com argumentos bem diferentes — filosóficos e históricos. Independentemente da conclusão, os motivos impróprios das pessoas, tanto para crer quanto para não crer, permaneceriam os mesmos.

Eu vejo o *bulverismo* em ação em todos os argumentos políticos. Os capitalistas são maus economistas porque conhecemos seu motivo para querer o capitalismo, e, da mesma maneira, os comunistas são maus economistas porque conhecemos seu motivo para querer o comunismo. Assim, há *bulveristas* em ambos os lados. Na realidade, evidentemente, ou as doutrinas dos capitalistas são falsas, ou as doutrinas dos comunistas são falsas, ou ambas são falsas; mas só é possível descobrir o certo e o errado por meio da razão — nunca por meio de ataques à psicologia do oponente.

Até que o *bulverismo* seja eliminado, a razão não pode desempenhar um papel eficaz nas questões humanas. Cada lado saca o *bulverismo* como uma arma contra o outro, e a razão é desacreditada entre os dois. Mas por que ela não deveria ser desacreditada? Seria fácil, como resposta, apontar para o estado presente do mundo, mas a verdadeira resposta é ainda mais imediata: as próprias forças que desacreditam a razão dependem da razão. É preciso raciocinar até mesmo para *bulverizar*. Os homens estão tentando *provar* que as *provas* são inválidas. Se isso falhar, eles terão fracassado. Se obtiverem êxito, terão fracassado mais ainda — afinal, a prova de que as provas são inválidas deve ser inválida.

As alternativas seriam, portanto, uma estupidez absolutamente contraditória ou uma crença tenaz no poder do raciocínio, a despeito de toda a evidência que os *bulveristas* oferecem a favor de uma "contaminação" neste ou naquele indivíduo. Estou pronto a admitir, se assim preferirmos, que esta crença tenaz traz em si algo de transcendental ou místico. E então? É preferível ser lunático a místico?

Assim, vemos que há justificativa para nos atermos à crença na razão. Mas será que isso pode ser feito sem teísmo? Dizer "eu sei" implica que Deus existe? Tudo o que conheço é uma inferência das sensações (exceto o momento presente). Todo o nosso conhecimento do universo além de nossas experiências imediatas depende de inferências destas experiências. Se nossas inferências não nos dão uma percepção genuína da realidade, nada podemos saber. Uma teoria não pode ser aceita se não reconhecer nosso pensamento como uma percepção genuína, tampouco se a realidade de nosso conhecimento não for explicável em termos dessa teoria.

No entanto, nossos pensamentos só podem ser aceitos como percepções genuínas sob determinadas condições. Todas as crenças têm causas, mas deve haver uma distinção entre (1) as causas comuns e (2) um tipo especial de causa chamada "uma razão". Causas são ocorrências impensadas que podem produzir outros resultados além de crença. Razões surgem de axiomas e inferências e afetam apenas crenças. O *bulverismo* tenta mostrar que nosso oponente tem causas, mas não razões, e que nós temos razões, mas não causas. Uma crença que pode ser explicada inteiramente em termos de causas é inútil. E este princípio não deve ser abandonado quando consideramos crenças que são a base de outras. Nosso conhecimento depende da certeza que temos com relação a axiomas e inferências. Se estes são resultados de causas, então não há possibilidade de conhecimento. Assim, *ora* nada podemos conhecer, *ora* o pensamento tem apenas razões e não causas.

> [O restante deste artigo, lido originalmente para o Clube Socrático antes de ser publicado no *Socratic Digest*, continua abaixo na forma de notas tomadas pelo secretário do clube. Isso explica por que o texto não está todo em primeira pessoa, como seria apropriado.]

Seria possível argumentar, prosseguiu o Sr. Lewis, que a razão evoluiu por seleção natural, que somente os métodos proveitosos de raciocínio sobreviveram. Contudo, a teoria depende de uma inferência do proveito deles para a verdade, cuja validade teria de ser *pressuposta*. Todas as tentativas de tratar o pensamento como uma ocorrência natural envolvem a falácia de excluir o pensamento de quem faz as tentativas.

Admite-se que a mente é afetada por acontecimentos físicos; um aparelho de rádio é influenciado pelos distúrbios atmosféricos, mas eles não produzem suas ondas — não teríamos conhecimento do rádio caso pensássemos o contrário. Podemos relacionar os acontecimentos naturais uns aos outros até chegar ao contínuo do espaço-tempo. O pensamento, entretanto, não tem outro pai além do pensamento. Ele é condicionado, sim, mas não causado. *Meu* conhecimento de *que* tenho nervos é gerado por inferência.

O mesmo argumento se aplica aos nossos valores, que são afetados por fatores sociais; porém, se forem causados por eles, não há como saber se são corretos. Pode-se rejeitar a moral como uma ilusão, mas quem o faz muitas vezes exclui tacitamente a própria motivação ética — por exemplo, a tarefa de libertar a moral da superstição e de propagar o esclarecimento.

Nem a vontade nem a razão são produtos da natureza. Logo, *ou* somos autoexistentes (uma crença que ninguém pode aceitar), *ou* somos uma colônia de um Pensamento e uma Vontade autoexistentes. A razão e a bondade que podem existir em nós devem derivar de uma Razão e uma Bondade autoexistentes fora de nós mesmos — de uma Razão e uma Bondade sobrenaturais.

O Sr. Lewis prosseguiu afirmando ser comum a objeção de que a existência do sobrenatural é importante demais para ser discernível apenas por argumentos abstratos, e, portanto, apenas por alguns poucos desocupados. No entanto, em todas as outras épocas, o homem comum aceitou as descobertas de místicos e de filósofos para sua crença na existência do sobrenatural. Hoje em dia, ele é forçado a carregar esse fardo sozinho. Ou a humanidade cometeu um erro terrível ao rejeitar a autoridade, ou então o(s) poder(es) que governa(m) o destino dela está(estão) realizando um ousado experimento, e um dia todos nos tornaremos sábios. Uma sociedade que consiste exclusivamente de homens comuns está fadada ao desastre. A fim de sobreviver, devemos ora acreditar nos homens de visão, ora escalar as alturas nós mesmos.

Evidentemente, então, existe algo além da natureza. O homem está na fronteira entre o natural e o sobrenatural. Acontecimentos materiais não podem produzir atividade espiritual, mas esta pode ser responsável por muitas de nossas ações na natureza. A vontade e a razão em nada podem depender além de si mesmas, mas a natureza pode depender da vontade e da razão — ou, em outras palavras, Deus criou a natureza.

A relação entre natureza e *sobrenatureza*, que não é uma relação no espaço e no tempo, passa a ser compreensível se o sobrenatural tiver criado o natural. Temos até uma ideia desta criação por conhecermos o poder da imaginação, muito embora não possamos criar nada novo, estando limitados a reorganizar o material absorvido pelos sentidos. Não é inconcebível a possibilidade de o universo ter sido criado por uma Imaginação forte o suficiente para impor fenômenos a outras mentes.

Foi sugerido, concluiu o Sr. Lewis, que nossas ideias de criação e causa derivam totalmente de nossa experiência da vontade. A conclusão a que se costuma chegar é que não há qualquer criação ou causa, apenas "projeção". Contudo, a "projeção" em si é uma forma de causa, sendo mais razoável supor que a vontade é a única causa que conhecemos e que, portanto, a vontade é a causa da natureza.

Seguiu-se uma discussão. Os pontos mencionados foram os seguintes:

- Qualquer raciocínio pressupõe a hipótese de que a inferência é válida. A inferência correta é, logo, inconteste.
- "Relevante" (re-evidência) é um termo *racional*.
- O universo não alega ser *verdadeiro*; ele simplesmente *existe*.

- O conhecimento por revelação é mais semelhante ao conhecimento empírico do que ao conhecimento racional.

Pergunta:
Qual é o critério da verdade, se você faz distinção entre causa e razão?

Sr. Lewis:
É possível a um país montanhoso ter muitos mapas, mas só um *verdadeiro*; isto é, só um corresponde aos contornos reais. O mapa elaborado pela razão alega ser o mapa *verdadeiro*. Eu não poderia perceber o universo a menos que pudesse confiar em minha razão. Se não pudéssemos confiar na inferência, nada poderíamos conhecer salvo nossa própria existência. A realidade física é uma *inferência* de nossas sensações.

Pergunta:
Como um axioma pode alegar ser mais inconteste do que um julgamento empírico da evidência?

[O artigo termina aqui, deixando esta pergunta sem resposta.]

CAPÍTULO 2

Coisas
primárias
e secundárias

Quando li na revista *Time and Tide*, na edição de 6 de junho [de 1942] que os alemães elegeram Hagen, e não Siegfried, como herói nacional, eu quis gargalhar de prazer. Afinal, sou um romântico que se deleitou de verdade com os Nibelungos, especialmente com a versão de Wagner, desde um verão especial em minha adolescência quando ouvi, pela primeira vez, a *Cavalgada das valquírias* em um gramofone e vi as ilustrações feitas por Arthur Rackham para *O anel*. Até hoje, o cheiro daqueles livros me impacta com a mesma pungência da lembrança de uma paixão adolescente. Foi, portanto, um momento triste quando os nazistas tomaram posse do meu tesouro e fizeram dele parte de sua ideologia. Mas agora está tudo bem. Eles demonstraram ser incapazes digeri-lo. Os nazistas só conseguem dar sentido à história virando-a de cabeça para baixo e transformando um dos vilões secundários em herói. Sem dúvida, a lógica de sua posição os levará ainda mais longe, e Alberich será anunciado como a verdadeira personificação do espírito nórdico. E, assim, eles me devolveram o que roubaram.

A menção do espírito nórdico faz-me lembrar de que a tentativa deles para se apropriar de *O anel* é apenas uma expressão de sua tentativa maior de se apropriarem do "nórdico" como um todo — e esta tentativa maior é igualmente ridícula. Como as pessoas que

Coisas primárias e secundárias

acreditam na lei do mais forte podem dizer que são adoradoras de Odin? Afinal de contas, a história de Odin resume-se ao fato de que, embora ele tivesse o direito, não dispunha da força. Somente a religião nórdica, dentre todas as mitologias, ordenava que os homens servissem a deuses que confessadamente lutavam com as costas contra a parede e eram sempre derrotados no fim. "Estou partindo para morrer com Odin", disse o andarilho na fábula de Stevenson,[1] provando que Stevenson compreendia algo a respeito do espírito nórdico que a Alemanha nunca foi capaz de compreender. Os deuses sucumbem. A sabedoria de Odin, a coragem cômica de Tor (Tor era uma espécie de homem de Yorkshire) e a beleza de Balder acabam sendo destruídas pela *realpolitik* de gigantes estúpidos e tróis disformes. Isso, entretanto, em nada altera a lealdade dos homens livres. Assim, como deveríamos esperar, a verdadeira poesia germânica trata de resistências heroicas e de lutas contra adversidades inexoráveis.

Neste ponto, ocorreu-me que eu havia me deparado com um paradoxo bastante significativo. Como é que os únicos povos na Europa que procuraram restaurar sua mitologia pré-cristã à posição de fé viva foram incapazes de compreender os próprios rudimentos dessa mitologia? O retrocesso em si já seria deplorável, assim como seria deplorável se um homem crescido retornasse ao *etos* de seu estágio escolar inicial. Contudo, seria de se esperar que ele, no mínimo, compreendesse a regra de não dedurar nem a de colocar a mão nos bolsos. Sacrificar o bem maior pelo menor e, no final, não reter sequer o menor — esta é a tolice que surpreende. Vender o direito de primogenitura por uma mitologia caótica e, então, entender tal mitologia de um jeito completamente errado... ora, como eles conseguiram fazer isso? Afinal, é

---

[1]Isso se encontra na fábula de R. L. Stevenson intitulada "Faith, Half-Faith, and No Faith" [Fé, meia-fé e nenhuma fé], publicada pela primeira vez em *O médico e o monstro e outras histórias* (Londres, 1896).

bem evidente que até mesmo eu (que preferiria pintar meu rosto de azul a sugerir que existe um verdadeiro Odin) consigo extrair de Odin todo o bem e toda a diversão que ele pode oferecer, ao passo que seus adoradores nazistas não conseguem.

E, no entanto, conforme refleti a respeito, isso pode não ser sequer um paradoxo. Ou, pelo menos, que talvez fosse um paradoxo tão comum a ponto de já nos termos acostumado a ele. Outros casos começaram a vir à mente. Até tempos bem modernos — creio que até o tempo dos românticos — ninguém jamais sugeriu que a literatura e as artes eram um fim em si mesmas. Elas "pertenciam à parte ornamental da vida"; ofereciam "distração inocente", "refinavam nossos modos", "incitavam-nos à virtude" ou glorificavam os deuses. As grandes músicas eram compostas para as missas, as grandes imagens eram pintadas para preencher algum espaço na parede da sala de jantar de um nobre ou para incitar devoção em uma igreja, e as grandes tragédias eram escritas ora por poetas religiosos em homenagem a Dionísio, ora por poetas comerciais para entreter londrinos em seus momentos de lazer.

Foi somente no século XIX que nós nos tornamos cientes da plena dignidade da arte. Nós começamos a "levá-la a sério", assim como os agora nazistas levam a mitologia a sério. Porém, o resultado parece ter sido um desvio da vida estética, na qual pouco nos resta salvo obras magnânimas que cada vez menos pessoas desejam ler ou ouvir ou ver e obras "populares" obras das quais tanto quem as produz quanto quem as consome se envergonham um pouco. Assim como os nazistas, por valorizar demais um bem real, porém secundário, nós quase o perdemos.

Quanto mais eu pensava nisso, mais passei a suspeitar de que estava percebendo uma lei universal. *On cause mieux quand on ne dit pas Causons.*[2] A mulher que coloca o cão de estimação no

---

[2] "A conversa é melhor quando não se diz: 'Vamos conversar.'"

centro de sua vida acaba perdendo não apenas sua função e dignidade como ser humano, mas também o prazer propriamente dito de ter um cão. O homem que faz do álcool seu bem principal perde não só o emprego, como também o paladar e toda a capacidade de desfrutar dos níveis anteriores (e apenas prazerosos) de intoxicação. É uma coisa gloriosa sentir, por alguns momentos, que todo o significado do universo se resume a uma única mulher — porém, apenas à medida em que outros deveres e prazeres nos ocupam com outras coisas. Se conseguirmos colocar a casa em ordem e organizar a vida (isso, às vezes, é possível) a ponto de nada mais termos a fazer do que contemplá-la, o que acontece? É claro que esta lei já foi descoberta antes, mas ela pode ser redescoberta. Pode-se dizer o seguinte: toda preferência de um bem menor a um bem maior ou de um bem parcial a um bem total implica a perda do bem menor ou parcial pelo qual o sacrifício foi feito.

Aparentemente o mundo é assim. Se Esaú realmente recebeu o caldo em troca de sua primogenitura,[3] ele foi uma exceção afortunada. Não se pode obter coisas secundárias colocando-as em primeiro lugar; só é possível obter coisas secundárias colocando as coisas primárias em primeiro lugar. Disso, concluímos que a pergunta "Quais são as coisas primárias?" é relevante não apenas para os filósofos, mas para todos.

É impossível, neste contexto, não questionar o que nossa própria civilização tem colocado em primeiro lugar durante os últimos trinta anos. E a resposta é simples. Ela tem colocado a si mesma em primeiro lugar. Preservar a civilização é o grande alvo; o colapso da civilização, o grande pesadelo. Paz, padrão elevado de vida, higiene, transporte, ciência e diversão — tudo isso, o que normalmente entendemos por civilização, é nosso

---

[3]Gênesis 27.

objetivo. Alguém poderia responder que nossa preocupação com a civilização é muito natural e necessária em uma época na qual ela corre tanto perigo. Mas e se for o contrário? E se a civilização estiver correndo perigo justamente pelo fato de todos nós a termos transformado em *summum bonum*? Talvez ela não possa ser preservada desta maneira. Talvez a civilização nunca possa estar segura até que nos importemos mais com alguma outra coisa do que com ela mesma.

A hipótese tem fatos que a sustentam. No que diz respeito à paz (um dos ingredientes em nossa ideia de civilização), creio que muitos concordariam hoje que uma política externa dominada pelo desejo de manter a paz é um dos muitos caminhos que conduzem à guerra. Por acaso, a civilização já esteve seriamente ameaçada antes de se tornar o objetivo exclusivo da atividade humana? As pessoas fazem muitas idealizações irrefletidas de épocas passadas, e não desejo incentivar este tipo de comportamento. Nossos antepassados eram cruéis, lascivos, gananciosos e tolos como nós o somos. Porém, é preciso perguntar: enquanto eles se importaram mais com outras coisas do que com a civilização — e, em diferentes períodos, eles se importaram com todo o tipo de coisa: com a vontade de Deus, com a glória, com a honra pessoal, com a pureza doutrinária, com a justiça —, por acaso a civilização correu sério risco de desaparecer?

A sugestão merece, no mínimo, reflexão. Sem dúvida, se for verdade que a civilização nunca estará segura até que seja colocada em segundo lugar, logo surge a pergunta: em segundo lugar depois do quê? Qual é o primeiro lugar? A única resposta que posso oferecer aqui é que, se não sabemos qual é este lugar, a primeira e única coisa realmente prática é a se fazer é procurar descobri-lo.

CAPÍTULO 3

O sermão e o almoço

"Então," disse o pregador, "o lar deve ser o alicerce da vida nacional. É ali, no fim das contas, que o caráter é formado. É ali que todos mostramos como realmente somos. É ali que podemos lançar fora os disfarces estafantes do mundo exterior e ser nós mesmos. É ali que nos isolamos do barulho, do estresse, da tentação e da degradação da vida diária em busca de fontes de força e pureza renovadas [...]." Enquanto ele dizia isso, observei que todos os membros da congregação com menos de trinta anos de idade deixaram de lhe dar ouvidos. Até aquele ponto, eles haviam prestado atenção. Agora, ouvia-se o som de tosses e movimentações. Bancos rangiam; músculos relaxavam. O sermão, para efeitos práticos, havia terminado naquele momento; os cinco minutos durante os quais o pregador continuou falando foram um total desperdício de tempo — pelo menos para a maioria.

Eu certamente parei de ouvir; se isso foi desperdício de minha parte, cabe a você julgar. Naquele instante, eu me pus a pensar, e o ponto de partida do meu pensamento foi a pergunta: "Como ele é capaz de dizer isso? Dentre todas as pessoas, como *ele* é capaz?" Afinal, eu conhecia o lar daquele pregador muito bem. Na verdade, eu havia almoçado lá naquele mesmo dia na companhia dele, da esposa, do filho

(R.A.F.)[1] e da filha (A.T.E.),[2] os quais estavam de folga. Eu poderia ter escapado da situação, mas a moça surrura-me ao ouvido: "Pelo amor de Deus, fique para o almoço se eles o convidarem. É um pouco menos assustador quando temos visitas."

O almoço na casa do vigário quase sempre segue o mesmo padrão. A refeição começa com uma tentativa desesperada dos jovens de puxar uma conversa leve e trivial; trivial não porque a mente deles é trivial (é possível ter uma conversa de verdade com eles a sós), mas porque nunca ousariam dizer em casa aquilo em que realmente estão pensando, a menos que alguém tomado de raiva os obrigasse a dizê-lo. Eles falam durante o almoço apenas como uma forma de manter os pais em silêncio. Porém, fracassam. O vigário, interrompendo com rispidez, muda completamente de assunto. Ele começa a explicar de que maneira a Alemanha precisa ser reeducada. Ele nunca esteve naquele país e nada parece saber a respeito da história alemã ou da língua alemã. "Mas, pai" começa o filho, porém sem prosseguir. Agora a mãe está falando, mas ninguém sabe exatamente quando ela começou. Ela está no meio de uma história complicada sobre como um vizinho a tratou mal certa vez. O relato dura um bom tempo, mas nunca conseguimos saber como ele começou ou como terminou — está sempre no meio. "Mãe, isso não é justo", diz a filha. "A Sra. Walker nunca disse…", e a voz do pai brada novamente. Ele agora está falando com o filho sobre a organização da R.A.F. E assim segue o almoço, até que o vigário ou a esposa dizem algo tão absurdo, que um dos filhos finalmente decide objetar e faz questão que sua objeção seja ouvida. A verdadeira mente dos jovens é, finalmente, posta em ação. Eles falam rápido, com impetuosidade e insolência. Os fatos e a lógica estão do seu lado. A reação dos pais, porém, é explodir.

---

[1] Força Aérea Real.
[2] Serviço Territorial Auxiliar.

O pai se irrita; a mãe (ó, bendita jogada da rainha doméstica!) "se ofende" — faz o maior drama possível. A filha passa a agir com ironia. O pai e o filho, ignorando um ao outro solenemente, começam a falar comigo. O almoço está arruinado.

A lembrança daquele almoço inquieta-me durante os últimos minutos do sermão. Não estou preocupado, entretanto, com o fato de que a prática do vigário difere do que ele prega. Isso é, sem dúvida, lamentável, mas não vem ao caso. Conforme disse o Dr. Johnson, é possível que os preceitos sejam muito sinceros (e, acrescentemos aqui, muito proveitosos) mesmo que a prática seja muito imperfeita;[3] e somente um tolo desprezaria os alertas de um médico acerca da intoxicação alcoólica porque o próprio médico bebe além da conta. O que me preocupa é o fato de o vigário não nos dizer que a vida no lar é difícil e que ela tem, como toda forma de vida, suas próprias tentações e corrupções. Ele fala como se o "lar" fosse uma panaceia, um amuleto mágico destinado a produzir felicidade e virtude. O problema não é que ele é falso, mas tolo. Ele não está falando a partir de sua própria experiência de vida familiar; está reproduzindo automaticamente uma tradição sentimental. Acontece, porém, que ela é uma tradição falsa. É por isso que a congregação parou de ouvi-lo.

Se os mestres desejam trazer o povo cristão de volta à domesticidade — e eu, de minha parte, acredito que as pessoas devem de fato ser trazidas de volta a ela —, a primeira coisa que precisam fazer é parar de contar mentiras sobre a vida no lar e, em vez disso, transmitir um ensinamento realista. Talvez os princípios fundamentais sejam mais ou menos os que apresentarei a seguir.

1. Desde a Queda, nenhuma organização ou modo de vida apresentou a tendência natural de seguir pelo caminho certo. Na Idade Média, algumas pessoas acreditavam que, se fizessem parte

---

[3]BOSWELL, James. *Life of Johnson*. Editado por George Birkbeck Hill. Oxford, 1934, v. IV, p. 397 (2 de dezembro de 1784).

de uma ordem religiosa, automaticamente se tornariam santas e felizes; porém, toda a literatura nativa do período expõe a fatalidade deste erro. No século XIX, algumas pessoas acreditavam que a vida familiar monogâmica automaticamente as tornaria santas e felizes; porém, a literatura antifamiliar selvagem dos tempos modernos — os Samueis Butler, os Gosses, os Shaws — deram a verdadeira resposta para isso. Em ambos os casos, os "desmascaradores" talvez estivessem errados no que tange aos princípios e talvez tenham se esquecido do ditado *abusus non tollit usum*;[4] todavia, estavam absolutamente certos quanto à questão de fato. Tanto a vida familiar quanto a vida monástica eram, muitas vezes, detestáveis, e deve ser observado que os verdadeiros defensores de ambas estão bem cientes dos perigos e isentos de ilusões sentimentais. O autor de *Imitação de Cristo* sabe (melhor do que ninguém) com quanta facilidade a vida monástica pode dar errado. Charlotte M. Yonge deixa bem claro que a domesticidade não é um passaporte para o céu na terra, mas, em vez disso, uma árdua vocação — um mar cheio de pedras escondidas e geleiras perigosas a ser navegado apenas por quem dispõe de uma carta celeste. Este é o primeiro ponto que deve estar absolutamente claro para nós. A família, assim como a nação, pode ser oferecida a Deus, pode ser convertida e redimida; só então ela se torna um canal de bênçãos e graças específicas. Porém, como todas as outras coisas humanas, ela precisa de redenção. Sem redenção, ela só produz tentações, corrupções e sofrimentos. A caridade começa em casa; a ausência dela também.

2. Ao empregar a palavra conversão ou santificação da vida familiar, devemos ter o cuidado de estar nos referindo a algo além da preservação do "amor" no sentido de afeto natural. O amor (neste sentido) não basta. O afeto, diferentemente da caridade, não é causa de felicidade duradoura. Se deixado à sua tendência

---

[4] "O abuso não tolhe o uso."

natural, ele acaba se tornando ganancioso, irritantemente solícito, ciumento, exigente, medroso. Ele sente angústia quando seu objeto está ausente, mas não é retribuído com satisfação especial quando o objeto está presente. Até mesmo à mesa do almoço na casa do vigário, o afeto foi, em parte, a causa da discórdia. O filho teria tolerado com paciência e humor o disparate que o enfureceu se este tivesse vindo de qualquer outro homem sem ser seu pai. É porque ele ainda (de alguma maneira) "se importa", que é impaciente. A esposa do vigário não seria um poço de lamúria e autocomiseração se não (em certo sentido) "amasse" a família; a frustração sem fim da necessidade contínua e implacável que ela tem de empatia, afeto e valorização ajudou a transformá-la no que ela é. Acho que esse aspecto do afeto não é percebido o suficiente pela maioria dos moralistas populares. A avidez por ser amado é algo temeroso. Alguns daqueles que dizem (quase com orgulho) que vivem só pelo amor acabam vivendo em incessante ressentimento.

3. Devemos perceber a enorme armadilha presente na característica da vida doméstica que, com tanta frequência, é ostentada como sua principal atração. "É ali que nos mostramos como realmente somos; é ali que podemos lançar fora os disfarces e ser nós mesmos." Estas palavras, saídas da boca do vigário, eram muito verdadeiras; ele demonstrou o que elas significam à mesa do almoço. Fora de seu próprio lar, ele se comportava com educação. Ele não teria interrompido qualquer outro jovem da maneira como interrompeu seu filho. Ele não teria, em qualquer outra sociedade, proferido absurdos com tanta segurança acerca de assuntos que ignorava por completo; ou, caso o houvesse feito, teria aceito uma correção de bom grado. A realidade é que ele valorizava o lar como o lugar onde podia "ser ele mesmo" no sentido de menosprezar todos os limites que a humanidade civilizada considerou indispensáveis às relações sociais toleráveis. E isso, creio, é muito comum. O que distingue a conversa doméstica da conversa pública é, sobretudo — e com muita

frequência — simplesmente a grosseria. O que distingue o comportamento doméstico costuma ser o egoísmo, a negligência, a incivilidade — e até mesmo a brutalidade. E, muitas vezes, aqueles que louvam a vida doméstica com mais veemência são os mais ofensivos nesse sentido. Eles a louvam — sempre ficam felizes por chegar em casa, detestam o mundo exterior, não suportam visitas, não se dão ao trabalho de conhecer pessoas e outras coisas do gênero — porque as liberdades a que se entregam no lar tornam-nos inaptos para a sociedade civilizada. Caso praticassem, em outros lugares, o único comportamento que agora consideram "natural", eles seriam simplesmente destroçados.

4. Como, então, as pessoas *devem* se comportar em casa? Se um indivíduo não pode ficar confortável nem baixar a guarda, se não pode relaxar e "ser ele mesmo" em sua própria casa, onde o poderá ser? Este é, confesso, o problema. A resposta é preocupante. Não há *lugar algum* deste lado do céu onde podemos soltar as rédeas em segurança. Nunca será lícito simplesmente "ser nós mesmos" até que "nós mesmos" nos tornemos filhos de Deus. Esta verdade está lá no hino que diz: "Cristão, não busque o repouso." Isso não significa, naturalmente, que a vida doméstica e a sociedade em geral são iguais. Significa que a vida doméstica tem suas próprias regras de educação — um código mais íntimo, mais sutil, mais sensível e, portanto, de certas maneiras, mais difícil do que o código do mundo exterior.

5. Por último, é preciso ensinar que, a fim de que o lar seja um meio de graça, ele deve ser um lugar de *regras*. Não pode haver uma vida comunitária sem *regula*. Quando não há regras, o que se tem não é liberdade, mas uma tirania inconstitucional (e, muitas vezes, inconsciente) do membro mais egoísta.

Em suma, devemos ora deixar de pregar a domesticidade por completo, ora passar a pregá-la com seriedade. Devemos abandonar encômios sentimentais e começar a dar conselhos práticos sobre a digna, difícil, amável e ousada arte de construir uma família cristã de verdade.

CAPÍTULO | 4

A teoria humanitária da
condenação

Na Inglaterra, tivemos recentemente uma controvérsia sobre a pena de morte. Não sei se é mais provável que o assassino se arrependa na forca algumas semanas após o julgamento ou na enfermaria da prisão trinta anos mais tarde. Eu não sei se o medo da morte é um inibidor indispensável de crimes. Eu não preciso, para efeitos do presente artigo, sequer decidir se ele é um inibidor de crimes moralmente admissível. Proponho que essas perguntas permaneçam intocadas. Meu assunto não é a pena de morte em particular, mas a teoria da condenação em geral — uma teoria que as discussões demonstraram ser quase universal para meus compatriotas. Ela pode ser chamada de teoria humanitária. Aqueles que a defendem consideram-na branda e misericordiosa. Nisto, creio que estão gravemente equivocados. Acredito que a "humanidade" por ela alegada é uma perigosa ilusão e esconde a possibilidade de crueldade e injustiça sem fim. O que eu preconizo é um retorno à teoria tradicional ou retributiva não apenas, nem sobretudo, pelo bem da sociedade, mas pelo bem do criminoso.

De acordo com a teoria humanitária, punir um indivíduo porque ele merece, e o quanto ele merece, é mera vingança e, portanto, um ato bárbaro e imoral. Afirma-se que os únicos motivos legítimos para a condenação são o desejo de coibir futuras práticas por meio do exemplo e o desejo de restaurar o criminoso. Quando esta teoria é associada, como acontece com frequência, à crença de que todos os crimes são mais ou menos patológicos, a ideia de restauração reduz-se à ideia de cura, e a condenação torna-se terapêutica. Assim, à primeira vista, parece que passamos da noção cruel e moralista de dar aos perversos sua justa retribuição à noção caridosa e evoluída de cuidar dos que sofrem de doenças psicológicas. O que poderia ser mais amável do que isso? Uma pequena questão que passa despercebida nesta teoria deve, entretanto, ser evidenciada. As coisas feitas ao criminoso, mesmo se forem chamadas de cura, são tão compulsórias quanto na época em que eram chamadas de condenação. Se a tendência de roubar puder ser curada pela psicoterapia, o ladrão, sem dúvida, será forçado a submeter-se ao tratamento. Caso contrário, a sociedade não pode continuar.

Meu ponto de vista é que essa doutrina, por mais misericordiosa que pareça, na verdade significa que cada um de nós, a partir do momento em que viola a lei, perde os direitos próprios do ser humano.

A razão é a seguinte: a teoria humanitária remove da condenação o conceito de merecimento, mas o conceito de merecimento é o único elo entre condenação e justiça. É somente sendo merecida ou imerecida que uma sentença pode ser justa ou injusta. Não estou afirmando aqui que a pergunta "É merecida?" é a única que pode ser feita acerca de uma condenação. Podemos, de modo muito apropriado, perguntar se ela é capaz de coibir outros crimes e reabilitar o criminoso. Contudo, nenhuma destas duas últimas perguntas tem a ver com justiça. Não há sentido em falar sobre um "inibidor justo de crimes" ou uma "cura justa do criminoso". Buscamos um inibidor não porque é justo, mas porque inibe. Buscamos uma cura não porque é justa, mas porque restabelece. Assim, quando deixamos de considerar o que o criminoso merece e passamos a considerar somente o que poderia

A teoria humanitária da condenação

curá-lo ou inibir outros crimes, nós o removemos completamente da esfera da justiça; em vez de uma pessoa, um sujeito de direitos, temos agora um mero objeto, um paciente, um "caso".

A distinção torna-se mais clara quando nos perguntamos quem está qualificado a determinar as sentenças se a propriedade delas não mais deriva daquilo que o criminoso merece. Segundo o antigo ponto de vista, a determinação da sentença era uma questão moral. Por conseguinte, o juiz responsável por determiná-la era versado em jurisprudência; isto é, versado em uma ciência que lida com direitos e deveres e que, ao menos em sua origem, aceitava conscientemente a orientação das leis da natureza e das Escrituras. É preciso reconhecer que, no código penal atual da maioria dos países, esses originais elevados foram tão modificados por costumes locais, interesses de classe e concessões utilitárias, que passou a ser quase irreconhecível. No entanto, o código nunca esteve, em princípio — e, nem sempre, na prática — fora do controle da consciência da sociedade. E, quando (digamos, na Inglaterra do século XVIII) as condenações conflitavam com muita violência contra o senso moral da comunidade, os júris se recusavam a condenar, e finalmente acontecia uma reforma. Isso era possível porque, quando se pensa em termos de merecimento, a propriedade do código penal, sendo uma questão moral, é algo sobre o qual todo homem tem direito de opinar — não porque ele tem esta ou aquela profissão, mas simplesmente porque é um homem, um animal racional que recebe a Luz Natural. Porém, tudo isso mudou quando abandonamos o conceito de merecimento. As duas únicas perguntas que podemos fazer agora a respeito de uma condenação é se ela coíbe ou se ela cura. Mas, neste caso, ninguém tem o direito de opinar simplesmente porque é um homem. Ninguém tem o direito de opinar mesmo se, além de homem, também for jurista, cristão e teólogo moral. Afinal, essas não são questões sobre princípios, mas sobre questões de fato;

e, para tais, *cuiquam in sua arte credendum*.[1] Apenas o "penólogo" (coisas bárbaras devem ter nomes bárbaros), à luz de experiências anteriores, pode nos dizer o que tem o poder de coibir; e apenas o psicoterapeuta pode nos dizer o que é capaz de curar. Será em vão se os demais disserem, falando simplesmente como homens: "Mas essa condenação é horrivelmente injusta, horrivelmente desproporcional ao que o criminoso merece." Os especialistas, fazendo uso de perfeita lógica, responderão: "Mas ninguém está falando sobre merecimento. Ninguém está falando sobre *condenação* no sentido vingativo e arcaico da palavra. O que temos aqui são estatísticas demonstrando que este tratamento coíbe futuros crimes e estatísticas demonstrando que aquele outro tratamento é capaz de curar. Qual é o seu problema?"

A teoria humanitária, portanto, toma as sentenças das mãos dos juristas, os quais a consciência pública tem o direito de criticar, e coloca-as nas mãos de especialistas técnicos cujas ciências especiais nem sequer empregam categorias como direitos ou justiça. Talvez se argumente que, uma vez que esta transferência resulta de um abandono da antiga ideia de condenação e, portanto, de todas as motivações vingativas, será seguro deixar nossos criminosos em tais mãos. Não interromperei meu argumento aqui para tecer comentários sobre o ponto de vista simplório da natureza humana caída que tal crença implica. Em vez disso, lembremo-nos de que a "cura" de criminosos deve ser compulsória e, então, vejamos como a teoria realmente funciona na mente do humanitário. O que me levou a redigir o presente artigo foi uma carta que li em um de nossos semanários esquerdistas. O autor estava alegando que certo pecado, hoje tratado como crime por nossas leis, deveria passar a ser tratado como doença. E ele se queixou de que, no sistema atual, o infrator,

---

[1] "Temos de acreditar no especialista em sua própria área."

após passar um período na prisão, era solto e provavelmente teria recaídas ao retornar ao seu ambiente original. Ele se queixava não da reclusão, mas da soltura. Com base em sua abordagem terapêutica da condenação, o infrator deveria, naturalmente, ser detido até que fosse curado. E, é claro, os responsáveis oficiais por fazê-lo são os únicos que podem dizer quando isso acontece. O primeiro resultado da teoria humanitária é, portanto, substituir uma sentença definida (refletindo, em certa medida, o juízo moral da sociedade sobre o grau de retribuição negativa envolvida) por uma sentença indefinida, passível de revogação apenas pela palavra dos especialistas que a infligem — e eles não são especialistas em teologia moral nem mesmo na lei da natureza. Qual de nós, se estivesse no banco dos réus, não preferiria ser julgado pelo sistema antigo?

Talvez digam que, pelo uso contínuo da palavra "condenação" e do verbo "infligir", eu esteja representando mal os humanitários. Eles não estão condenando nem infligindo castigo; apenas curando. Porém, não sejamos enganados por um nome. Ser tomado à força de minha casa e de meus amigos; perder minha liberdade; submeter-me a todas as agressões contra minha personalidade das quais a psicoterapia é capaz; ser refeito segundo algum padrão de "normalidade" chocado em um laboratório vienense ao qual nunca professei conformidade; saber que este processo nunca terminará até que meus raptores obtenham êxito ou até que eu seja sábio o suficiente para burlá-los com aparente sucesso — ora, quem se importa se isso é chamado de condenação ou não? É evidente que essa prática inclui a maioria dos elementos pelos quais a condenação é temida — vergonha, exílio, sujeição e anos devorados pelos gafanhotos. Somente um motivo gravíssimo poderia justificar isso — no entanto, é justamente a questão do merecimento que a teoria humanitária lança fora.

Se deixarmos a justificativa terapêutica de lado por um momento e nos voltarmos para a justificativa coibitiva, a nova teoria mostra-se ainda mais alarmante. Quando punimos um indivíduo *in terrorem*,[2] usando-o como "exemplo" para os demais, estamos admitidamente usando-o como um meio para um fim; para um fim de outra pessoa. Isso em si seria algo muito perverso a ser feito. Na teoria clássica da condenação, a ideia era naturalmente justificada pelo fato de que o indivíduo a merecia. Isso era aceito antes mesmo de a questão do "exemplo" ser suscitada. Matava-se, então — conforme diz o ditado — dois coelhos com uma só cajadada; ao dar ao criminoso o que ele merecia, dava-se também um exemplo para os outros. Porém, se eliminarmos a questão do merecimento, toda a moral da condenação desaparece. Por que raios devo ser sacrificado pelo bem da sociedade desta forma? A menos, é claro, que eu mereça.

No entanto, isso não é o pior de tudo. Se a justificativa da condenação para fins de exemplo não é baseada em merecimento, mas apenas em sua eficácia como um inibidor de futuros crimes, então não é absolutamente necessário que o homem a ser punido tenha sequer cometido o crime. O efeito coibitivo faz com que o público tire a seguinte conclusão: "Se cometermos tal ato, sofreremos como aquele homem." A condenação de um homem culpado, mas considerado inocente pelo público, não teria o efeito desejado; já a condenação de um homem inocente teria, contanto que o público o considerasse culpado. Todo Estado moderno, entretanto, tem o poder de promover a adulteração de um julgamento. Quando existe a necessidade urgente de tornar uma vítima um exemplo e não se pode encontrar um culpado, todos os propósitos de inibição de crimes futuros são igualmente satisfeitos pela condenação (chame-a de "cura" se preferir) de uma vítima inocente, contanto que o público possa ser enganado e, assim, levado a considerá-la culpada. De nada

---

[2] "causar terror".

adianta me perguntar por que eu imagino que nossos governantes possam ser tão maus. A condenação de um inocente, isto é, de alguém que não merece ser condenado, é má apenas se admitirmos a visão tradicional de que condenação justa significa condenação merecida. Uma vez que abandonamos esse critério, todas as condenações devem ser justificadas — se é que devem ser justificadas — com base em outras razões que nada têm nada a ver com merecimento. Quando a condenação do inocente puder ser justificada com base nessas razões (e, em alguns casos, ela poderia ser justificada como um inibidor de crimes futuros), ela não será menos moral do que qualquer outra condenação. Qualquer aversão a ela por parte do humanitário será um mero resquício da teoria retributiva.

É importante notar que meu argumento até agora não pressupõe quaisquer más intenções por parte dos humanitários, limitando-se a considerar o que está envolvido na lógica de sua posição. Minha opinião é que homens bons (não homens maus) agindo sistematicamente de acordo com esta posição são tão cruéis e injustos quanto os maiores tiranos. É possível que, em alguns aspectos, eles ajam de modo ainda pior. De todas as tiranias, a tirania exercida com sinceridade pelo bem de suas vítimas pode ser a mais opressiva. Talvez seja melhor viver sob o domínio de barões ladrões do que sob o domínio de homens onipotentes que se intrometem na moral alheia. A crueldade do barão ladrão pode, por vezes, cessar; sua cobiça pode, em algum momento, ser saciada. Aqueles que nos atormentam pelo nosso próprio bem, entretanto, nos atormentam sem parar, pois o fazem com a aprovação da própria consciência. Eles talvez sejam mais propensos a ir para o céu, mas, ao mesmo tempo, mais propensos a transformar a terra em um inferno. Sua própria bondade ferroa com ofensa intolerável. Ser "curado" contra a vontade própria e de estados que talvez não consideremos doentios é ser posto no mesmo nível daqueles que ainda não atingiram a idade da razão ou daqueles que nunca a atingirão; é ser classificado com crianças, deficientes mentais e animais domésticos. No entanto, ser condenado — por mais severa que seja a condenação — porque merecemos, porque "deveríamos ter exercido melhor juízo", é ser tratado como um ser humano feito à imagem de Deus.

Na realidade, porém, temos de enfrentar a possibilidade de maus governantes estarem armados com uma teoria humanitária de condenação. Um grande número de ideias populares para uma sociedade cristã é meramente o que os elizabetanos chamavam de *"eggs in moonshine"*,[3] pois pressupõem que toda a sociedade seria cristã ou que os cristãos estariam no controle. Este não é o caso na maioria dos Estados contemporâneos. Mesmo se fosse, nossos governantes ainda seria homens caídos, e, por conseguinte, nem muito sábios nem muito bons. No geral, contudo, eles são incrédulos. E, uma vez que sabedoria e virtude não são as únicas qualificações para se ocupar um cargo no governo, nem mesmo as mais comuns daqueles que o ocupam, tais homens não são sequer os melhores incrédulos.

O problema prático da política cristã não é elaborar programas para uma sociedade cristã, mas viver da maneira mais inocente possível ao lado de incrédulos sob o domínio de governantes também incrédulos que nunca serão perfeitamente sábios e bons e que, em alguns momentos, são muito tolos e perversos. E, quando são perversos, a teoria humanitária da condenação coloca em suas mãos o instrumento de tirania mais excelente que a maldade já teve em toda a sua história. Afinal, se crime e doença devem ser considerados a mesma coisa, qualquer estado mental que nossos mestres optem por chamar de "doença" pode

---

[3] Referência a um prato típico inglês feito de gemas de ovos sob uma base doce, popular nos séculos XVI e XVII; porém, metaforicamente era usado para se referir a algo sem substância, a ideias, planos ou conversas tolas, absurdas, devaneios. [N. E.]

ser tratado como crime — e compulsoriamente curado. Seria inútil alegar que os estados mentais que desagradam o governo nem sempre envolvem torpeza moral e, portanto, nem sempre merecem a perda da liberdade. Nossos mestres não aplicariam os conceitos de merecimento e condenação, mas os de doença e cura. Sabemos muito bem que certa escola de psicologia já considera a religião como um tipo de neurose. Se esta neurose específica se tornar inconveniente para o governo, o que o impedirá de decidir "curá-la"? Tal "cura" será, naturalmente, compulsória; contudo, de acordo com a teoria humanitária, ela não receberá o escandaloso nome de perseguição. Ninguém nos culpará por sermos cristãos, ninguém nos odiará, ninguém nos injuriará. O novo Nero nos abordará com a brandura de um médico, e, embora tudo seja tão compulsório quanto a *tunica molesta* ou Smithfield ou Tyburn, o processo sucederá dentro da fria esfera terapêutica onde palavras como "certo" e "errado" ou "liberdade" e "escravidão" nunca são ouvidas. E, assim, quando a ordem for dada, todo cristão preeminente na terra poderá desaparecer da noite para o dia e surgir em instituições voltadas ao tratamento dos que sofrem de doenças ideológicas, cabendo aos carcereiros especialistas dizer quando (ou se) eles poderão retornar à vida normal. Mas não será perseguição. Mesmo se o tratamento for doloroso, mesmo se for vitalício, mesmo se for fatal, tudo isso será apenas um lamentável acidente; a intenção era puramente terapêutica. Na medicina comum, há operações dolorosas e fatais; aqui é o mesmo caso. Todavia, por ser "tratamento", e não "condenação", a prática só pode ser criticada por especialistas com base em argumentos técnicos; nunca por homens comuns com base na justiça.

É por isso que considero essencial opor-se por completo à teoria humanitária da condenação onde quer que a encontremos. Ela apresenta uma fachada de misericórdia que é completamente falsa, capaz de enganar homens de boa vontade. Talvez o erro tenha começado com a afirmação de Shelley de que a distinção entre misericórdia e justiça foi inventada nos tribunais dos tiranos. Isso soa nobre e foi, de fato, o erro de uma mente nobre. Mas a distinção é essencial. A opinião antiga era que a misericórdia "abrandava" a justiça, ou (no nível mais elevado de todos) que a misericórdia e a justiça se encontravam e se beijavam. O ato essencial de misericórdia era o perdão; e a essência do perdão inclui o reconhecimento de culpa e merecimento do indivíduo. Se o crime é apenas uma doença que necessita de cura, não um pecado que merece condenação, ele não pode ser perdoado. Como se pode perdoar alguém por ter um abscesso dentário ou um pé torto? Não obstante, a teoria humanitária deseja simplesmente abolir a justiça e substituí-la por misericórdia. Isso significa ser "gentil" com as pessoas antes mesmo de considerar os direitos delas e forçar-lhes supostas gentilezas que ninguém mais reconhece como gentilezas — consideradas, na verdade, como crueldades abomináveis por quem as recebe. É passar dos limites. A misericórdia desprovida de justiça deixa de ser misericordiosa. Este é o paradoxo importante. Assim como há plantas que florescem apenas em solo montanhoso, parece que a misericórdia só floresce nas fendas da rocha da justiça; quando é transplantada para os pântanos do mero humanitarismo, ela se torna uma erva daninha devoradora de homens, ainda mais perigosa por continuar sendo chamada pelo mesmo nome da variedade da montanha. Porém, deveríamos ter aprendido a lição há muito tempo. Não deveríamos mais ser enganados pelas pretensões humanitárias que se prestaram a introduzir todas as crueldades do período revolucionário em que vivemos. Elas são o "óleo do ímpio" que perfumam "a minha cabeça".[4]

Há uma bela frase de Bunyan: "Ardia em minha mente a ideia de que, independentemente do que dissesse ou por mais que me

---

[4] Salmos 141:5.

bajulasse, ele me venderia como escravo assim que me levasse para sua casa".[5] Há também um bom dístico em John Ball:

> É preciso cautela para depois não lamentar;
> O amigo do inimigo deve-se diferenciar.[6]

SOBRE A CONDENAÇÃO:
Resposta às críticas de C. S. Lewis

Tenho de agradecer ao editor por esta oportunidade de responder a duas críticas interessantíssimas feitas ao meu artigo "A teoria humanitária da condenação" — uma pelo professor J. J. C. Smart[7] e outra pelos Drs. N. Morris e D. Buckle.[8]

O professor Smart faz uma distinção entre questões de primeira e segunda ordem. As de "primeira" ordem são perguntas como: "Devo devolver este livro?"; as de "segunda" ordem são perguntas como: "A prática de fazer promessas é costume?". Ele afirma que essas duas questões de ordem exigem diferentes métodos de tratamento. A primeira pode ser respondida pela intuição (no sentido que filósofos morais às vezes atribuem ao termo). Nós "vemos" o que é "certo" de imediato, pois a ação proposta encaixa-se em uma regra. Já as perguntas de segunda ordem podem ser respondidas apenas com base em princípios "utilitários". Uma vez que "certo" significa "conforme as regras", é ilógico perguntar se as regras em si são "certas"; podemos apenas perguntar se são úteis. Um paralelo seria este: havendo uma ortografia oficial, é possível questionar se determinada palavra

---

[5] *The Pilgrim's Progress*. Editado por James Blanton Wharey. 2a edição revisada por Roger Sharrock. Oxford English Texts. Oxford, 1960, parte I, p. 70.
[6] "John Ball's Letter to the Peasants of Essex, 1381", versos 11-12. In: SISAM, Kenneth (Org.). *Fourteenth Century Verse and Prose*. Oxford, 1921, p. 161.
[7] "Comment: The Humanitarian Theory of Punishment". *Res Judicatae*. v. VI (fevereiro de 1954), p. 368-371.
[8] "Reply to C. S. Lewis". *Res Judicatae*. v. VI (junho de 1953), p. 231-237.

está grafada corretamente, mas não é possível questionar se o sistema ortográfico está correto; pode-se apenas perguntar se ele é consistente ou conveniente. Ou, então, determinada forma pode estar correta do ponto de vista gramatical, mas a gramática de uma língua não pode estar certa ou errada.

O professor Smart está aqui, evidentemente, tratando uma distinção muito antiga de uma nova maneira. Todos os pensadores do passado entendiam que era possível considerar ora (a) se um ato era "justo" no sentido de conformar-se a uma lei ou um costume, ora (b) se uma lei ou um costume era "justo" em si mesmo. Para os antigos e medievais, entretanto, a distinção era entre (a) justiça por lei ou convenção, *nomo (i)*, e (b) justiça "simplesmente" ou "por natureza", *haplôs* ou *physei*; ou entre (a) lei positiva e (b) lei natural. Ambos os questionamentos diziam respeito à justiça, mas a diferença entre eles era reconhecida. A novidade do sistema do professor consiste em limitar o conceito de justiça às perguntas da primeira ordem.

Alega-se que o novo sistema (1) evita uma *petitio* inerente a qualquer apelo à lei da natureza ou ao que é "simplesmente" justo, uma vez que "dizer que esta é a lei da natureza nada mais é do que dizer que esta é a regra a ser adotada"; e (2) livra-se do subjetivismo dogmático. Afinal, a ideia do merecimento em meu artigo pode ser apenas uma "preferência pessoal de Lewis".

No entanto, não estou convencido de que o sistema do professor Smart evita tais inconvenientes.

As regras a serem aceitas devem ser as que são úteis para a comunidade, e utilidade (creio eu) é aquilo que deixa a comunidade "mais feliz".* Por acaso isso significa que a felicidade da comunidade deve ser buscada *a todo custo*, ou apenas na medida em que esta busca for compatível com certos graus de misericórdia,

---

*Consulte o penúltimo parágrafo do artigo do professor Smart.

dignidade humana e veracidade? (Não devo acrescentar [graus] "de justiça" porque, na opinião do professor Smart, as regras em si não podem ser justas ou injustas). Se seguirmos a segunda alternativa, se admitirmos que há algumas coisas, ou mesmo uma única coisa, que a comunidade não deve fazer, por mais que isto fosse capaz de aumentar sua felicidade, então estamos abrindo mão dessa posição. Estamos agora julgando a utilidade segundo algum outro padrão (quer o chamemos de consciência, razão prática, lei da natureza ou preferência pessoal). Suponhamos, então, que seguíssemos a primeira alternativa: a felicidade da comunidade deve ser buscada a todo custo. Em certas circunstâncias, os custos podem ser muito elevados. Durante a guerra, durante um futuro nada improvável de escassez mundial de alimentos ou durante alguma ameaça de revolução, coisas muito chocantes poderiam deixar a comunidade mais feliz ou preservar sua existência. Não podemos ter certeza de que conspirações, caça às bruxas e até mesmo canibalismo jamais poderiam ser, neste sentido, "úteis". Suponhamos (o que, tenho certeza, não é verdade) que o professor Smart esteja disposto a seguir este argumento até o fim. Resta-nos perguntar-lhe qual é sua razão para fazê-lo ou por que ele acha que deveríamos concordar com ele. Ele, mais do que todos os homens, não pode responder que *salus populi suprema lex*[9] é a lei da natureza; em primeiro lugar, porque sabemos que "o povo deve ser preservado" não é a lei da natureza, mas apenas uma cláusula desta lei. No que poderia estar baseada, portanto, uma busca da felicidade da comunidade a todo custo exceto na "preferência pessoal" do professor Smart? Logo, a verdadeira diferença entre mim e ele seria o simples fato de que temos desejos diferentes. Ou, então, que eu tenho um desejo a mais do que ele. Afinal, assim como ele, eu desejo a continuação

---

[9] CÍCERO. *De Legibus*. Livro III, parte iii, seção 8. "A segurança do povo é a lei suprema."

e a felicidade do meu país (e da minha espécie),* mas também desejo que ele tenha determinados traços e comportamentos. O segundo desejo é o mais forte dos dois. Se não posso ter ambos, prefiro que a raça humana, tendo certa qualidade de vida, perdure apenas por poucos séculos a que, perdendo a liberdade, a amizade, a dignidade e a misericórdia e aprendendo a estar satisfeita sem elas, perdure por milhões de milênios. Se é apenas uma questão de desejo, nada mais há a ser discutido. Muitas pessoas pensam de forma semelhante a mim, e muitas outras, de forma diferente. Creio que, em nossa época, está sendo decidido qual tipo de homem vencerá.

E é por isso que, se o posso dizer sem faltar com educação, eu e o professor Smart temos tão pouca importância em comparação com os Drs. Morris e Buckle. Nós somos apenas catedráticos; eles são criminologistas — um advogado e um psiquiatra, respectivamente. E a única coisa que me leva para tão longe de minha área a fim de escrever sobre "penologia" é minha intensa ansiedade para saber qual lado deste conflito extremamente importante terá a lei como sua aliada. Isso me leva à única discordância séria entre mim e meus dois críticos.

Há outras divergências, mas elas se baseiam sobretudo em mal-entendidos dos quais eu provavelmente sou culpado.

(1) Meu artigo certamente fala muito pouco — se é que fala — sobre a proteção da comunidade. Temo tê-la considerado ponto pacífico. Porém, a distinção em minha mente não seria, como meus críticos supõem (Morris e Buckle, p. 232), entre elementos "subsidiários" e "vitais" na condenação. Eu chamo o ato de pegar um maço de cigarros que está em cima do balcão e de colocá-lo no bolso ora de "compra" ora de "roubo" a depender de a pessoa

---

*Não sei ao certo se, para o professor Smart, a "comunidade" significa a nação ou a espécie. Se for a primeira, surgem dificuldades quanto à moral internacional; mas, ao discuti-la, creio que o professor acabaria chegando à espécie.

ter pago por ele ou não. Isso não significa que eu considero o ato de pegar a mercadoria como "subsidiário" em uma compra; significa que o que a legitima, o que faz dela uma compra, é o pagamento. Eu chamo o ato sexual de puro ou impuro a depender de as partes serem casadas entre si ou não. Isso não significa que eu o considero "subsidiário" no casamento, mas que o que o legitima, o que faz dele uma amostra do comportamento conjugal, é o casamento. Da mesma maneira, estou disposto a considerar tanto a proteção da sociedade quanto a "cura" do criminoso tão importantes quanto se queira na condenação — porém, apenas sob determinada condição: a saber, que o ato inicial de assim se interferir na liberdade de alguém seja justificado por razões baseadas no merecimento. Tal como o pagamento na compra ou o casamento no contexto do ato sexual, é isso, e (creio) somente isso, o que legitima nossa conduta e faz dela motivo de condenação, não de tirania — ou, talvez, de guerra.

(2) Concordo com relação à questão das *crianças* criminosas (veja Morris e Buckle, p. 234). Houve progresso neste assunto. Sociedades muito primitivas "julgavam" e "condenavam" machados ou lanças em casos de homicídio involuntário. Em algum lugar (no Império, creio eu) durante a Idade Média tardia, um porco foi formalmente julgado por assassinato. Até tempos bem recentes, talvez tenhamos (eu não sei) julgado crianças como se tivessem responsabilidades de adultos. Todas essas coisas foram, com razão, abolidas. Mas a questão aqui é se queremos que este processo seja levado além; se queremos ser simultaneamente privados da proteção da cidadania adulta, bem como liberados de suas responsabilidades, e reduzidos ao nível de uma criança, de um porco e de um machado. Eu não desejo isso porque não acredito que haja qualquer pessoa capaz de se colocar diante dos demais como um adulto frente a crianças, como um homem frente a animais ou como um ser animado frente a seres

inanimados.* Creio que as leis responsáveis por estabelecer uma teoria de condenação "sem merecimento" seriam, na realidade, feitas e administradas por pessoas como nós.

Porém, a verdadeira discordância é a que explicarei agora. Os Drs. Morris e Buckle, plenamente conscientes dos perigos que temo e reprovando-os tanto quanto eu, acreditam que temos uma salvaguarda: ela se encontra nos tribunais, em seus juízes incorruptíveis, em suas técnicas excelentes e "nos controles da justiça natural que a lei construiu" (p. 233). Sim; contanto que toda a tradição da justiça natural que a lei incorporou por tanto tempo sobreviva a essa mudança em nossa postura para com a condenação que estamos discutindo agora. Mas, para mim, esta é justamente a questão. Nossos tribunais, concordo, "representam tradicionalmente o homem comum e a visão do homem comum sobre a moral" (p. 233). É verdade que temos de estender o conceito de "homem comum" a Locke, Grócio, Hooker, Poynet, Aquino, Justiniano, os estoicos e Aristóteles, mas não faço qualquer objeção a isso; em um sentido muito importante, e para mim glorioso, todos eles foram homens comuns.* Mas toda essa tradição está associada a ideias de livre-arbítrio, responsabilidade, direitos e a lei da natureza. Poderia ela sobreviver nos tribunais cuja prática penal subordina diariamente o "merecimento" à terapia e à proteção da sociedade? Poderia a lei assumir uma filosofia na prática e continuar a desfrutar das salvaguardas de uma filosofia diferente?

Escrevo como filho de um advogado e amigo de longa data de outro[10] e me dirijo a dois criminologistas, um dos quais é advogado. Creio que uma aproximação entre a opinião deles

---

*Esta é, na verdade, a mesma objeção que eu faria à teoria da escravidão de Aristóteles (*Política* 1254A *et seq.*). Todos nós podemos reconhecer os escravos "naturais" (eu mesmo talvez seja um), mas onde estão os mestres "naturais"?
*Veja também a obra de Lewis publicada em 1943 intitulada *A abolição do homem*, especificamente o apêndice.
[10]Owen Barfield.

A teoria humanitária da condenação

a minha não deva ser descartada, pois temos os mesmos fins no coração. Eu desejo que a sociedade seja protegida e ficaria muito feliz se todas as condenações também fossem curas. Tudo o que peço é a *condição prévia* do merecimento; isto é, a perda de liberdade justificada com base em motivos retributivos *antes* que comecemos a considerar outros fatores. Depois disso, que seja como quiserem. Mas, até então, não existe a questão de "condenação". Não somos tão covardes a ponto de querer ser protegidos incondicionalmente, mas, quando alguém merece condenação, é muito apropriado que busquemos nossa proteção ao condenar. Não somos tão intrometidos a ponto de querer melhorar todos os demais à força; porém, quando um deles perde, com razão, o direito de não receber interferência, tentaremos, com caridade, fazer com que sua condenação o aperfeiçoe. Contudo, não ousaremos ensiná-lo (quem, afinal de contas, somos nós?) até que ele tenha merecido nosso "ensinamento". Será que os Drs. Morris e Buckle poderiam ceder e concordar comigo nesse sentido? Da decisão deles e de outros que ocupam cargos importantes do mesmo gênero dependem, creio eu, a perpetuação da dignidade e da beneficência na importante disciplina da lei — mas também muito mais. Afinal de contas, se não estou enganado, todos nós estamos, neste momento, ajudando a decidir se a humanidade deve conservar tudo aquilo que, até agora, fez com que ela fosse digna de ser preservada ou se devemos descer à subumanidade imaginada por Aldous Huxley e George Orwell e parcialmente posta em prática na Alemanha de Hitler. O extermínio dos judeus teria sido realmente "útil" se as teorias raciais estivessem corretas; não há como saber o que pode parecer, ou mesmo ser, "útil". A "necessidade" é sempre "a desculpa do tirano".[11]

---

[11] Consulte a carta 12.

CAPÍTULO 5

Dois natais

Um capítulo perdido de Heródoto

E, além, voltada para o oeste e o norte, situa-se no oceano a ilha de Ahnaterb-Ārg, a qual Hecatacus declara ter o mesmo tamanho e forma da Sicília, embora seja maior — e, se alguém dissesse que é triangular, também não estaria errado. Ela é densamente habitada por homens que se vestem de modo não muito diferente dos outros bárbaros na região noroeste da Europa, mas que falam outra língua. Os moradores desta ilha, cuja paciência e tolerância excedem as de todos os homens que conhecemos, têm os costumes que descreverei a seguir.

No meio do inverno, quando há maior abundância de chuva e neblina, eles comemoram uma grande festa chamada Exmas; e, durante cinquenta dias, a preparação acontece conforme a descrição que farei. Primeiro de tudo, cada cidadão é obrigado a enviar a todos os amigos e parentes um pedaço quadrado de cartolina estampado com uma figura, chamado, na língua local, de cartão de Exmas. As figuras costumam retratar pássaros em galhos, árvores com folhagem pontiaguda verde escuro, casas com neve no telhado e homens usando roupas e carruagens que os ahnaterbianos acreditam ser as mesmas que seus antepassados usavam há duzentos anos. Os ahnaterbianos, entretanto, recusam-se a dizer que tais imagens estão relacionadas com a festa, guardando (suponho) algum mistério sagrado. E, uma vez que todos devem enviar esses cartões, a multidão lota as lojas para adquiri-los; há, portanto, muito labor e fadiga.

Após comprar a quantidade que julgam ser suficiente, os habitantes da ilha retornam para casa e se deparam com cartões semelhantes que outros lhes enviaram. Caso sejam de pessoas para as quais já tinham enviado um cartão, eles os jogam fora e dão graças aos deuses porque agora só precisam voltar a ter aquele trabalho dali a um ano. Porém, caso sejam de pessoas para as quais não tinham enviado um cartão, eles batem no próprio peito, pranteiam e proferem maldições contra o remetente; depois de lamentar sua desventura por tempo suficiente, eles calçam as botas de novo e saem, sob chuva e neblina, para comprar-lhes um cartão. Agora, basta de descrições sobre os cartões de Exmas.

Os ahnaterbianos também dão presentes uns aos outros; para isso, eles enfrentam a mesma situação dos cartões, ou talvez pior. Afinal, cada cidadão tem de adivinhar o valor do presente que seus amigos lhe darão a fim de que possa comprar um presente da mesma importância — quer tenha dinheiro suficiente para isso, quer não. E, ao presentear os outros, eles compram coisas que nunca comprariam para si mesmos. Os vendedores, bem cientes do costume, oferecem todo o tipo de quinquilharia e vendem como presentes de Exmas qualquer coisa que, por ser inútil ou ridícula, não conseguiram vender ao longo do ano. Embora os ahnaterbianos professem ter falta de materiais necessários à vida — como metal, couro, madeira e papel —, uma quantidade inacreditável deles é desperdiçada todos os anos sendo transformada em presentes.

Durante esses cinquenta dias, os cidadãos mais antigos, pobres e infelizes colocam barbas falsas e roupas vermelhas e caminham pelo comércio — disfarçados (em minha opinião) de *Cronos*. Tanto os vendedores de presentes quanto os compradores ficam abatidos e esgotados por causa da multidão e do mau tempo. Qualquer pessoa que visitasse uma cidade ahnaterbiana nessa época pensaria que uma grande calamidade pública havia sobrevindo à ilha. Este período de preparação é chamado, em sua língua bárbara, de *Corre-corre* do Exmas.

Quando finalmente é o dia da festa, a maioria dos cidadãos, exausta por causa do *Corre-corre*, fica na cama até o meio-dia. À noite, eles comem cinco vezes mais do que nos outros dias e, colocando coroas de papel na cabeça,[1] embriagam-se. E, no dia seguinte ao Exmas, ficam muito tensos, sentindo-se afetados internamente pelo excesso de comida e bebida e calculando quanto gastaram com presentes e vinhos. O vinho é tão estimado pelos ahnaterbianos, que é preciso beber o equivalente a um talento para que fiquem bem embriagados.

Esses, portanto, são os costumes do Exmas. Todavia, alguns dentre os ahnaterbianos comemoram uma festa diferente chamada Crissmas, que cai no mesmo dia do Exmas. Aqueles que celebram o Crissmas, diferentemente da maioria dos ahnaterbianos, acordam cedo no dia da festa com semblante radiante e comparecem a determinados templos antes do nascer do Sol, onde participam de uma festa sagrada. E, na maioria dos templos, há imagens de uma bela mulher com um recém-nascido no colo e alguns animais e pastores adorando o bebê. (A razão destas imagens é explicada em uma história sagrada, a qual eu conheço, mas não repetirei aqui.)

Conversei com o ministro de um desses templos e perguntei-lhe porque eles celebravam o Crissmas no mesmo dia do Exmas; aquilo me parecia ser inconveniente. Ele me respondeu: "Não nos é lícito, ó estranho, alterar a data do Crissmas; Zeus é quem teria de colocar na mente dos ahnaterbianos a ideia de

---

[1] Costume britânico na época de Natal. [N. T.]

Dois natais

comemorar o Exmas em alguma outra época ou então simplesmente não o comemorar. Afinal, o Exmas e o *Corre-corre* distraem a mente até mesmo dos poucos que celebram o Crissmas, desviando-a das coisas sagradas. Ficamos felizes que os homens se regozijem no Crissmas; contudo, no Exmas, não sobra espaço para alegria." E, quando lhe perguntei por que eles toleravam o *Corre-corre*, ele respondeu: "É, ó estranho, na verdade, uma *maratona*; empregando (suponho) as palavras de algum oráculo e falando de modo ininteligível a mim (pois *maratona* é como os bárbaros chamam determinado tipo de esporte)."

A afirmação de Hecataeus de que o Exmas e o Crissmas são a mesma coisa não é verossímil. Primeiro porque as imagens estampadas nos cartões de Exmas nada têm nada a ver com a história sagrada contada pelos ministros sobre o Crissmas. Segundo porque a maior parte dos ahnaterbianos, mesmo não crendo na religião da minoria, troca presentes e cartões, participa do *Corre-corre*, embriaga-se e usa coroas de papel — e não é provável que os homens, mesmo sendo bárbaros, sofram tanto por um deus no qual não acreditam. Por ora, chega de Ahnaterb-Ãrg.

CAPÍTULO 6

O que o *Natal* *significa* para mim

Há três coisas chamadas de Natal. Uma delas é a festa religiosa. Ela é importante e obrigatória para os cristãos; mas, já que não é do interesse de todos, nada mais direi a respeito aqui. A segunda (que tem ligações históricas complexas com a primeira, mas não precisamos falar disso) é o feriado popular, uma ocasião para confraternização e hospitalidade. Se fosse da minha conta dar uma "opinião" sobre ela, eu diria que aprovo a ideia de confraternização. No entanto, aprovo muito mais a ideia de que cada um cuide de sua própria vida. Não vejo por que eu deveria dar opiniões sobre como os demais devem gastar o próprio dinheiro em seus momentos de lazer com amigos. É bem provável que as pessoas não queiram meu conselho sobre tais assuntos, assim como eu não quero o delas. Porém, a terceira coisa que é chamada de Natal é, infelizmente, da conta de todos.

Refiro-me, naturalmente, ao pandemônio comercial. A troca de presentes costumava ser um aspecto muito pequeno da festa no passado inglês. O Sr. Pickwick levou um bacalhau para Dingley Dell; o Scrooge arrependido comprou um peru para seu secretário; os amantes trocavam presentes de amor; as crianças ganhavam brinquedos e frutas. Todavia, a ideia de que não só os amigos, como também os conhecidos, devem trocar presentes entre si — ou, no mínimo, enviar cartões uns aos outros — é

O que o Natal significa para mim

bem recente e imposta a nós pelos comerciantes. Nenhuma destas circunstâncias é, em si, uma razão para condená-la. Eu a condeno pelos motivos que mencionarei a seguir.

1. No geral, a prática traz muito mais dor de cabeça do que prazer. Basta passar a noite de Natal com uma família que leva a comemoração a sério (em seu terceiro aspecto, o comercial) para constatar que se trata de um pesadelo. Muito antes do dia 25 de dezembro, todos já estão esgotados — fisicamente exaustos após semanas de lutas diárias em lojas superlotadas e mentalmente desgastados por tentar lembrar quem deve ser presenteado e decidir o que seria adequado para cada um. Eles não se sentem dispostos para confraternizar, muito menos (mesmo se quisessem) para participar de cultos religiosos. Pelo contrário, aparentam muito mais estar enfrentando um longo período de enfermidade no lar.

2. Quase tudo é involuntário. Segundo a regra moderna, somos obrigados a presentear quem nos presenteia. É quase uma chantagem. Quem nunca ouviu o brado de desespero e rancor quando, já no final de tudo, quando todos achavam que o transtorno havia chegado ao fim naquele ano, um presente indesejado da Sra. Ocupada (de quem mal nos lembramos) surge na caixa de correio, obrigando um de nós a voltar às tenebrosas lojas para retribuir-lhe a gentileza?

3. Presenteiam-se coisas que mortal algum jamais comprou para si — bugigangas inúteis e de mau gosto consideradas "novidades" porque ninguém foi tolo o suficiente para adquiri-las antes. Será que realmente não temos utilidade melhor para os materiais e para o talento e tempo humanos do que gastá-los com essas futilidades?

4. O transtorno. Afinal de contas, durante o pandemônio, nós ainda temos compras normais e necessárias a fazer, e a confusão da época triplica sua complexidade.

As pessoas dizem que toda essa movimentação deprimente do comércio deve continuar porque faz bem para a economia.

Ela é, de fato, um mero sintoma anual da condição lunática em que se encontra nosso país — na verdade, o mundo todo —, na qual a vida de todos se resume em convencer os demais a comprar coisas. Eu não sei como sair dessa situação. Mas será que é realmente meu dever comprar e receber pilhas de tralhas todo inverno só para ajudar os lojistas? Na pior das hipóteses, prefiro dar-lhes dinheiro em troca de nada e contabilizar meu gasto como caridade. Mas em troca de nada? Bem, melhor em troca de nada do que de transtorno.

CAPÍTULO 7

Delinquentes na neve

Vozes "ao longe", lá fora, lembram-nos todo ano (geralmente no momento mais inconveniente possível) de que a época de Natal chegou de novo. Onde moro, as vozes anuais são do coral infantil local; em outras 45 ocasiões ao longo do ano, as mesmas vozes que ouço ao longe são de garotos ou crianças que nem sequer se esforçaram para aprender a cantar ou memorizar as palavras da música que estão assassinando. Os instrumentos que eles tocam com gosto são a campainha e a aldrava; e dinheiro é o que eles querem.

Tenho certeza de que alguns deles são os mesmos vândalos que invadem meu jardim, roubam frutas do meu pomar, derrubam minhas árvores e gritam nas janelas, muito embora todos no bairro saibam que estamos enfrentando uma doença grave na família. Temo estar lidando do jeito errado com eles quando ocupam sua posição anual de "membros do coral". Eu nunca perdoo como deveria por ser um cristão, mas também não solto os cachorros como um morador indignado faria. Em vez disso, dou a gorjeta quando eles cantam, mas a contragosto — errando, assim, de qualquer um dos ângulos.

Seria tolice anunciar esse fato (mais apropriado aos ouvidos de um confessor) se eu não achasse que o ressentimento latente — contra o qual eu ganho muitas batalhas, mas nunca venço a guerra — também é algo sentido por muitos cumpridores da lei hoje em dia. E Deus sabe que muitos deles têm motivos melhores para sentir-se assim do que eu teria. Não fui levado a cometer suicídio, como o Sr. Pilgrim. Não estou enlutado por uma filha estuprada e morta, cujo assassino será mantido (em parte, à minha custa) em um hospital psiquiátrico até sair e atacar outra criança. Minha maior queixa é banal em comparação a isso. Porém, por suscitar todas as questões relevantes, eu falarei sobre ela.

Há pouco tempo, alguns vizinhos jovens invadiram um pequeno anexo em meu jardim e roubaram vários objetos — armas raras e um instrumento ótico. Desta vez, a polícia os pegou. Como mais de um deles já havia sido condenado por crimes semelhantes antes, estávamos esperançosos de que uma sentença apropriada seria proferida. Contudo, fui alertado por alguém: "Se a 'velha' julgar seu caso, o resultado não será nada bom para você." Eu precisei comparecer ao juizado de menores, e tudo aconteceu exatamente conforme o alerta. A — chamemo-la assim — Senhora Anciã presidiu a sessão. Havia provas abundantes de que o crime havia sido planejado e cometido para obtenção de lucro; afinal, parte dos objetos roubados já tinha sido vendida. Não obstante, a Senhora Anciã limitou-se a aplicar uma pequena multa. Isto é, ela não puniu os culpados, mas os pais deles. O que mais me alarmou, entretanto, foram suas palavras finais para os infratores. Ela disse que eles deveriam parar de aprontar aquelas "travessuras bobas".

É claro que eu não devo acusar a Senhora Anciã de ter cometido injustiça. A justiça recebe diversas definições. Caso ela signifique, como Trasímaco pensava, "o interesse dos mais fortes", ela foi muito justa: impôs a própria vontade e a vontade dos criminosos, e eles juntos são incomparavelmente mais fortes do que eu.

Porém, se a intenção dela foi — e não duvido que a estrada pela qual este tipo de justiça leva a todos nós seja pavimentada de boas intenções — evitar que aqueles garotos se tornassem criminosos, questiono a validade de seu método de julgar. Caso lhe tenham dado ouvidos (esperamos que não), o que eles tiraram do episódio foi a convicção de que roubos planejados com o intuito de lucrar são classificados como "travessuras" — isto é, uma infantilidade que, com o tempo, acabarão abandonando. Não poderíamos imaginar uma maneira melhor do que essa para fazê-los passar — sem qualquer sensação de fronteiras cruzadas — de meras traquinagens imprudentes e gatunices em pomares para roubos, incêndios culposos, estupros e assassinatos.

Este pequeno incidente me parece ser característico de nossa época. Cada vez mais, a lei criminal protege os criminosos e deixa de proteger as vítimas. Alguns talvez temam que estejamos caminhando para uma ditadura de criminosos ou (o que talvez seja a mesma coisa) para a mera anarquia. Este, entretanto, não é o meu medo; meu medo é quase o oposto.

De acordo com a teoria política clássica deste país, nós cedemos o direito de autodefesa para o Estado mediante a condição de que ele nos proteja. Em linhas gerais, prometemos não esfaquear o assassino de nossa filha porque cabe ao Estado capturá-lo e enforcá-lo. É claro que isso não condiz exatamente com o relato histórico do início do Estado. O poder do grupo sobre o indivíduo é, por natureza, ilimitado, e o indivíduo se submete porque é obrigado. O Estado, sob condições favoráveis (que deixaram de existir), definindo esse poder, limita-o e concede um pouco de liberdade ao indivíduo.

No entanto, a teoria clássica baseia nossa obrigação moral para com a obediência civil; ela explica por que é certo (e inevitável) pagar impostos e porque é errado (e perigoso) esfaquear o assassino de nossa filha. No momento, a posição bastante desconfortável em que nos encontramos é esta: o Estado está menos protetor porque não está disposto a proteger-nos de criminosos internos e porque é, visivelmente, cada vez menos capaz de proteger-nos de inimigos externos. Ao mesmo tempo, entretanto, ele continua a exigir mais de nós. Foram raras as vezes em que tivemos menos direitos e liberdades e mais fardos do que agora; recebemos, porém, menos segurança em retorno. Ou seja, enquanto nossas obrigações aumentam, sua base moral é removida.

E a pergunta que me atormenta é até quando carne e osso continuarão a suportar isso. Há pouco tempo, questionou-se até mesmo se é que eles o deveriam suportar. Ninguém, espero, considera o Dr. Johnson um bárbaro. Contudo, ele afirmou que, se, por uma peculiaridade da legislação escocesa, o assassino do pai de alguém escapasse, o filho poderia dizer: "Eu estou em meio a bárbaros que [...] se recusam a fazer justiça [...]. Estou, portanto, em um estado selvagem [...] esfaquearei o assassino de meu pai." (Isso está registrado em *Journal of a Tour of the Hebrides*, de Boswell, na entrada de 22 de agosto de 1773.)

Assim, com base nesses princípios, a razão estaria do meu lado se eu pegasse e castigasse os vândalos pessoalmente uma vez que o Estado não me protege deles — isto é, se eu pudesse fazer isso. Quando o Estado não pode ou não quer proteger, a "natureza" volta mais uma vez, e o direito de autodefesa retorna ao indivíduo. Porém, eu só colocaria em prática tal direito, naturalmente, se pudesse fazê-lo sem ser processado por isso. A Senhora Anciã e outras pessoas como ela, tão misericordiosas para com os ladrões, não teriam misericórdia de mim; e eu seria ridicularizado na imprensa sensacionalista como um "sádico" por jornalistas que não conhecem ou não se importam com o que essa palavra, nem qualquer outra palavra, significam.

O que eu temo, entretanto, não são — ou não sobretudo — uma vingança pessoal que se manifeste esporadicamente. Tenho mais medo, uma vez que nossas condições são tão parecidas com as do sul após a Guerra Civil Americana, de que algum tipo de Ku Klux Klan surja e que isto acabe se transformando em algo semelhante a uma revolução de centro ou de direita. Afinal, aqueles que sofrem são principalmente os previdentes, os resolutos, os homens que desejam trabalhar e que construíram, diante de um implacável desencorajamento, um tipo de vida que vale a pena ser preservada — e que a desejam preservar. O fato de que a maioria (de maneira nenhuma a totalidade) faz parte da "classe média" não é muito relevante. Eles não derivam suas qualidades de uma classe, mas pertencem a uma classe por causa de suas qualidades. Em uma sociedade como a nossa, nenhuma família que demonstre diligência, previdência ou talento e esteja preparada para praticar a abnegação está suscetível a permanecer no proletariado por mais de uma geração. Eles são, na verdade, os portadores da pequena vitalidade moral, intelectual ou econômica que resta. Eles não são insignificantes. Há um ponto em que sua paciência se esgotará.

A Senhora Anciã, se lesse este artigo, diria que eu estou "ameaçando" — a sutileza linguística não é uma característica típica dela. Se, com *ameaça*, ela se referisse à predição conjetural de um acontecimento extremamente indesejável (neste caso, porém, não conheceria muito o idioma), então eu estou ameaçando. No entanto, se, com a palavra *ameaça*, ela sugerisse que eu desejo tal resultado ou que eu contribuiria de bom grado para alcançá-lo, estaria errada. As revoluções raramente curam o mal contra o qual são dirigidas; elas sempre geram outras centenas de revoluções. Muitas vezes, perpetuam o antigo mal sob um novo nome. Podemos ter certeza de que, se uma Ku Klux Klan surgisse, seus postos logo estariam ocupados principalmente pelo mesmo tipo de vândalos que provocaram seu surgimento. Uma revolução de centro ou de direita seria tão hipócrita, imoral e cruel quanto qualquer outra. Meu receio é que a estejamos tornando cada vez mais provável.

Talvez este artigo seja considerado impróprio para uma época de paz e boa vontade. Há, porém, uma conexão entre ele e os dias atuais. Nem todos os tipos de paz são compatíveis com todos os tipos de boa vontade; nem todo aquele que diz "Paz, paz" herda a bênção prometida aos pacificadores.[1] O verdadeiro *pacificus* é quem promove a paz, não aquele que profere palavras vazias a respeito dela. "Paz, paz... não seremos duros com você... foi só uma travessura de garoto... você teve uma neurose... prometa não repetir isso..." Deste tipo de coisa, não creio que saem paz nem boa vontade. Passar a mão na cabeça não promove benevolência em longo prazo.

Lá! Lá estão eles de novo. "Vejam, o errol hygel está cantando." Os garotos batem mais forte à porta. Tudo bem; eles só vêm umas cinquenta vezes por ano. O *Boxing Day*[2] é apenas daqui a duas semanas e meia; então, talvez teremos um pouco de silêncio para recordar o nascimento de Cristo.

---

[1] Jeremias 6:14; 8:11; Mateus 5:9.
[2] O primeiro dia útil após o Natal.

CAPÍTULO 8

O progresso é possível?

Escravos voluntários do estado social

[Da Revolução Francesa à eclosão da Primeira Guerra Mundial, em 1914, pressupunha-se que o progresso nas questões humanas era não somente possível, como inevitável. Desde então, duas guerras terríveis e a descoberta da bomba de hidrogênio fizeram com que os homens questionassem essa certeza. O jornal *The Observer* convidou cinco escritores famosos para responder às seguintes perguntas: "O homem está progredindo atualmente?" e "O progresso é possível?". Este segundo artigo da série é uma resposta ao artigo inicial de C. P. Snow, intitulado "Man in Society" e publicado na edição de 13 de julho de 1958 no *The Observer*.]

Progresso significa movimento em uma direção desejada, mas nem todos desejam as mesmas coisas para nossa espécie. Em "Possible Worlds",[1] o professor Haldane imaginou um futuro no qual o homem, prevendo que a terra logo seria inabitável, fez as adaptações necessárias à migração para Vênus, modificando

---

[1] Um artigo na obra *Possible Worlds and Other Essays* [Mundos possíveis e outros ensaios], de J. B. S. Haldane (Londres, 1927). Veja também "The Last Judgment" [O último julgamento], no mesmo livro.

drasticamente sua fisiologia e abandonando a justiça, a piedade e a felicidade. O desejo era de mera sobrevivência. Eu, porém, me importo muito mais com o modo como a humanidade vive do que por quanto tempo ela vive. Progresso, para mim, significa aumentar a bondade e a felicidade na vida de cada um. Para a espécie, assim como para cada indivíduo, a mera longevidade parece-me um ideal insignificante.

Deste modo, vou ainda mais longe do que C. P. Snow ao tirar o foco da bomba de hidrogênio. Assim como ele, eu não estou certo de que, caso ela matasse um terço dos homens (o terço em que estou incluso), isso seria uma coisa ruim para o restante; como ele, eu não acho que ela aniquilará toda a humanidade. Mas e se aniquilasse? Como cristão, considero ponto pacífico o fato de que a história humana terminará algum dia. Todavia, não darei à Onisciência conselho algum quanto à melhor data para esta consumação. Estou mais preocupado com o que a bomba já está causando. Vemos jovens que transformam esta ameaça em motivo para corromper todos os prazeres e fugir de todas as obrigações do presente. Por acaso eles não sabem que, com ou sem bomba, todos morrerão (e, muitos, de maneiras horríveis)? Não há choro nem vela.

Após eliminar o que considero ser uma abstração, volto-me à questão real. Será que as pessoas estão se tornando, ou são propensas a ser, melhores ou mais felizes? Obviamente, a resposta é bem conjectural. Afinal de contas, a maioria das experiências individuais (e não há outro tipo de experiência) nunca sai no noticiário, muito menos é registrada em livros de história, e temos um olhar imperfeito até de nós mesmos. Estamos reduzidos a generalidades. E, mesmo assim, é difícil chegar a uma média. Sir Charles enumera muitas melhorias reais. Porém, devemos contrapô-las a Hiroshima, Black and Tans, Gestapo, Ogpu, lavagens cerebrais e campos de escravos russos. Talvez tenhamos nos tornado mais bondosos para com as crianças, mas

O progresso é possível?

passado a ser menos bondosos para com os idosos. Segundo qualquer G.P.,[2] até os indivíduos mais prósperos se recusam a cuidar dos próprios pais. "Será que eles não podem ser colocados em algum tipo de asilo?", pondera Goneril.[3] Mais útil, penso eu, do que tentar chegar a uma média, é lembrar que a maioria desses fenômenos, bons e maus, são viabilizados por duas coisas. Elas provavelmente determinarão, por algum tempo, a maior parte do que acontece conosco.

A primeira é o avanço e a crescente aplicação da ciência. Como meios para os fins que prezo, eles são neutros. Afinal, seremos capazes tanto de curar quanto de produzir mais doenças — guerras bacterianas, não bombas, talvez sejam as responsáveis por acabar com tudo; tanto de aliviar quanto de infligir mais dores; tanto de poupar quanto de desperdiçar os recursos do planeta de modo considerável. Poderemos nos tornar ora mais beneficentes, ora mais malignos. Meu palpite é que seguiremos por ambos os caminhos; consertaremos uma coisa e estragaremos outra, eliminaremos sofrimentos antigos e produziremos sofrimentos novos, proteger-nos-emos aqui e nos arriscaremos ali.

A segunda é a relação alterada entre o governo e os cidadãos. Sir Charles cita nossa nova postura com relação à criminalidade; já eu cito os comboios repletos de judeus rumo às câmaras de gás alemãs. Parece chocante sugerir a existência de um elemento comum entre as duas coisas, mas creio que esse elemento existe. Do ponto de vista humanitário, todos os crimes são patológicos; eles não exigem punição retributiva, mas cura. Isso elimina do tratamento destinado ao criminoso os conceitos de justiça e merecimento; afinal, uma "cura justa" não faz sentido.

Do ponto de vista antigo, a opinião pública poderia protestar contra determinada condenação (ela protestou contra nosso antigo

---

[2] Clínico geral (*general practitioner*).
[3] Em *Rei Lear*, de Shakespeare.

código penal) por considerá-la excessiva, isto é, desmedida em comparação com o que o indivíduo "merecia". Segundo esse ponto de vista, a condenação era uma questão ética a respeito da qual qualquer um podia ter uma opinião. Já um tratamento terapêutico pode ser avaliado apenas com base na probabilidade de sucesso; isto é, ele é uma questão técnica sobre a qual apenas especialistas podem opinar. Deste modo, o criminoso deixa de ser uma pessoa, um sujeito de direitos e de deveres, tornando-se um mero objeto que a sociedade pode manipular. Foi assim, em princípio, que Hitler tratou os judeus. Eles eram objetos; foram mortos não por merecer, mas porque, segundo as teorias dele, eram uma doença na sociedade. Se a sociedade pode consertar, refazer e desfazer os homens como bem entender, seu entendimento pode ser, naturalmente, ora humanitário, ora homicida. A diferença é importante. Mas, seja como for, os governantes tornam-se proprietários.

Observe como a postura "humanitária" diante da criminalidade poderia funcionar. Se os crimes são doenças, por que as doenças deveriam ser tratadas de forma diferente dos crimes? E quem, além de especialistas, poderia definir o que é doença? Há uma escola de psicologia que considera minha religião como um tipo de neurose. Se esta neurose, algum dia, se tornar inconveniente para o governo, o que impedirá que eu seja submetido a uma "cura" compulsória? Ela pode ser dolorosa; às vezes os tratamentos também o são. Porém, de nada adiantará perguntar: "O que eu fiz para merecer isso?" O indivíduo encarregado de me endireitar dirá: "Mas, meu caro colega, ninguém o está *culpando*. Não acreditamos mais em justiça retributiva. Nós o estamos curando."

Isso não passaria de uma aplicação extrema da filosofia política implícita nas comunidades mais modernas. Ela se infiltrou em nosso meio de repente. Duas guerras exigiram uma imensa redução da liberdade, e nós nos acostumamos, embora a contragosto, às nossas correntes. A complexidade e precariedade cada vez maiores de nossa vida econômica forçaram o governo a assumir muitas esferas de atividade outrora deixadas à nossa escolha ou ao acaso. Nossos intelectuais se renderam, primeiro, à filosofia da escravidão de Hegel, depois a Marx e, por último, aos analistas linguísticos.

Como resultado, a teoria política clássica, com seus conceitos-chave estoicos, cristãos e jurídicos (a lei natural, o valor do indivíduo, os direitos do homem), morreu. O Estado moderno existe não para proteger nossos direitos, mas para fazer-nos bem ou tornar-nos bons — seja como for, para fazer-nos algo ou tornar-nos algo. Daí o novo título "líderes" para aqueles que antes eram "governantes". Somos menos seus súditos e mais seus protegidos, pupilos ou animais domésticos. A respeito de mais nenhum assunto podemos dizer-lhes: "Não é da sua conta." Toda a nossa vida *é* da conta deles.

Eu escrevo "eles" porque parece infantil não reconhecer que o verdadeiro governo é, e sempre deve ser, oligárquico. Nossos mestres no poder devem ser mais do que um e menos do que todos. No entanto, os oligarcas começam a considerar-nos de um novo jeito.

É aqui, penso, que reside nosso verdadeiro dilema. Provavelmente não podemos, e certamente não deveríamos, refazer nossos passos. Somos animais domesticados (alguns com donos bondosos, outros com donos cruéis) e provavelmente morreríamos de fome se deixássemos nossa gaiola. Este é um lado do dilema. Contudo, em uma sociedade cada vez mais planificada, o quanto daquilo que valorizo pode sobreviver? Este é o outro lado.

Eu acredito que o homem é mais feliz, e feliz de uma forma mais rica, quando tem uma "mente livre". Porém, duvido que ele a possa ter sem independência econômica, a qual a nova sociedade está abolindo. A independência econômica possibilita uma educação não controlada pelo governo; e, na vida adulta, quem pode criticar os atos do governo e desprezar sua ideologia é apenas o homem que de nada precisa nem nada pede dele.

Leia Montaigne; aquela é a voz de um homem sentado à própria mesa, comendo o carneiro e o nabo produzidos em sua própria terra. Quem será capaz de falar desse jeito se o Estado for o professor e o chefe de todos? É certo que, quando o homem ainda não havia sido domesticado, tal liberdade pertencia apenas a poucos. Eu sei. Daí a terrível suspeita de que nossa única escolha é entre sociedades com poucos homens livres e sociedades com nenhum homem livre.

A nova oligarquia deve cada vez mais basear sua pretensão de nos planificar como sociedade em sua alegação de deter conhecimento. Se é para sermos protegidos, aquele que nos protege deve saber das coisas. Isso significa que eles devem depender sempre do conselho de cientistas, ao ponto de os próprios políticos se tornarem meros fantoches deles. A tecnocracia é a tendência de qualquer sociedade planificada. Ora, tenho pavor de especialistas no poder porque eles falam de coisas que estão fora de sua área de conhecimento. Os cientistas deveriam limitar-se às suas ciências. Governar inclui questões relativas ao que é bom para o homem, à justiça, ao que vale a pena obter e a que preço; e, para estas coisas, uma formação científica nada acrescenta à opinião do indivíduo. O médico pode me dizer que morrerei se não fizer isto ou aquilo; todavia, se a vida vale a pena nestes termos é uma questão que cabe a qualquer homem responder.

Em terceiro lugar, eu não gosto que as pretensões do governo — as razões pelas quais ele exige minha obediência — sejam muito elevadas. Eu não gosto das pretensões mágicas da medicina nem do direito divino de Bourbon. Isso não é apenas porque não acredito em mágica nem na *Politique* de Bossuet.[4] Eu creio em Deus, mas detesto a teocracia. Afinal, cada governo é composto por meros homens e é, a rigor, um substituto do verdadeiro

---

[4]BOSSUET, Jacques Bénigne. *Politique tirée des propres paroles de l'Écriture-Sainte*. Paris, 1709.

poder; caso acrescente a expressão "Assim diz o Senhor" aos mandamentos, estará mentindo — e mentindo de forma perigosa.

É pelo mesmo motivo que temo o governo que se apresenta em nome da ciência. É assim que as tiranias se infiltram. Em todas as épocas, os homens que desejam ter-nos sob seu controle — e que dispõem de algum bom senso — apresentam a pretensão considerada mais poderosa pelos temores e esperanças do momento. Eles "se aproveitam". Já foi assim com a magia e com o cristianismo. Agora, certamente será a ciência. Talvez os verdadeiros cientistas não sejam favoráveis à "ciência" dos tiranos — eles não eram favoráveis às teorias raciais de Hitler nem à biologia de Stalin. No entanto, podem ser compelidos a guardar silêncio.

Devemos dar total importância ao lembrete de Sir Charles, de que milhões no Oriente ainda são parcialmente privados de alimentos. Para eles, meus temores seriam bastante irrelevantes. Um indivíduo faminto pensa em comida, não em liberdade. Devemos, portanto, dar total importância à alegação de que nada além da ciência — e da ciência aplicada globalmente — e, portanto, dos controles sem precedentes do governo pode encher barrigas e oferecer cuidados médicos para a toda a raça humana; nada, em suma, exceto um estado social. É uma plena admissão dessas verdades que enfatiza para mim o perigo extremo que a humanidade corre atualmente.

De um lado, temos uma necessidade desesperadora: fome, doenças e os horrores da guerra. De outro lado, temos a ideia de algo que poderia satisfazê-la: uma tecnocracia global onipotente. Por acaso, esta não é a oportunidade ideal para impor a escravidão? Foi assim que ela se infiltrou antes: um grupo apresentava uma necessidade desesperadora (real ou aparente), e outro grupo dispunha da capacidade (real ou aparente) de aliviar esta necessidade. Antigamente, pessoas se vendiam como escravas para comer. Assim acontece na sociedade. Há um curandeiro que pode nos salvar dos feiticeiros, um guerreiro que pode nos salvar dos bárbaros, uma igreja que pode nos salvar do inferno. Em troca disso, damos-lhes aquilo que nos pedem, entregamo-nos a eles amarrados e vendados! Talvez a terrível barganha seja feita novamente, mas não podemos culpar os homens por isso. Mal podemos desejar que não o façam. E, não obstante, mal podemos tolerar o fato de que deveriam fazê-lo.

A questão do progresso passou a ser uma questão de descobrir se existe alguma maneira de submeter-nos ao paternalismo mundial de uma tecnocracia sem perder toda a privacidade e independência pessoal. Existe alguma possibilidade de usufruirmos do excelente mel do Estado social e, ao mesmo tempo, evitar o ferrão?

Não nos enganemos acerca do ferrão. A tristeza sueca é apenas uma pequena amostra dele. Viver à sua própria maneira, considerar sua casa como seu castelo, apreciar os frutos de seu trabalho, educar os filhos conforme a direção de sua consciência, economizar para que eles sejam prósperos — estes são desejos profundamente arraigados no homem branco civilizado. A concretização deles é quase tão necessária para nossas virtudes quanto para nossa felicidade. Caso sejam frustrados, pode haver resultados desastrosos, tanto morais quanto psicológicos.

Tudo isso ainda nos ameaçaria mesmo se a forma de sociedade para a qual nossas necessidades apontam demonstrasse ser um sucesso incomparável. Mas será que o sucesso é certo? Que garantias temos de que nossos mestres desejarão ou poderão cumprir a promessa que induziu o homem a se vender? Não nos enganemos com frases que falam sobre o "homem tomando o controle de seu próprio destino". Tudo o que pode acontecer é alguns homens tomarem o controle do destino de outros. E eles serão meros homens. Nenhum deles será perfeito; alguns serão gananciosos, cruéis e desonestos. Quanto mais formos planificados como sociedade, mais poderosos eles serão. Será que descobrimos alguma nova razão por que, desta vez, o poder não nos corromperá como antes?

CAPÍTULO 9

Não temos "o direito de ser felizes"

"Afinal de contas," disse Clare, "eles tinham o direito de ser felizes."

Estávamos conversando sobre algo que havia acontecido em nossa vizinhança certa vez. O Sr. A havia abandonado a Sra. A e pedido o divórcio a fim de se casar com a Sra. B, que também havia pedido o divórcio para se casar com o Sr. A. Não havia dúvida alguma de que o Sr. A e a Sra. B estavam muito apaixonados. Se continuassem apaixonados e se nada desse errado na parte da saúde ou do dinheiro, eles poderiam esperar, com razão, ser muito felizes.

Também era evidente que eles não estavam felizes com seu antigo cônjuge. No início, a Sra. B idolatrava o marido, mas ele foi dilacerado na guerra. Acreditava-se que havia perdido a virilidade, e sabia-se que perdera o emprego. A vida com ele não era mais aquilo que a Sra. B havia esperado no início. A pobre Sra. A também. Ela já não era mais tão bela — nem tão disposta. Talvez fosse verdade, como alguns diziam, que havia se consumido dando à luz os filhos e cuidando do marido durante a longa doença que turvou os anos iniciais do casamento.

A tempo, não devemos pensar que A era o tipo de homem que descarta a esposa com indiferença como se fosse um bagaço de laranja. O suicídio dela foi um choque terrível para ele. Todos sabíamos disso, pois ele mesmo nos disse. "O que eu poderia fazer?", falou. "As pessoas têm o direito de ser felizes. Eu tive de agarrar minha única chance quando ela surgiu."

Fui embora pensando no conceito de "direito à felicidade".

Para começar, a expressão "direito à felicidade" me soa tão estranha quanto "direito à sorte". Eu acredito — independentemente do que certa escola de moralistas possa dizer — que uma parte muito grande de nossa felicidade ou tristeza depende de circunstâncias fora de todo o controle humano. Para mim, o direito à felicidade é tão desprovido de sentido quanto o direito de ter 1,80 metro de altura, de ter um pai milionário ou de o tempo estar bom sempre que planejamos fazer um piquenique.

Eu entendo a noção de direito como uma liberdade garantida pelas leis da sociedade em que vivo. Deste modo, tenho o direito de trafegar nas vias públicas porque a sociedade me dá esta liberdade; é isto é o que queremos dizer quando chamamos as vias de "públicas". Também entendo a ideia de direito como uma prerrogativa garantida por lei atrelada à obrigação de outro indivíduo. Se eu tenho o direito de receber cem libras de uma pessoa, esta é outra forma de dizer que ela tem o dever de me pagar cem libras. Se as leis permitem ao Sr. A abandonar a própria esposa e seduzir a mulher do seu próximo, então, por definição, o Sr. A tem o direito legal de fazê-lo, e não há necessidade de mencionar a questão da "felicidade".

Naturalmente, entretanto, não foi isso o que Clare quis dizer. Ela quis dizer que o Sr. A tinha, além de um direito legal, um direito moral para agir da maneira que agiu. Em outras palavras, Clare é — ou seria, caso pensasse a respeito — uma moralista clássica segundo o estilo de Tomás de Aquino, Grócio, Hooker e Locke. Ela acredita que, por trás das leis do Estado, há uma lei natural.

Eu concordo com ela. Entendo que esse conceito é básico de qualquer civilização. Sem ele, as leis do Estado tornam-se um absoluto, como em Hegel, e não podem ser criticadas porque inexiste um padrão em relação ao qual devem ser julgadas.

A origem da máxima de Clare, "Eles têm o direito de ser felizes", é nobre. Com palavras estimadas por todos os homens civilizados, especialmente pelos norte-americanos, estipulou-se que um dos direitos do homem é o direito de "buscar a felicidade". E é agora que chegamos à verdadeira questão.

O que os autores dessa nobre declaração queriam dizer?

Está bem claro o que eles não queriam dizer. Eles não queriam dizer que o homem tem o direito de buscar a felicidade por todo e qualquer meio — incluindo, por exemplo, assassinato, estupro, roubo, traição e fraude. Nenhuma sociedade poderia ser construída sobre tal base.

Eles queriam dizer "buscar a felicidade por todos os meios legais"; isto é, por todos os meios que a lei da natureza sanciona eternamente e que as leis da nação devem sancionar.

É bem verdade que, a princípio, isso parece reduzir a máxima à tautologia de que os homens (em sua busca da felicidade) têm o direito de fazer tudo o que têm direito. Contudo, as tautologias, quando consideradas em seu contexto histórico, nem sempre são estéreis. A declaração é sobretudo uma negação dos princípios políticos que regeram a Europa por muito tempo: um desafio lançado aos impérios da Áustria e da Rússia, à Inglaterra antes dos *Reform Bills*, à França de Bourbon. Ela estipula que todos os meios de busca de felicidade, se lícitos para um, devem ser lícitos para todos; que "o homem", e não aqueles de determinada casta, classe, posição social ou religião, deve ser livre para usá-los. Em um século no qual isso está sendo desdito por cada vez mais nações e grupos, não devemos alegar que se trata de uma tautologia estéril.

Não obstante, a questão acerca de quais meios são "lícitos" — quais métodos para buscar a felicidade são moralmente admissíveis pela lei da natureza ou deveriam ser declarados legalmente admissíveis por determinada nação — continua exatamente no mesmo lugar. E, com relação a esta questão, eu discordo de

Clare. Eu não considero óbvio que as pessoas têm um "direito ilimitado de ser felizes", como ela sugere.

Antes de mais nada, creio que, ao falar sobre "felicidade", Clare estava se referindo simples e unicamente à "felicidade sexual". Em parte, porque mulheres como Clare nunca empregam a palavra "felicidade" em qualquer outro sentido, mas também porque eu nunca a ouvi falar sobre o "direito" a qualquer outro tipo de coisa. Ela era bastante esquerdista em sua visão política e teria se escandalizado caso alguém defendesse as ações de um implacável magnata devorador de homens com o argumento de que a felicidade dele consiste em ganhar dinheiro e que ele está, portanto, apenas em busca da própria felicidade. Ela também era uma abstêmia radical; eu nunca a ouvi justificar um alcoólatra porque ele é feliz bêbado. Muitos amigos de Clare, especialmente amigas, achavam — eu mesmo os ouvi dizer — que seriam visivelmente mais felizes se pudessem dar um tapa na orelha dela. Duvido muito que sua teoria a respeito do direito de ser feliz seria aplicada neste caso.

Clare, na verdade, fez aquilo que todo o mundo ocidental me parece estar fazendo nos últimos quarenta e poucos anos. Quando eu era jovem, os progressistas diziam: "Por que todo esse puritanismo? Vamos tratar o sexo como tratamos todos os outros impulsos." Eu era ingênuo a ponto de acreditar que eles realmente queriam dizer aquilo. Porém, depois, descobri que aquelas pessoas estavam afirmando exatamente o contrário. Elas queriam dizer que o sexo deveria ser tratado como nenhum outro impulso em nossa natureza jamais fora tratado por pessoas civilizadas. Afinal, admite-se que todos os impulsos têm de ser reprimidos. Obediência absoluta ao instinto de autopreservação é o que chamamos de covardia; o impulso aquisitivo, de cobiça. Até mesmo o sono deve ser resistido se o indivíduo for uma sentinela. No entanto, toda incivilidade e quebra de confiança parece ser tolerada se o objeto visado for "quatro pernas nuas em uma cama".

É como se, de acordo com as regras de determinada moral, roubar frutas fosse considerado errado — salvo nectarinas. E, se protestamos contra tal opinião, temos de ouvir falatórios sobre a legitimidade, beleza e santidade do "sexo" e somos acusados de nutrir certo preconceito puritano contra a prática, como se ela fosse algo desonroso ou vergonhoso. Eu nego a acusação. Vênus nascida das espumas... Afrodite dourada... senhora do Chipre... eu nunca murmurei uma única palavra contra você. Só porque me oponho a garotos que roubam minhas nectarinas, eu deveria ser contra nectarinas de modo geral? Ou até mesmo contra garotos de modo geral? Por que não lhes ocorre que é o roubo aquilo que eu desaprovo?

A situação real é habilidosamente dissimulada afirmando-se que o "direito" do Sr. A de abandonar a esposa é uma questão de "moralidade sexual". Ora, roubar um pomar não é uma ofensa contra alguma moral especial chamada "moralidade das frutas". É uma ofensa contra a honestidade. A atitude do Sr. A é, da mesma forma, uma ofensa contra a boa-fé (promessas solenes), contra a gratidão (a alguém que ele muito devia) e contra a humanidade comum.

Nossos impulsos sexuais são colocados em uma posição absurda de privilégio. A motivação sexual justifica toda sorte de comportamentos que, se tivessem qualquer outro fim em vista, seriam condenados por serem atrozes, traiçoeiros e injustos. Ora, embora eu não veja uma boa razão para conceder este privilégio ao sexo, acho que consigo enxergar uma forte motivação para que as pessoas o façam.

Faz parte da natureza de uma paixão erótica intensa — diferentemente de um surto passageiro de apetite, por exemplo — a atitude de fazer promessas grandiosas, mais do que qualquer outra emoção. Sem dúvida, todos os nossos desejos levam-nos a fazer promessas, mas não de forma tão impressionante. Estar apaixonado gera a convicção quase irresistível de que tal condição perdurará até à morte, e que ter o amado consigo ocasionará não apenas êxtases frequentes, como também felicidade definitiva, frutífera, profunda e vitalícia. Sob esta ótica, portanto, *tudo* parece estar em jogo. Se perdermos a oportunidade, teremos vivido em vão. Só de imaginar tamanha desgraça, já nos afundamos em insondáveis profundezas de autocomiseração.

Infelizmente, essas promessas são, com muita frequência, vazias. Todo adulto experiente sabe que é assim que todas as paixões eróticas funcionam (exceto a que ele mesmo está sentindo no momento). Com muita facilidade, desprezamos as declarações de amor exacerbadas de nossos amigos. Sabemos que tais coisas, às vezes, duram — e, às vezes, não. E, quando duram, não é porque houve uma promessa no início. Quando duas pessoas alcançam felicidade duradoura, não é somente porque são ótimas amantes, mas porque são também — devo falar de forma direta — simplesmente boas pessoas; são controladas, leais, honestas e mutuamente adaptáveis.

Se estabelecemos um "direito à felicidade (sexual)" que substitui todas as regras comuns de comportamento, nós o fazemos não por causa do que conhecemos acerca da paixão pela experiência, mas por causa do que ela professa ser enquanto estamos em suas garras. Assim, ao passo que o mau comportamento é real e produz sofrimento e degradação, a felicidade, que era o objeto do comportamento, mostra-se sempre ilusória. Todos (exceto o Sr. A e a Sra. B) sabem que o Sr. A, dali a mais ou menos um ano, pode abandonar a nova esposa pela mesma razão que abandonou a antiga. Ele terá mais uma vez a sensação de que tudo está em jogo. Ele se considerará novamente um grande amante, e a compaixão por si mesmo será maior do que a compaixão pela mulher.

Restam ainda duas outras questões.

Uma é esta: uma sociedade que tolera a infidelidade conjugal é sempre, em longo prazo, uma sociedade adversa às mulheres.

As mulheres — mesmo que certas canções e sátiras masculinas digam o contrário — são mais monogâmicas do que os homens por natureza; é uma necessidade biológica delas. Logo, onde a promiscuidade prevalece, elas são, na maioria das vezes, mais vítimas do que culpadas. Além disso, a felicidade doméstica é mais necessária para elas do que para nós. E a qualidade com a qual elas atraem os homens com mais facilidade, a beleza, diminui a cada ano que se aproximam da maturidade. Em contrapartida, isso não acontece com as qualidades da personalidade com as quais nós as atraímos — as mulheres, na verdade, não dão a mínima para nossa *aparência*. Assim, na guerra implacável da promiscuidade, as mulheres estão em dupla desvantagem. Elas apostam mais alto e, ao mesmo tempo, são mais propensas a perder. Não tenho qualquer afinidade com moralistas que condenam a crescente vulgaridade da provocação feminina. Estes sinais de competição desesperada me enchem de pena.

A outra é esta: embora o "direito de ser feliz" seja alegado sobretudo com relação ao impulso sexual, parece-me impossível que a questão se limite a isso. O princípio fatal, uma vez admitido nessa esfera, cedo ou tarde se infiltra em toda a nossa vida. Assim, avançamos em direção a um estado da sociedade em que não só todo homem, como todo impulso em cada homem, exigirá *carte blanche*. E, então, embora o conhecimento tecnológico possa nos ajudar a sobreviver um pouco mais, a civilização terá morrido por dentro e será — sem que ninguém sequer ouse acrescentar um "infelizmente" — eliminada.

PARTE IV

Cartas

[Apesar de eu ter reproduzido apenas as cartas do próprio Lewis aqui, tentei colocá-las em seu contexto citando as fontes das diversas correspondências que ele estava respondendo ou daquelas que estavam respondendo a seus escritos. Por isso as subdivisões em (a), (b), (c) e assim por diante.]

1. Condições para uma guerra justa

(a) MASCALL, E. L. "The Christian and the Next War". *Theology.* v. XXXVIII (janeiro de 1939), p. 53-58.
(b) LEWIS, C. S. "The Conditions for a Just War". *Ibid.* (maio de 1939), p. 373-374:

Prezado, em sua edição de janeiro, o Sr. Mascall mencionou seis condições para uma guerra justa estabelecidas por "teólogos". Tenho uma pergunta a fazer e uma série de problemas a suscitar com relação a essas regras. A pergunta é meramente histórica: quem são esses teólogos e que tipo ou grau de autoridade eles têm sobre os membros da Igreja da Inglaterra? Os problemas são mais difíceis. A condição quatro estipula que "é preciso haver garantias morais de que as perdas não sobrepujariam as vantagens da vitória para os beligerantes, para o mundo e para a religião"; e a condição seis estipula que "deve haver uma probabilidade considerável de vitória". É evidente que pessoas igualmente sinceras podem diferir em qualquer medida com relação a isso e discutir para sempre se determinada proposta de guerra satisfaz essas condições ou não. A questão prática com a qual nos deparamos, portanto, é de autoridade. Quem tem a responsabilidade de determinar quando as condições foram satisfeitas e o direito de impor sua decisão? A tendência dos debates modernos é partir do princípio, sem qualquer questionamento, de que a resposta é: "A consciência pessoal", e que qualquer outra resposta é imoral e totalitária.

Ora, é certo que, em certo sentido, "nenhum ato de obediência pode justificar um pecado", como o Sr. Mascall diz. Uma vez que a pena capital é compatível com o cristianismo, é lícito que o cristão trabalhe como carrasco; porém, ele não deve enforcar uma pessoa caso seja de seu conhecimento que ela é inocente. Mas será que alguém interpretaria isso como se o carrasco tivesse o *mesmo* dever do juiz de investigar a culpa do prisioneiro? Se assim fosse, nenhum executivo poderia trabalhar, e nenhum Estado cristão seria possível; o que é um absurdo. Concluo que o carrasco cumpre seu dever quando desempenha sua parte na obrigação geral, cabendo a todos os cidadãos igualmente assegurar, até onde for possível, que temos um sistema judiciário honesto; se, apesar disso, e sem ter consciência, ele enfocar um inocente, um pecado terá sido cometido, mas não por ele. Esta analogia me sugere que seria um absurdo dar ao cidadão o *mesmo* direito e dever que os governos têm de estipular sobre a justiça de uma guerra; e entendo que as regras para se determinar quais guerras são justas eram originalmente destinadas a orientar príncipes, não súditos. Isso não significa que indivíduos devem obedecer aos governos quando estes lhes exigem que cometam pecados; mas talvez signifique (escrevo-o com certa relutância) que a decisão final quanto a uma situação em determinado momento na esfera extremamente complexa dos assuntos internacionais deva ser delegada. Sem dúvida, devemos nos esforçar ao máximo, até onde a constituição permite, para garantir um bom governo e influenciar a opinião pública; no longo prazo, entretanto, a nação precisa agir como nação — e ela só pode agir assim por intermédio de um governo. (É preciso lembrar que há riscos de ambos os lados: uma vez que guerras podem ser lícitas, a paz é, por vezes, pecaminosa.) Qual seria a alternativa? Que indivíduos desconhecedores de história e estratégia decidam por si se a condição 6 ("uma probabilidade considerável de vitória") é, ou não, satisfeita? Que todos os cidadãos, negligenciando a própria vocação e desconsiderando a própria capacidade, tornem-se especialistas em todos os problemas — muitas vezes técnicos — que surgirem?

Decisões tomadas pela consciência de cada cristão à luz das seis regras do Sr. Mascall nos dividiriam, impedindo-nos de dar um testemunho claro ao mundo pagão que nos envolve. Poderíamos oferecer tal testemunho de uma maneira diferente. Será que, se todos os cristãos consentissem em pegar em armas ao comando do magistrado e se todos, depois disso, se recusassem a obedecer a ordens anticristãs, nós não alcançaríamos um resultado mais claro? Temos muito mais segurança para afirmar que é errado assassinar prisioneiros ou bombardear civis do que jamais teremos para determinar se uma guerra é justa ou não. Talvez seja aqui que a "objeção consciente" deva começar. Estou certo de que um piloto cristão baleado por se recusar a bombardear inimigos civis seria um mártir mais eficaz (no sentido etimológico da palavra) do que uma centena de cristãos presos por recusar-se a fazer parte do exército.

A cristandade apresentou duas iniciativas para lidar com o mal da guerra: a cavalaria e o pacifismo. Nenhum dos dois obteve êxito. Contudo, tenho dúvidas se a cavalaria tem um registro tão uniforme de fracasso quanto o pacifismo.

A questão é muito obscura. Estou aberto tanto a refutações quanto a acréscimos ao que falei aqui.

2. *Conflito na teologia anglicana*

(a) QUICK, Oliver C. "The Conflict in Anglican Theology". *Theology*. v. LXI (outubro de 1940), p. 234-237.
(b) C. S. Lewis. *Ibid.* (novembro de 1940), p. 304:

Prezado, em uma carta admirável enviada à sua edição de outubro, Canon Quick comentou: "Os 'modernos' de todos os tipos têm uma característica em comum: eles odeiam o liberalismo." Não seria igualmente verdadeiro dizer apenas: "Os 'modernos' de todos os tipos têm uma característica em comum: eles *odeiam*"? O assunto talvez mereça mais atenção do que recebeu.

3. *Milagres*

(a) MAY, Peter. "Miracles". *The Guardian*. (9 de outubro de 1942), p. 323.
(b) LEWIS, C. S. *Ibid.* (16 de outubro de 1942), p. 331:

Prezado, em resposta à pergunta do Sr. May, respondo que, quer o nascimento de João Batista tenha sido um milagre ou não, este não foi o mesmo tipo de milagre do nascimento de nosso Senhor.[1] O fator anormal na gravidez de Isabel foi sua condição de idosa (casada), até então estéril. O fato de que Zacarias era pai de João está implícito no texto ("*lhe* dará um filho", Lucas 1:13).

A respeito da conversão natural da água em vinho, o que eu disse foi: "Deus cria a videira e ensina-a a absorver água pelas raízes e, *com a ajuda do Sol*, a transformar esta água em um suco *que fermentará* e assumirá determinadas características."[2] A fim de abranger todo o processo, eu deveria, sem dúvida, ter acrescentado "com o auxílio do solo" e talvez outras coisas mais; todavia, isso não teria, do meu ponto de vista, alterado substancialmente o que eu estava querendo dizer. Minha resposta à pergunta do Sr. May — de onde as outras matérias-primas vieram — seria a mesma, independentemente de a lista de matérias-primas ser reduzida ao mero vegetal e à luz solar que mencionei, ou ampliada de modo a incluir tudo o que um botânico qualificado pudesse acrescentar. Acredito que, em Caná, eles vieram da mesma fonte da qual provêm na natureza. Certamente concordo com o Sr. May que, na hipótese de a história ser ficção, a ela podem ser associadas — como nossos antepassados fizeram com os milagres em Ovídio — quantas *moralitates* edificantes quisermos. Na realidade, o que eu estava combatendo era o argumento a favor de sua falsidade fundamentado na ideia de que, se tal fenômeno acontecesse, seria arbitrário e sem sentido.

4. *Posição do Sr. C. S. Lewis sobre o cristianismo*

(a) CHILDE, W. R. "Mr C. S. Lewis on Christianity". *The Listener.* v. XXXI (2 de março de 1944), p. 245.
(b) LEWIS, C. S. *Ibid.* (9 de março de 1944), p. 273:

Concordo com o Sr. W. R. Childe que de nada adianta dizer "Senhor, Senhor" se não fazemos o que Cristo manda; isso, a propósito, é uma

---

[1] O Sr. May estava criticando o artigo "Milagres", publicado neste livro. Consulte a página 32.
[2] *Ibid.*, p. 36.

das razões por que acredito que uma religião estética de "flores e música" é insuficiente.[3] Meu motivo para achar que a mera declaração mesmo de princípios éticos elevados não é suficiente é o fato de que saber estas coisas não equivale necessariamente a colocá-las em prática — e, se o cristianismo não trouxesse cura para a vontade impotente, o ensinamento de Cristo não nos ajudaria. Não posso culpar o Sr. Childe por interpretar-me mal, pois naturalmente não sou juiz de minha própria lucidez; porém, considero muito cruel o fato de um completo estranho, a quem eu nunca machuquei ou ofendi intencionalmente, acusar-me em público de ser um possível torturador, assassino e tirano diante da mera descoberta de nossa primeira diferença de opinião teológica — afinal, é isso o que ele quis dizer com a palavra "desprezível", se é que ele quis dizer alguma coisa com ela. O quão pouco eu aprovo a obrigatoriedade nas questões religiosas pode ser aferido com base em uma carta recente que enviei ao *Spectator* protestando contra a intolerável tirania das procissões compulsórias na Guarda Nacional. Se o Sr. Childe conseguir encontrar qualquer passagem em minhas obras que favoreça obrigatoriedades religiosas ou antirreligiosas, doarei cinco libras para qualquer instituição de caridade que ele quiser (não sendo um grupo que milite contra o cristianismo). Se não conseguir, peço-lhe, pelo bem da justiça e da caridade, que retire sua acusação.

(c) CHILDE, W. R. *Ibid.* (16 de março de 1944), p. 301.

5. *Experiência de um povoado*

LEWIS, C. S. "A Village Experience". *The Guardian.* (31 de agosto de 1945), p. 335:

Prezado, creio que seus leitores se interessariam pelo seguinte excerto de uma carta que acabei de receber; o remetente é uma senhora inválida de um povoado.

---

[3] O Sr. Childe havia objetado a um trecho da transmissão de Lewis na B.B.C. intitulada "The Map and the Ocean" [O mapa e o oceano], na qual ele afirmou, acerca de determinada "religião vaga", que você "não vai obter vida nova simplesmente sentindo a presença de Deus nas flores ou na música". *The Listener.* v. XXXI (24 de fevereiro de 1944), p. 216. A transmissão foi posteriormente transformada em um capítulo da obra *Cristianismo puro e simples* de Lewis (Rio de Janeiro, 2017), livro IV, capítulo 1, p. 205.

"Este costumava ser um povoado temente a Deus que tinha um pastor também temente a Deus, líder dos escoteiros ('Que tropa adorável era a nossa. *E* você tinha que ouvir nosso coral de domingo', diz meu anfitrião, um pedreiro). Os jovens eram enviados à escola dominical bem arrumados, e seus pais lotavam a igreja. *Agora*, porém, temos um octogenário. Nenhum problema nisso! Meu falecido tio, à essa idade, era tão forte quanto a maioria das crianças de dois anos. Contudo, esse homem — percebi pessoalmente, observando-o — parece que já está morto há anos... Ele não visita os doentes, nem se pedirem. Ele não faz nada. E — escute isso — ele afixou um aviso na igreja: *Proibida a presença de crianças que não estejam acompanhadas dos pais ou de um adulto*. O povoado tornou-se pagão instantaneamente. Preciso sair daqui. Nunca antes, exceto nas vis e pagãs Índias Ocidentais, fiquei sem um Santo Sacramento, mesmo que *extorquido*. (Alguém *pode* proibir que uma criança batizada compareça à igreja? Digo, legalmente? Preciso de um bispo.)"

6. Troca de correspondências com um anglicano que não gosta de hinos

(As "correspondências" consistem de duas cartas de Erik Routley para Lewis (um anglicano) e duas cartas de Lewis, publicadas no *The Presbyter*, v. VI, n. 2 (1948), p. 15-20. As cartas de Lewis apareceram com as iniciais "A. B.".)

(a) Resumo de uma carta de Erik Routley para Lewis (datada de 13 de julho de 1946), p. 15:

"[...] A Sociedade do Hino da Grã-Bretanha e Irlanda está oferecendo a oportunidade de inclusão de novos hinos, e os compositores modernos estão convidados a contribuir. Pediram-me que entrasse em contato para perguntar se o senhor gostaria de ser um membro da comissão à qual os hinos novos serão submetidos para avaliação [...]."

(b) C. S. Lewis para Erik Routley (datada de 16 de julho de 1946), p. 15:

Caro Sr. Routley,

A verdade é que eu não aprovo o projeto o bastante para colaborar. Sei que muitos na congregação gostam de entoar hinos, mas ainda não estou convencido de que a natureza deste prazer é espiritual. Pode até ser. Eu não sei. Para a minoria, de quem eu faço parte, os hinos são, de modo geral, um peso morto para o culto. Recentemente, conversando com um grupo de seis pessoas, descobri que todas elas, sem exceção, gostariam que houvesse *menos* hinos. Sem dúvida, alguém que tem esta opinião não pode ajudá-lo.

    (c) Erik Routley para Lewis (datada de 18 de setembro de 1946), p. 15-20.
    (d) C. S. Lewis para Erik Routley (datada de 21 de setembro de 1946), p. 15-20:

Não me recordo bem de minha última carta, mas eu estava errado caso tenha dito ou insinuado que (*a*) variáveis, (*b*) a participação ativa das pessoas ou (*c*) os hinos são maus em princípio. Concordo que qualquer coisa que a congregação *seja capaz de fazer* pode ser oferecida a Deus de modo apropriado e proveitoso em culto público. Se houvesse uma congregação (digamos, na África) com uma forte tradição de dança e que fosse muito boa nisso, eu seria perfeitamente a favor de que a dança fizesse parte do culto. No entanto, eu não transferiria a prática para uma congregação de Willesden, capaz apenas de esboçar alguns passos desleixados pelo salão. Na Inglaterra atual, nós não sabemos cantar — não como os galeses e os alemães. Além disso (uma grande pena, mas um fato), a arte da poesia seguiu por uma direção pessoal e subjetiva nos últimos dois séculos. É por isso que considero os hinos como "peso morto". Contudo, falei apenas por mim mesmo e alguns outros. Se uma hinologia aprimorada — ou até mesmo a hinologia que temos hoje — edifica outras pessoas, sem dúvida é meu dever básico de caridade e humildade submeter-me a isso. Eu nunca falei em público *contra* o uso de hinos; pelo contrário, sempre disse aos convertidos "esnobes" que uma aquiescência humilde com relação a qualquer coisa que edifique os irmãos incultos (por mais chocante que seja para o "homem natural" instruído) é a primeira lição que eles devem aprender. A porta é *baixa*, e é preciso inclinar-se para entrar por ela.

7. Liturgia da Igreja, invocação e invocação de santos

    (a) MASCALL, E. L. "Quadringentesimo Anno". *Church Times.* v. CXXXII (6 de maio de 1949), p. 282.
    (b) LEWIS, C. S. "The Church's Liturgy". *Ibid.* (20 de maio de 1949), p. 319:

Prezado, se não for voltar muito atrás, eu gostaria de fazer duas observações de natureza leiga sobre os artigos litúrgicos publicados em sua edição de 6 de maio. Em primeiro lugar, eu gostaria de sublinhar a necessidade de uniformidade pelo menos na duração do culto. Nós, leigos, talvez não sejamos mais ocupados do que os homens do clero, mas costumamos ter muito menos escolhas em nossos horários de trabalho. O celebrante que alonga o culto por dez minutos pode transformar todo o nosso dia em pressa e confusão. É difícil tirar isso da mente, e talvez seja difícil até mesmo evitar certo ressentimento. Tais provações podem ser boas para nosso crescimento, mas não é tarefa do celebrante provocá-las; a permissão de Deus e a diligência de Satanás cuidarão desta parte de nossa educação sem a ajuda dele.

Em segundo lugar, eu gostaria de pedir para o clero acreditar que nós estamos mais interessados em ortodoxia e menos em liturgiologia do que eles podem imaginar. O Dr. Mascall diz, com razão, que as variações são permitidas quando não alteram a doutrina, mas prossegue mencionando quase negligentemente a "adoração à mãe de Deus e às hostes celestiais" como uma possível variante litúrgica. O Dr. Mascall sabe muito bem que a introdução de tais devoções em qualquer igreja desacostumada a elas dividiria a congregação em dois grupos. No entanto, se ele acha que a questão responsável por dividir os dois lados seria litúrgica, digo que ele está enganado. Ela seria uma questão doutrinária. Nenhum leigo questionaria se essas devoções estariam desfigurando ou compondo a beleza da cerimônia; todos estariam questionando se elas seriam lícitas ou condenáveis. Não faz parte do meu objetivo debater a questão aqui; apenas identificá-la.

O que nós, leigos, tememos é que as questões doutrinárias mais profundas sejam resolvidas de modo tácito e implícito por aquilo que parece ser, ou que é de fato, uma mera mudança na liturgia. O homem que se pergunta se o objeto diante de si é comida ou veneno não é tranquilizado ao ser informado de que aquele prato foi restaurado ao seu lugar tradicional no menu ou que a sopeira é do estilo Sarum. Nós, leigos, somos ignorantes e tímidos. Nossa vida depende somente de nós, o vingador de sangue está no nosso encalço, e nossa alma pode ser pedida a qualquer noite. Vocês podem nos culpar se nos vemos aterrorizados pela redução de questões doutrinárias sérias a meras questões litúrgicas?

(c) HUGHES, W. D. F. *Ibid.* (24 de junho de 1949), p. 409.
(d) LEWIS, C. S. *Ibid.* (1º de julho de 1944), p. 427:

Prezado, eu concordo com Dean Hughes que a ligação entre crença e liturgia é íntima, mas duvido que seja "inextricável". Entendo que a relação é saudável quando a liturgia expressa a fé da Igreja, e mórbida quando a liturgia produz, por meio de sugestionamento, crenças que a Igreja não professa, ensina ou defende publicamente. Se a Igreja pensa, por exemplo, que nossos pais erraram ao abandonar as invocações católicas de santos e anjos, sem dúvida devemos proclamar nossa renúncia coletiva, declarar seus fundamentos na Escritura, na razão e na tradição, realizar um ato solene de penitência, reorientar os leigos e introduzir as mudanças apropriadas na liturgia.

O que me deixa horrorizado é a sugestão de que os pastores deveriam se comportar como se tudo isso tivesse sido feito quando não foi. Um correspondente comparou tais mudanças às alterações igualmente furtivas e (segundo ele) inevitáveis que acontecem no idioma. No entanto, este é justamente o paralelo que me aterroriza, pois até mesmo o filólogo mais leviano sabe que o processo linguístico inconsciente está continuamente degradando boas palavras e embotando distinções úteis. *Absit omen!* A fim de que um "enriquecimento" da liturgia envolvendo mudança de doutrina seja algo admissível, certamente é necessário saber se a doutrina está passando do erro para a verdade ou da verdade para o erro. Cabe ao pastor julgar isso?

(e) EVERY, Edward. "Doctrine and Liturgy". *Ibid.* (8 de julho de 1949), p. 445-446.
(f) LEWIS, C. S. "Invocation". *Ibid.* (15 de julho de 1949), p. 463-464:

Prezado, o Sr. Every (de forma bastante legítima) confere à palavra *invocação* um sentido mais amplo do que eu. A questão passa a ser, portanto, até onde podemos inferir, da propriedade da *invocação* à propriedade da *devoção*? Eu aceito a autoridade do *Benedicite*[4] quanto à propriedade da *invocação* (no sentido do Sr. Every) dos santos. Mas, se eu inferir disso a propriedade das *devoções* aos santos, não serei obrigado a aprovar a devoção de estrelas, geadas e baleias?

---

[4]Encontrada no *Livro de oração comum* para a oração matutina. A fonte original é o *Cântico dos três jovens* (v. 35-66), contido nos apócrifos do Antigo Testamento.

Também estou disposto a admitir que negligenciei uma distinção. Nossos pais podem reprovar determinada doutrina medieval e, ainda assim, não reprovar outra doutrina que nós, leigos, confundimos com aquela. Porém, se a questão é muito mais tênue do que eu pensava, isso só reforça minha ansiedade para que ela seja resolvida de forma aberta e oficial.

Se eu temo que as sugestões da liturgia possam enganar a nós, leigos, em uma questão simples, não me sinto nada melhor com relação a uma questão sutil. Se existe um tipo de devoção para os seres criados que é agradável a Deus e outro tipo que é desagradável a ele, quando é que a Igreja, como Igreja, nos ensinará a distinção?

Que melhor oportunidade nosso inimigo espiritual teria para instilar furtivamente o tipo errado do que a prática não autorizada e esporádica de devoções a criaturas perante congregações não instruídas? A maioria de nós, leigos, penso eu, tem uma *parti pris* sobre a questão. Nós desejamos crer como a Igreja crê.

(g) EVERY, Edward. "Invocation of Saints". *Ibid.* (22 de julho de 1949), p. 481-482.
(h) LEWIS, C. S. *Ibid.* (5 de agosto de 1949), p. 513:

Prezado, espero que o Sr. Every não tenha me interpretado mal. Existe, creio eu, um argumento *prima facie* para se considerar as devoções aos santos da Igreja da Inglaterra uma questão controversa (veja JEWEL.[5] *Apologia Ecclesiae Anglicanae.* Pt. II, capítulo xxviii; *Homilias.* Livro II; *Peril of Idolatry.* Pt. III; LAUD.[6] *Conference with Fisher.* Seção XXIII; TAYLOR.[7] *Dissuasive from Popery.* Pt. I, capítulo II, seção 8). Eu apenas alego que a controvérsia existe. Compartilho o desejo do Sr. Every de que ela termine. Porém, há dois jeitos de por fim a uma controvérsia: com a resolução propriamente dita ou com uma mudança gradual e imperceptível dos costumes. Eu não desejo que controvérsia alguma cesse da segunda maneira.

Imploro aos pastores que se lembrem do que Aristóteles nos diz sobre revolução inconsciente (πολλάκις λανθάνει γινομένη μετάβασις

---

[5] John Jewel (1522—1571).
[6] William Laud (1573—1645).
[7] Jeremy Taylor (1613—1667).

νομίμων μεγάλη τῶν *Política* 1303 a 22).⁸ Quando tal revolução inconsciente produz um resultado de que gostamos, todos somos tentados a aceitá-lo; assim, sinto-me tentado a aceitá-lo quando ele me leva a orar pelos mortos. No entanto, vejo que o mesmo processo pode ser usado, e é usado, para introduzir enfraquecimentos modernistas à fé — o que, estou certo, tanto eu quanto o Sr. Every abominamos. Concluo que uma estrada tão perigosa como essa nunca deve ser trilhada, independentemente de o destino ao qual ela parece apontar ser bom ou mau em si mesmo. Colocar ali uma placa de "Tráfego proibido" é meu único propósito.

8. *Nome Santo*

(a) BRADBURY, Leslie E. T. "The Holy Name". *Church Times.* v. CXXXIV (3 de agosto de 1951), p. 525.

(b) LEWIS, C. S. *Ibid.* (10 de agosto de 1951), p. 541:

Prezado, após ler a carta do Sr. Bradbury sobre o Nome Santo, tenho alguns comentários a fazer. Eu não acho que temos o direito de pressupor que todos os que usam esse Nome sem prefixos reverenciais estão agindo com "negligência"; caso contrário, teríamos de dizer que os evangelistas são, muitas vezes, negligentes. Eu não acho que temos o direito de pressupor que o uso da palavra *bendita* quando falamos da virgem Maria é "necessário"; caso contrário, teríamos de condenar tanto o Credo Niceno quanto Credo dos Apóstolos por omiti-la. Será que não deveríamos reconhecer que a presença ou ausência de tais prefixos constitui uma diferença, não de fé ou moral, mas simplesmente de estilo? Eu sei que sua ausência é "irritante" para alguns tanto quanto sua recorrência frequente irrita outros. Creio que os grupos sejam inocentes em seus caprichos, porém gravemente culpados quando permitem que algo tão subjetivo, incerto e (com um pouco de esforço) modificável se torne motivo de divisão entre irmãos. Se não podemos abandonar nossos gostos, juntamente com outras bagagens carnais, à porta da igreja, certamente deveríamos, no mínimo, levá-los para dentro a fim de modificá-los e, se necessário, mortificá-los para que não sejam atendidos.

---

[8] "Uma transição importante nos costumes passa, muitas vezes, despercebida".

9. Meros cristãos

(a) DAUNTON-FEAR, R. D. "Evangelical Churchmanship". *Church Times*. v. CXXXV (1º de fevereiro de 1952), p. 77.
(b) LEWIS, C. S. "Mere Christians". *Ibid.* (8 de fevereiro de 1952), p. 95:

Prezado, eu saúdo a carta do deão rural de Gravesend, embora lamente que ela tenha sido necessária porque alguém descreveu o bispo de Birmingham como evangélico. Para o leigo, parece óbvio que o que une os evangélicos e os anglocatólicos em oposição aos "liberais" ou "modernistas" é algo muito claro e grandioso, a saber, o fato de que ambos são sobrenaturalistas absolutos, que creem na criação, na queda, encarnação, na ressurreição, na segunda vinda e nas últimas quatro coisas. Isso os une não apenas entre si, mas à religião cristã considerada *ubique et ab omnibus*.[9]

Não consigo entender o ponto de vista que considera essa concórdia menos importante do que as divisões existentes, ou do que o abismo que separa ambos de qualquer versão não miraculosa do cristianismo. Talvez o problema seja que, como sobrenaturalistas, independentemente de ser "Baixa" ou "Alta" Igreja, eles carecem de um nome quando considerados em conjunto. Será que eu poderia sugerir "Igreja Profunda"; ou, caso este não seja um nome muito humilde, talvez a expressão "meros cristãos" de Baxter?

10. Canonização

(a) PITT, Eric. "Canonization". *Church Times*. v. CXXXV (17 de outubro de 1952), p. 743.
(b) LEWIS, C. S. *Ibid.* (24 de outubro de 1952), p. 763:

Prezado, eu sou, tal como o Sr. Eric Pitt, um leigo, e gostaria de obter explicações sobre diversos pontos antes de sequer discutir a proposta de um "sistema" de canonização anglicana. De acordo com a *Enciclopédia Católica*, "santos" são pessoas mortas cujas virtudes as tonaram "dignas" do amor "especial" de Deus. A canonização faz com que a dulia seja "universal e obrigatória"; e, independentemente do que mais afirme, ela certamente declara que a pessoa canonizada "está no céu".

---

[9] "Em todo lugar e por todos". Consulte: LÉRINS, Vicente de. *Comonitório*. ii.

A menos, portanto, que a palavra "canonização" esteja sendo empregada em um sentido distinto do sentido romano (e, se for o caso, outra palavra seria muito mais conveniente), a proposta de estabelecer um "sistema" de canonização significa que alguém (digamos, o arcebispo) deve ser designado (a) para dizer-nos que certas pessoas nomeadas (i) estão "no céu" e (ii) são "dignas" do amor "especial" de Deus; e (b) para atribuir-nos (sob pena de excomunhão?) a obrigação de prestar dulia às pessoas nomeadas.

Ora, é evidente que ninguém deveria nos dizer aquilo que desconhece. Acredita-se, portanto, que Deus prometeu (e, em caso afirmativo, quando e onde?) à Igreja universal o conhecimento do estado de determinadas almas que partiram? Se assim for, será que tal conhecimento discerne os graus e tipos variados de salvação que estão, suponho, implícitos na palavra "especial"? E, caso o faça, será que a promulgação de tal conhecimento ajuda a salvar almas agora *in viâ*? Afinal, isso poderia levar a uma consideração de "pretensões rivais", como lemos em *Imitação de Cristo* (livro III, capítulo lviii), onde somos advertidos: "Não pergunteis quem é maior no reino dos céus [...] a busca de tais coisas não traz lucro, mas ofende os próprios santos."

Por fim, há a questão prática. Não me refiro à pequena e bela menção na *Enciclopédia Católica* às "despesas comuns da canonização" (embora isso também possa ser lido com proveito), mas ao perigo de cisma. Milhares de membros da Igreja da Inglaterra questionam se a dulia é lícita. Será que alguém a considera necessária à salvação? Em caso negativo, de onde vem a obrigação de corrermos riscos tão terríveis?

11. *Pittenger-Lewis e a versão vernacular*

(a) PITTENGER, W. Norman. "Pittenger-Lewis". *The Christian Century*. v. LXXV (24 de dezembro de 1958), p. 1485-1486.

(b) LEWIS, C. S. "Version Vernacular". *Ibid.* (31 de dezembro de 1958), p. 1515.

Prezado, obrigado por publicar meu texto "Réplica ao Dr. Pittenger" (26 de novembro). Agora seria possível, por favor, estender a gentileza publicando uma nota dizendo que o termo "*populam*" (p. 1360), o qual deveria ter sido grafado "*populum*", foi um erro cometido ora por meu digitador ora por seu tipógrafo?

Um artigo sobre "tradução", como o Dr. Pittenger sugere em sua carta publicada na edição do dia 24 de dezembro, certamente precisa ser redigido, mas não seria proveitoso fazê-lo para norte-americanos. O vernáculo para o qual eles teriam de traduzir não é o mesmo para o qual eu traduzi. Pequenas diferenças na abordagem aos proletários podem ser de extrema importância.

Em ambos os países, uma parte essencial do exame de ordenação pastoral deveria ser a tradução de um trecho de alguma obra teológica de referência para a linguagem comum — assim como se faz com o latim. A reprovação nessa prova deveria ser motivo para reprovação em todo o exame. É absolutamente deplorável o fato de que, apesar de esperarmos que os missionários enviados aos bantus aprendam o idioma deles, nós nunca questionamos se os missionários enviados para regiões dentro dos próprios Estados Unidos ou da Inglaterra dominam a língua realmente falada ali. Qualquer tolo pode escrever em linguagem *culta*. O vernáculo é que é o verdadeiro teste. Se você não consegue traduzir sua fé para o vernáculo, você ora não entende, ora não crê.

12. *Pena capital e pena de morte*

(a) LEWIS, C. S. "Capital Punishment". *Church Times*. v. CXLIV (1º de dezembro de 1961), p. 7:

Prezado, não sei se a pena capital deve ser abolida ou não, pois nem a luz natural, nem as Escrituras, nem a autoridade eclesiástica parecem instruir-me neste sentido. No entanto, eu me preocupo com as razões pelas quais sua abolição é buscada.

Dizer que enforcar um indivíduo é ter a atitude arrogante de considerá-lo irredimível é, para mim, simplesmente uma inverdade. No meu *Livro de oração comum*, há uma exortação àqueles que receberam sentença de morte que implica justamente o oposto. A verdadeira questão é saber se um assassino está mais suscetível a arrepender-se três semanas depois de sua captura no local da execução ou, digamos, trinta anos mais tarde na enfermaria da prisão. Nenhum mortal tem como saber isso. Porém, os indivíduos que mais têm direito a uma opinião são aqueles que conhecem, por experiência, o efeito de um período prolongado na prisão. Eu gostaria que alguns capelães prisionais, diretores penitenciários e carcereiros contribuíssem com a discussão.

A ideia de indenização para os familiares do indivíduo executado é, em si, razoável, mas não deve estar sequer remotamente relacionada a argumentos contra ou a favor da pena capital. Se estiver, estaremos aprovando a visão arcaica e, sem dúvida, errônea de que o assassinato é sobretudo não um delito contra a sociedade, mas contra indivíduos. O enforcamento é um ato irrevogável tanto quanto qualquer outro do gênero. Não é possível trazer um homem inocente de volta à vida; tampouco é possível devolver a alguém anos de aprisionamento injusto.

Outros correspondentes pontuaram que uma teoria de condenação puramente exemplar ou reformatória, ou ambas, é absurdamente imoral. Apenas o conceito de merecimento liga a condenação à moral. Se a coibição de crimes futuros for tudo o que importa, a execução de um homem inocente, contanto que o público o considere culpado, seria totalmente justificado. Se apenas a restauração do criminoso estiver em causa, então nada impede uma correção dolorosa e obrigatória de todos os nossos defeitos, e um governo que considera o cristianismo como neurose teria total direito de entregar-nos aos oficiais responsáveis por endireitar-nos a fim de sermos "curados" o quanto antes.

(b) DAVIS, Claude. *Ibid.* (8 de dezembro de 1961), p. 14.
(c) LEWIS, C. S. "Death Penalty". *Ibid.* (15 de dezembro de 1961), p. 12: Prezado, o Dr. Davis reprova, com razão, o emprego que fiz da palavra *sociedade*. Esta abstração hipostática já causou danos o suficiente. Porém, o que eu quis dizer foi simplesmente "todos nós". O absurdo presente no ponto de vista que trata o assassinato como ofensa contra uma única família é mais bem ilustrado por um argumento presente nos discursos privados de Demóstenes (não tenho como citá-lo no momento, mas seus leitores mais eruditos, sem dúvida, podem consultá-lo).

Um homem chamado *A* liberta uma escrava chamada *B*, sua antiga governanta. *B* se casa. Seu marido morre sem deixar filhos. Alguém, então, assassina *B*. Sob a lei ateniense, ninguém poderia processar o assassino porque não havia parte alguma lesada. *A* não pode agir porque *B*, quando foi assassinada, já não era mais sua propriedade. Não restaram viúvos nem órfãos.

Não tomo lado algum na presente controvérsia. Porém, ainda acho que os abolicionistas apresentam seus argumentos muito mal. Eles parecem ser incapazes de fazê-lo sem imputar motivos vis aos oponentes. Se os incrédulos lerem sua coluna de correspondências, temo que possam ter uma impressão negativa de nossa lógica, conduta e caridade.

Deus no *banco dos réus*

Outros livros de C. S. Lewis pela
THOMAS NELSON BRASIL

A abolição do homem
A última noite do mundo
Cartas de um diabo a seu aprendiz
Cristianismo puro e simples
Os quatro amores
O peso da glória
Sobre histórias

Este livro foi impresso em 2024, pela Santa
Marta, para a Thomas Nelson Brasil. A fonte
usada no miolo é Adobe Caslon Pro corpo 11.
O papel do miolo é pólen bold 70 g/m².